华研法硕
SINCE 2022
HUAYAN.FASHUOSCHOOL.COM

精讲

2024
法律硕士联考

一本全

宪法学·法制史
➢ 宪法学分册

赵逸凡/编著
华研法硕/组编

北京航空航天大学出版社
BEIHANG UNIVERSITY PRESS

图书在版编目（CIP）数据

2024法律硕士联考一本全. 宪法学·法制史 / 赵逸凡编著. -- 北京：北京航空航天大学出版社，2023.2
ISBN 978-7-5124-4040-1

Ⅰ. ①2… Ⅱ. ①赵… Ⅲ. ①宪法-法的理论-中国-硕士生入学考试-自学参考资料②法制史-中国-硕士生入学考试-自学参考资料 Ⅳ. ①D9

中国国家版本馆CIP数据核字(2023)第023538号

版权所有,侵权必究。

2024法律硕士联考一本全·宪法学·法制史

（宪法学分册）

赵逸凡 编著

华研法硕 组编

策划编辑 杨国龙　责任编辑 周美佳

*

北京航空航天大学出版社出版发行

北京市海淀区学院路37号（邮编100191）　http://www.buaapress.com.cn
发行部电话:(010)82317024　传真:(010)82328026
读者信箱:qdpress@buaacm.com.cn　邮购电话:(010)82316936
北京雅图新世纪印刷科技有限公司印装　各地书店经销

*

开本:787×1 092　1/16　印张:30.5　字数:780千字
2023年2月第1版　2023年7月第3次印刷
ISBN 978-7-5124-4040-1　定价:81.00元(全2册)

若本书有倒页、脱页、缺页等印装质量问题,请与本社发行部联系调换。联系电话:(010)82317024

目录 Contents

第一章 宪法基本理论 /1
- 第一节 宪法概述 /1
- 第二节 宪法的产生和历史发展 /11
- 第三节 宪法原则和宪法规范 /25

第二章 宪法的制定和实施 /32
- 第一节 宪法变迁 /32
- 第二节 立法法专题 /42

第三章 国家基本制度 /60
- 第一节 国体与政体 /60
- 第二节 选举制度 /79
- 第三节 国家结构形式 /92

第四章 公民基本权利和义务 /117
- 第一节 公民基本权利的一般原理 /119
- 第二节 我国公民的基本权利和义务 /122

第五章 国家机构 /143
- 第一节 国家机构概述 /145
- 第二节 人民代表大会及其常务委员会 /147
- 第三节 国家主席、中央军委 /173
- 第四节 国务院和地方政府 /176
- 第五节 监察委员会、人民法院、人民检察院 /184

第六章 宪法程序汇总 /202

01 第一章 宪法基本理论

导学

宪法结构

宪法典 结构
- 序言：13自然段
- 正文：143条
  - 总纲：1~32条
  - 公民的基本权利和义务：33~56条
  - 国家机构：57~140条
  - 国旗、国歌、国徽、首都：141~143条
- 我国没有宪法附则

宪法渊源

1. 宪法典＋修正案（效力相同）
2. 宪法性法律
3. 宪法惯例
4. 宪法解释（只有全国人大常委会有权作出宪法解释）
5. 国际条约
   （1）《经济、社会、文化权利国际公约》1997年签署，2001全国人大常委会批准（经济97，01批）
   （2）《公民权利和政治权利国际公约》1998年签署
   （3）《废止强迫劳动公约》1957年签署，2022年4月全国人大常委会批准
6. 我国没有宪法判例

第一节　宪法概述

一、宪法的概念

（一）宪法概念

宪法是确立公民权利<u>保障</u>和国家机构<u>权限</u>的<u>根本法</u>。

[安口诀] 三个关键词：保障私权利＋规范公权力＋根本法（根本法——宪法，根本制度——社会主义制度，根本政治制度——人民代表大会制度，根本保障——党的领导）。

（二）宪法词源

"宪法"一词无论在中国还是西方国家均古已有之，但它们的含义与近现代的"宪法"概念及性质迥然不同。

[安口诀] 古代的宪法是法律，近代的宪法是宪法，比如法制史中的《风宪宏纲》、"风宪衙门"中的"宪"都是法律的意思。

品题

下列关于"宪法"的表述，正确的是（　　）。①（2013法学单选9）
A. 中国历史典籍中的"宪法"特指根本法
B. 近代意义上的"宪法"泛指典章法度，是"法律的法律"
C. 古代意义上的"宪法"与近代意义上的"宪法"没有本质区别
D. 近代意义上的"宪法"不仅是法的表现形式，而且是一国法律体系的核心

二、宪法的特征

（一）宪法的形式特征

> **超链接**
>
> 什么是形式特征？形式特征也称特征，也就是宪法和法律的不同点。
>
> 宪法首先是法，同刑法、民法等法律一样，是法的一个部门，它同其他法律部门一起共同构成特定国家的法律体系。从这个角度，看不出宪法和民法、刑法的区别，这不是宪法的特征。
>
> 宪法在我国社会主义法律体系中居于核心的地位，是其他部门法律规范的最高依据。从这个角度，就可以认为"效力最高性"是宪法的特征。
>
> 例1. 宪法具有规范性和普遍性——没有体现宪法的特征。
>
> 例2. 宪法具有国家强制性——没有体现宪法的特征。
>
> 例3. 宪法制定程序较法律更为严格——体现了宪法的特征。

1. 宪法内容的根本性

宪法规定国家的根本制度，是对国家和社会生活的宏观规范和调整，宪法规定的内容是有关国家制度和社会制度的基本原则和主要问题，包括国家主权的归属（国体）、国家机关的设置及界限、中央和地方的权限划分（国家结构形式）、公民的权利及范围、基本国策（如基本经济制度）等范畴。

---

① D

宪法内容的根本性表现在宪法规范国家生活和社会生活的总体运行规则，以及各种政治参与主体诸如国家机关、各政党、各种政治力量和公民的政治地位和权利义务界限。

2.宪法效力的最高性

在一国的法律体系中，宪法具有最高的法律效力（规定在宪法序言第13段），一方面，宪法与其他法律相比具有最高的法律效力；另一方面，表现在宪法对人的最高法律效力。

（1）对法的最高效力：

➤ "正向说"——宪法是其他普通法律的立法基础，为其提供立法原则。宪法又被称为"母法"，而普通法律则被称为"子法"，表明宪法与一般法律的内在关联。

> **超链接**
>
> 宪法是规范国家和社会运行的基本原则和章程，一般法律则是将宪法的原则性规范具体化为具有可操作性的规则，目的是为了促成宪法的原则性规定在现实生活中的落实和实现。
>
> 例1.《民法典》第1条："为了保护民事主体的合法权益，调整民事关系，维护社会和经济秩序，适应中国特色社会主义发展要求，弘扬社会主义核心价值观，根据宪法，制定本法。"
>
> 例2.法理学教材写道："中国特色社会主义法律体系，是以宪法为统帅，以法律为主干，以行政法规、地方性法规为重要组成部分……"

➤ "反过来说"——任何其他的法律都不得与宪法相抵触，否则该法即为无效

> **超链接**
>
> 在国家整个法治体系的构建和运行中，宪法是核心和根本，具有最高的法律效力，一切法律规范的有效与否及其存废，都应以宪法规范为确定和取舍的依据，最典型的制度就是"合宪性审查"制度。
>
> 《宪法》第5条第3款规定："一切法律、行政法规和地方性法规都不得同宪法相抵触。"

（2）对人的最高效力：

➤ "正向说"——宪法是一切国家机关、政治力量、政治组织以及一切社会组织和个人的根本活动准则。

➤ "反过来说"——任何组织和个人都不得享有超越宪法之上的特权。

3.宪法制定、修改程序的特殊性

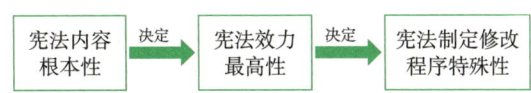

宪法的制定和修改程序比其他法律更为复杂和严格，是由宪法内容的根本性和宪法效

力的最高性决定的，其基本精神在于维护宪法的尊严和最高地位（当然不成文宪法不具备这个特点），具体表现为：

（1）宪法的制定程序与其他一般法律不同。

[安口诀]宪法不可能规定自己的制定程序。

（2）宪法的修改程序与普通法律不同。

[安口诀]我国并非历部宪法都规定了完整的宪法修改程序，而是"八二宪法"才完整规定。

（3）对于宪法内容的修正往往附加特别的限制，有的国家虽然没有明文规定但却存在着事实上的对修宪内容的限制。

[安口诀]我国宪法有些内容是不能修改的，但宪法条文并未明文规定哪些内容不能修改，一般认为如国体、政体、"四项基本原则"就属于不能修改的内容。

> **超链接**
>
> "修正有界限说"和"修正无界限说"。
>
> 修正有界限说认为，修宪权有别于制宪权，因此不能变更宪法的基本原理，否则就等同于重新制定宪法，该说的主要代表人物是施米特。
>
> 修正无界限说认为，只要按照宪法修改的程序，任何条款均可修改，理由有三：其一，宪法服务于人类的社会生活；其二，修宪权为最高的法定权力，而制宪权只是一种理念；其三，宪法规范之间地位平等，理论上不能存在可修改的规范和不可修改的规范之别。
>
> 以上内容参见林来梵著的《宪法学讲义》。

品题

1. 关于我国宪法的效力，下列说法错误的是（　　）。① （2018 单选 21）

A. 现行宪法首次明确规定宪法具有最高的法律效力

B. 一切法律、行政法规和地方性法规都不得同宪法相抵触

C. 国家机关和武装力量，各政党都必须以宪法为根本的活动准则

D. 法院审理案件时，一般不得直接引用宪法，故宪法对法院的审判活动没有拘束力

2. 下列关于宪法效力的表述，正确的是（　　）。② （2016 法学单选 8）

A. 宪法的效力和法律的效力相同

B. 宪法能够直接约束私人行为是宪法学的通说

C. 就各国实践来看，宪法具有最高效力是例外情形

D. 宪法效力主要体现为规范立法权、行政权和司法权

---

① D

② D

3. 在我国宪法的根本法地位表现在（　　）。① （2015 多选 52）

A. 法律效力上，宪法具有最高法律效力

B. 修改程序上，宪法比普通法律更为严格

C. 内容上，宪法规定国家最根本、最重要的制度

D. 解释上，宪法只能由全国人大进行解释

4. 宪法是我国的根本法，具有最高的法律效力。其表现有（　　）。② （2012 多选 54）

A. 国家维护社会主义法制的统一和尊严

B. 任何法律、行政法规和地方性法规都不得同宪法相抵触

C. 一切国家机关和武装力量、各政党、社会团体和企事业组织都必须以宪法为根本的活动准则

D. 任何违反宪法的行为都必须予以追究

（二）宪法的实质特征

1. 宪法是公民权利的保障书

（1）从历史发展的角度看，宪法确立的目的就是确认公民的基本权利。

（2）从宪法的内容看，国家权力的正确行使和公民权利的有效保障是宪法文本中最为主要的部分，而且从两者之间的关系看，对国家权力的规制也是为了更好地实现和保障公民的权利。

（3）从国家的法律体系看，宪法是全面规定公民基本权利的法律部门，对于其他一般法律中对公民的法律权利的设计和规定具有重要的指引作用。

> **超链接**
>
> 宪法与公民权利之间存在着极为密切的关系。
>
> 例 1. 1789 年法国的《人权和公民权宣言》，即《人权宣言》明确宣布，"凡权利无保障或分权未确立的社会就没有宪法可言"，1791 年法国制定的第一部宪法就将《人权宣言》作为宪法的序言。
>
> 例 2. 英国的宪法性法律，如 1679 年的《人身保护法》、1689 年的《权利法案》也是为保护公民权利而产生的。
>
> 例 3. 世界上第一个无产阶级国家的第一部宪法即 1918 年的苏俄宪法以《被剥削劳动人民权利宣言》为第一篇。
>
> 现代各国的宪法文本都以规定公民的基本权利为重要内容。

---

① ABC

② ABCD

2. 宪法是民主制度法律化的基本形式

宪法作为民主制度法律化的基本形式，表现在宪法确立了国家的民主施政规则。

规则1：宪法规定了代议制和普选制，为人民主权的实现构建了政治运行机制。

规则2：宪法以根本法的形式赋予人民广泛的政治权利和其他社会、经济、文化权利。这些权利既是人民当家作主的政治地位在其他社会生活领域的具体体现，同时也是人民政治权利实现的保障。宪法确认和保障广泛的人民权利，实际上为民主施政构建了坚实的社会基础。

规则3：宪法具体规范了国家机构的职权和行使程序，为国家权力的运行提供了法定界限，只有依法对国家权力的分工和运行程序予以规范，才能确保其在民主施政中各司其职，发挥作用；宪法规范国家机构及其权力界限，就是对民主施政的保障，反映了民主政治的内在要求。

3. 宪法是各种政治力量对比关系的集中体现

（1）宪法是在社会政治斗争中取得胜利并掌握了国家政权的那个阶级的意志和利益的集中表现，是统治阶级以根本法的形式确认本阶级的斗争成果、巩固本阶级已经取得的在政治上和经济上的统治地位的法律武器。

（2）宪法的内容和形式受到阶级力量对比关系的决定和影响，是各阶级社会政治地位的动态反映。

品题

1. 下列文件中，被马克思称为"世界上第一个人权宣言"的是（　　）。① （2018 单选13）（2018 法学单选8）

A. 1215 年英国的《自由大宪章》

B. 1689 年英国的《权利法案》

C. 1776 年美国的《独立宣言》

D. 1789 年法国的《人权和公民权利宣言》

2. 下列宪法性文件中，明确规定"凡权利无保障和分权未确立的社会就没有宪法"的是（　　）。② （2012 单选23）

A. 英国《权利法案》

B. 美国《独立宣言》

C. 法国《人权宣言》

D. 苏俄《被剥削劳动人民权利宣言》

---

① C

② C

三、宪法的分类

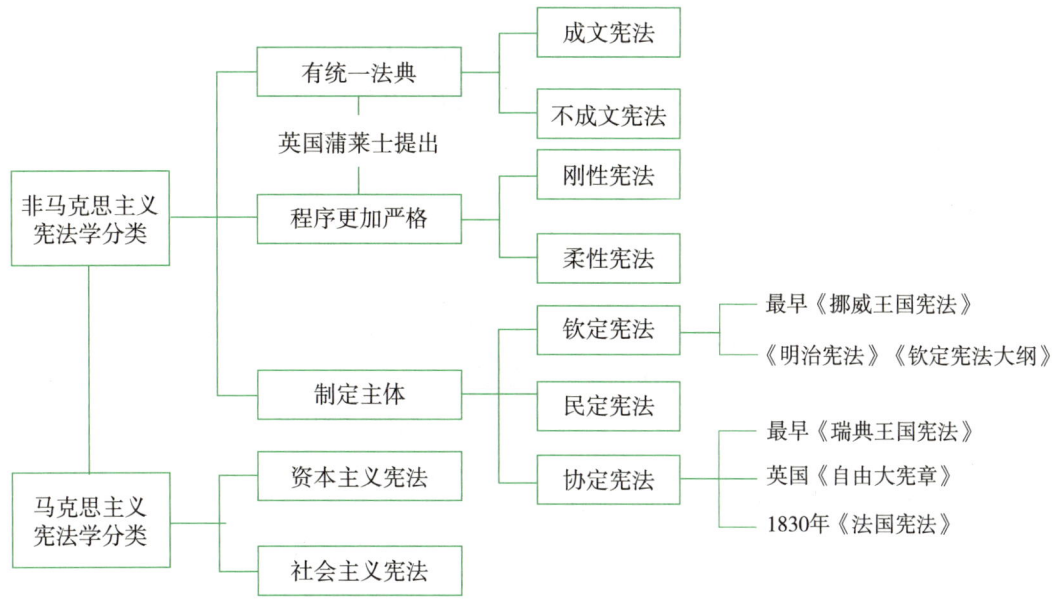

（一）宪法的传统分类（非马克思主义分类）

宪法的传统分类，一般是指资产阶级宪法学者依照宪法的形式特征对宪法进行的分类。

优势：这种分类能够拓宽人们关于宪法认识的视角，帮助人民更加全面地了解各国宪法在形式上的共性和差别，对于宪法的内容有更为直观的认识和把握。

不足：这种分类不涉及对宪法的本质认识，而对宪法的本质认识才是认识和理解宪法的关键，故这种分类虽有其合理性和科学因素，但作为认识和研究宪法的方法论仍是不完善的。

1. 成文宪法和不成文宪法

（1）区别点：是否有统一成文法典，最早由英国蒲莱士提出。

[安口诀] 注意区分法理学中的"成文法/不成文法"和宪法学中的"成文宪法/不成文宪法"，这是两个不同层次的分类。"成文法/不成文法"关注的是"制定法"，而"成文宪法/不成文宪法"关注的是宪法"典"，即便在不成文宪法国家，也存在着宪法性法律，这些也属于成文法。

> **超链接**
>
> 詹姆斯·蒲莱士（James Bryce，1838—1922），英国法学家、历史学家和政治家，曾任英国驻美大使，1884年在牛津大学讲学时首次提出成文宪法和不成文宪法的分类，1901年在《历史与法学研究》一书中提出刚性宪法和柔性宪法的分类。

（2）成文宪法：以统一的宪法典的形式表现出来的宪法，成文宪法代表是中国和美国，世界上第一部成文宪法是1787年《美国宪法》。现在大多数国家都采用成文宪法，这种模式具有规范明确、条文系统、便于执行和监督的特点。

（3）不成文宪法：没有统一的法典形式而由带有宪法性质的各种法律文件、宪法判例和宪法惯例组成的宪法。这些法律文件并未被冠以宪法之"名"，但却发挥着宪法作用之"实"。不成文宪法代表国家是英国，这种模式具有弹性较大、适应性强的优点，也具有规范不系统等不足。

2. 刚性宪法和柔性宪法
（1）区别点：宪法效力、修改程序是否较一般法律严格，最早由英国蒲莱士提出。
（2）刚性宪法：在效力上高于一般法律、在修改程序上比一般法律严格，刚性宪法代表是中国、美国、日本。现在世界上绝大多数国家都采用刚性宪法，这种模式有利于保持宪法的权威性和稳定性，有利于宪法的保障和实施。
（3）柔性宪法：制定、修改的机关和程序都与一般法律相同。一般来讲不成文宪法都是柔性宪法，比如代表国家是英国，但有的成文宪法也是柔性的，如1848《意大利宪法》。这种模式的好处是灵活性较强，能适应现实不断变化的需求。
［安口诀］成文宪法国家一般是刚性宪法国家，注意是"一般"，但很难举出反例；而不成文宪法国家一般是柔性宪法国家，也是"一般"，反例很多。

3. 钦定宪法、民定宪法和协定宪法
（1）区别点：宪法的制定机关。
（2）钦定宪法：由君主或以君主的名义制定和颁布的宪法，代表有日本《明治宪法》、清朝《钦定宪法大纲》以及《挪威王国宪法》，其中最早的是1814年《挪威王国宪法》。
（3）协定宪法：由君主与国民或者国民的代表机关协商制定的宪法，往往是各阶级妥协的产物，代表有1830年《法国宪法》和《瑞典王国宪法》，其中最早的是1809年《瑞典王国宪法》（又称政体书或政府组织法）。
（4）民定宪法：由民意机关或者公民公决制定的宪法，现在世界大多数国家都采用民定宪法，奉行人民主权原则，在形式上强调以民意为依归，以民主政体为价值追求。
［安口诀］钦定宪法"明清威王"，协定宪法"38字典"。

（二）马克思主义的宪法分类

马克思主义宪法学者依据宪法的阶级本质和赖以建立的经济基础的不同，对宪法进行的分类。宪法被划分为资本主义类型宪法和社会主义类型宪法。

> **超链接**
> 此处可以结合法理学学习，法理学中有一对易混淆概念，即"法的历史类型"和"法系"，注意法的历史类型是按照阶级本质和经济基础为标准，划分为奴隶制法、封建制法、资本主义法、社会主义法等，而法系是按照历史源流和表现形式，划分为英美法系、大陆法系等。

这是科学的分类方法，其最鲜明的特点在于揭示宪法的本质，反映了宪法的阶级属性，是马克思主义对宪法学的卓越贡献，在宪法学上具有重要的意义。

第一章 宪法基本理论

[安口诀] 我国宪法按照形式特征分类则为"成、刚、民",按实质特征分类则为"社"。

品题

1. 关于成文宪法和不成文宪法,表述正确的是（　　）。① (2023 单选 14)
A. 二者的区分标准是修改程序的差异
B. 现代大多数国家的宪法是成文宪法
C. 宪法修正案是不成文宪法的重要组成部分
D. 成文宪法是刚性宪法,不成文宪法是柔性宪法

2. 关于马克思主义的宪法分类,下列表述正确的是（　　）。② (2022 单选 14)
A. 马克思主义的宪法分类以制宪主体为标准
B. 马克思主义的宪法分类揭示了宪法的阶级本质
C. 马克思主义的宪法分类是基于宪法的形式特征进行的分类
D. 根据马克思主义的宪法分类,民定宪法属于资本主义宪法

3. 下列关于宪法分类的表述,正确的是（　　）(2019 单 13)。③ (2019 法学单选 8)
A. 刚性宪法和柔性宪法的区分由宪法学家罗文斯坦最早提出
B. 成文宪法和不成文宪法的划分标准是宪法是否具有成文的形式
C. 以制定宪法的机关为标准,可将宪法分为民定宪法和共和宪法
D. 根据宪法的经济基础和阶级本质,可将宪法分为资本主义宪法和社会主义宪法

> **超链接**
>
> 罗文斯坦对宪法的分类,是超纲的知识点,他的分类方法包括:
>
> (1) 独创宪法和模仿宪法:独创宪法是为了形成政治权力和国家意志而新创造的、本源的统治制度的宪法;模仿宪法是指以国外已存在的宪法为原型,模仿其内容的宪法;
>
> (2) 意识形态宪法和意识形态中立宪法:意识形态宪法是标榜意识形态或包含其方针的宪法;意识形态中立宪法是指意识形态上保持中立,只规定实用性内容的宪法;
>
> (3) 规范宪法和明目宪法:规范宪法是指宪法规范支配政治过程的情况,也就是权力过程服从宪法规范的宪法;明目宪法是指宪法规范只是作为一种法的形式起作用,政治过程不受宪法规范的制约,是一种缺乏现实适应性的宪法。

4. 下列关于宪法分类的表述,正确的有（　　）。④ (2015 法学多选 26)
A. 1958 年法国宪法属于典型的民定宪法

---

① B

② B

③ D

④ ABD

B. 我国现行宪法既是成文宪法也是刚性宪法
C. 英国宪法是成文宪法，美国宪法是不成文宪法
D. 资本主义类型的宪法和社会主义类型的宪法是马克思主义宪法学者对宪法的分类

5. 按照宪法的分类，我国现行宪法属于（　　）。① （2014 单选 17）
　A. 钦定宪法　　　　　B. 协定宪法　　　　　C. 成文宪法　　　　　D. 柔性宪法

6. 最早提出刚性宪法和柔性宪法分类的学者是（　　）。② （2013 单选 15）
　A. 蒲莱士　　　　　　B. 戴雪　　　　　　　C. 西耶士　　　　　　D. 洛克

7. 根据是否具有统一的法典形式，可以把宪法分为（　　）。③ （2012 法学单选 9）
　A. 成文宪法和不成文宪法
　B. 刚性宪法和柔性宪法
　C. 钦定宪法、协定宪法和民定宪法
　D. 社会主义宪法和资本主义宪法

四、宪法与依宪治国

（一）依宪治国的概念

1. 依宪治国原因

坚持依法治国首要<u>坚持依宪治国</u>，坚持依法执政首先要<u>坚持依宪执政</u>。我国现行宪法确立的一系列<u>制度</u>、<u>原则</u>和<u>规则</u>，制定的一系列<u>大政方针</u>，都充分反映了我国各族人民的共同意志和根本利益。<u>维护</u>宪法尊严和权威，是<u>维护</u>国家法制统一、尊严、权威的前提，也是<u>维护</u>最广大人民根本利益、确保国家长治久安的重要保障。

2. 依宪治国举措

▶ "正向说"——任何组织或者个人，都<u>必须</u>以宪法为根本的活动准则，并且负有维护宪法尊严、保证宪法实施的职责。

▶ "反过来说"——任何组织或者个人，都<u>不得</u>有超越宪法和法律的特权，一切违反宪法和法律的行为，都<u>必须</u>予以追究。

（二）宪法与依宪治国的关系

宪法与依宪治国互为<u>基础和前提</u>，是<u>形式与内容</u>的关系，两者是<u>辩证统一</u>的。宪法是<u>静态意义</u>的法律文本，是国家的根本法，具有最高的法律效力；依宪治国是<u>动态性质</u>的实践过程，也是宪法实现的最终结果，宪法的生命在于实施，宪法的权威也在于实施。依宪治国是<u>宪法规范</u>与宪法实施的<u>政治实践相结合</u>的产物。

社会主义法治，必须坚持<u>党的领导</u>、坚持<u>人民当家作主</u>、坚持<u>依宪治国</u>：

---

① C
② A
③ A

➢ "党的领导"——只有坚持依法治国基本方略和依法执政基本方式，使执政党在宪法和法律范围内活动，真正做到<u>党领导立法、保证执法、支持司法、带头守法</u>，才能使宪法成为所有国家机关及其工作人员的最高行为准则。

➢ "人民当家作主"——保证宪法实施，就是保证<u>人民根本利益</u>的实现。

➢ "依宪治国"——唯有<u>依宪治国</u>，方能使宪法真正成为现实力量，保证任何组织和个人都不得有超越宪法和法律的特权，实现"一切违反宪法和法律的行为都必须予以追究"。

第二节 宪法的产生和历史发展

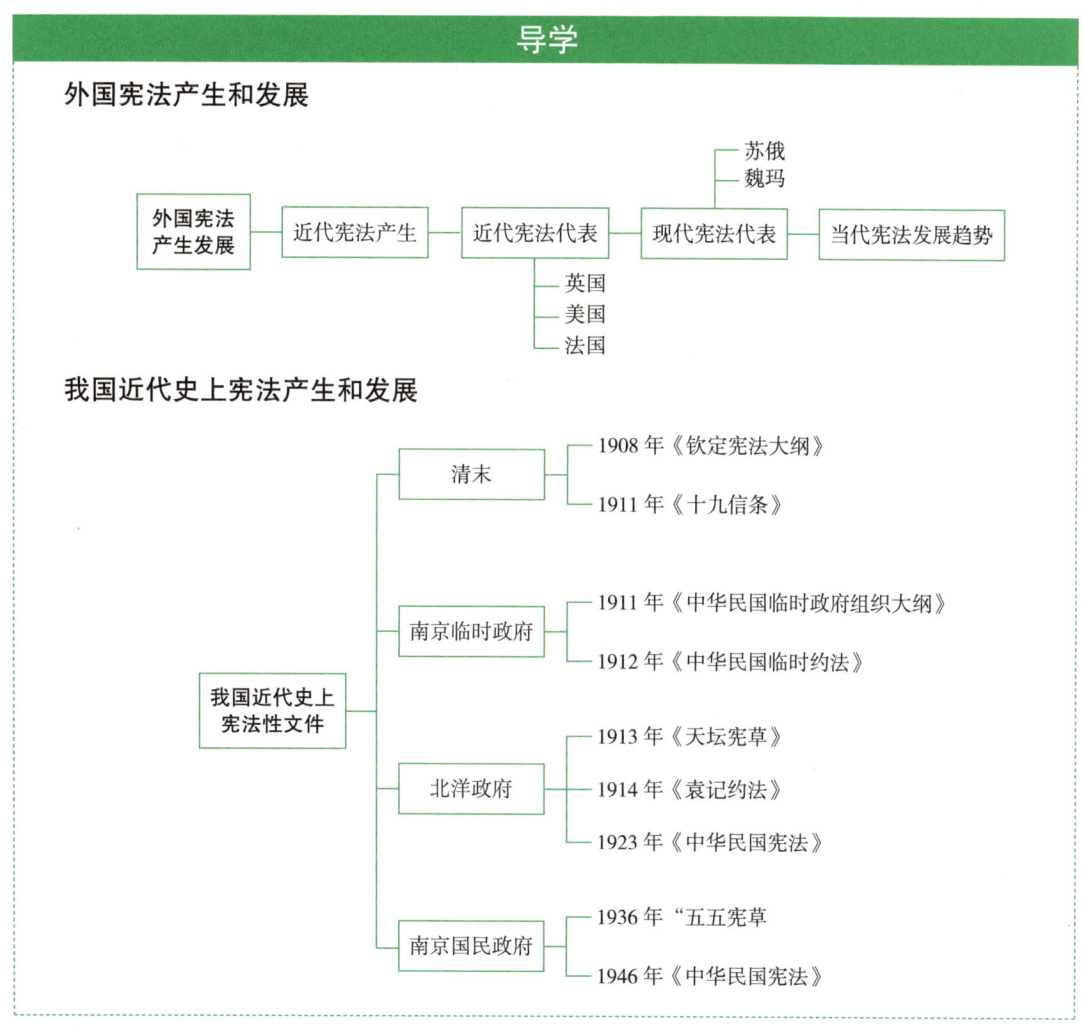

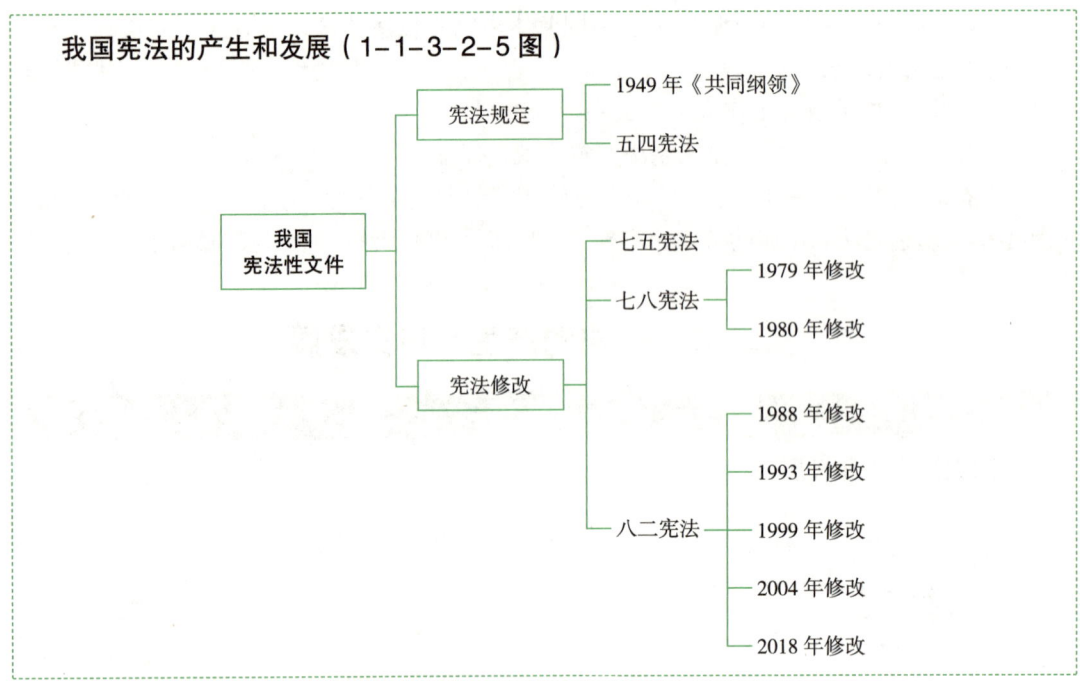

我国宪法的产生和发展（1-1-3-2-5 图）

一、近代宪法的产生和发展

（一）近代宪法产生

1. 经济条件

宪法是近代资本主义经济发展的必然产物。

2. 政治条件

宪法是资产阶级政治发展要求的必然结果。

3. 思想条件

宪法以资产阶级启蒙思想和民主政治理论为基础发展起来。

［安口诀］古代的宪法是法律，近代的宪法是宪法；宪法的产生就找关键词资本主义、资产阶级。

（二）近代宪法代表

1. 英国宪法

历史评价	英国宪法被誉为"宪法之母"
历史源流	英国宪制的确立，是通过逐步限制王权和扩大资产阶级政治权力的途径实现的，英国宪法就是资产阶级在各个不同时期同封建贵族斗争、妥协的产物
核心思想	以人民主权思想为指导，突出议会至上（责任内阁）的体制特点

主要内容	英国宪法由<u>宪法性法律、宪法惯例、宪法判例</u>（没有宪法典）等构成不成文宪法，其中宪法性法律主要包括：<u>《自由大宪章》《权利请愿书》《人身保护法》《权利法案》《王位继承法》《改革法》《国会法》《国民参政法》《欧洲共同体法案》</u>（现已废除）<u>《人权法案》</u> [安口诀] 自愿保全王哥会餐同仁

> **超链接**
>
> 《自由大宪章》（Magna Carta）：英国历史上的约翰王（King John，1166—1217）是亨利二世的第五子，他的三哥是"狮心王"理查一世。他自幼因长期没有获得封地，所以被称为"无地者约翰"（John Lackland）。继承王位后，他因法国北部领地的归属问题而与法国开战，最终以失败告终。1215年6月15日，在英国温莎城堡附近泰晤士河畔的草场上，约翰王与造反的男爵们，在坎特伯雷大主教斯蒂芬的斡旋下，签署《自由大宪章》。
>
> 《权利请愿书》：1628年查理一世（1625—1649年在位）为英国国王时，由英国国会通过的旨在限制王权的宪法性文件，主要包括：未经国会同意，国王不得强迫征收捐税或借贷；士兵住宿民居应负费用；非经正当程序不得将任何人逮捕、监禁、驱逐出境、剥夺继承权和生命；和平时期不需发布戒严令等。
>
> 《人身保护法》（Habeas Corpus Act）：1679年颁布，用以弥补古老的人身保护令状发布程序上的不足，以保护公民自由权利的法律，共20条。
>
> 《权利法案》（Bill of Rights）：英国议会于1689年通过，规定英国臣民的权利和自由，确认荷兰执政者威廉继任英国国王的法律。法案历数了詹姆斯二世（1685—1688年在位）的非法行为，限制了王权，扩大了议会权力。
>
> 《王位继承法》（Act of Settlement）：1701年，英国根据长子继承制原则，规定威廉（1688—1701年在位）死后继承人安排的法律。该法要求国王和王后宣誓反对天主教，承认罗马天主教或与天主教徒结婚的人不得继承王位。
>
> 《改革法》（Reform Act）：英国于1832年通过的扩大下议院选民基础的法案，法案作出三项改变：其一，将"衰败选区"的席位给新兴大城市；其二，增加人口多的郡或城镇的代表席位；其三，选举权的门槛覆盖到缴税达到一定数额或拥有一定数额财产的人身上。
>
> 《国会法》（Parliament Act）：英国于1911年颁布的限制上议院权力的宪法性文件。1909年，首相劳合·乔治（Lohyd George）提出的财政预算案增加了对高收入者的附加税，也增加了对出售土地的资本利润所征收的税额，引起了保守党上院贵族的强烈不满，自由党提出《国会法》并对上院施加压力，最终上院通过了《国会法》。
>
> 《国民参政法》：1918年授予成年男子和年满30岁的妇女普选权。1928年妇女获得选举权的年龄改为21岁；1948年正式实行"一人一票"；1969年选民年龄改为18岁以上。

2. 美国宪法

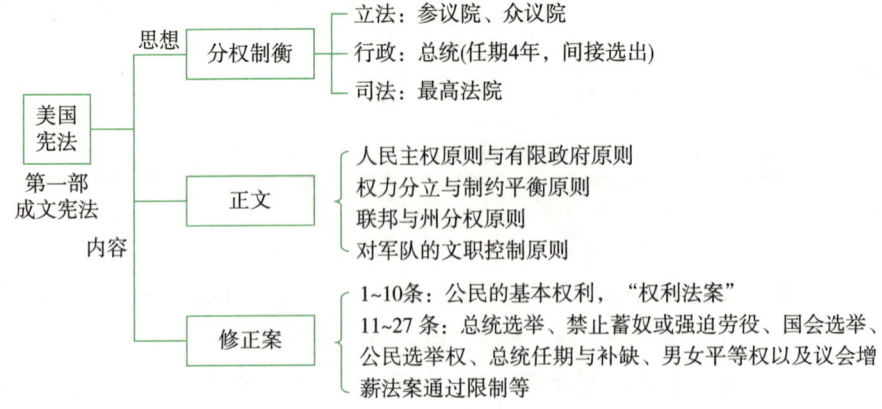

历史评价	美国是第一个成文宪法国家
历史源流	美国宪法于1787年制定,1789年正式生效,由宪法正文和宪法修正案构成,所有条文均是有关国家政权组织和国家机构活动的内容
核心思想	美国宪法比较典型地体现分权制衡思想
	分权:国会享有立法权,由参议院和众议院组成: 众议院任期2年,按照人口比例选出代表组成; 参议院任期6年,每两年改选总数的1/3,由各州选出2名代表组成 总统享有行政权,总统任期为每届4年,实行间接选举制度 最高法院享有司法权
	制衡:表现1:国会两院通过的法案须提交总统签署,总统如不同意享有否决权,并可将法案退还国会两院重新审议,只有两院各以2/3以上议员维持原案,才能正式通过成为法律; 表现2:总统经过参议院同意任命高级官员和最高法院法官; 表现3:国会对总统拥有弹劾权
主要内容	**正文**:美国宪法正文主要体现了以下原则:人民主权原则与有限政府原则+权力分立与制约平衡原则+联邦与州分权原则(注意"剩余权力"归属于州)+对军队的文职控制原则
	修正案:以修正案的方式对宪法进行调整和完善是美国行宪实践中的创造,现在已经被包括我国在内的许多国家仿效和借鉴,美国宪法修正案共27条,具体包括: (1)第1—10条,是美国宪法颁布当年制定的,规定公民的基本权利,称《权利法案》。 (2)后17条包括总统选举、禁止蓄奴或强迫劳役、国会选举、公民选举权、总统任期与补缺、男女平等权以及议会增薪法案通过限制等

3. 法国宪法

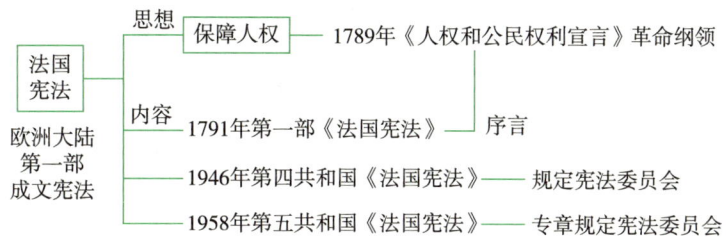

历史评价	法国是欧洲第一个成文宪法国家
历史源流	1789年7月14日巴黎的革命者攻破象征封建统治的巴士底狱，起义取得胜利，资产阶级登上政治舞台，国家政权也随之从封建王室转移到资产阶级控制的制宪会议手中
核心思想	法国宪法以保障人权为特点
主要内容	第1步：1789年8月27日，制宪会议通过了《人权宣言》，明确"凡权利无保障和分权未确立的社会就没有宪法"，是法国资产阶级在反封建革命斗争中制定的纲领性文件。 第2步：1791年法国制定第一部宪法，把《人权宣言》作为宪法的序言。 第3步：法国第四共和国制定《1946法国宪法》，规定宪法委员会制度，目的是保障议会权力。 第4步：法国第五共和国制定《1958法国宪法》，设立专章规定宪法委员会，目的是限制议会权力

（三）现代宪法代表

1. 1918年《苏俄宪法》

1918年7月10日第五次全俄苏维埃代表大会制定。全文6编17章90条，第一编是1918年1月由列宁起草经全俄工兵苏维埃第三次代表大会通过的《被剥削劳动人民权利宣言》。

［安口诀］第一个无产阶级国家宪法1918苏俄宪法，其中第一篇是《被剥削劳动人民权利宣言》。

2. 1919年《魏玛宪法》

德国魏玛共和国时期（1919年～1933年）的宪法，因在魏玛地方制定而得名，是德国第一部实现民主制度的宪法

［安口诀］对公民的社会权利加以详细规定是从1919年德国《魏玛宪法》开始的，故20世纪以前各国宪法没有系统规定社会权利，但目前各国宪法都已规定。

（四）当代宪法发展趋势

1. 人权保障加强

各国宪法越来越强调对人权的保障，不断扩大公民基本权利的范围。

2. 政府权力扩大

各国宪法一方面确认和授予政府更多的权力，另一方面也更加注重通过设定多种监督

机制对政府权力加以限制，以防止政府权力的滥用。

[安口诀] 在我国，不可以说政府权力扩大，人大权力缩小。

3. 合宪性违宪审查建立

各国普遍认为必须建立完善合宪性审查的机构与制度，行使合宪性审查的职能，保障宪法的实施。

4. 国际化趋势

许多国家的宪法出现了同国际法相结合的内容，在人权的国际法保障方面尤为明显。

[安口诀] 保卫全国。

品题

1. 下列关于近代宪法的表述，正确的是（　　）。① （2022 单选 13）
A. 近代宪法普遍强调自由竞争和公民社会权利保障的协调
B. 1787 年美国宪法创立了由宪法委员会进行合宪性审查的体制
C. 1919 年德国魏玛宪法标志着近代宪法向现代宪法的转型
D. 近代宪法大多主张对公民的文化权利进行保护

2. 下列关于英国宪法的表述，正确的是（　　）。② （2021 单选 13）（2021 法学单选 8）
A. 英国宪法是议会共和制的体现
B. 宪法修正案是英国宪法的组成部分
C. 英国宪法是欧洲第一部成文宪法，以保障人权为特点
D. 英国宪法是资产阶级在不同历史时期同封建贵族斗争、妥协的产物

3. 下列关于宪法发展趋势的表述，正确的有（　　）。③ （2021 多选 45）（2021 法学多选 25）
A. 成文宪法成为世界上绝大部分国家采取的宪法形式
B. 宪法保障的公民基本权利的范围随时代发展而逐渐扩展
C. 宪法领域从国内法扩展到国际法，国际法已成为各国宪法的正式渊源
D. 各国宪法一方面授予政府更多权力，另一方面设定多种监督机制防止权力滥用

4. 下列选项中，不符合宪法发展的世界性趋势的是（　　）。④ （2015 单选 27）
A. 甲国修改宪法以扩大公民基本权利的范围
B. 乙国国会拒绝将国际人权法作为本国的宪法渊源
C. 丙国为维护宪法的最高权威设立专门违宪审查机构

---

① C
② D
③ ABD
④ B

D. 丁国最高法院判决，为应对经济危机而扩大政府权力的某部法律合宪

5. 下列关于英国宪法的表述，正确的有（　　）。① （2014 多选 52）
A. 英国是最早确立违宪审查制度的国家
B. 英国宪法由宪法性法律、宪法惯例和宪法判例构成
C. 英国是典型的不成文宪法国家，没有统一、完整的宪法典
D. 英国宪政制度是通过限制王权、扩大资产阶级权力逐步实现的

6. 下列选项中，属于美国联邦政府宪法原则的有（　　）。② （2013 多选 52）
A. 议会至上　　　　　　　　　B. 有限政府
C. 分权制衡　　　　　　　　　D. 联邦与州的分权

二、我国宪法的产生和发展

（一）《共同纲领》与五四宪法

1.《共同纲领》

背景	1949年9月29日，中国人民政治协商会议第一届全体会议选举了中央人民政府委员会，通过了《中国人民政治协商会议共同纲领》，起到了临时宪法的作用。除序言以外，共分七章60条。
内容	（1）第一章总纲规定中华人民共和国的性质、任务以及人民的基本权利和义务，规定了民族政策、外交政策和军事政策的基本原则。 （2）第二章规定政权机关的设置及其相互关系。 （3）第三章至第七章分别规定了新中国的经济、文化、教育、军事、外交、民族等各项基本政策。
影响	《共同纲领》在新中国成立后的宪法发展史上是一个十分重要的宪法性文件，是新中国成立初期全国各族人民团结奋斗的共同政治基础和大宪章。

2. 五四宪法

背景	1954年9月20日，第一届全国人民代表大会第一次全体会议通过，这是中华人民共和国成立后的第一部宪法。
内容	除序言外，分为总纲、国家机构、公民基本权利和义务以及国旗、国徽、首都共4章106条。
影响	1954宪法所确认的基本原则主要是人民民主原则和社会主义原则，是本国经验和国际经验的结合，是原则性和灵活性的结合，是领导智慧和群众智慧的结合。

品 题

《共同纲领》在新中国成立之初起到了临时宪法的作用，其制定主体是（　　）。③
(2020 单选 13)（2020 法学单选 8)

---

① BCD

② BCD

③ D

A. 全国人民代表大会
B. 中央人民政府委员会
C. 全国人民代表大会常务委员会
D. 中国人民政治协商会议第一届全体会议

(二) 三次全面修改

1. 七五宪法

背景	1975年1月17日第四届全国人民代表大会第一次会议通过
内容	除序言外，共4章30条
影响	在总的指导思想上力图以根本法的形式使极"左"思潮合法化；在内容上极大地破坏了我国的民主政治，主要表现在关于国家机构和公民基本权利自由的规定方面；随意删减宪法条文，使得宪法规范体系残缺不全，条文的总量减为30条

2. 七八宪法

背景	1978年3月5日第五届全国人民代表大会第一次会议通过
内容	共4章60条，在结构上和1954年、1975年两部《宪法》相同
影响	并未能够彻底摆脱1975年《宪法》中极"左"思想的影响；虽然经过了1979年、1980年的两次修改，从总体上说还远远不能够适应新的历史时期发展的需要

> **超链接**
>
> 1979年修改：
>
> （1）将"地方各级人大和地方各级革命委员会"改为"地方各级人大和地方各级政府"；
>
> （2）将"省、直辖市、县、市、市辖区、人民公社、镇设立人民代表大会和革命委员会"改为"省、直辖市、县、市、市辖区、镇设立人民代表大会和人民政府；人民公社设立人民代表大会和管理委员会"；
>
> （3）县人大代表由间接选举改为直接选举（配合1979《选举法》修改，且将等额选举改为差额选举），县级以上设立人大常委会；
>
> （4）地方各级法院要向同级人大负责并报告工作，改为向同级人大和人常负责并报告工作；
>
> （5）上下级检察院的监督关系，改为领导关系。
>
> 1980年修改：
>
> "公民有言论、通信、出版、集会、结社、游行、示威、罢工的自由，有运用大鸣、大放、大辩论、大字报的权利"删去了"四大"。

3. 八二宪法

背景	1982年12月4日第五届全国人民代表大会第五次会议通过，是新中国成立后颁布的第四部宪法，即现行宪法
体例	除序言外，分总纲、公民的基本权利和义务、国家机构以及国旗、国徽、首都，共4章138条
内容特点	（1）总结了历史的经验，规定了国家的根本任务和指导思想 （2）发展了民主宪制，恢复完善了国家机构体系。 表现1：加强了人民代表大会制度，省级以上人大设立了专门委员会，规定了人民代表的权利和义务，扩大了人大常委会的职权； 表现2：恢复国家主席建制，并调整了国家主席的职权； 表现3：设立了中央军事委员会，加强党和国家对武装力量的统一领导； 表现4：实行了行政和军事系统的个人负责制； 表现5：体现了精简国家机构和人员的要求 （3）强调加强民主与法制，保障公民的基本权利和自由。 一是民主制度——确认了国家一切权力属于人民的原则，坚持和完善人民代表大会制度； 二是民主原则——规定了国家生活中的一系列民主原则，如民主集中制、首长负责制、人大常委会组成人员不得兼任行政机关和司法机关职务等； 三是民主权利——扩大了公民的民主权利和自由 （4）维护国家统一和民族团结。 一方面，为实现台湾与祖国大陆的统一，恢复对香港、澳门行使国家主权，宪法从实际出发，根据"一国两制"的原则，规定了设立特别行政区制度；另一方面，健全了民族区域自治制度，扩大了民族自治地方的自治权限，加强了对自治权实现的法律保障
影响	1982年宪法将"公民的基本权利和义务"放在"国家机构"之前，显示了国家对公民基本权利及保障的重视

> **超链接**
> 宪法序言第7自然段，国家的根本任务是沿着中国特色社会主义道路，集中力量进行社会主义现代化建设，指导思想是马克思列宁主义、毛泽东思想、邓小平理论、"三个代表"重要思想、科学发展观、习近平新时代中国特色社会主义思想。

品题

1.2014年11月1日，第12届全国人大常委会第11次会议通过《全国人大常委会关于设立国家宪法日的决定》。根据该决定，国家宪法日是（　　）。[1]（2015法学单选9）

　　A.12月6日　　　　B.12月4日　　　　C.9月29日　　　　D.9月20日

---

[1] B

2. 下列关于我国"八二宪法"的表述,不正确的有（　　）。① （2013 多选 20）
A. 我国采用修正案方式对宪法进行修改始于"八二宪法"
B."八二宪法"和四个修正案共同构成了我国的现行宪法
C."八二宪法"仍将国家机构一章置于公民的基本权利和义务一章之前
D."八二宪法"继承并发展了"五四宪法"好的传统与基本原则,废弃了"七五宪法"与"七八宪法"中不适宜的内容

（三）宪法修正案

1. 1988 修正案

背景	1988年4月12日第七届全国人民代表大会第一次会议通过（2条修正案）
内容	（1）规定<u>私营经济</u>。 （2）<u>土地的使用权可以依照法律规定转让</u>。 ［安口诀］城市私营经济,农村转让土地

2. 1993 修正案

背景	1993年3月29日第八届全国人民代表大会第一次会议通过（9条修正案）
内容	（1）社会主义<u>初级阶段</u>、建设有中国特色社会主义的理论、改革开放。 （2）<u>以家庭联产承包为主的责任制</u>。 （3）<u>社会主义市场经济</u>（1992年十四大）,国营经济改为国有经济。 （4）<u>中国共产党领导的多党合作和政治协商制度将长期存在和发展</u>。 （5）<u>县级人大任期3年改为5年</u>。 ［安口诀］协商长期包现场

3. 1999 修正案

背景	1999年3月15日第九届全国人民代表大会第二次会议通过（6条修正案）
内容	（1）"邓小平理论"写入序言。 （2）<u>依法治国,建设社会主义法治国家</u>。 （3）我国将<u>长期处于社会主义初级阶段</u>,初级阶段的<u>基本经济制度</u>和<u>分配制度</u>。 （4）农村集体经济组织实行<u>家庭承包经营为基础</u>、<u>统分结合</u>的<u>双层经营</u>体制。 （5）<u>非公有制经济</u>在社会主义市场经济中的地位,国家<u>保护</u>个体经济、私营经济的合法的权利和利益。国家对个体经济、私营经济实行<u>引导</u>、<u>监督</u>和<u>管理</u>。 （6）<u>反革命罪</u>的活动改为危害国家安全的犯罪活动。 ［安口诀］出发返程包飞机

---

① BC

4. 2004 修正案

背景		2004年3月14日由第十届全国人民代表大会第二次会议通过（14条修正案）
内容	序言修改 与时俱进	（1）"三个代表""三个文明"写入序言（物质文明、精神文明、政治文明）。 （2）序言中统一战线增加"社会主义事业建设者"
	经济制度 保护私权	（3）完善征用制度，区分征收、征用，明确征收目的、征收程序和国家补偿。 ［安口诀］这里链接法理学，征收征用是法律保留事项，只能依照"法律"，不能依照"法律法规"，这里的法律是狭义的法律。 （4）鼓励、支持、引导、监督、管理非公有制经济发展。 （5）完善对私有财产的保护，"财产权"代替原条文"所有权"。 （6）建立、健全社会保障制度。 ［安口诀］社会保障水平和经济发展水平相关
	基本权利 保障人权	（7）国家尊重和保障人权（《宪法》第33条第3款）。 ［安口诀］二十大报告提出："坚持走中国人权发展道路，积极参与全球人权治理，推动人权事业全面发展。"
	国家机构 服务实践	（8）全国人大组成加入特别行政区代表。 （9）戒严改为紧急状态。 ［安口诀］紧急状态三考点：第一，2004修正案；第二，省以上范围紧急状态，全国人常决定，国家主席发布；第三，省以下范围紧急状态，国务院决定，总理签署发布。 （10）国家主席职权增加进行国事活动。 ［安口诀］国家主席独立完成的职权：一是国事活动；二是国事活动中直接授予友谊勋章。 （11）乡镇级人大任期3年改为5年。
	国家标志 正式国歌	（12）国旗、国徽、首都改为国旗、国歌（《宪法》141条）、国徽（《宪法》142条）、首都（《宪法》143条）
影响		2004年修宪是我国宪法发展史上的重大事件，整个修宪过程和修宪内容都充分体现出务实性、人性化和国际化的特点，使得我国宪法朝着更加民主、人道、理性的方向发展，为中国宪法制度的完善奠定了良好的基础

5. 2018 修正案

背景	2018年3月11日由第十三届全国人民代表大会第一次会议通过（21条修正案）	
内容	序言部分	（1）增加"科学发展观，习近平新时代中国特色社会主义思想"。 （2）增加"贯彻新发展理念""五个文明""富强民主文明和谐美丽的社会主义现代化强国，实现中华民族的伟大复兴"。 （3）爱国统一战线增加"致力于中华民族伟大复兴的爱国者"。 （4）民族关系修改为"平等团结互助和谐的社会主义民族关系已经确立，并将继续加强"（增加"和谐"）。 （5）增加"坚持和平发展道路，坚持互利共赢开放战略""构建人类命运共同体"。 （6）"健全社会主义法制"修改为"健全社会主义法治"
	党的领导	（7）增加"中国共产党领导是中国特色社会主义最本质的特征"（《宪法》第1条第2款）。 （8）增加"国家倡导社会主义核心价值观"（十八大提出）
	治理体系 治理能力 现代化	"法律委员会"修改为"宪法和法律委员会"（注意区别于全国人常法工委）。 （10）国家主席任期、副主席任期删除"连续任职不得超过两届"。 （11）增加设区的市制定地方性法规的规定。 ［安口诀］2015《立法法》增加，2018宪法修正案增加；市地方性法规三类事项：城乡建设与管理＋环境保护＋历史文化保护，2023年《立法法》草案增为四类事项：城乡建设与管理＋生态文明建设＋历史文化保护＋基层社会治理。 （12）在国家机构中设立"监察委员会"，11条修正案和监察委员会有关。 （13）增加"国家工作人员就职时依照法律规定公开进行宪法宣誓"
影响	（1）为在国家政治和社会生活中贯彻习近平新时代中国特色社会主义思想提供了宪法保障。 （2）为全面贯彻实施宪法确立的国家根本任务、发展道路、奋斗目标提供了宪法保障。 （3）为确保党的长期执政和国家长治久安提供了宪法保障。 （4）为进一步全面推进依法治国提供了宪法保障。 （5）为支持和健全人民当家作主提供了宪法保障。 ［安口诀］思宪党法人	

复习

1. 依法治国的提出
（1）依法治国：有法可依，有法必依，执法必严，违法必究。
（2）全面依法治国：科学立法，严格执法，公正司法，全民守。
（3）全面依法治国关键在于：党领导立法，保证执法，支持司法，带头守法。

2. 社会主义初级阶段
（1）1993修正案社会主义初级阶段。
（2）1999修正案长期处于社会主义初级阶段。

3. 土地问题
（1）1988 修正案土地使用权可以转让。
（2）1993 修正案家庭联产承包责任制。
（3）1999 修正案统分结合双层经营。

4. 非公有制经济问题
（1）1988 修正案私营经济。
（2）1999 修正案出现非公有制经济，但是只有引导、监督、管理。
（3）2004 修正案对非公有制经济，变成了鼓励、支持、引导、监督、管理。

5. 任期修改
（1）1993 修正案县级 3 改 5。
（2）2004 修正案乡级 3 改 5。
（3）2018 年修改《村委会组织法》《居委会组织法》村委会、居委会任期 3 改 5。

6. 指导思想
（1）"邓小平理论"1997 年十五大写入党章，1999 年修正案写入宪法。
（2）"三个代表"2002 年十六大写入党章，2004 修正案写入宪法。
（3）"科学发展观"2007 年十七大写入党章，2018 修正案写入宪法。
（4）"习近平新时代中国特色社会主义思想"2017 年十九大写入党章，2018 修正案写入宪法。

7. 五个文明
（1）2004 修正案三个文明（物质、精神、政治）。
（2）2018 修正案五个文明（物质、精神、政治、社会、生态）。

8. 爱国统一战线
社会主义劳动者＋社会主义事业建设者（04 增加）＋拥护社会主义的爱国者＋拥护祖国统一和致力于中华民族伟大复兴的爱国者（18 修改）。

品 题

1.2018 年全国人民代表大会对现行宪法进行了修改，下列表述属于此次修改内容的是（　　）。①（2021 单选 19）（2021 法学单选 14）

A. 土地的使用权可以依照法律的规定转让
B. 国家建立健全同经济发展水平相适应的社会保障制度
C. 中国共产党领导的多党合作和政治协商制度将长期存在
D. 推动物质文明、政治文明、精神文明、社会文明和生态文明的协调发展

---

① D

2. 根据2018年宪法修正案，爱国统一战线中增加的社会群体是（　　）。①（2020单选22）

A. 社会主义劳动者

B. 社会主义事业的建设者

C. 拥护社会主义的爱国者

D. 致力于中华民族伟大复兴的爱国者

3. 2004年全国人民代表大会对宪法进行了修改。下列选项属于此次修改内容的是（　　）。②（2017单选18）（2017法学单选9）

A. 国家尊重和保障人权

B. 中华人民共和国实行依法治国，建设社会主义法治国家

C. 县、市、市辖区的人民代表大会每届任期由三年改为五年

D. 中国共产党领导的多党合作和政治协商制度将长期存在和发展

4. 下列关于我国1999年宪法修正案内容的表述，正确的是（　　）。③（2016单选16）

A. 明确了土地使用权可依法转让

B. 首次规定了公民合法的财产权受法律保护

C. 确立了按劳分配为主体、多种分配方式并存的分配制度

D. 增加了推动物质文明、政治文明和精神文明协调发展的内容

5. 根据2004年宪法修正案，爱国统一战线中增加的社会群体是（　　）。④（2015单选18）

A. 全体社会主义劳动者

B. 社会主义事业的建设者

C. 拥护社会主义的爱国者

D. 拥护祖国统一的爱国者

6. 下列选项中，属于我国2004年宪法修正案内容的有（　　）。⑤（2012多选56）

A. 国家尊重和保障人权

B. 依法治国，建设社会主义法治国家

C. 国家建立健全同社会经济发展水平相适应的社会保障制度

D. 在爱国统一战线的范围的表述中增加"社会主义事业的建设者"

---

① D

② A

③ C

④ B

⑤ ACD

7. 下列关于我国宪法修正案的表述，正确的是（　　）。① （2012 法学单选 11）
A. 我国采用修正案的方式对宪法进行修改始于 1982 年
B. 1988 年宪法修正案确立了"按劳分配为主体、多种分配方式并存的分配制度"
C. "国家尊重和保障人权"是 1999 年宪法修正案确立的原则
D. 2004 年宪法修正案规定"国家建立健全同经济发展水平相适应的社会保障制度"

第三节　宪法原则和宪法规范

一、宪法原则

（一）人民主权原则

1. 概　念

人民主权原则又称主权在民原则，所要解决的是权力来源与国家合法性问题。主权可以创造一切、变更一切，而没有其他的权力能够限制它，所以被称为最高权力（对内最高，对外平等）。

2. 历　史

（1）由博丹的《共和六书》提出主权概念，他认为凡属国家，必有一种最高权力，其不受任何人为的法律的限制，而只受上帝的法律或自然的法律限制。主权理论是在论证王权的绝对性的基础上提出来的，所以主权的最初表现形式为君权神授，即君主主权（1.0 版本：君主主权）。

［安口诀］注意博丹没有提出人民主权

（2）随着英国国内本身政治的发展，英国资产阶级革命取得胜利，出现了君主主权向议会主权的转变，原来由君主专有的权力变成君主与贵族还有人民共同分享了（2.0 版本：议会主权）。

（3）美国的联邦党人发展了人民主权原则，人民既然可以通过授权产生州议会，当然也有权力进行更大范围的授权——建立一个强有力、又能够保障公民自由的联邦政府，人民主权原则得以最终确立，代替了原有的议会主权，现在人民主权的原则已被世界各国的宪法规定所接受和吸纳（3.0 版本：人民主权）。

> 超链接
>
> 人民主权原则宪法体现：
>
> 中华人民共和国的一切权力属于人民。人民行使国家权力的机关是全国人民代表大会和地方各级人民代表大会。人民依照法律规定，通过各种途径和形式，管理国家事务，管理经济和文化事业，管理社会事务（《宪法》第 2 条）。

---

① D

（二）基本人权原则

1. 概 念

人权是人之为人应该享有的权利，不得非法限制和剥夺。

2. 历 史

以卢梭"天赋人权"为理论基础，认为每个人都具有与生俱来的自由和平等权，在资产阶级革命取得胜利以后，这样的政治宣言就被写在了宪法之中。

[安口诀] 人权 1.0 版本，资产阶级强调人身自由、政治权利、财产权（消极权利），代表作《人权宣言》《美国宪法》；2.0 版本，无产阶级强调社会权利、文化权利（积极权利），代表作《苏俄宪法》《魏玛宪法》；3.0 版本，向国际人权发展（集体权利），代表作《联合国人类环境会议宣言》。

> **超链接**
>
> 基本人权原则宪法体现：
>
> （1）八二宪法将"公民的基本权利和义务"置于"国家机构"之前。
>
> （2）2004 年宪法修正案，《宪法》第 33 条增加第 3 款"国家尊重和保障人权"，人权入宪是自然权利实证化的过程，为保护宪法未列举的基本权利提供了规范基础。

（三）法治原则

1. 概 念

在宪制之下，立法部门、行政机构以及司法部门的行为都应当以宪法和法律作为政府行使权力的根据与界限，国家治理必须依据宪法和法律。

2. 内 容

（1）宪法优位（宪法＞法律＞行政法规）：全国人大及其常委会制定的法律，必须受到宪法的约束，而不能与宪法相抵触，否则无效；为了确保一个国家法制的统一，宪法优位还进一步要求在行政和立法机关之间的关系上要遵循法律优位原则，也就是说行政机关的一切行政行为或其他活动都不得与法律相抵触（立法）。

（2）法律保留（见立法法部分）：关于公民基本权利的限制等专属立法事项，应当由立法机关通过法律来规定，行政机关不得代为规定，行政机关实施的行政行为必须要有法律的授权，不得与法律相抵触（行政）。

（3）审判独立：法官在审判案件时不受任何干涉或压迫，只服从于宪法和法律（司法）。

> **超链接**
>
> 法治原则宪法体现：
>
> （1）本宪法以法律的形式确认了中国各族人民奋斗的成果，规定了国家的根本制度和根本任务，是国家的根本法，具有最高的法律效力（《宪法》序言第 13 自然段）。

（2）中华人民共和国实行依法治国，建设社会主义法治国家。国家维护社会主义法制的统一和尊严。一切法律、行政法规和地方性法规都不得同宪法相抵触。一切国家机关和武装力量、各政党和各社会团体、各企业事业组织都必须遵守宪法和法律。一切违反宪法和法律的行为，必须予以追究。任何组织或者个人都不得有超越宪法和法律的特权（《宪法》第5条）。

（3）人民法院依照法律规定独立行使审判权，不受行政机关、社会团体和个人的干涉（《宪法》第131条）。

（四）权力制约与监督原则

1. 概　念

国家权力机关的各部分之间相互监督、相互制约，以保障公民权利的原则，既包括了公民权利对于国家权力的制约，也包括了国家权力对于国家权力的制约。

（1）国家权力分为立法权、行政权、司法权，并分别由三个不同的国家机关行使。

（2）在立法、行政、司法等部门之间建立一种相互平衡与相互制约的关系，通过权力分立、权力制约、权力平衡达到限制专制与独裁的目的，以实现民主。

2. 历　史

（1）中世纪的政治理论，混合政体是最好的政府（平民+贵族+君主），因为它能够代表各个社会阶层的利益，而且这三种不同身份的群体的利益也得到了很好的平衡。

（2）洛克认为国家权力应该分为立法权、行政权和对外权，实际上是立法与行政两权分立。

（3）孟德斯鸠在洛克学说的基础上提出了三权分立学说，该学说在美国宪法中成为一项具有可操作性的宪法原则和制度，后来就成为资本主义国家宪法文本中所确立的一项普遍的宪法原则。

> **超链接**
>
> 权力制约与监督原则宪法体现：
>
> （1）人民对国家权力的制约监督：国家一切权力属于人民（《宪法》第2条）；全国人大和地方各级人大都由民主选举产生，对人民负责，受人民监督（《宪法》第3条）；一切国家机关和国家工作人员必须依靠人民的支持，经常保持同人民的密切联系，倾听人民的意见和建议，接受人民的监督，努力为人民服务（《宪法》第27条）。
>
> （2）公民权利对国家权力的制约监督：中华人民共和国公民对于任何国家机关和国家工作人员，有提出批评和建议的权利；对于任何国家机关和国家工作人员的违法失职行为，有向有关国家机关提出申诉、控告或者检举的权利，但是不得捏造或者歪曲事实进行诬告陷害（《宪法》第41条）。

（3）国家机关内部的制约监督：国家行政机关、监察机关、审判机关、检察机关都由人大产生，对它负责，受它监督（《宪法》第3条）；监察委员会依照法律规定独立行使监察权，不受行政机关、社会团体和个人的干涉。监察机关办理职务违法和职务犯罪案件，应当与审判机关、检察机关、执法部门互相配合，互相制约（《宪法》第127条）；人民法院、人民检察院和公安机关办理刑事案件，应当分工负责，互相配合，互相制约，以保证准确有效地执行法律（《宪法》第140条）。

品题

1. 下列关于我国宪法中"国家尊重和保障人权"条款的理解，正确的有。①（　　）（2022多选47）

A. 2004年宪法修正案正式载入人权保障条款

B. 人权入宪有利于推进我国社会主义人权事业的发展

C. 该条款为我国人权保障的法律制度提供了宪法基础

D. 《国家人权行动计划（2021—2025年）》的发布体现了该条款的基本精神

超链接

《国家人权行动计划（2021—2025）》：

（1）巩固脱贫攻坚成果，开展乡村振兴建设，贯彻就业优先政策，实施健康中国战略，完善社会保障体系建设，推动教育公平发展，加强公共文化服务，促进全体人民共同富裕。

（2）扩大公民自主参与和自由发展空间，完善人身权利、个人信息权益、财产权利和宗教信仰自由权利保障制度，切实尊重和保障公民权利和政治权利。

（3）实施可持续发展战略，落实减污降碳总要求，推动绿色发展，构建生态文明体系，完善生态环境法律法规制度体系，加快推动绿色低碳发展，促进人与自然和谐共生。

（4）完善对少数民族、妇女、儿童、老年人、残疾人等各类特定群体权益的平等保障和特殊保护，促进所有人的全面发展。

（5）将人权教育纳入国民教育体系，增强全社会尊重和保障人权的意识。

（6）认真践行国际承诺，深度参与国际人权事务，推动完善全球人权治理体系，构建人类命运共同体。

2. 下列关于我国宪法中人民主权原则的理解，正确的是（　　）。②（2021单选16）（2021法学单选11）

A. "一切权力属于人民"体现了人民主权原则

B. 人民主权原则要求国家机构实行集体领导体制

---

① ABCD

② A

C. 人民行使国家权力的机关是人民代表大会和政治协商会议
D. 人民主权原则意味着人民通过各种途径对国家进行直接管理

3. 我国宪法规定，国家尊重和保障人权，下列关于该条款的表述，正确的有。① （　　）（2016 多 56）

A. 该条款在八二宪法制定时予以明确规定
B. 该条款对于理解基本权利具有指导作用
C. 该条款为未列举基本权利提供了规范基础
D. 该条款为国家设定了尊重、保障和实现人权的义务

4. 我国宪法规定："人民依照法律规定，通过各种途径和形式，管理国家事务，管理经济和文化事业，管理社会事务。"这一规定体现的宪法基本原则是（　　）。② （2013 单选 16）

A. 法治 　　　　　　B. 权力制约
C. 人民主权　　　　　D. 人权保障

5. 下列关于宪法优位的说法，正确的有（　　）。③ （2013 多选 53）
A. 法律必须受宪法约束
B. 行政法规不得同宪法相抵触
C. 国家机关的行为必须有明确的宪法依据
D. 宪法优位要求在行政机关和立法机关的关系上遵循法律优位原则

二、宪法规范

（一）宪法规范与宪法关系

1. 概　念

<u>宪法规范是调整宪法关系的各种规范的总和</u>，<u>宪法关系是经由宪法调整而包含有宪法上权利义务内容的社会关系</u>。

2. 宪法关系特点
（1）宪法关系所涉及的领域非常广泛，而且均属于宏观的或者原则性方面的社会关系。
（2）宪法关系的一方通常总是国家或者国家机关。

3. 宪法关系类型

<u>国家与公民之间的关系</u>＋<u>国家与其他社会主体之间的关系</u>＋<u>国家机关之间的关系</u>＋<u>国家机关内部的关系</u>。

[安口诀] 宪法关系至少有一方是国家，因为宪法属于公法。

---

① BCD
② C
③ ABD

（二）宪法规范的特点

1. 内容的政治性

这是宪法规范与其他法律规范相比最主要的特点，是由宪法所调整的社会关系所决定的。

（1）从宪法最初的产生来看，宪法就是为了保障人权而对国家权力的行使进行严格限制的一个崭新的法律部门（对应宪法是公民权利的保障书）。

（2）从宪法规范的具体内容来看，主要是有关国家权力、政治过程、平衡各种政治利益的规则、规范国家与公民及各种政治力量之间的关系（对应宪法是民主制度法律化的基本形式）。

（3）宪法规范内容的实现和变化都要受到各种政治力量对比关系的决定性影响（对应宪法是各种政治力量对比关系的集中体现）。

2. 效力的最高性

宪法规范具有最高的法律效力，是由宪法规范的性质和内容决定的，也是由宪法的最高法律地位决定的。

3. 立法的原则性

（1）概括性：宪法规范表现为原则性和概括性，是与宪法规范调整内容的广泛性相联系的。

（2）适应性：宪法是国家的根本法和总章程，要为社会政治调整和国家权力行使提供规范依据，这就决定了宪法规范在内容设计上要囊括国家生活和社会生活的各个方面，任何的立法空白都会使社会活动的总体调整陷于无法可循的境地。

（3）相对稳定性：如果宪法在立法上过于具体庞杂，必然会导致规范主次不分明和经常性修改，也不利于保护宪法的稳定性和权威性。

4. 实施的多层次性

这是宪法规范在实施方式上的特点。

（1）间接实施：大部分的宪法规范只提供了调整社会关系的宏观性原则，宪法规范的实现不可能是直接的一次性调整具体社会政治事项和个人间的权利义务关系，从而形成宪法秩序。宪法规范的调整和规范职能，要根据实际需要进行多层次的具体化，包括立法具体化和宪法解释，使其成为一种具有直接的可操作性的行为规范，这样才能通过社会主体的自觉守宪行为和有权机关的合宪性审查行为而最终实现。

（2）直接实施：有的宪法规范由于立法形式比较具体，其实现就可能是一次性的或较少具体化层次即可完成，特定的宪法主体和合宪性审查机关直接执行这些规范即可形成宪法相关秩序，实现宪法规范的职能，如宪法立法中有关国家机关具体职权的规定依据有关宪法修改及具体的程序性规范就属此类。

［安口诀］多次原谅治罪。

（三）宪法规范的类型

1. 组织权限规范

宪法中用大部分的条文去处理国家机关的组织、权限和职权行使的程序，或者至少规定其原则。

2. 权利义务规范

这类规范是宪法在调整公民基本权利和基本义务的过程中形成的，是公民行使权利、履行义务的宪法基础。

3. 宪法委托规范

这类规范和权利义务规范也属于实体规范，但只是规定了国家的义务，而没有赋予人民任何主观权利。广义的宪法委托规范包含宪法中所有的要求特定机关为具体行为的规定，一般仅限于狭义的对立法机关的立法委托。

［安口诀］宪法委托规范可以理解为国家机关的职权，人民是国家主人，将国家权力第一次委托给人大代表组成立法机关，所以狭义的宪法委托规范就是立法机关的职权；人大将国家权力第二次委托给其他国家机关，所以广义的宪法委托规范就是所有国家机关的职权。

4. 宪法指示规范

宪法指示强制国家为一定行为，和宪法委托不同，原则上所有公权力机关直接或间接的都是其规范对象，行为也不以立法机关为限，公权力机关可以根据国家发展的实际情况决定履行宪法指示的具体方式和先后顺序。我国宪法中基本国策条款多属于此类规范（如民主集中制、党的领导、精简效率）。

［安口诀］奥组委有权指示。

品题

1. 宪法关系是指根据一定的宪法规范，在宪法主体之间产生的、以宪法中的权利和义务为基本内容的社会政治关系。下列不属于宪法关系调整的对象的是（　　）。① （2017 单选 19）

A. 公民与公民之间的关系　　B. 公民与国家机关之间的关系
C. 国家机构的内部关系　　D. 国家机关之间的关系

2. 下列关于宪法规范的表述，正确的是（　　）。② （2016 单选 17）

A. 宪法规范的效力高于法律、法规的效力
B. 宪法规范不调整国家和无国籍人之间的关系
C. 宪法规范因具有权威性而无需进行宪法解释
D. 宪法规范具有政治性，只能通过立法具体化

3. 关于宪法规范，下列说法正确的有（　　）。③ （2015 单选 16）

A. 宪法规范比普通法律规范更具原则性、概括性
B. 宪法规范内容上的政治性决定了违宪主体不承担法律后果
C. 宪法规范主要调整国家与公民之间、公民与公民之间的关系
D. 宪法规范在我国的表现形式主要有宪法典、宪法相关法、宪法惯例和宪法判例

---

① A

② A

③ A

第二章
宪法的制定和实施

第一节 宪法变迁

一、宪法制定

(一) 宪法制定的概念

1. 概　念

宪法制定是制宪主体行使制宪权的活动，制宪权概念由西耶斯提出，他认为国民不受制于宪法，国民拥有制宪权。制宪权虽是人民创制宪法的权力，但具体行使制宪权的是立宪机关，如制宪会议。

[安口诀] 制宪权——人民；制宪机关——双一会；修宪权——人民；修宪机关——全人大。

> **超链接**
>
> 法国大革命时期西耶士在《第三等级是什么？》书中提出，在所有自由国家中——所有的国家均应当自由，结束有关宪法的种种分歧的方法只有一种，那就是要求助于国民自己，而不是求助于那些显贵。如果我们没有宪法，那就必须制定一部：惟有国民拥有制宪权。他在解释制宪权的概念时，强调国民意志的权威性，提出国民不受制于宪法。

2. 制宪权和修宪权

制宪权、修宪权与立法权是属于不同层次的权力形态，制宪权是原生性权力，修宪权是依据制宪权而产生的一种派生性权力。

[安口诀] 原生性权力：人权、主权、制宪权。

(二) 宪法制定的主体

1. 概　念

国民作为制宪权的主体，但在运行上并不意味着全体国民直接参与制宪活动，具体行使制宪权，真正直接参与制定宪法过程的只能是国民中的一部分代表。

2. 制宪机关和宪法起草机关

(1) 制宪机关是行使制宪权的国家机关；宪法起草机关是专门工作机关，不能独立行使制宪权。

（2）制宪机关是<u>常设性机构</u>（有任期）；宪法起草机关是<u>临时性机构</u>（没任期），起草任务结束后便解散。

（3）制宪机关<u>有权批准通过宪法</u>；宪法起草机关<u>无权批准通过宪法</u>。

（4）制宪机关产生方式是<u>由公民选举产生</u>；宪法起草机关产生方式是<u>通过任命方式产生</u>。

（三）宪法制定的程序

1. 成立专门的制宪机构

1953年成立以毛泽东为主席的宪法起草委员会；1954年9月15日，第一届全国人民代表大会第一次会议成为制宪机关。

> **超链接**
>
> 1953年，中央人民政府委员会通过了《关于召开全国人民代表大会及地方各级人民代表大会的决议》，决定于1953年召开由人民普选产生的乡、县、省（市）各级人民代表大会。会议还决定：成立以毛泽东为主席的中华人民共和国宪法起草委员会，以周恩来为主席的中华人民共和国选举法起草委员会。

2. 提出宪法草案

3. 通过宪法草案

4. 公布

[安口诀] 法律的制定修改由国家主席公布，宪法的制定修改由全国人大公布

品题

1. 关于制宪权和制宪机关，下列表述正确的是（　　）。① （2017单选16）（2017法学单选8）
A. 制宪权和修宪权是同一层次的权力形态
B. 立宪实践中，宪法起草机构就是制宪机关
C. 在我国，制宪权主体是全国人民代表大会
D. 1954年宪法是新中国成立后人民行使制宪权的产物

2. 下列关于制宪权的表述，正确的是（　　）。② （2012单选18）
A. 制宪权通常由人民直接行使
B. 最早系统提出制宪权理论的是英国思想家洛克
C. 制宪权、修宪权和立法权属于同一层级的权力形态
D. 国民成为制宪权的主体是现代宪法的特点之一，为现代各国宪法所普遍承认

---

① D

② D

> **超链接**
>
> 洛克在《政府论》（下篇）中认为：国家有三种权力，即立法权、行政权和外交权。行政权和外交权可以交由国王行使，立法权由立法机关行使，如果行政权和立法权交由同一个人或者同一机关掌握，就会使自己不受法律的限制；虽然立法机关是最高国家机关，但仍然要受到人民委托的限制，其权力并不是不受限制的；人们可以长期使用已经制定的法律，因此行使立法权的立法机关没必要是常设机关。洛克对权力之间的相互制约论述不多。
>
> 孟德斯鸠在《论法的精神》中，从人性的弱点和权力的特性出发，首先探讨了国家权力分立的必要性，他认为权力行使的特点是一直要遇到界限为止，因此权力的滥用是必然的。孟德斯鸠认为国家权力必须分为三种，即立法权、行政权和司法权，这三种权力必须由三部分人分别掌握，在国家权力分立的基础上，三种国家权力之间还必须互相制约，以国家权力制约国家权力。

二、宪法修改

（一）宪法修改的概念

1. 概　念

宪法修改是有权修改宪法的机关依据法定的程序对宪法规范予以补充、调整、删除的行为，以保证宪法的内容与社会的发展相适应。

2. 修改限制

宪法修改条款本身也受到限制，这在第二次世界大战之后表现得十分明显。一些国家在其宪法中规定，政体、基本权利等方面的内容不得成为宪法修改的对象。

> **超链接**
>
> 例如1958年《法国宪法》规定，当宪法的修改有损领土完整时，任何修改程序都不得着手进行或继续进行。政府的共和政体不得作为修改的议题。

（二）宪法修改的方式

1. 全面修改 1975 年宪法＋1978 年宪法＋1982 年宪法

2. 部分修改

这是对宪法的部分条款加以改变，或者增加一些新的条款，而不改动其他条款的一种修改方式。

（1）直接修改：1979 年、1980 年在七八宪法基础上直接修改

（2）修正案修改：美国首先使用宪法修正案，我国目前也采用宪法修正案（八二宪

法88年），包括 <u>1988年修正案</u>（第1，2条）+ <u>1993年修正案</u>（第3～11条）+ <u>1999年修正案</u>（第12～17条）+ <u>2004年修正案</u>（第18～31条）+ <u>2018年修正案</u>（第32～52条），共<u>五次52条</u>。

（三）宪法修改的程序

（1）宪法修改机关：<u>全国人大</u>。

（2）宪法修改提议：（党中央建议），<u>全国人大常委会</u>或<u>1/5以上全国人大代表</u>提议。

（3）宪法修改通过：全国人大<u>全体代表2/3以上</u>多数通过。

（4）宪法修改公布：<u>全国人大主席团</u>。

《宪法》第64条规定："宪法的修改，由全国人大常委会或者1/5以上的全国人大代表提议，并由全国人大以全体代表的2/3以上的多数通过。"

品题

1.关于我国宪法的修改，下列表述正确的是（　　）。① （2020 单选24）

A.现行宪法规定了不得进行修改的内容

B.全国人大常委会有权对宪法作部分修改

C.1/5以上的全国人大代表有权提议宪法修改

D.宪法修改须由全国人大以出席代表的2/3以上多数通过

2.下列关于宪法修改的表述，正确的是（　　）。② （2019 单选15）

A.宪法修改权的主体是修宪机关

B.我国宪法修改的程序和普通法律相同

C.我国宪法修改的机关是全国人大常委会

D.宪法修改有全面修改和部分修改两种形式

3.通过宪法修正案对宪法部分内容予以修改和完善，是宪法修改的一种方式，我国采用这一方式开始于（　　）。③ （2018 单选22）

A.1979年　　　　B.1982年　　　　C.1988年　　　　D.2004年

4.下列关于宪法修改的表述，正确的是（　　）。④ （2016 单选20）

A.宪法的修改机关和宪法的制定机关相同

B.由公民提议修宪是现代法治国家的通例

C.宪法修正案一般需要由议会过半数通过

D.我国宪法修改权由全国人民代表大会行使

---

① C

② D

③ C

④ D

5. 根据我国宪法，有权提议进行宪法修改的主体是（　　）。①（2014 单选 31）
A. 最高人民法院　　　　　　B. 中央军事委员会
C. 省级人民代表大会　　　　D. 1/5 以上的全国人民代表大会代表

6. 下列关于我国宪法修改的表述，正确的是（　　）。②（2013 单选 24）
A. 可以由全国人大主席团提议
B. 须由三分之一以上全国人大代表提议
C. 须由全国人大以全体代表的 2/3 以上的多数通过
D. 须由全国人大出席会议代表的 2/3 以上多数通过

7. 根据我国宪法的规定，有权提议修改宪法的主体有（　　）。③（2012 法学多选 28）
A. 全国人民代表大会主席团
B. 全国人民代表大会常务委员会
C. 全国人民代表大会的一个代表团
D. 1/5 以上的全国人民代表大会代表

三、宪法解释

（一）宪法解释的概念

1. 概　念

在宪法实施过程中，享有宪法解释权的国家机关依照法定的程序对宪法的含义、内容和界限所作的说明和补充。

2. 正式解释和非正式解释

（1）正式解释：享有宪法解释权的机关对宪法作出的具有宪法效力的解释。

（2）非正式解释：有解释权之外的机关或个人对宪法的解释，这反映了这些组织或个人对宪法的理解，虽然没有法律效力，但反映了一国的宪法意识。

（二）宪法解释的方法

1. 文义解释

根据宪法规范所使用的文字的字面意思而进行解释的方法，又称字面解释。

2. 目的解释

通过探求制宪者的原意来解释宪法的方法，主要依据制宪过程中的历史资料，比如制宪会议的记录，制宪者对宪法的解读等，有时被称为原意解释。

3. 体系解释

根据宪法规范在宪法典中的位置，与其他规范的关联，从整体的角度来确定解释对象

---

① D
② C
③ BD

的含义与内容的解释方法。

（三）宪法解释的体制

宪法解释的体制属于国家宪制的组成部分，因各国政治体制、历史传统和法律体系的不同而有一定的差异，具体包括：

1. 立法机关解释

（1）概念特征：在这种体制下，立法机关是制定宪法的机关，同时也是解释宪法的机关。

（2）代表国家：目前有少数实行议会内阁制的国家仍然存在由议会解释宪法的情形；而在社会主义国家，一般都确立了由最高国家权力机关解释宪法的模式，我国1978年宪法规定由全国人大常委会行使宪法解释权。

2. 司法机关解释

（1）概念特征：在这种体制下，司法机关按照司法程序对宪法进行解释，其他的机关或社会团体对宪法的解释属于非正式解释。该解释体制采用不告不理的原则，并将宪法解释寓于审理案件的司法活动中，一般该解释对审理的特定的案件具有法律效力，不具有普遍约束力。

（2）代表国家：这种体制源自美国，还有加拿大、日本、澳大利亚等国也采用这种体制。

3. 专门机关解释

（1）概念特征：是依据宪法或其他宪法性法律的专门授权成立的机关行使宪法解释权的一种制度，包括宪法法院和宪法委员会，这种解释体制具有专门性和权威性的特点。

（2）代表国家：宪法法院源自奥地利，德国、意大利、俄罗斯和韩国都建立了宪法法院；而法国建立了宪法委员会。

> **超链接**
>
> 宪法法院：
>
> 在宪法中率先设立宪法法院的是1920年的奥地利宪法，后来德国、意大利、西班牙、土耳其等国也实行宪法法院制度；苏联解体后，其中一些加盟共和国也实行宪法法院制度；再如南斯拉夫、捷克、斯洛伐克、韩国、德国也实行该制度。

品题

1. 下列国家中，其宪法解释采用专门机关解释体制的是（　　）。[1]（2020单选21）
A. 法国　　　　　　B. 中国　　　　　　C. 美国　　　　　　D. 日本

---

[1] A

2. 关于宪法解释，下列表述正确的是（　　）。①（2017 单选 17）
A. 非正式的宪法解释可以具有宪法效力
B. 语义解释是从宪法制定的特定背景入手进行的解释
C. 法国宪法委员会对宪法的解释属于专门机关的解释
D. 我国人民法院对宪法规范的解释属于正式解释

3. 下列关于我国宪法解释机制的表述，不正确的是（　　）。②（2015 法学单选 14）
A. 我国的宪法解释属于立法机关解释
B. 地方各级人大享有宪法解释权
C. 我国的宪法解释机制在程序上需要进一步完善
D. 宪法解释机制的目的在于激活宪法，保障宪法的最高效力

4. 下列关于宪法解释体制，表述正确的是（　　）。③（2014 单选 21）
A. 社会主义国家一般由最高国家权力机关解释宪法
B. 德国创立了立法机关解释宪法的体制
C. 日本是最早采用宪法法院进行宪法解释的国家
D. 美国经由马伯里诉麦迪逊案确立了专门解释宪法的体制

5. 下列关于宪法解释体制的表述，正确的是（　　）。④（2014 法学单选 11）
A. 我国实行的是立法机关解释宪法的体制
B. 德国创立了立法机关解释宪法的体制
C. 日本是最早采用宪法法院进行宪法解释的国家
D. 美国经由马伯里诉麦迪逊案确立了专门解释宪法的体制

四、宪法监督

（一）宪法监督的概念

1. 概　念

宪法监督，也可称为合宪性审查制度，是指<u>由特定的机关对立法行为以及其他行为进行审查并处理的一种制度</u>，这里的立法行为不仅包括制定法律的行为，还应该包括制定法规和其他规范性文件的行为。

2. 审查立法行为和审查行政行为

按照宪法理论，除了立法行为可以作为合宪性审查的对象外，还应该包括对其他行为的审查，比如行政行为。

---

① C
② B
③ A
④ A

（二）合宪性审查的模式

合宪性审查的模式取决于一国的政治、经济、文化条件和历史背景，具体包括：

1. 普通法院模式

最早由普通法院行使合宪性审查权的国家是美国，虽然美国宪法没有规定普通法院有这项权力，但联邦最高法院 1803 年的马伯里诉麦迪逊案创立了合宪性审查制；目前日本、加拿大、澳大利亚、墨西哥、阿根廷等国家采用此模式。

> **超链接**
>
> 马伯里诉麦迪逊案：
>
> 1800 年美国大选，民主党人杰弗逊当选，而前任总统联邦党人亚当斯在新总统就任之前，任命联邦党人国务卿马歇尔为联邦最高法院首席法官，此外还任命一些治安法官，一些新增法官任命程序，由于时间仓促，委任状还未送出就到了新总统就任日期。新总统杰弗逊上任后，命令其国务卿麦迪逊扣发尚未发出的委任状，马伯里即是被任命为治安法官而未领到委任状的人之一，等待了数月之后，马伯里依据 1789 年国会制定的《司法条例》的规定，诉请至联邦最高法院。

2. 专门机关模式

（1）宪法法院代表是德国，最早是奥地利宪法法院（凯尔森），此外波兰、西班牙等国家也采用这种模式。

（2）宪法委员会代表是法国，最早是法国护法元老院。

3. 立法机关模式

这种模式的形成在理论上可以追溯到人民主权学说。按照这种学说，立法权是一种最高的权力，执行权和其他权力必须处于从属的地位，由此可以推出立法机关的最高地位。故对于立法机关制定的法律，其他机关无权审查，只能由立法机关自己来审查。

（三）合宪性审查的方式

从不同的角度来看，合宪性审查的方式可以作不同划分，如一般审查和个别审查、抽象审查和具体审查、事先审查和事后审查等，具体看最后一种分类：

1. 事先审查

事先审查也称预防性审查，是法律、法规或其他的法律文件在发生效力前，或行为还没有实施前，由特定的机关所作的一般性审查。这种审查往往带有一种抽象性和非针对性，而不是为了维护具体利益。

2. 事后审查

事后审查是指法律、法规或其他的法律文件在发生效力后，或者行为已经实施后，由特定的机关所作的具体审查。这种审查具有针对性，维护的是具体的利益，在社会生活中影响比较大。

品题

1. 下列关于各国宪法发展的表述，不正确的有（　　）。① （2016 单选 18）
   A. 1958 年法国宪法设专章规定宪法委员会制度
   B. 我国现行宪法是对"七五宪法"精神的继承和发展
   C. 英国宪法在发展中形成议会至上的体制特点
   D. 通过普通法院解释宪法是美国宪法实践的创造

2. 美国 1803 年马伯里诉麦迪逊案所确立的制度是（　　）。② （2015 单选 15）
   A. 联邦制　　　　　　　　B. 司法独立
   C. 议会至上　　　　　　　D. 司法审查

3. 世界上最早确立以宪法法院模式实施宪法监督的国家是（　　）。③ （2013 法单选 11）
   A. 美国　　　　　　　　　B. 法国
   C. 德国　　　　　　　　　D. 奥地利

五、宪法宣誓

（一）宪法宣誓的主体

各级人民代表大会及县级以上各级人民代表大会常务委员会选举或者决定任命的<u>国家工作人员</u>，以及各级人民政府、监察委员会、人民法院、人民检察院任命的国家工作人员，在就职时应当公开进行宪法宣誓。

> **超链接**
>
> 宣誓誓词：
>
> 我宣誓：忠于中华人民共和国宪法，维护宪法权威，履行法定职责，忠于祖国、忠于人民，恪尽职守、廉洁奉公，接受人民监督，为建设富强民主文明和谐美丽的社会主义现代化强国努力奋斗！

（二）宪法宣誓的组织

全国人大主席团组织	国家主席、副主席；全人常委员长、副委员长、秘书长、委员；国务院总理、副总理、国务委员、各部部长、各委员会主任、中国人民银行行长、审计长、秘书长；中央军委主席、副主席、委员；国监委主任、最高法院长、最高检检察长；专门委员会主任、副主任、委员

---

① B
② D
③ D

全国人常委员长会议组织	国务院副总理、国务委员、各部部长、各委员会主任、中国人民银行行长、审计长、秘书长；中央军委副主席、委员；专门委员会副主任、委员
	全人常副秘书长；全人常工作机构主任、副主任、委员；代表资格审查委员会主任、副主任、委员
本部门组织	国监委其他组成人员；最高院其他组成人员；最高检其他组成人员；国务院各部门其他组成人员

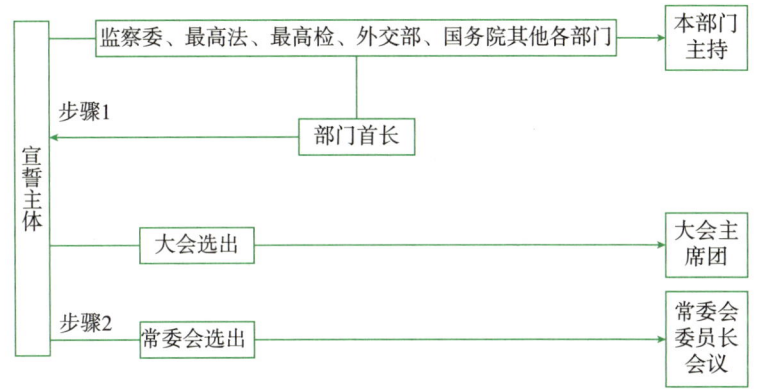

（三）宪法宣誓的意义

（1）宪法宣誓有利于维护宪法的最高法律地位、法律权威和法律效力。

（2）宪法宣誓有利于激励和教育国家工作人员忠于宪法、遵守宪法、维护宪法。

（3）宪法宣誓是我国宪法实施制度的完善和最新发展。

品题

1. 下列关于我国宪法宣誓制度的表述，解释正确的是（　　）。① （2021 单选 22）

A. 宪法宣誓制度为我国所首创

B. 宣誓可以分为单独宣誓和集体宣誓

C. 宣誓人包括国家工作人员和人大代表

D. 国务院各部委负责人的宣誓仪式由国务院组织

2. 根据全国人大常委会关于实行宪法宣誓制度的决定，下列人员中，在就职时应当进行宪法宣誓的有（　　）。② （2017 多选 52）（2017 法学多选 25）

A. 中华人民共和国教育部部长

B. 北京市人民检察院副检察长

C. 上海市人民政府办公厅会计

D. 中华人民共和国驻外全权代表

---

① B

② ABD

第二节 立法法专题

一、法律渊源诸问题（结合法理学）

（一）法律渊源

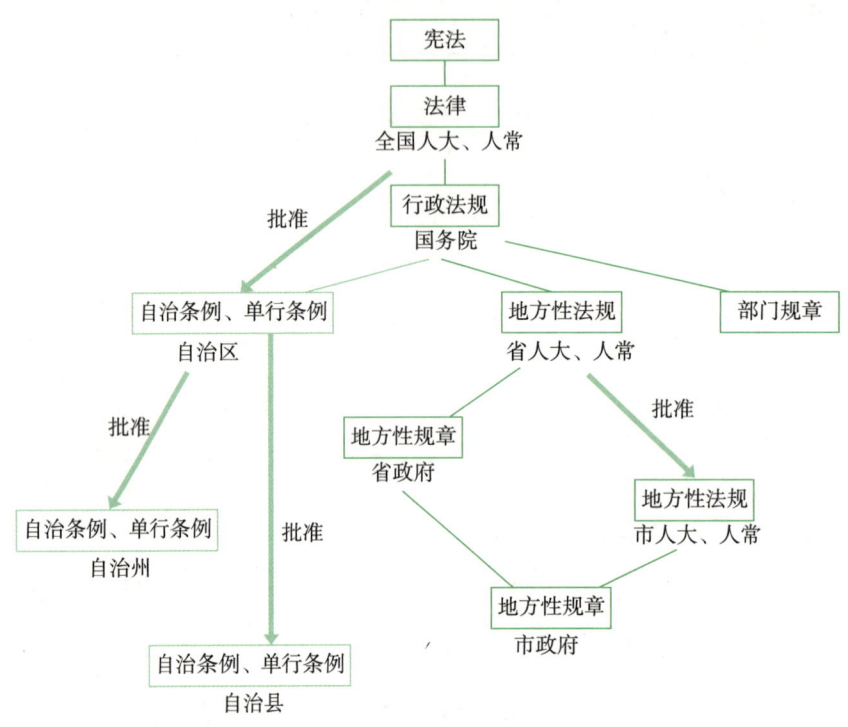

宪　法	制宪权——人民；制宪机关——双一会；修宪权——人民；修宪机关——全人大
法　律	制定主体：全人大（基本法律）+全人常（非基本法律）； 名称：《XXXXXX法》（叫"法"一定是狭义的法律） [安口诀] 全人大制定基本法律，全人常制定非基本法律；全人常虽然不能制定基本法律，但是可以修改基本法律；全人常虽然可以修改基本法律，但是不能修改所有的基本法律（香港、澳门基本法）；全人常虽然不能修改香港、澳门基本法，但是可以修改港澳基本法的附件部分（附件一、二、三）
行政法规	制定主体：国务院； 名称：《XXXXXX条例》
部门规章	制定主体：国务院各部委； 规章不能叫《XXXX条例》
地方性法规	制定主体：省级人大、人常；市级人大、人常（2018年修正案，仅限城乡建设与管理、生态文明建设、历史文化保护、基层社会治理）； 名称：《XX省XXXX条例》《XX市XXX条例》

续表

地方政府规章	制定主体：省级政府；市级政府（仅限城乡建设与管理、生态文明建设、历史文化保护、基层社会治理）； 规章不能叫《XXXX条例》
自治条例 单行条例	制定主体：自治区人大、自治州人大、自治县人大； 名称：《自治XXXX条例》
经济特区法规	制定主体：经济特区人大、人常，需经过授权
特别行政区法律	制定主体：香港立法会、澳门立法会，报全人常备案，违反法律就发回撤销，失效没有溯及力
监察法规	制定主体：国家监察委员会
军事法规	制定主体：中央军委
（司法解释）	制定主体：最高人民法院、最高人民检察院
国际条约 国际惯例	—
（习惯法）	—

品 题

1. 根据我国宪法和法律，下列关于国务院部门规章的表述，正确的是（　　）。①（2023年单选22）

A. 部门规章由部门首长决定

B. 部门规章名称一般称"条例"或"规定"

C. 国务院公报或部门公报上刊登的规章文本为标准文本

D. 涉及两个以上国务院部门职权范围的事项，有关部门可以分别制定规章

2. 某省会城市的人大常委会根据相关法律制定了《城市桥梁隧道安全管理条例》。从我国法律渊源角度看，该规范性法律文件属于（　　）。②（2021年单选3）

A. 行政法规

B. 部门规章

C. 地方性法规

D. 地方政府规章

---

① C

② C

3. 根据现行宪法的规定,有权制定基本法律的国家机关是（　　）。①（2014 年单选 16）
A. 全国人民代表大会
B. 全国人民代表大会常务委员会
C. 全国人民代表大会法律委员会
D. 全国人民代表大会常务委员会法制工作委员会

4. 下列法律文件中,属于地方性法规的是（　　）。②（2014 年单选 19）
A. 某省人民政府制定的《物业管理办法》
B. 某省人力资源和社会保障厅颁布的《人才招聘管理办法》
C. 某省人民代表大会常务委员会制定的《辐射污染防治条例》
D. 某省公安厅转发的《公安部关于公安机关办理未成年人违法犯罪案件的规定》

5. 根据我国宪法的规定,有权制定行政法规的主体是（　　）。③（2012 年单选 19）
A. 国务院
B. 国务院各部委
C. 省级人民政府
D. 较大的市人民政府

（二）法律效力

1. 不同位阶——上位法优于下位法

宪法		
法律		
行政法规		
省级地方性法规		部门规章
省政府规章	市级地方性法规	
市政府规章		

宪法永远排第一,法律永远排第二,行政法规永远排第三。

省大于市,人大大于政府:省地方性法规 > 省政府规章;省地方性法规 > 市地方性法规;市地方性法规 > 市政府规章;省地方性法规 > 市政府规章。

[安口诀] 省政府规章和市地方性法规的效力位阶,《立法法》并未给出结论。

2. 同一位阶——找裁决

（1）部门规章和部门规章,由国务院裁决;部门规章和省政府规章,由国务院裁决;部门规章和市政府规章,由国务院裁决。

---

① A
② C
③ A

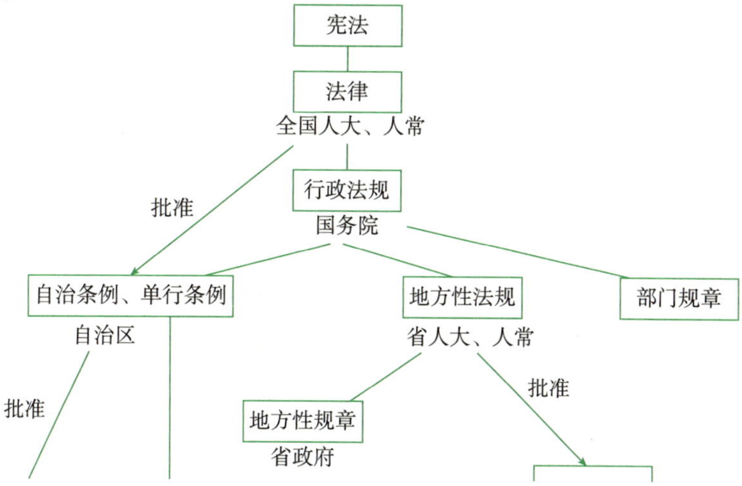

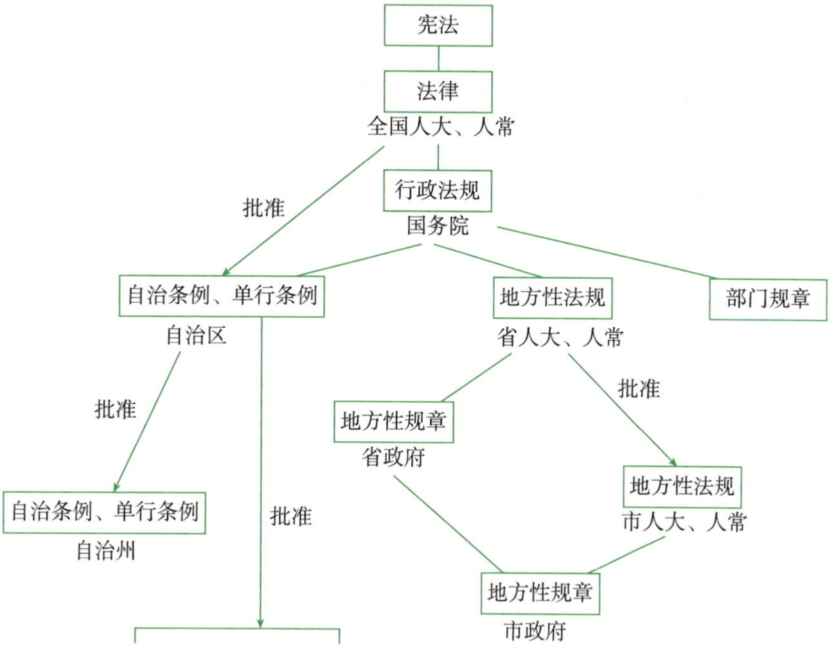

（2）部门规章和省地方性法规，先由国务院提出意见，最终由全人常裁决；部门规章和市地方性法规，先由国务院提出意见，最终由全人常裁决。

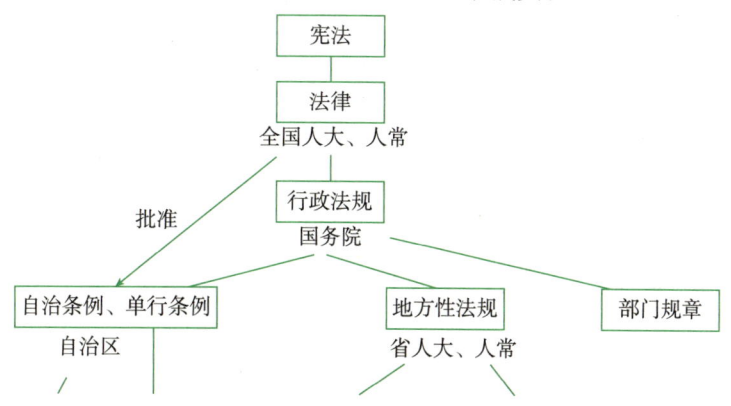

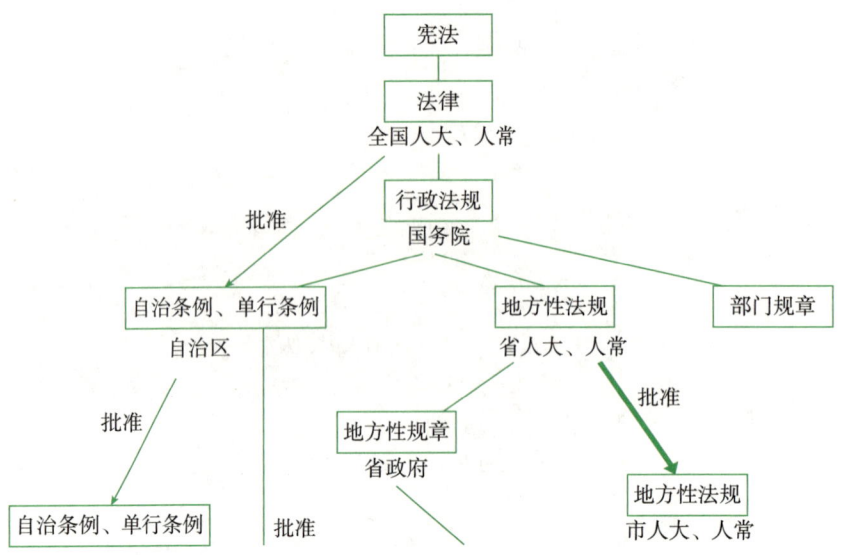

（3）法律和授权立法，由全人常裁决；最高院司法解释和最高检司法解释，由全人常作立法解释。

3. 同一主体
新法优于旧法，特别法优于一般法，新的一般旧特别，谁制定谁裁决。

> 品 题

1. 国务院某部委制定的《城市生活垃圾管理办法》规定，垃圾处置企业的行为不符合餐厨垃圾处理技术规范的，处3万元以上5万元以下罚款。某省政府制定的《餐厨垃圾管理办法》对这一违法行为处以4万元以上6万元以下的罚款。对此，下列表述正确的有（　　）。①（2022年多选45）

A. 省政府规章与部门规章具有同等效力
B. 国务院部委和省政府可以就同一事项联合制定规章
C. 部门规章和省政府规章对同一事项规定不一致时，应由国务院裁决
D. 对同一事项进行规定，后制定的省政府规章应依据先制定的部门规章

2. 关于规范性法律文件的适用，下列表述正确的是（　　）。②（2020年单选25）

A. 部门规章的效力高于地方政府规章
B. 地方性法规的效力高于本级地方政府规章
C. 地方性法规和部门规章对同一事项的规定不一致时，一律适用地方性法规
D. 部门规章之间对同一事项的规定不一致时，由全国人大常委会裁决

---

① AC

② B

（三）法律保留

1. 法律保留

（1）国家主权的事项。

（2）各级人民代表大会、人民政府、人民法院和人民检察院的产生、组织和职权。

（3）民族区域自治制度、特别行政区制度、基层群众自治制度。

（4）犯罪和刑罚。

（5）对公民政治权利的剥夺、限制人身自由的强制措施和处罚。

（6）税种的设立、税率的确定和税收征收管理等税收基本制度。

（7）对非国有财产的征收、征用。

（8）民事基本制度。

（9）基本经济制度以及财政、海关、金融和外贸的基本制度。

（10）诉讼和仲裁制度。

2. 禁止授权

（1）犯罪和刑罚。

（2）公民政治权利的剥夺。

（3）限制人身自由的强制措施和处罚。

（4）司法制度。

［安口诀］证人死罪。

品 题

1．根据我国宪法，法律可分为基本法律和基本法律以外的其他法律。下列关于基本法律的表述，正确的是（　　）。① （2019年单选24）

A. 基本法律具有最高的法律效力

B. 全国人大常委会有权制定和修改基本法律

C. 限制人身自由的强制措施，只能由基本法律予以规定

D. 物权法、刑事诉讼法和民族区域自治法都属于基本法律

2．根据我国立法法，下列事项尚未制定法律的，全国人大及其常委会可授权国务院先行制定行政法规的是（　　）。② （2015年单选25）

A. 犯罪和刑罚　　　　　　　　B. 对公民政治权利的剥夺

C. 对非国有财产的征收　　　　D. 限制人身自由的强制措施和处罚

（四）授权立法

1. 授权立法

（1）授权主体：全国人大＋全国人常。

（2）被授权主体：国务院。

（3）授权期限：不超过5年。

---

① D

② C

（4）授权结果：授权期限届满6个月前，向授权机关报告，由授权机关决定继续授权或制定法律。

（5）授权限制：不得转授权，全国人大和全国人常也可暂停或停止授权。

（6）授权备案：报决定授权机关备案。

2. 经济特区法规

（1）制定机关：经济特区是实行特殊经济政策和经济体制的地区，包括深圳、珠海、汕头、厦门、海南、霍尔果斯、喀什等，经济特区所在地的省人大＋省人常＋市人大＋市人常有权制定经济特区法规。

（2）授权机关：全国人大＋全国人常。

（3）适用范围：在经济特区范围内实施。

（4）备案机关：授权决定机关

品题

1. 根据《立法法》，下列授权立法表述正确的是（　　）。① （2023年单选18）

A. 授权决定应当明确授权的目的、事项、范围、期限等

B. 被授权机关可以将被授予的权力转授给其他机关

C. 授权立法事项由全国人大常委会制定法律后，相应授权继续有效

D. 被授权机关应当在授权期限届满一年前，向授权机关报告授权决定实施情况

2. 关于全国人大及其常委会的授权立法，下列表述正确的是（　　）。② （2020年单选26）

A. 有关犯罪和刑罚的事项可以被授权立法

B. 授权期限不得超过五年，且不得继续授权

C. 被授权机关在必要时，可以将被授予的权力转授给其他机关

D. 授权立法事项在条件成熟时，由全国人大及其常委会及时制定法律

二、立法程序诸问题（结合法理学）

（一）立法原则

（1）民主立法原则。

（2）科学立法原则。

（3）合宪和法制统一原则。

（二）立法程序

1. 全国人大立法程序

提案	全国人大主席团＋全国人大常委会＋专门委员会＋国务院＋中央军委＋国监委＋最高法＋最高检＋1个代表团＋30名代表

---

① A

② D

续表

审议	全国人大常委会提前一个月将法律草案发给代表。 1）各代表团审议。 2）专门委员会审议。 3）宪法和法律委员会审议
表决	提案人撤回＋授权全国人大常委会进一步审议＋单过半通过
公布	国家主席签署公布，刊载在《全国人大常委会公报》

2. 全国人常立法程序

提案	全国人常委员长会议＋专门委员会＋国务院＋中央军委＋国监委＋最高法＋最高检＋10名组成人员
审议	全人常提前7日将法律草案发给常委会组成人员，审议时应当邀请有关的全国人大代表列席。 1）一轮审议，常委会听取提案人的说明，分组会议审议。 2）二轮审议，常委会听取宪法和法律委员会汇报法律草案修改情况，分组会议审议。 3）三轮审议，常委会听取宪法和法律委员会报告法律草案审议结果，分组会议审议。 4）全国人常可以三轮审议，可以两轮审议，也可以一轮审议
表决	提案人撤回＋终止审议＋单过半通过
公布	国家主席签署公布，刊载在《全国人大常委会公报》

三、合法性审查

（一）批　准

（1）地市级人大、人常制定地方性法规，报省级人大常委会批准（《宪法》第100条）。

（2）自治区人大制定自治条例、单行条例，报全人常批准（《民族区域自治法》第19条）。

（3）自治州人大、自治县人大制定自治条例、单行条例，报省级人常批准（《民族区域自治法》第19条）。

［安口诀］三批准"一地市，两自治，三批准"。

（二）备　案

［安口诀］中央一备案，省级两备案，市级四备案，批准自备案。

行政法规、地方性法规、自治条例和单行条例、规章应当在公布后的30日内依照下列规定报有关机关备案：①行政法规报全国人民代表大会常务委员会备案。②省、自治区、直辖市的人民代表大会及其常务委员会制定的地方性法规，报全国人民代表大会常务委员会和国务院备案。设区的市、自治州的人民代表大会及其常务委员会制定的地方性法规，由省、自治区的人民代表大会常务委员会报全国人民代表大会常务委员会和国务院备案。③自治州、自治县的人民代表大会制定的自治条例和单行条例，由省、自治区、直辖市的人民代表大会常务委员会报全国人民代表大会常务委员会和国务院备案；自治条例、单行条例报送备案时，应当说明对法律、行政法规、地方性法规作出变通的情况。④<u>部门规章</u>和<u>地方政府规章报国务院备案</u>；<u>地方政府规章</u>应当同时<u>报本级人民代表大会常务委员会备案</u>；<u>设区的市、自治州</u>的人民政府制定的<u>规章</u>应当同时<u>报省、自治区的人民代表大会常务委员会和人民政府备案</u>。⑤<u>根据授权制定的法规应当报授权决定规定的机关备案</u>；经济特区法规报送备案时，应当说明对法律、行政法规、地方性法规作出变通的情况（《立法法》第105条）。

［安口诀］备案三个结论：法律不备案；自治区的自治条例、单行条例不备案；规章不备案到全人常，只备案到国务院。

（1）法律不备案；行政法规报全人常备案。

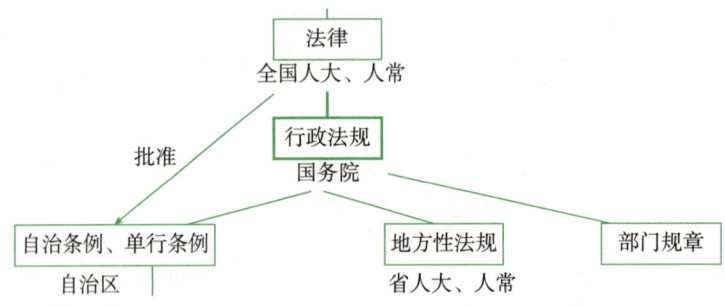

（2）部门规章报国务院备案。

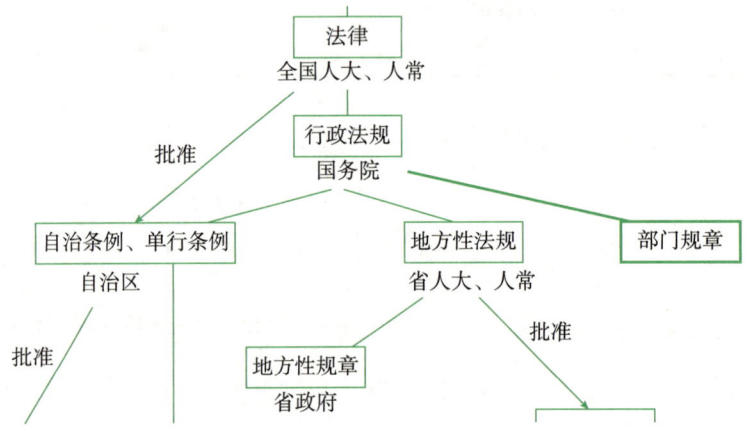

（3）省级地方性法规报国务院和全人常备案。

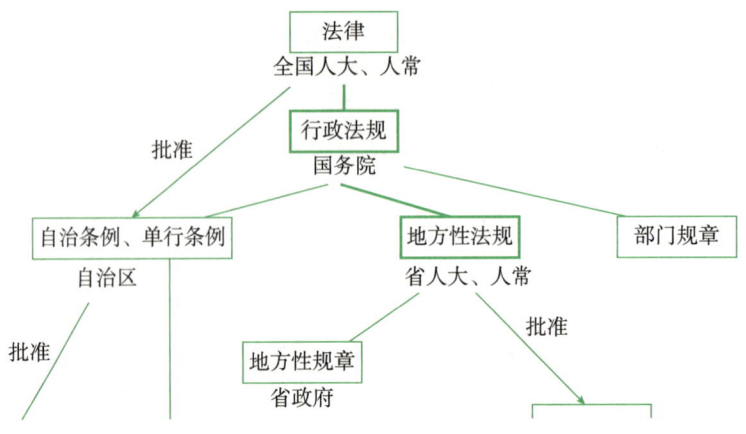

（4）省政府规章报省人常和国务院备案。

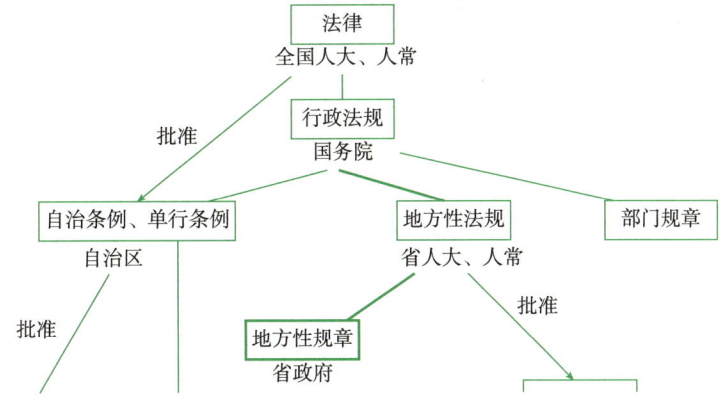

（5）市政府规章报市人常、省政府、省人常和国务院备案。

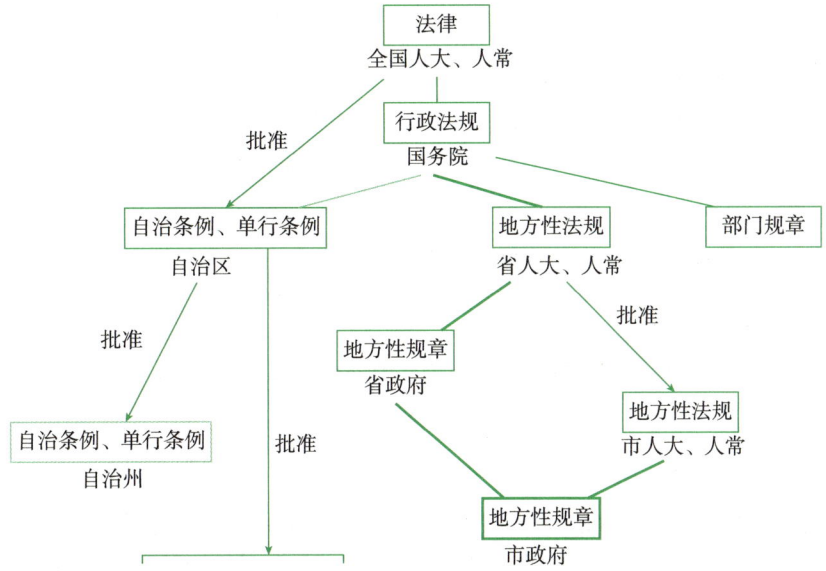

（6）市级地方性法规报省人常批准后，报国务院和全人常备案。

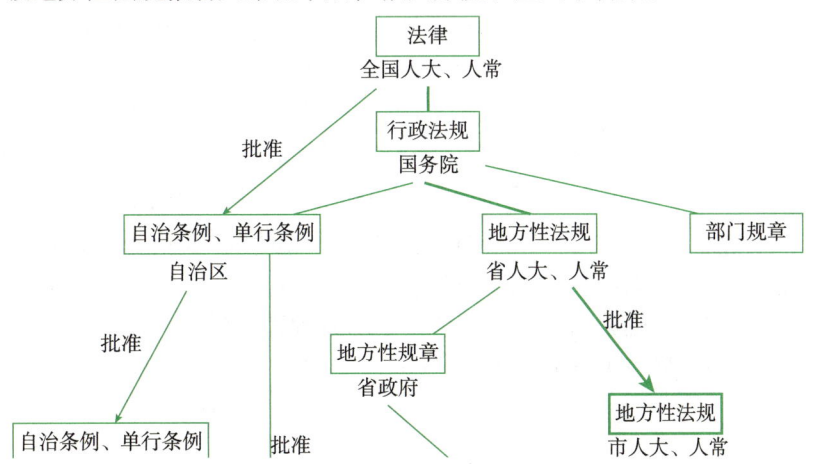

（7）自治区人大制定自治条例、单行条例，报全人常批准后不备案；自治州、自治县人大制定自治条例、单行条例，报省、自治区、直辖市人常批准后，报国务院和全人常备案。

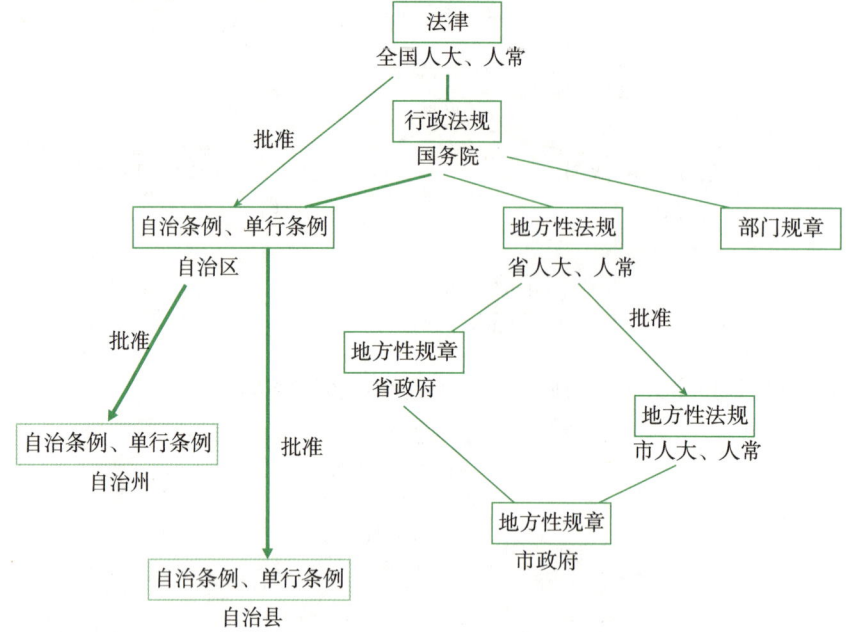

（8）最高人民法院和最高人民检察院作出的司法解释，应当自公布之日起三十日内报全国人民代表大会常务委员会备案。

（9）监察法规应当在公布后的三十日内报全国人民代表大会常务委员会备。

（三）改变撤销

[安口诀] 人常后、自治前、授权前，不改变。

改变或者撤销法律、行政法规、地方性法规、自治条例和单行条例、规章的权限是：①全国人大有权改变或者撤销它的常务委员会制定的不适当的法律，有权撤销（自治前不改变）全国人大常委会批准的违背宪法和本法第八十二条第二款规定的自治条例和单行条例。②全国人大常委会有权撤销（人常后不改变）同宪法和法律相抵触的行政法规，有权撤销（人常后不改变）同宪法、法律和行政法规相抵触的地方性法规，有权撤销（人常后、自治前，不改变）省级人大常委会批准的违背宪法和本法第八十二条第二款规定的自治条例和单行条例。③国务院有权改变或者撤销不适当的部门规章和地方政府规章。④省级人大有权改变或者撤销它的常务委员会制定的和批准的不适当的地方性法规。⑤地方人大常委会有权撤销（人常后不改变）本级人民政府制定的不适当的规章。⑥省、自治区的人民政府有权改变或者撤销下一级人民政府制定的不适当的规章。⑦授权机关有权撤销（授权前不改变）被授权机关制定的超越授权范围或者违背授权目的的法规，必要时可以撤销授权（《立法法》第104条）。

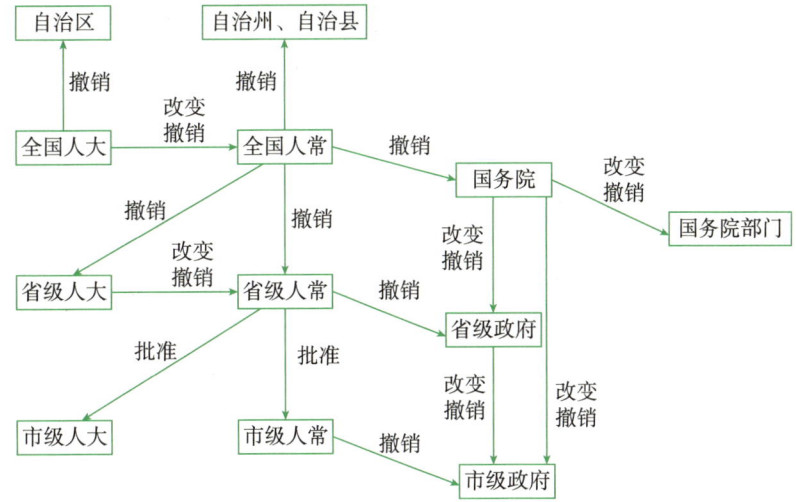

品题

1. 为治理交通拥堵，某市制定地方性法规《道路交通管理条例》，规定行人闯红灯罚款 20 元，累计 10 次处以行政拘留。下列说法正确的是（　　）。①（2018 年单选 17、2018 年法学单选 12）

   A. 该条例有权规定对行人闯红灯的行为处以罚款
   B. 该条例只有在获得全国人大常委会授权后方可设定行政拘留
   C. 只有该市人大有权制定该条例，该市人大常委会无权制定
   D. 法院可以根据被处罚人的审查要求撤销该条例

2. 关于全国人大常委会的立法监督权，下列说法正确的是（　　）。②（2018 年单选 18、2018 年法学单选 13）

   A. 全国人大常委会有权改变同法律相抵触的地方性法规
   B. 全国人大常委会可以撤销或改变同法律相抵触的行政法规
   C. 部门规章和地方政府规章对同一事项的规定不一致，由全国人大常委会裁决
   D. 根据授权制定的法规与法律规定不一致的，由全国人大常委会裁决

3. 甲省乙市是设区的市。乙市政府依法制定公布了《乙市环境保护办法》。下列有关该办法的表述，正确的有（　　）。③（2017 年多选 58、2017 年法学多选 27）

   A. 该办法应当报国务院、省人大常委会、省政府、市人大常委会备案
   B. 该办法与环境保护部的规章具有同等效力，在各自权限范围内施行
   C. 市人大常委会认为该办法的规定不适当，应当提请省人大常委会撤销
   D. 如该办法与省政府规章不一致，应适用省政府规章

---

① A

② D

③ ABD

4. 关于较大的市的人大及其常委会制定的地方性法规的备案，下列表述正确的是（　　）。① （2016年单选28）

A. 直接报国务院备案

B. 报省、自治区政府备案

C. 报省、自治区人大常委会备案

D. 经省、自治区人大常委会批准后，报全国人大常委会和国务院备案

5. 全国人大常委会对自治区报请批准的自治条例进行合宪性审查。根据宪法监督方式的分类，该宪法监督是（　　）。② （2015年法学单选13）

A. 附带性审查　　　　　　　B. 宪法诉讼

C. 事先审查　　　　　　　　D. 事后审查

> **超链接**
>
> 附带性审查：
>
> 美国的司法审查制就具备附带性审查的特点，即普通法院在审理具体民事案件、刑事案件、行政案件过程中，就作为该案件审理依据的法律、行政命令是否符合宪法进行审查。

6. 关于我国的宪法监督，下列说法正确的是（　　）。③ （2013年单选17）

A. 全国人大有权撤销省级人大及其常委会制定的地方性法规

B. 全国人大常委会有权改变国务院制定的不适当的行政法规

C. 国务院有权改变或者撤销地方人民政府工作部门的不适当的决定和命令

D. 县级以上地方各级人大常委会有权撤销本级人民政府不适当的决定和命令

7. 根据我国宪法和法律的规定，下列关于行政法规、地方性法规以及规章备案的表述，不正确的是（　　）。④ （2012年法学单选13）

A. 行政法规报全国人大常委会备案

B. 省级人大及其常委会制定的地方性法规，报全国人大常委会和国务院备案

C. 较大的市的人大及其常委会制定的地方性法规，报省、自治区人大常委会备案

D. 部门规章报国务院备案

四、合宪性审查

（一）合宪性审查概念

（1）概念：<u>合宪性审查是由特定机关对公权力行为进行合宪性审查并作出处理的制度。</u>

---

① D
② C
③ D
④ C

（2）依据：宪法在整个法律体系中具有最高的效力。

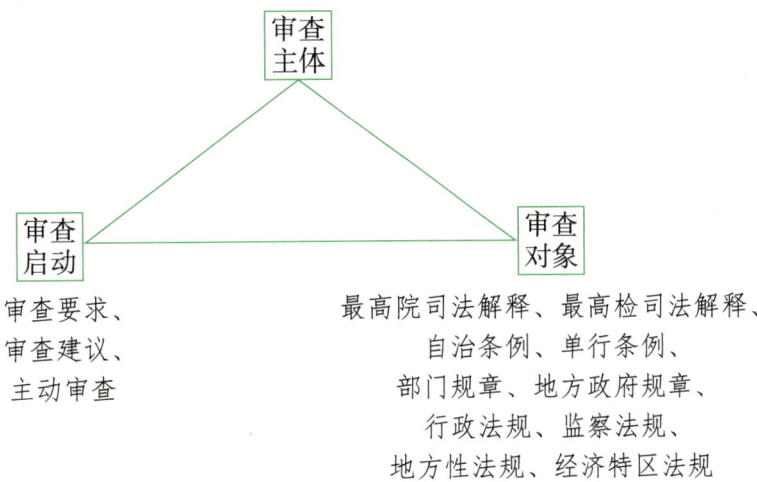

（二）审查程序

1. 审查机关

（1）全国人大（1954年、1978年、1982年《宪法》）和全国人大常委会监督宪法实施。

（2）专门委员会（宪法和法律委员会）和全人常工作机构（全国人大常委会法制工作委员会法规审查备案室）具体负责。

2. 审查对象

行政法规＋地方性法规＋自治条例＋单行条例＋监察法规＋经济特区法规＋最高院司法解释＋最高检司法解释＋部门规章＋地方政府规章

［安口诀］二解，二条，二规章，四法规。

> **超链接**
>
> 狭义的审查对象只包括最高院和最高检的司法解释，如《监督法》第32条第2款规定："前款规定以外的其他国家机关和社会团体、企业事业组织以及公民认为最高人民法院、最高人民检察院作出的具体应用法律的解释同法律规定相抵触的，可以向全国人民代表大会常务委员会书面提出进行审查的建议，由常务委员会工作机构进行研究，必要时，送有关专门委员会进行审查、提出意见。"
>
> 中义的审查对象只包括行政法规、地方性法规、自治条例和单行条例，如《立法法》第108条规定："前款规定以外的其他国家机关和社会团体、企业事业组织以及公民认为行政法规、地方性法规、自治条例和单行条例同宪法或者法律相抵触的，可以向全国人民代表大会常务委员会书面提出进行审查的建议，由常务委员会工作机构进行审查，必要时送有关的专门委员会进行审查、提出意见。"

> 广义的审查对象包括行政法规、部门规章、监察法规、地方性法规、地方政府规章、自治条例和单行条例、经济特区法规以及最高院和最高检的司法解释，如《全国人大组织法》第37条规定："（八）审议全国人民代表大会常务委员会交付的被认为同宪法、法律相抵触的国务院的行政法规、决定和命令，国务院各部门的命令、指示和规章，国家监察委员会的监察法规，省、自治区、直辖市和设区的市、自治州的人民代表大会及其常务委员会的地方性法规和决定、决议，省、自治区、直辖市和设区的市、自治州的人民政府的决定、命令和规章，民族自治地方的自治条例和单行条例，经济特区法规，以及最高人民法院、最高人民检察院具体应用法律问题的解释，提出意见……"

3. 审查启动

（1）审查要求：

国务院、中央军事委员会、国家监察委员会、最高人民法院、最高人民检察院和各省、自治区、直辖市的人民代表大会常务委员会认为同宪法或者法律相抵触的，可以向全国人大常委会书面提出进行审查的要求，由常务委员会工作机构分送有关的专门委员会进行审查、提出意见。

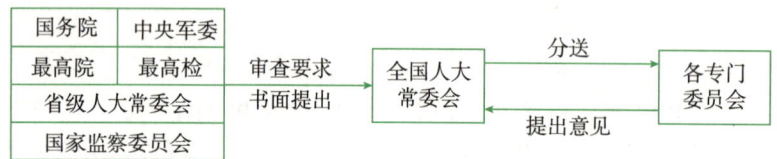

（2）审查建议：

其他国家机关和社会团体、企业事业组织以及公民认为同宪法或者法律相抵触的，可以向全国人大常委会书面提出进行审查的建议，由常务委员会工作机构进行研究，必要时，送有关的专门委员会进行审查、提出意见。

（3）主动审查：

全国人大宪法和法律委员会、全国人常法制工作委员会可以对报送备案的规范性文件进行主动审查。

（三）审查结果

1. 审查意见

全国人大宪法和法律委员会、全国人常法制工作委员会在审查、研究中认为同宪法或者法律相抵触的，可以向制定机关提出书面审查意见、研究意见；也可以由全国人大宪法和法律委员会、全国人常法制工作委员会召开联合审查会议，要求制定机关到会说明情况，再向制定机关提出书面审查意见。

2. 修改意见

制定机关应当在两个月内研究提出是否修改的意见，并向全国人大宪法和法律委员会、全国人常法制工作委员会反馈。

3. 审查终止

全国人大宪法和法律委员会、全国人常法制工作委员会向制定机关提出审查意见、研究意见，制定机关按照所提意见进行修改或者废止的，审查终止。

4. 撤销议案

全国人大宪法和法律委员会、全国人常法制工作委员会经审查、研究认为同宪法或者法律相抵触而制定机关不予修改的，应当向委员长会议提出予以撤销的议案、建议，由委员长会议决定提请常务委员会会议审议决定。

5. 反馈公开

全国人大宪法和法律委员会、全国人常法制工作委员会应当按照规定要求，将审查、研究情况向提出审查建议的国家机关、社会团体、企业事业组织以及公民反馈，并可以向社会公开。

（四）宪法监督完善

1. 审查主体不明确

全国人大设有 10 个专门委员会，导致违宪审查权的行使过于分散。

2. 审查对象不全面

主要是对法律、规章等法律形式如何进行合宪性审查缺乏明确的规定。

3. 审查程序不具体

关于合宪性审查的启动程序、审理程序和审理结果方面的规定相对比较抽象。

品 题

1. 合宪性审查是加强我国宪法实施和监督的重要制度。下列选项中，不属于合宪性审查对象的是（　　）。[①]（2021 年单选 21）

A. 单行条例　　　　　　　　B. 地方性法规
C. 司法解释　　　　　　　　D. 村规民约

2. 根据现行宪法和立法法，下列关于宪法监督的表述，正确的是（　　）。[②]（2017 年单选 30）

[①] D

[②] A

A. 全国人大及其常委会均有权监督宪法的实施
B. 全国人大宪法和法律委员会认为司法解释同宪法相互抵触，可予以撤销
C. 公民认为地方性法规同宪法相抵触，可向全国人大书面提出审查要求
D. 全国人大常委会有权改变或撤销国务院制定的同宪法相抵触的行政法规

3. 根据我国宪法和法律，下列关于宪法监督制度的表述，正确的是（　　）。[1]（2016年法学单选9）

A. 我国的宪法监督制度是一种附带性审查制度
B. 全国人大常委会在对法规进行备案时有权审查其合宪性
C. 由法院审查法律是否合宪符合人民代表大会制度的要求
D. 公民和社会组织有权向全国人大常委会提出违宪审查的要求

小　结

法律文件	制定主体	批准机关	备案机关	改变撤销
法律	全国人大	—	—	—
	全国人常	—	—	全国人大改变/撤销
行政法规	国务院	—	全国人常	全国人常撤销
部门规章	国务院各部委	—	国务院	国务院改变/撤销
省级地方性法规	省级人大	—	全国人常	全国人常撤销
			国务院	—
	省级人常	—	全国人常	全国人常撤销
			国务院	—
			—	省级人大改变/撤销
省政府规章	省政府	—	国务院	国务院改变/撤销
			省级人常	省级人常撤销

---

[1] B

续表

法律文件	制定主体	批准机关	备案机关	改变撤销
市级地方性法规	市级人大	省级人常	全国人常	全国人常撤销
			国务院	—
			—	省级人大改变/撤销
	市级人常	省级人常	全国人常	全国人常撤销
			国务院	—
			—	省级人大改变/撤销
市政府规章	市政府	—	国务院	国务院改变/撤销
			省级人常	—
			省政府	省政府改变/撤销
			市级人常	市级人常撤销
自治条例单行条例	自治区人大	全国人常	—	全国人大撤销
	自治州人大	省级人常	全国人常	全国人常撤销
			国务院	—
	自治县人大	省级人常	全国人常	全国人常撤销
			国务院	—
监察法规	国家监察委员会	—	全国人常	全国人常撤销
司法解释	最高法院	—	全国人常	全国人常撤销
	最高检察院	—	全国人常	全国人常撤销

03 第三章
国家基本制度

第一节 国体与政体

导学

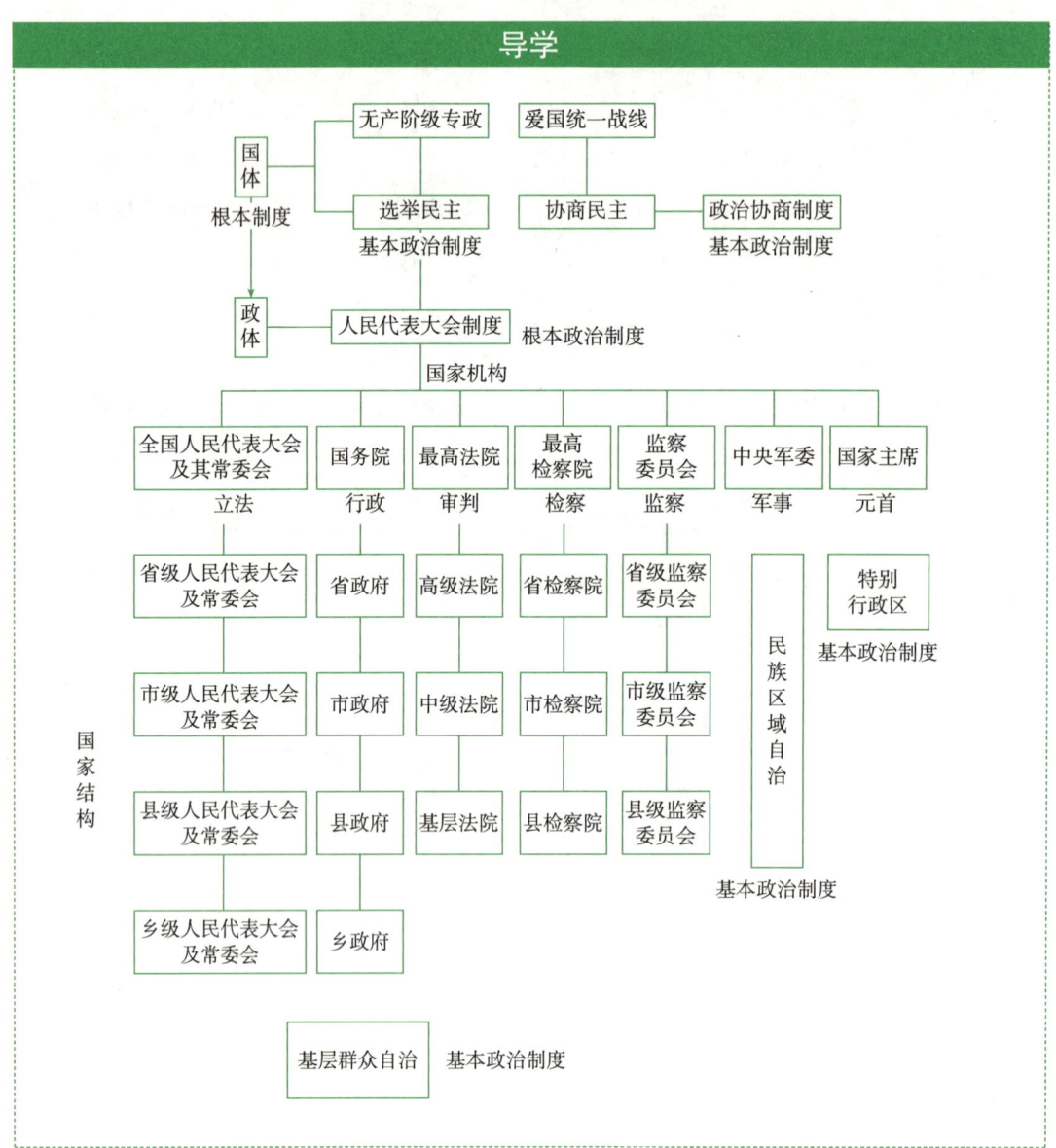

一、国 体

(一) 国家性质概述

国家性质也称国体,是国家制度的核心,政权组织形式(人民代表大会)和国家结构形式(单一制)则是国家性质的外在反映。我国的国体是:中华人民共和国,是工人阶级领导的、以工农联盟为基础的人民民主专政的社会主义国家(《宪法》第1条)。

中国共产党领导是中国特色社会主义最本质的特征(《宪法》第1条第2款)。

[安口诀] 2018年修正案增加。

品 题

根据我国宪法,中国特色社会主义最本质的特征是( )。① (2019年单选17、2019年法学单选12)

A. 社会主义公有制　　　　B. 中国共产党的领导
C. 全面依法治国　　　　　D. 人民代表大会制度

(二) 人民民主专政

1. 人民民主专政实质上即无产阶级专政(工人阶级)

(1) 工人阶级掌握领导权、成为领导力量是无产阶级专政和人民民主专政的根本标志。

(2) 无产阶级专政与人民民主专政都以工农联盟为阶级基础。

(3) 无产阶级专政与人民民主专政的历史使命(共产主义)是一样的。

(4) 无产阶级专政与人民民主专政都承担相同的国家职能(民主与专政结合)。

2. 人民民主专政阶级结构

(1) 工人阶级为领导:工人阶级是最先进生产力的代表,具有严格的组织纪律性和革命性,在革命的过程中应该成为领导阶级。

(2) 工农联盟是阶级基础:工人阶级要夺取国家政权、建设国家政权,必须依靠农民阶级,没有农民阶级的支持,一切革命都是难以获得成功的,革命的实践已经充分地证明了这一点。

(3) 知识分子是依靠力量:从阶级属性上讲,知识分子不是一个独立的阶级,而是一个特殊的阶层,现阶段知识分子是工人阶级的一个组成部分。

(4) 统一战线是重要特色:人民民主专政不同于无产阶级专政的重要特点就在于人民民主专政有一个广泛的统一战线作为它的政治基础。中国革命、建设和改革的特点决定了中国的工人阶级必须在不同的革命、建设和改革时期根据革命和建设的任务同其他阶级、阶层结成广泛的统一战线,才能够赢得革命、建设和改革的成功。

(三) 爱国统一战线

1. 爱国统一战线的概念

爱国统一战线是由中国共产党领导的,有各民主党派和各人民团体参加的,包括全体

---

① B

社会主义劳动者、社会主义事业的建设者（2004年修正案）、拥护社会主义的爱国者、拥护祖国统一和致力于中华民族伟大复兴的爱国者（2018年修正案）的政治联盟。

2. 爱国统一战线的特点
（1）以中国共产党的领导为最高原则。
（2）以政治协商为主要工作方式。
（3）以爱国主义为政治基础和界限范围。
（4）以"三大任务"为奋斗目标。

> **超链接**
> 三大任务：加紧社会主义现代化建设＋争取实现包括台湾在内的祖国统一＋反对霸权主义，维护世界和平。

（5）以中国人民政治协商会议为组织形式，"政协"是我国爱国统一战线的组织形式，在我国民主参政体系中居于重要地位。

［安口诀］员工爱豆鞋。

品题
下列关于我国爱国统一战线的表述，不正确的是（　　）。① （2013年单选18）
A. 以民主集中制为主要工作方式
B. 以爱国主义为政治基础和界限范围
C. 中国人民政治协商会议是其组织形式
D. 坚持中国共产党的领导是其最高原则

二、政　体

（一）政权组织形式概述

1. 政权组织形式的概念
政权组织形式主要是指特定社会的统治阶级采用一定的原则和方式组织实现国家权力的机关体系，确定各机关之间的相互关系。

2. 政权组织形式的类型
（1）君主制：议会君主制（英国）＋二元君主制。
（2）共和制：总统制（美国）＋半总统制（法国）＋议会制（德国）＋人民代表制（中国）。

［安口诀］"君主不共和，共和不君主"，我国属于共和制。

---

① A

> **超链接**
> 半总统制：
>
> 以法国第五共和国为典型代表的、介乎内阁制与总统制之间的一种资产阶级国家政体。其特点是：（1）在一定程度上保留了议会制的传统，即政府要向议会负责，接受议会的监督，但议会的权力和作用下降。议会仍然有立法权、财政权和对政府的监督权；（2）总统由选民直接选举产生，并具有对总统制国家元首所拥有的权力，同时还享有解散议会及"紧急措施权"等总统制国家元首没有的重要权力。

3. 政权组织形式在国家制度中的地位

政权组织形式是实现国家权力的形式，在国家制度中具有极为重要的地位。按照马克思主义的观点，政权组织形式只是一种形式，由国家性质决定，一般来说有什么样的国家性质就有与之相适应的政权组织形式。同时政权组织形式对国家性质也具有反作用，任何国家性质都要借助于特定的政权组织形式来反映，具体来说就是将统治阶级的意志通过一个正当程序转化为国家意志。没有适当的政权组织形式，统治阶级是无法对国家进行统治的。

（二）人民代表大会制度

1. 人民代表大会制度的概念

人民代表大会制度是指人民通过选举的方式，选举代表组成各级国家权力机关，由各级国家权力机关产生其他的国家机关，其他国家机关对权力机关负责，权力机关对人民负责的一种制度。

2. 人民代表大会制度是我国的根本政治制度

（1）人民代表大会制度直接全面地反映了我国的阶级本质：我国是工人阶级领导的，以工农联盟为基础的人民民主专政的社会主义国家。人民代表大会制度在人民代表大会的组成、人民代表大会同其他国家机关的关系以及人民代表大会在行使和实现国家权力等方面都直接地反映了我国的阶级本质。

（2）人民代表大会制度产生于我国的革命斗争中，是其他制度赖以建立的基础：我国的人民代表大会制度是马克思主义国家学说同我国革命实践相结合的产物。在革命发展的过程中，人民代表大会制度不以其他的任何制度作为产生的依据，不依赖其他制度而产生。人民代表大会制度产生后，就成为其他制度形成的基础。

> **超链接**
> 链接法制史知识点：工农民主政权（1927—1937年）议事机构主要是工农兵代表大会；抗日民主政权（1937—1945年）议事机构主要是边区参政会；人民民主政权（1945—1949年）议事机构主要是人民代表会议制；新民主主义时期（1949—1956年）议事机构主要是全国政协，其中1954年之后变成了全国人民代表大会制。

（3）人民代表大会制度反映了我国政治生活的全貌，是人民实现民主管理的最好方式。

3. 人民代表大会制度的特点

（1）人民代表大会制度的目标是规范国家权力和保障公民权利。

（2）人民代表大会在国家机关体系中居最高的地位，其他机关由它产生，对它负责，受它监督。

（3）人民代表大会制度实行的是一院制。

（4）人大代表是兼职代表。

（5）在人民代表大会中设立常务委员会作为常设机关。

[安口诀]鸡公煲常设一兼职。

4. 人民代表大会制度的组织活动原则——民主集中制

（1）各级国家权力机关由民主选举产生，对人民负责，受人民监督。

（2）其他国家机关由人民代表大会产生，对人民代表大会负责，受人民代表大会监督。

（3）在中央与地方的关系上，遵循在中央的统一领导下，充分发挥地方的主动性和积极性的原则。

5. 人民代表大会制度的优越性

（1）人民代表大会制度便于人民参加国家管理。

（2）人民代表大会制度便于集中统一行使国家权力。

（3）人民代表大会制度能在保证中央统一领导下充分发挥地方的主动性和积极性。

[安口诀]人民种地。

6. 人民代表大会制度的完善

（1）进一步理顺党与人大的关系，完善党对人大的领导。

（2）进一步完善以人民代表大会制度为基础的宪制。

（3）进一步加强人大自身建设。

（4）进一步规范权力运用的具体程序。

[安口诀]党宪身体。

品题

下列有关我国人民代表大会制度的表述，正确的是（　　）。① （2020年单选15、2020年法学单选10）

A. 人民代表大会制度是我国的国体
B. 全国人民代表大会行使一切国家权力
C. 各级人民代表大会是人民行使国家权力的机关
D. 人民代表大会制度确立了立法机关、行政机关和司法机关的相互监督关系

---

① C

三、五个文明

（一）物质文明

物质文明是"五个文明"系统中的基础。物质文明是人类改造自然界的物质成果，表现为物质生产的进步和人们物质生活的改善及不断丰富。

1. 物质生产进步

生产力持续发展，社会主义市场经济体制初步建立，经济保持平稳较快增长，经济结构加速调整，农业和农村经济发展进入新阶段，城镇化加快发展。科技事业不断发展，科学技术作为第一生产力在经济社会发展中的作用越来越大，同时许多重要领域的核心技术和关键产品的自主创新能力持续提高。

2. 物质生活改善

我国人民生活总体上达到小康水平，区域、城乡经济社会的协调发展取得显著成绩，但发展不平衡现象依然存在，缩小地区发展差距和促进经济社会协调发展任务艰巨。

（二）政治文明

政治文明是"五个文明"系统中的保障（党的领导、人民当家作主、依法治国有机统一）。社会主义政治文明在本质上是人民民主的政治文明，同历史上其他社会形态中存在的政治文明相比较，有着本质的区别，具有优越性和时代特点：

（1）中国共产党的领导是社会主义政治文明建设的保障。

（2）人民当家作主是社会主义政治文明建设的本质特点。

（3）坚持依宪治国是社会主义政治文明建设的根本途径。

（三）精神文明

精神文明是"五个文明"系统中的灵魂。精神文明是伴随着物质文明的产生而产生的，是社会生产实践中的精神产品。精神文明主要包括文化教育建设和思想道德建设。

1. 文化教育建设（科教文卫体）

（1）发展社会主义教育事业：

> **超链接**
>
> 国家发展社会主义的教育事业，提高全国人民的科学文化水平。国家举办各种学校，普及初等义务教育，发展中等教育、职业教育和高等教育，并且发展学前教育。国家发展各种教育设施，扫除文盲，对工人、农民、国家工作人员和其他劳动者进行政治、文化、科学、技术、业务的教育，鼓励自学成才。国家鼓励集体经济组织、国家企业事业组织和其他社会力量依照法律规定举办各种教育事业。国家推广全国通用的普通话（《宪法》第19条）。

（2）发展社会主义科学事业：

> **超链接**
> 国家发展自然科学和社会科学事业，普及科学和技术知识，奖励科学研究成果和技术发明创造（《宪法》第20条）。

（3）发展社会主义卫生、体育事业：

> **超链接**
> 国家发展医疗卫生事业，发展现代医药和我国传统医药，鼓励和支持农村集体经济组织、国家企业事业组织和街道组织举办各种医疗卫生设施，开展群众性的卫生活动，保护人民健康。国家发展体育事业，开展群众性的体育活动，增强人民体质（《宪法》第21条）。

（4）发展社会主义文学艺术和其他文化事业：

> **超链接**
> 国家发展为人民服务、为社会主义服务的文学艺术事业、新闻广播电视事业、出版发行事业、图书馆博物馆文化馆和其他文化事业，开展群众性的文化活动。国家保护名胜古迹、珍贵文物和其他重要历史文化遗产（《宪法》第22条）。

2. 思想道德建设（核心价值观）

> **超链接**
> 国家通过普及理想教育、道德教育、文化教育、纪律和法制教育，通过在城乡不同范围的群众中制定和执行各种守则、公约，加强社会主义精神文明的建设。国家倡导社会主义核心价值观，提倡爱祖国、爱人民、爱劳动、爱科学、爱社会主义的公德，在人民中进行爱国主义、集体主义和国际主义、共产主义的教育，进行辩证唯物主义和历史唯物主义的教育，反对资本主义的、封建主义的和其他的腐朽思想（《宪法》第24条）。

（四）社会文明

社会文明是"五个文明"系统中的目的。社会文明是社会领域的进步程度和社会建设的积极成果。

1. 社会主体文明

社会主义社会文明的主体方面和基础条件，包括个人发展、家庭幸福、邻里和睦、社会和谐等方面（社会主体组成社会关系）。

2. 社会关系文明

社会主义社会文明的结构要求和核心内容，包括人际关系、家庭关系、邻里关系、社团关系、群体关系等方面（社会关系表现为交互行为）。

3. 社会行为文明

社会主义社会文明的外在表现和关键所在，包括社会活动、社会工作、社会管理等方面（行为不同蕴含着观念差异）。

4. 社会观念文明

社会主义社会文明的精神状态和前提条件，包括社会理论、社会心理、社会风尚、社会道德等方面（统一观念需要制度建设）。

5. 社会制度文明

社会主义社会文明的规范要求和基本保证，包括社会制度、社会体制、社会政策、社会法律等方面。

加强社会文明要做到：①要求现代国忆教育体系更加完善，终身教育体系基本形成，全民受教育程度和创新人才培养水平明显提高；②社会就业更加充分；③覆盖城乡居民的社会保障体系基本建立；④合理有序的收入分配格局基本形成，中等收入者占多数，绝对贫困现象基本消除；⑤人人享有基本医疗卫生服务；⑥社会管理体系更加健全。

（五）生态文明

生态文明是"五个文明"系统中的前提。生态文明是人遵循人、自然、社会和谐发展这一客观规律而取得的物质与精神成果的总和。

明确把生态环境保护摆在突出的位置，既要绿水青山，也要金山银山，决不以牺牲环境为代价去换取一时的经济增长（环境保护——减排）。

强调要基本形成节约能源资源和保护生态环境的产业结构、增长方式、消费方式（自然资源——节能）。

建设生态文明为此要做到：①主要污染物排放得到有效控制，生态环境质量明显改善（环境保护——减排）；②循环经济形成较大规模，可再生能源比重显著上升（自然资源——节能）；③生态文明观念在全社会牢固树立（升华）。

品 题

2018年《宪法》修改，生态文明正式写入我国宪法。2022年党的二十大报告指出，"尊重自然，顺应自然，保护自然，是全面建设社会主义现代化国家的内外要求"。关于生态文明表述正确的是（　　）。[①]（2023年单选23）

A. 生态文明对物质文明建设产生阻碍作用
B. 站在人与自然和谐共生的高度谋划发展是我国深入推进生态文明建设的战略要求
C. 生态文明建设要求不得对自然资源进行商业开发
D. 生态文明程度越高，表明人类依赖自然的程度越小，强调主宰和征服自然

[①] B

四、基本经济制度

（一）所有制

公有制经济		非公有制经济		
社会主义经济制度的基础		社会主义市场经济的重要组成部分		
全民所有制经济（国有）	集体所有制经济（合作）	个体经济	私营经济	外资经济
国民经济中的主导力量	国家保护城乡集体经济组织的合法的权利和利益，鼓励、指导和帮助集体经济的发展	国家鼓励、支持、引导、监督和管理		
国家保障国有经济的巩固和发展				

> **超链接**
>
> 1. 公有制经济（《宪法》第 6 条）
>
> （公有制经济的定位）中华人民共和国的社会主义经济制度的基础（公基）是生产资料的社会主义公有制，即全民所有制和劳动群众集体所有制。
>
> （1）全民所有制经济/国有经济（《宪法》第 7 条）
>
> （国有经济的定位）国有经济，即社会主义全民所有制经济，是国民经济中的主导力量（全国主）。（国家对国有经济的态度）国家保障国有经济的巩固和发展。
>
> [安口诀]"保固发"，保障不要写成保护，集体经济和非公有制经济才是保护。
>
> （2）集体所有制经济/合作经济（《宪法》第 8 条）
>
> （农村中的合作经济）农村集体经济组织实行家庭承包经营为基础、统分结合的双层经营体制（1993 年修正案：家庭联产承包，1999 年修正案：统分结合双层经营）。农村中的生产、供销、信用、消费等各种形式的合作经济，是社会主义劳动群众集体所有制经济。参加农村集体经济组织的劳动者，有权在法律规定的范围内经营自留地、自留山、家庭副业和饲养自留畜。
>
> （城镇中的合作经济）城镇中的手工业、工业、建筑业、运输业、商业、服务业等行业的各种形式的合作经济，都是社会主义劳动群众集体所有制经济。
>
> （国家对集体经济的态度）国家保护城乡集体经济组织的合法的权利和利益，鼓励、指导和帮助集体经济的发展。
>
> [安口诀]"保鼓指帮"，保护不要写成保障，国有经济才是保障，指导不要写成引导，非公有制经济才是引导。

2. 非公有制经济（《宪法》第 11 条）

（非公有制经济的定位）在法律规定范围内的个体经济、私营经济（1988 年修正案）等非公有制经济（1999 年修正案），是社会主义市场经济的重要组成部分（母组）。

（国家对非公有制经济的态度）国家保护个体经济、私营经济等非公有制经济的合法的权利和利益。国家鼓励、支持（2004 年修正案）和引导（1999 年修正案）非公有制经济的发展，并对非公有制经济依法实行监督和管理（1999 年修正案）。

[安口诀] 1999 年引监管，04 鼓支引监管。

品题

1. 根据现行宪法和法律，农村集体经济组织实行的经营体制是（　　）。① （2021 年单选 25）

A. 独立的家庭经营体制
B. 三级所有、队为基础的经营体制
C. 土地承包权和经营权不得分离的经营体制
D. 家庭承包经营为基础、统分结合的双层经营体制

2. 下列关于我国社会主义公有制的表述，正确的是（　　）。② （2019 年单选 14、2019 年法学单选 9）

A. 国有经济是国民经济的重要组成部分
B. 集体所有制经济是公有制经济的主导力量
C. 农村实行集体所有制，城镇实行全民所有制
D. 社会主义公有制包括全民所有制和劳动群众集体所有制

3. 根据我国宪法，下列非公有制经济的表述正确的有（　　）。③ （2016 年多选 54）

A. 非公有制经济包括个体经济，私营经济和集体所有制经济
B. 非公有制经济是社会主义市场经济的重要组成部分
C. 国家对非公有制经济实行监督和管理
D. 国家保障非公有制经济的巩固和发展

4. 根据我国宪法，下列关于非公有制经济的表述，不正确的是（　　）。④ （2015 年单选 17）

A. 国家保护非公有制经济的合法的权利和利益
B. 非公有制经济是我国国民经济中的主导力量
C. 非公有制经济是社会主义市场经济的重要组成部分

---

① D
② D
③ BC
④ B

D. 国家鼓励、支持和引导非公有制经济的发展，并对非公有制经济依法实行监督和管理

5. 根据宪法规定，城镇中手工业、工业、建筑业、运输业、商业、服务业等行业的各种形式的合作经济是（　　）。①（2014年单选27）

　A. 个体经济　　　　　　　　　　B. 私营经济
　C. 国有经济　　　　　　　　　　D. 劳动群众集体所有制经济

6. 根据我国现行宪法，国民经济的主导力量是（　　）。②（2014年法学单选12）

　A. 个体经济　　　　　　　　　　B. 私营经济
　C. 国有经济　　　　　　　　　　D. 劳动群众集体所有制经济

7. 国务院制定的《个体工商户条例》第1条规定："为了保护个体工商户的合法权益，鼓励、支持和引导个体工商户健康发展，加强对个体工商户的监督、管理，发挥其在经济社会发展和扩大就业中的重要作用，制定本条例。"该规定的宪法依据包括（　　）。③（2013年多选54）

　A. 国家鼓励、指导和帮助非公有制经济的发展
　B. 国家保护非公有制经济的合法的权利和利益
　C. 国家鼓励、支持和引导非公有制经济的发展
　D. 国家对非公有制经济依法实行监督和管理

（二）土地制度

（1）仅国有：矿藏、水流；城市的土地。

[安口诀] 橙汁矿泉水。

（2）仅集体所有：宅基地和自留地、自留山。

[安口诀] 双击666。

（3）可国有可集体所有：森林、山岭、草原、荒地、滩涂；农村和城市郊区的土地。

> **超链接**
>
> 矿藏、水流、森林、山岭、草原、荒地、滩涂等自然资源，都属于国家所有，即全民所有；由法律规定属于集体所有的森林和山岭、草原、荒地、滩涂除外（《宪法》第9条第1款）。
>
> [安口诀] 矿藏水流只能国有；森林、山岭、草原、荒地、滩涂原则归国有，例外归集体。
>
> 国家保障自然资源的合理利用（而非禁止开发），保护珍贵的动物和植物。禁止任何组织或者个人用任何手段侵占或者破坏自然资源（《宪法》第9条第2款）。

---

① D
② C
③ BCD

> 城市的土地属于国家所有（《宪法》第 10 条第 1 款）。
>
> 农村和城市郊区的土地（≠城市土地），除由法律规定属于国家所有的以外，属于集体所有；宅基地和自留地、自留山，也属于集体所有（《宪法》第 10 条第 2 款）。
>
> [安口诀] 城市土地只能国有；宅基地、自留地、自留山只能集体所有；农村和城市郊区土地原则归集体，例外归国有。
>
> 国家为了公共利益的需要，可以依照法律规定（只能是法律规定，而非法律法规规定）对土地实行征收或者征用（2004 年修正案）并给予补偿（而非赔偿）（《宪法》第 10 条第 3 款）。
>
> [安口诀] 宪法中有两个征收征用，一是对私有财产征收征用，二是对土地征收征用。
>
> 任何组织或者个人不得侵占、买卖或者以其他形式非法转让土地。
>
> 土地的使用权（而非所有权）可以依照法律的规定转让。(《宪法》第 10 条第 4 款)。
>
> 一切使用土地的组织和个人必须合理地利用土地（《宪法》第 10 条第 5 款）。

品题

1. 某村坐落在山区，清水河穿村而过，村民在宅基地上建房时发现一处煤矿，根据我国宪法，下列选项，属于该村集体所有的有（　　）。① （2023 年多选 46）

   A. 煤矿　　　　　　　　　　B. 自留山
   C. 清水河　　　　　　　　　D. 宅基地

2. 下列关于土地制度的表述，正确的是（　　）。② （2022 年单选 21）

   A. 农村的土地属于农民所有
   B. 土地所有权可以依法进行转让
   C. 1978 年宪法首次规定城市的土地属于国家所有
   D. 城市郊区的土地除由法律规定属于国家所有外，属于集体所有

3. 根据我国宪法，下列关于自然资源制度的表述，正确的是（　　）。③ （2021 年单选 15、2021 年法学单选 10）

   A. 森林专属集体所有
   B. 土地、矿藏、水流专属国家所有
   C. 山岭、草原、荒地和滩涂，可以属于集体所有

---

① BD

② D

③ C

D. 为了保护生物多样性，国家禁止自然资源的开发利用

4. 下列有关我国土地制度的表述，正确的是（　　）。① （2020年单选14、2020年法学单选9）

  A. 荒地属于国家所有

  B. 宅基地和自留地、自留山属于集体所有

  C. 为提高土地利用效率，土地所有权可以转让

  D. 城市郊区的土地除由法律规定属于集体所有的以外，属于国家所有

5. 根据我国宪法，下列自然资源专属国家所有的是（　　）。② （2019年单选25）

  A. 农村的土地   B. 荒地、滩涂

  C. 矿藏、水流   D. 森林、山岭

6. 根据现行宪法，下列关于土地所有权、使用权的表述，正确的是（　　）。③ （2017年多选53）

  A. 城市的土地属于国家所有

  B. 宅基地和自留地、自留山属于集体所有

  C. 土地的所有权可以依照法律规定转让

  D. 国家可以依照法律或者法规对土地实行征收或者征用并给予赔偿

7. 东风地质队在白兔村勘探时，发现高某承包的竹园地下有丰富的钨矿，此钨矿的所有权属于（　　）。④ （2016年单选22、2016年法学单选13）

  A. 国家   B. 白兔村

  C. 高某   D. 东风地质队

8. 根据我国宪法，下列自然资源既可属于国家所有，也可属于集体所有的有（　　）。⑤ （2015年多选54）

  A. 矿藏   B. 水流

  C. 森林   D. 草原

9. 根据我国宪法规定，下列资源中，只能属于国家所有的是（　　）。⑥ （2014年单选29）

  A. 森林   B. 城市土地

  C. 滩涂   D. 草原

---

① B

② C

③ AB

④ A

⑤ CD

⑥ B

10. 根据我国宪法的规定，下列关于土地制度的表述正确的是（　　）。① （2012年单选16）

A. 城市和城市郊区的土地属于国家所有

B. 宅基地、自留地和自留山属于村民所有

C. 任何组织或个人不得侵占、买卖、出租或以其他形式转让土地

D. 国家为了公共利益的需要，可以依法对土地实行征收或征用并给予补偿

11. 根据我国宪法规定，下列自然资源中，只能属于国家所有的是（　　）。② （2012年单选30）

A. 山岭　　　　　　　　B. 矿藏

C. 森林　　　　　　　　D. 草原

12. 根据我国宪法规定，下列自然资源中只能属于国家所有的是（　　）。③ （2012年法学单选14）

A. 矿藏、水流　　　　　B. 山岭、戈壁

C. 森林、草原　　　　　D. 荒地、滩涂

（三）其他基本经济制度

1. 分配制度

（社会主义本质）社会主义公有制消灭人剥削人的制度，实行各尽所能、按劳分配的原则→（基本国情）国家在社会主义初级阶段→（初级阶段的基本经济制度）坚持公有制为主体、多种所有制经济共同发展的基本经济制度→（初级阶段的分配制度）坚持按劳分配为主体、多种分配方式并存的分配制度（《宪法》第6条）。

［安口诀］国情决定基本经济制度，基本经济制度决定分配制度。

2. 财产权

（1）公共财产（《宪法》第12条）：

社会主义的公共财产神圣不可侵犯。国家保护社会主义的公共财产。禁止任何组织或者个人用任何手段侵占或者破坏国家的和集体的财产。

（2）私有财产（《宪法》第13条）：

公民的合法的私有财产不受侵犯。国家依照法律规定保护公民的私有财产权和继承权（2004年修正案）。国家为了公共利益的需要，可以依照法律规定（而非法规规定）对公民的私有财产实行征收或者征用（2004年修正案）并给予补偿（而非赔偿）。

［安口诀］私有财产权属于基本权利，但规定在总纲部分，属于非专章保护的权利。

3. 社会保障制度

国家建立健全同经济发展水平相适应的社会保障制度（《宪法》第14条，2004年修正案）。

［安口诀］社会保障水平 ←→ 经济发展水平。

---

① D

② A

③ A

4. 社会主义市场经济

我国宪法中明确规定"国家实行社会主义市场经济",我国的市场经济与传统意义上的资本主义市场经济有一定区别,即我国是以公有制为主体的市场经济。市场经济在宪法中的确立并不意味着一种全新的体制完全建成,而只是一种新的体制的确认。因此在市场经济发展过程中,需要进一步推进政府职能的转换、国有企业和集体经济组织的改革,用市场的方法重新构造新的运行机制。

> **超链接**
>
> (社会主义市场经济)国家实行社会主义市场经济。国家加强经济立法,完善宏观调控。国家依法禁止任何组织或者个人扰乱社会经济秩序(《宪法》第15条)。
>
> (国有经济自主权)国有企业在法律规定的范围内有权自主经营。国有企业依照法律规定,通过职工代表大会和其他形式,实行民主管理(《宪法》第16条)。
>
> (集体经济自主权)集体经济组织在遵守有关法律的前提下,有独立进行经济活动的自主权。集体经济组织实行民主管理,依照法律规定选举和罢免管理人员,决定经营管理的重大问题(《宪法》第17条)。

品题

1. 根据现行宪法,下列关于我国分配制度的表述,正确的是(　　)。① (2023年单选26)
A. 国家实行各取所需的分配制度
B. 我国的分配制度是由市场经济体制决定的
C. 国家实行按劳分配为主体,多种分配方式并存的分配制度
D. 国家在公有制经济中实行按需分配

2. 根据现行宪法,关于我国在社会主义初级阶段,实行分配制度的表述正确的是(　　)。② (2014年单选22)
A. 不劳动者不得食
B. 各尽所能,按需分配
C. 按劳分配和按需分配相结合
D. 按劳分配为主体,多种分配方式并存

五、政党制度

(一) 政党制度概述

1. 政党制度的概念

政党制度是关于政党的地位、作用以及有关政党掌握或影响国家政权的各种制度的总称。

---

① C
② D

2. 政党的特征

政党具有鲜明的阶级性＋政党具有明确的政治纲领＋政党具有一定的组织体系＋政党有严格的组织纪律。

［安口诀］阶级，体系，纲领，党纪。

3. 政党制度的类型

（1）以社会制度为标准分为资本主义政党制度＋社会主义政党制度；

（2）以掌握权力的形式为标准分为一党制＋两党制＋多党制＋一党领导的多党合作制。

4. 政党制度的影响

政党是近代民主政治发展的产物，是社会经济关系作用于政治以及法律领域的表现。在经济关系，特别是商品经济关系充分发展的条件下，利益格局出现了多元化，各种利益主体对经济利益的追求必然会产生在政治上、法律上新的要求，以期获得最大的、长远的利益，这就为政党以及政党制度的产生提供了客观的条件和现实的基础。政党制度将平等、竞争机制引入国家政权领域中，政党制度的形成促进了近代民主政治的发展，使民主制度公开化、程序化、规范化，拓宽了公民参与国家政治的途径。

（二）中国共产党领导的多党合作和政治协商

1. 中国共产党对民主党派的方针

"长期共存、互相监督、肝胆相照、荣辱与共"。

（1）中国共产党在国家政权中居领导地位，对民主党派的领导主要表现为政治领导。

（2）各民主党派参政、议政，各民主党派具有法律范围内的政治自由、组织独立和法律地位平等。

（3）中国共产党与民主党派的关系不是执政党与反对党的关系，也不存在轮流执政的问题，但民主党派具有重要的监督作用。

（4）中国人民政治协商会议是我国多党合作和政治协商的重要形式。

［安口诀］党的领导政治领导，民主党派参政议政（政、组、法），党派之间关系融洽，组织形式政协会议。

2. 政治协商会议的职能与任务

政治协商会议不是国家机关，也不同于一般的人民团体，而是爱国统一战线和多党合作的重要形式；其职能是政治协商、民主监督、参政议政。

（1）（三大职能之政治协商）通过各种形式参与有关国家事务和地方事务重要问题的讨论。

（2）（三大职能之民主监督）组织政协委员进行视察、参观和调查活动，向有关机关或其他组织提出建议和批评。

（3）（三大职能之参政议政）密切联系各方面人士，向党和国家机关反映各界人民群众的意见和要求。

（4）（三大任务之加紧社会主义现代化建设）宣传和贯彻执行宪法和法律，协助党和政府贯彻各项政策，维护和巩固安定团结的政治局面。

（5）（三大任务之争取实现包括台湾在内的祖国统一）积极开展同台湾同胞和各界人

士的联系，促进祖国和平统一。

（6）（三大任务之反对霸权主义，维护世界和平）积极开展人民外交活动，为维护世界和平作出贡献。

（7）（加强学习和合作）组织和推动政协委员的学习活动。

（8）（加强学习和合作）调整和处理爱国统一战线各方面的关系和人民政协会议内部合作的重要事项。

品题

1. 关于中国人民政治协商会议，下列说法正确的是（　　）。① （2018年单选14、2018年法学单选9）

A. 中国人民政治协商会议委员由选民选举产生，对选民负责
B. 中国人民政治协商会议与全国人民代表大会共同行使国家立法权
C. 现行宪法在"国家机构"一章中规定了中国人民政治协商会议的参政议政职能
D. 1949年中国人民政治协商会议通过了《共同纲领》，行使了一定范围的制宪权

2. 下列关于中国人民政治协商会议的表述，正确的有（　　）。② （2016年多选57）

A. 政协是中国人民的爱国统一战线组织
B. 政协是国家机关，属于国家机构体系的组成部分
C. 政协是人民团体开展民主自治、民主决策的重要形式
D. 政协具有政治协商、民主监督、参政议政的职能

六、国家标志

（一）国旗法

1. 每日升挂国旗（2020年《国旗法》修改）

下列场所或者机构所在地，应当每日升挂国旗：①北京天安门广场、新华门；②中国共产党中央委员会，全国人民代表大会常务委员会，国务院，中央军事委员会，中国共产党中央纪律检查委员会、国家监察委员会，最高人民法院，最高人民检察院；中国人民政治协商会议全国委员会；③外交部；④出境入境的机场、港口、火车站和其他边境口岸，边防海防哨所。

[安口诀] 每日升旗"最牛机关＋大门"。

2. 工作日升挂国旗（2020年《国旗法》修改）

下列机构所在地应当在工作日升挂国旗：①中国共产党中央各部门和地方各级委员会；②国务院各部门；③地方各级人民代表大会常务委员会；④地方各级人民政府；⑤中国共产党地方各级纪律检查委员会、地方各级监察委员会；⑥地方各级人民法院和专门人民法院；⑦地方各级人民检察院和专门人民检察院；⑧中国人民政治协商会议地方各级委

---

① D

② AD

员会；⑨各民主党派、各人民团体；⑩中央人民政府驻香港特别行政区有关机构、中央人民政府驻澳门特别行政区有关机构。

学校除寒假、暑假和休息日外，应当每日升挂国旗。有条件的幼儿园参照学校的规定升挂国旗。图书馆、博物馆、文化馆、美术馆、科技馆、纪念馆、展览馆、体育馆、青少年宫等公共文化体育设施应当在开放日升挂、悬挂国旗。

[安口诀]工作日升旗"牛机关＋学校"。

3. 节日升挂（2020年《国旗法》修改）

国庆节、国际劳动节、元旦、春节和国家宪法日（12月4日）等重要节日、纪念日，各级国家机关、各人民团体以及大型广场、公园等公共活动场所应当升挂国旗；企业事业组织，村民委员会、居民委员会，居民院（楼、小区），有条件的应当升挂国旗。民族自治地方在民族自治地方成立纪念日和主要传统民族节日应当升挂国旗。举行宪法宣誓仪式时，应当在宣誓场所悬挂国旗。

4. 可以升挂

举行重大庆祝、纪念活动，大型文化、体育活动，大型展览会，可以升挂国旗。

5. 志 哀

下列人士逝世，下半旗志哀：①中华人民共和国主席、全国人民代表大会常务委员会委员长、国务院总理、中央军事委员会主席；②中国人民政治协商会议全国委员会主席；③对中华人民共和国作出杰出贡献的人；④对世界和平或者人类进步事业作出杰出贡献的人。举行国家公祭仪式或者发生严重自然灾害、突发公共卫生事件以及其他不幸事件造成特别重大伤亡的，可以在全国范围内下半旗志哀，也可以在部分地区或者特定场所下半旗志哀。

品 题

根据我国《国旗法》，下列场所或机构所在地，应当每日升挂国旗的是（　　）。①（2021年单选18、2021年法学单选13）

A. 全日制学校　　　　　　　　B. 出境入境的火车站
C. 地方各级监察委员会　　　　D. 风景名胜区

（二）国徽法

1. 应当悬挂国徽的机构

下列机构应当悬挂国徽：①各级人民代表大会常务委员会；②各级人民政府；③中央军事委员会；④各级监察委员会；⑤各级人民法院和专门人民法院；⑥各级人民检察院和专门人民检察院；⑦外交部；⑧国家驻外使馆、领馆和其他外交代表机构；⑨中央人民政府驻香港特别行政区有关机构、中央人民政府驻澳门特别行政区有关机构。国徽应当悬挂在机关正门上方正中处。

---

① B

[安口诀] 所有国家机关。

2. 应当悬挂国徽的场所

下列场所应当悬挂国徽：①北京天安门城楼、人民大会堂；②县级以上各级人民代表大会及其常务委员会会议厅，乡、民族乡、镇的人民代表大会会场（新修改）；③各级人民法院和专门人民法院的审判庭；④宪法宣誓场所；⑤出境入境口岸的适当场所。

[安口诀] 所有国家机关所在地。

3. 应当刻有国徽图案的印章

下列机构的印章应当刻有国徽图案：①全国人民代表大会常务委员会，国务院，中央军事委员会，国家监察委员会，最高人民法院，最高人民检察院；②全国人民代表大会各专门委员会和全国人民代表大会常务委员会办公厅、工作委员会，国务院各部、各委员会、各直属机构、国务院办公厅以及国务院规定应当使用刻有国徽图案印章的办事机构，中央军事委员会办公厅以及中央军事委员会规定应当使用刻有国徽图案印章的其他机构；③县级以上地方各级人民代表大会常务委员会、人民政府、监察委员会、人民法院、人民检察院，专门人民法院，专门人民检察院；④国家驻外使馆、领馆和其他外交代表机构。

[安口诀] 所有国家机关正式公文。

品 题

根据《国徽法》，下列关于国徽及其图案使用的表述，不正确的是（　　）。① （2022年单选25）

A. 国徽图案可以用于国家机关颁发的营业执照
B. 国徽及其图案可以用于授予专利权的外观设计
C. 县级以上人民政府网站应在首页显著位置使用国徽图案
D. 国家出版的法律、法规正式版本的封面应当印有国徽图案

（三）国歌法

1. 应当奏唱国歌

在下列场合，应当奏唱国歌：①全国人民代表大会会议和地方各级人民代表大会会议的开幕、闭幕；中国人民政治协商会议全国委员会会议和地方各级委员会会议的开幕、闭幕。②各政党、各人民团体的各级代表大会等。③宪法宣誓仪式（新增）。④升国旗仪式。⑤各级机关举行或者组织的重大庆典、表彰、纪念仪式等。⑥国家公祭仪式。⑦重大外交活动。⑧重大体育赛事。⑨其他应当奏唱国歌的场合。

[安口诀] 有升旗必须奏国歌。

2. 国歌教育

将国歌纳入中小学教育。中小学应当将国歌作为爱国主义教育的重要内容，组织学生学唱国歌，教育学生了解国歌的历史和精神内涵、遵守国歌奏唱礼仪。

---

① B

第二节 选举制度

一、选举基本原则

(一) 选举制度概述

1. 选举制度概念

选举制度是国家<u>通过法律规定选举代表机关代表和国家公职人员所应遵循的各项原则和制度的总称</u>。包括选举的基本原则，选举权利的确定，选举的组织、程序和方法，选举经费，选民与代表的关系，对破坏选举行为的制裁等。

> **超链接**
>
> 宪法中三种选举程序，第一种是选人大代表，规定在《选举法》《代表法》中；第二种是人大选举国家机关组成人员，规定在《全国人大组织法》《地方人大地方政府组织法》中；第三种是选举村委会、居委会组成人员，规定在《村委会组织法》《居委会组织法》中。
>
> 2020年修改《选举法》主要内容：
>
> （1）增加"全国人民代表大会和地方各级人民代表大会代表的选举工作，坚持中国共产党的领导，坚持充分发扬民主，坚持严格依法办事"。
>
> （2）修改"不设区的市、市辖区、县、自治县的代表名额基数为140名，每5000人可以增加1名代表；人口超过155万的，代表总名额不得超过450名；人口不足5万的，代表总名额可以少于140名""乡、民族乡、镇的代表名额基数为45名，每1500人可以增加一名代表；但是，代表总名额不得超过160名；人口不足2000的，代表总名额可以少于45名"。
>
> （3）增加"依照前款规定重新确定代表名额的，省、自治区、直辖市的人民代表大会常务委员会应当在30日内将重新确定代表名额的情况报全国人民代表大会常务委员会备案"。
>
> （4）修改"国家工作人员有前款所列行为的，还应当由监察机关给予政务处分或者由所在机关、单位给予处分"。

2. 选举制度的功能

（1）选举是<u>公民参与政治生活的基本形式</u>（对应选人大代表）。

（2）选举是<u>政府合法性的来源</u>（对应人大选举国家机关组成人员）。

（3）选举是<u>公民自我治理的保障</u>（对应选举村委会、居委会组成人员）。

公民一词的核心内涵就包括对于公共事务的参与，公民参与政治的最直接的方式是选举，用投票的方式来表达自己对于相关政见、立场和见解所持有的态度。政府的合法性来自人民的同意，人民经由选举的方式进行合法性的授权，经由选举产生的国家机构因此而获得了治理国家和人民的正当性基础。当政权面临选举压力的时候，它必然更容易回应民众的要求，而不是执政者的偏好，也更容易成为责任政府。

（二）选举基本原则

1. 普遍性原则

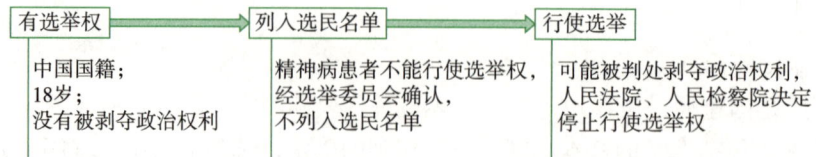

（1）（具有选举权）中华人民共和国年满<u>十八周岁</u>的<u>公民</u>，不分<u>民族、种族、性别、职业、家庭出身、宗教信仰、教育程度、财产状况和居住期限</u>，都有选举权和被选举权。依照法律<u>被剥夺政治权利</u>的人没有选举权和被选举权（《宪法》第34条，《选举法》第4条）。

［安口诀］享有选举权的条件：具有中国国籍（中国公民）＋年满18周岁＋依法享有政治权利（无期死，危害国，政治权利被剥夺）。

（2）（不列入选民名单）<u>精神病患者</u>不能行使选举权利的，<u>经选举委员会确认</u>，（可以）不列入选民名单。

（3）（停止行使选举权）由<u>人民检察院或人民法院决定</u>。但被判处有期徒刑、拘役、管制而没有附加剥夺政治权利的人；对于被羁押，正在受侦查、起诉、审判，人民检察院或者人民法院没有决定停止行使选举权利的人，正在取保候审、被监视居住、被劳动教养、受拘留处罚的，均准予其行使选举权。

2. 平等性原则

每一选民在一次选举中只有一个投票权（《选举法》第5条）；本行政区域内各选区每一代表所代表的人口数应当大体相等（《选举法》第26条）。

（1）保障公民都享有平等的选举权，实行城乡按相同人口比例选举代表，体现人人平等。

（2）保障各地方在国家权力机关有平等的参与权，各行政区域不论人口多少，都应有相同的基本名额数，都能选举一定数量的代表，体现地区平等（在县、自治县的人民代表大会中，人口特少的乡、民族乡、镇，至少应有代表一人）。

（3）保障各民族都有适当数量的代表，人口再少的民族，也要有一名代表，体现民族平等（人口特少的民族，至少应有代表一人）。

3. <u>直接选举、间接选举并用原则</u>（《选举法》第3条）

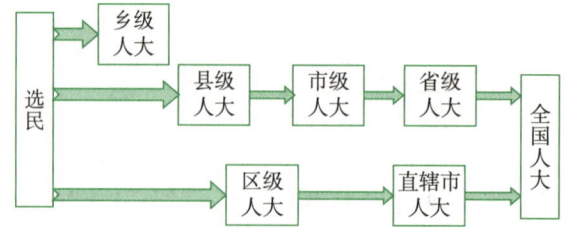

（1）间接选举：全国人民代表大会的代表，省、自治区、直辖市、设区的市、自治州的人民代表大会的代表，由下一级人民代表大会选举。

（2）直接选举：不设区的市、市辖区、县、自治县、乡、民族乡、镇的人民代表大会的代表，由选民直接选举。

全国人大	间接选举
省级人大：省、自治区、直辖市	间接选举
市级人大：地级市、自治州	间接选举
县级人大：县、自治县、县级市、市辖区	直接选举
乡级人大：乡、民族乡、镇	直接选举

4. 差额选举原则（《选举法》第31条）

全国和地方各级人民代表大会代表实行差额选举，代表候选人的人数应多于应选代表的名额。

（1）直接选举差额比例：由选民直接选举人民代表大会代表的，代表候选人的人数应多于应选代表名额 1/3 至 1 倍（多一个，少一倍）。

[安口诀] 应选1人，候选2人；应选2人，候选3、4人；应选3人，候选4、5、6人；应选4人不合法。

（2）间接选举差额比例：由县级以上的地方各级人民代表大会选举上一级人民代表大会代表的，代表候选人的人数应多于应选代表名额 1/5 至 1/2。

[安口诀] 应选100人，候选120～150人。

5. 秘密投票原则（《选举法》第40条）

人大代表的选举，一律采用无记名投票的方法。选举时应当设有秘密写票处。选民如果是文盲或者因残疾不能写选票的，可以委托他信任的人代写。

[安口诀] 选举法中有两种委托他人：一是不能写选票的情况委托他人代写，二是不能返乡的情况委托他人代为投票。

品 题

1. 根据我国宪法和法律，下列人大代表中，由选民直接选举的是（　　）。①（2022年单选16）

A. 自治区的人民代表大会的代表

B. 直辖市的人民代表大会的代表

C. 设区的市的人民代表大会的代表

D. 县、自治县、乡、民族乡、镇的人民代表大会的代表

2. 下列关于我国公民选举权的说法，正确的是（　　）。②（2015年法学单选12）

A. 甲患有精神病而丧失选举权

---

① D

② D

B. 乙被拘留,因无人身自由而不享有选举权

C. 丙不识字,因无法填写选票而不享有选举权

D. 丁因被判处死刑缓期两年执行而丧失选举权

3. 下列选项中,不属于我国选举制度基本原则的是(　　)。[1]（2014 年法学单选 10）

A. 选举权的普遍性原则

B. 选举权的平等性原则

C. 差额选举原则

D. 公开投票原则

4. 2010 年《选举法》修正案中,涉及选举权平等性原则的内容有(　　)。[2]（2013 年多选 55）

A. 选民所投的选票具有同等的法律效力

B. 人人平等,即城乡按相同人口比例选举代表

C. 民族平等,即各民族都有适当数量的人大代表

D. 地区平等,即各行政区域都应有相同的基本名额数

二、选举程序

（一）直接选举组织机构

（1）在实行直接选举的地方,设立<u>选举委员会</u>主持本级人大的选举;选举委员会设主任一人,副主任若干人,委员若干人;<u>县级选举委员会受本级人大常委会的领导,乡级选举委员会受县级人大常委会领导</u>（县人常选出选举委员会的组成人员）。

［安口诀］只有直接选举有选举委员会,直接选举所有工作都由选举委员会来做。

（2）选举委员会履行下列职责：①划分选举本级人民代表大会代表的<u>选区</u>,分配各选区应选代表的名额；②进行<u>选民登记</u>,<u>审查选民资格</u>,<u>公布选民名单</u>；<u>受理</u>对于选民名单不同意见的<u>申诉</u>,并作出决定；③确定选举<u>日期</u>；④了解核实并组织<u>介绍代表候选人</u>的情况；根据较多数选民的意见,确定和公布正式代表候选人名单；⑤<u>主持投票</u>选举；⑥<u>确定选举结果</u>是否有效,<u>公布当选代表名单</u>；⑦法律规定的其他职责。选举委员会应当<u>及时公布选举信息</u>（《选举法》第 11 条）。

---

[1] D

[2] ABCD

（二）直接选举程序

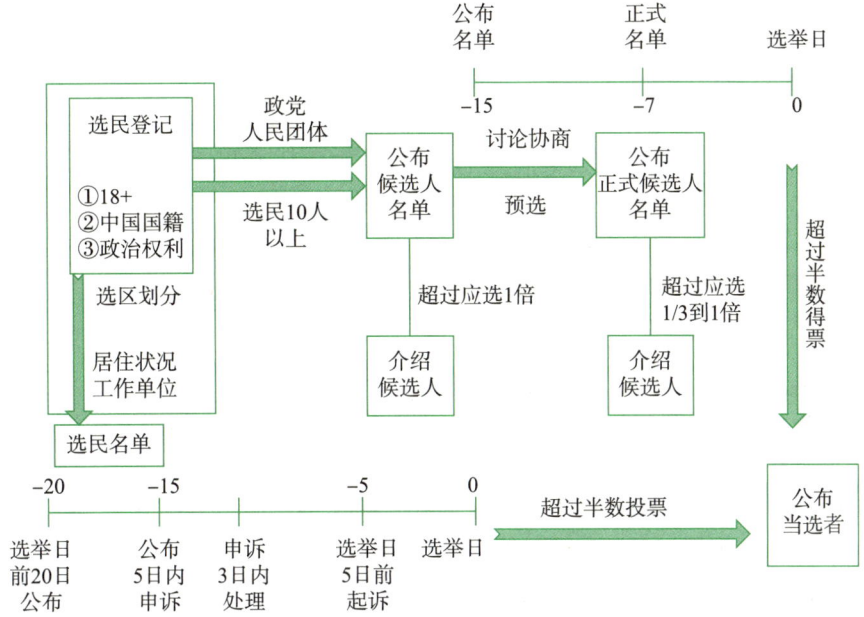

第一步：选区划分

不设区的市、市辖区、县、自治县、乡、民族乡、镇的人民代表大会的代表名额分配到选区，按选区进行选举；选区可以按居住状况划分，也可以按生产单位、事业单位、工作单位划分；选区的大小，按照每一选区选1~3名代表划分。

第二步：选民登记

1. 登　记

选民登记按选区进行，经登记确认的选民资格长期有效（一次登记，长期有效，更新式登记）。

（1）每次选举前对上次选民登记以后新满18周岁的、被剥夺政治权利期满后恢复政治权利的选民，予以登记。

（2）对选民经登记后迁出原选区的，列入新迁入的选区的选民名单。

（3）对死亡的和依照法律被剥夺政治权利的人，从选民名单上除名。

（4）精神病患者不能行使选举权利的，经选举委员会确认，不列入选民名单。

2. 异　议

（1）选民名单应在选举日的20日以前公布，实行凭选民证参加投票选举的，并应当发给选民证。

（2）对于公布的选民名单有不同意见的，可以在选民名单公布之日起5日内向选举委员会提出申诉。

（3）选举委员会对申诉意见，应在3日内作出处理决定。

（4）申诉人如果对处理决定不服，可以在选举日的5日以前向人民法院起诉，人民法院应在选举日以前作出判决。人民法院的判决为最后决定（选民资格案件审限短、一审终审、先申诉后起诉、诉讼理由只是选民名单）。

［安口诀］"2—5—3—5 程序"：20 日前公布，5 日内申诉，3 日内答复，5 日前起诉。

第三步：代表候选人产生

1. 提　名

（1）各政党、各人民团体，可以联合或者单独推荐代表候选人。

（2）选民 10 人以上联名，也可以推荐代表候选人。

（3）提名不得超过本选区或者选举单位应选代表的名额。

［安口诀］直接选举候选人提名：各政党/各人民团体/选民 10 人；间接选举候选人提名：各政党/各人民团体/代表 10 人。

2. 确定正式候选人

（1）选举委员会汇总后，将代表候选人名单及代表候选人的基本情况在选举日的 15 日以前公布。

（2）如果所提代表候选人的人数超过最高差额比例，由选举委员会交各该选区的选民小组讨论、协商，根据较多数选民的意见，确定正式代表候选人名单。

（3）对正式代表候选人不能形成较为一致意见的，进行预选，根据预选时得票多少的顺序，确定正式代表候选人名单。

（4）正式代表候选人名单及代表候选人的基本情况应当在选举日的 7 日以前公布。

［安口诀］"半月一周程序"：15 日前公布候选人名单，7 日前公布正式候选人名单。

3. 介绍候选人

（1）正式代表候选人产生后，选举委员会应当向选民介绍代表候选人的情况。

（2）在选举日必须停止代表候选人的介绍。

［安口诀］直接选举候选人由选举委员会介绍，间接选举候选人由主席团介绍；无论直接还是间接，选举日当天必须停止介绍。

第四步：投票选举

1. 投票站

选举委员会应当根据各选区选民分布状况，按照方便选民投票的原则设立投票站，进行选举。

2. 选举大会

选民居住比较集中的，可以召开选举大会，进行选举。

3. 流动票箱

因患有疾病等原因行动不便或者居住分散并且交通不便的选民，可以在流动票箱投票。

［安口诀］可使用流动票箱的三种情况：行动不便、交通不便、被羁押。

4. 委托投票

选民如果在选举期间外出，经选举委员会同意，可以书面委托其他选民代为投票。每一选民接受的委托不得超过三人，并应当按照委托人的意愿代为投票。

［安口诀］委托投票三个要件：书面委托、选举委员会同意、最多接受三人委托。

第五步：公布选举结果

1. 双过半当选

选区全体选民过半数参加投票，选举有效；代表候选人获得参加投票选民过半数的选票，始得当选。

［安口诀］只有三个双过半，其余都是单过半（直接选举上，村委会上，村委会下）。

2. 选举结果

由选举委员会决定是否有效，并予宣布。

［安口诀］直接选举由选举委员会公布结果，间接选举由主席团公布结果。

第六步：加赛程序

如遇票数相等不能确定当选人时，应当就票数相等的候选人再次投票，以得票多的当选。获得过半数选票的当选代表的人数少于应选代表的名额时，不足的名额另行选举。另行选举时，根据在第一次投票时得票多少的顺序，按照本法第三十一条规定的差额比例，确定候选人名单。如果只选1人，候选人应为2人。依照前款规定另行选举县级和乡级的人民代表大会代表时，代表候选人以得票多的当选，但是得票数不得少于选票的1/3（一轮是过半数的过半数，二轮是过半数的1/3）；县级以上的地方各级人民代表大会在另行选举上一级人民代表大会代表时，代表候选人获得全体代表过半数的选票，始得当选（《选举法》第45条）。

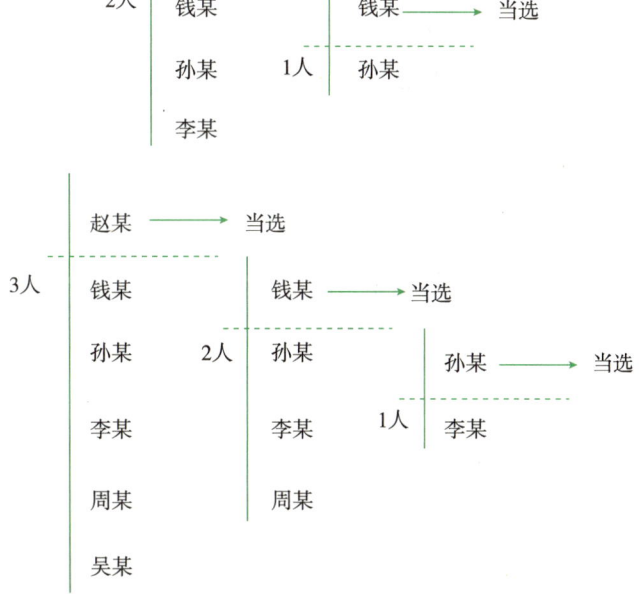

品题

1. 村民赵某在乡人大代表选举期间临时外出务工,无法返乡参加选举。下列正确的是（　　）。① (2023年单选20)
   A. 赵某可以进行网络投票
   B. 乡选举委员会可以暂停赵某的选举权
   C. 经乡选举委员会同意,赵某可以书面委托其他选民代为投票
   D. 赵某可以同时参加本乡和务工所在地的基层人大代表选举

2. 根据《选举法》,下列关于代表候选人的表述,正确的是（　　）。② (2022年单选22)
   A. 代表候选人均由选区提名产生
   B. 正式代表候选人的名单在选举日当天公布
   C. 代表候选人的人数可以等于应选代表的名额
   D. 代表候选人为选举委员会组成人员的,应辞去选举委员会的职务

3. 关于我国人大代表候选人的产生程序,下列表述正确的是（　　）。③ (2020年单选23)
   A. 代表候选人只能由各政党和人民团体提名
   B. 初步候选人人数超过规定的最高差额比例的,必须进行预选
   C. 直接选举中,正式代表候选人名单应当在选举日的七日以前公布
   D. 县级以上地方人大选举上一级人大代表,候选人应从本级人大代表中产生

4. 根据选举法,下列关于直接选举的表述,正确的是（　　）。④ (2019年单选18、2019年法学单选13)
   A. 县级人大代表的选举由县级人大常委会主持
   B. 当选人数多于应选代表名额的,应重新投票
   C. 选举所投的票数多于投票人数的,该次选举无效
   D. 代表候选人获得全体选民过半数的选票,始得当选

5. 张某长期在外打工,返乡时恰逢乡人大换届选举。根据《选举法》,张某可以向法院起诉的情形是（　　）。⑤ (2017年单选25、2017年法学单选12)
   A. 选举委员会宣布张某当选无效
   B. 选举委员会未将张某列入选民名单
   C. 张某和其他选民联名提出代表候选人被拒绝
   D. 选举委员会不同意张某委托其他选民代为投票

---

① C
② D
③ C
④ C
⑤ B

6. 某县举行人大代表换届选举,甲欲通过选民联名推荐的方式参选人大代表,其必须获得联名推荐的最低选民人数要求是( )。① (2015年单选21)

A. 3人以上　　B. 10人以上　　C. 20人以上　　D. 30人以上

7. 在2011年的县人民代表大会代表选举中,某选区应选代表两名。该选区公布了12 500人的选民名单,实际参加投票的选民为6 200人。该选区三位代表候选人孙某、侯某、赵某获得的选票分别为3 101票、2 050票、1 040票。根据我国选举法,下列选项中,正确的是( )。② (2014年单选30)

A. 只有孙某当选

B. 孙某和侯某当选

C. 三位代表候选人均不能当选

D. 该次选举有效,由县选举委员会最终确定当选者

8. 根据我国《选举法》的规定,在选民直接选举人大代表时,组织投票的方式有( )。③ (2014年多选59)

A. 设流动票箱

B. 在各选区设选举投票站

C. 召开选举大会进行投票

D. 为外出打工人员设流动投票站

9. 某选区应选人大代表2人,超过半数选民参加了投票,代表候选人按得票多少的排序为:张某、王某、李某、赵某,其中仅张某获得半数选票。对此情形,下列做法符合法律规定的是( )。④ (2014年法学单选13)

A. 宣布张某、王某当选

B. 宣布张某当选,同时以王某为候选人另行选举

C. 宣布张某当选,同时以王某、李某为候选人另行选举

D. 宣布无人当选,以张某、王某、李某为候选人另行选举

10. 甲与同村另外四名选民在外打工,不能回原籍参加镇人大代表选举。甲的下列做法,符合我国选举法的是( )。⑤ (2013年单选19)

A. 口头委托在原籍的同村选民乙代为投票

B. 与另外四人共同委托同村选民乙代为投票

C. 书面委托同村选民乙按照甲的意愿代为投票

D. 经户籍所在地镇政府同意,由同村选民乙代为投票

---

① B

② C

③ ABC

④ C

⑤ C

11. 根据我国选举法，由选民直接选举的人大代表候选人可通过选民联名推荐的方式产生。某甲欲通过此种方式参选人大代表，其须获得选名联名推荐的最低人数应是（　　）。① (2012 年单选 29)

A.5 人　　B.10 人　　C.30 人　　D.50 人

12. 根据我国选举法的规定，下列选项中，属于选举委员会职责的有（　　）。② (2012 年多选 58)

A. 划分选区，分配各选区应选代表的名额

B. 进行选民登记，审查选民资格，公布选民名单

C. 了解核实并组织介绍代表候选人的情况，根据较多数选民意见，确定和公布正式候选人的名单

D. 确定选举结果是否有效，公布当选代表名单

（三）间接选举组织机构

（1）（大主持）全国人大<u>常委会主持</u>全国人大代表的选举。省级、市级人大<u>常委会主持</u>本级人大代表的选举（《选举法》第 9 条）。

（2）（小主持）县级以上的地方各级人大在选举上一级人大代表时，由各<u>该级人大主席团主持</u>（《选举法》第 39 条）。

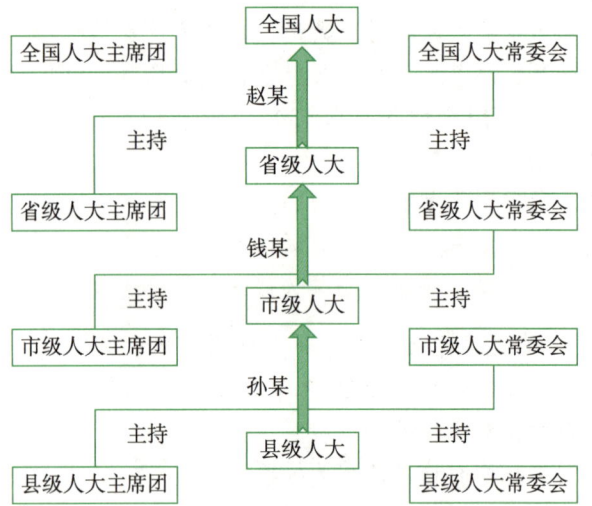

省级人大→全国人大	大主持是全人常	小主持是省人大主席团
市级人大→省级人大	大主持是省人常	小主持是市人大主席团
县级人大→市级人大	大主持是市人常	小主持是县人大主席团

---

① B

② ABCD

（四）间接选举程序

[安口诀] 间接选举无须划分选区、选民登记，直接提名代表候选人，提到选区、选民，必然是直接选举。

第一步：代表候选人产生

1. 提 名

（1）各政党、各人民团体，可以联合或者单独推荐代表候选人。

（2）代表 10 人以上联名，也可以推荐代表候选人。

[安口诀] 直接选举候选人提名：各政党 / 各人民团体 / 选民 10 人；间接选举候选人提名：各政党 / 各人民团体 / 代表 10 人。

2. 确定正式候选人

（1）各该级人大主席团将依法提出的代表候选人名单及代表候选人的基本情况印发全体代表，由全体代表酝酿、讨论，时间不得少于两天。

（2）如果所提代表候选人的人数符合差额比例，直接进行投票选举。如果所提代表候选人的人数超过最高差额比例，进行预选，确定正式代表候选人名单。

[安口诀] 直接选举产生正式候选人的方式有讨论协商（协商民主）＋预选（选举民主）；间接选举产生正式候选人的方式有预选。

3. 介绍候选人

（1）正式代表候选人产生后，人大主席团应当向代表介绍代表候选人的情况。

（2）但是在选举日必须停止代表候选人的介绍。

[安口诀] 直接选举候选人由选举委员会介绍，间接选举候选人由主席团介绍；无论直接还是间接，选举日当天必须停止介绍。

第二步：投票选举——由该级人大主席团主持

第三步：公布结果

1. 单过半当选

代表候选人获得全体代表过半数的选票，始得当选。

[安口诀] 只有三个双过半，其余都是单过半（直接选举上，村委会上，村委会下）。

2. 选举结果

由人大主席团决定是否有效，并予宣布。

[安口诀] 直接选举由选举委员会公布结果，间接选举由主席团公布结果。

三、代表资格问题

（一）代表罢免

全国和地方各级人民代表大会的代表，受选民和原选举单位的监督（谁选谁罢）。

1. 直接选举代表罢免（《选举法》第 50 条）

县级人大代表，原选区选民 50 人以上联名；乡级人大代表，原选区选民 30 人以上联名，可以向县级人大常委会书面提出罢免要求。罢免须经原选区选民单过半通过。

［安口诀］乡 3 县 5，县委诉苦。

2. 间接选举代表罢免（《选举法》第 51 条）

（1）（原选举单位人大可以罢免）县级以上的地方各级人大举行会议的时候，主席团或者 1/10 以上代表联名，可以提出对由该级人大选出的上一级人大代表的罢免案。罢免案经会议审议后，由主席团提请全体会议表决，单过半通过。罢免的决议，须报送上一级人大常委会备案、公告（直接选举代表罢免无须报备案）。

（2）（原选举单位人常也可以罢免）在人大闭会期间，县级以上的地方各级人大常委会主任会议或者常委会 1/5 以上组成人员联名，可以向常委会提出对由该级人大选出的上一级人大代表的罢免案。罢免案经会议审议后，由主任会议提请全体会议表决，单过半通过。罢免的决议，须报送上一级人大常委会备案、公告（直接选举代表罢免无须报备案）。

［安口诀］人大主十一，人常主五一，罢免上一级，备案上一级。

3. 罢免要求与申辩

罢免案应当写明罢免理由；被提出罢免的代表有权提出申辩意见，也可以书面提出申辩意见。

［安口诀］提出罢免必须书面，被罢免人的申辩可口头、可书面。

（二）代表辞职

1. 间接选举代表辞职（谁选的找谁辞）

全国人大代表，省级、市级人大代表，可以向选举他的人大常委会书面提出辞职。常委会接受辞职，须经常委会组成人员单过半通过。接受辞职的决议，须报送上一级人大常委会备案、公告（直接选举代表辞职无须报备案）。

［安口诀］

间接选举辞职总结	全国人大代表	省级人大常委会
	省级人大代表	市级人大常委会
	市级人大代表	县级人大常委会

2. 直接选举代表辞职（不能找选民辞职）

县级人大代表可以向本级人大常委会书面提出辞职，乡级人大代表可以向本级人大书面提出辞职。县级人大常委会接受辞职，须经常委会组成人员单过半通过。乡级人大接受辞职，须经人大代表单过半通过。接受辞职的，应当予以公告（《选举法》第 55 条）。

［安口诀］县找县人常、乡找乡人大：

直接选举辞职总结	县级人大代表	县级人大常委会
	乡级人大代表	乡级人大

（三）代表补选

代表在任期内，因故出缺，由原选区或者原选举单位补选。县级以上的地方各级人大闭会期间，可以由本级人大常委会补选上一级人大代表。补选出缺的代表时，代表候选人的名额可以多于应选代表的名额，也可以同应选代表的名额相等（《选举法》第 57 条）。

［安口诀］谁选谁补，可差可等，可人大可人常。

（四）代表资格丧失

代表有下列情形之一的，其代表资格终止：①地方各级人大代表迁出或者调离本行政区域的；②辞职被接受的；③未经批准两次不出席本级人大会议的（而非连续两次）；④被罢免的；⑤丧失中华人民共和国国籍的；⑥依照法律被剥夺政治权利的；⑦丧失行为能力的（《代表法》第 49 条）。

县级以上的各级人大代表资格的终止，由代表资格审查委员会报本级人大常委会，由本级人大常委会予以公告。乡级人大代表资格的终止，由代表资格审查委员会报本级人大，由本级人大予以公告。

（五）代表资格审查委员会

代表资格审查委员会依法对当选代表是否符合宪法、法律规定的代表的基本条件，选举是否符合法律规定的程序，以及是否存在破坏选举和其他当选无效的违法行为进行审查，提出代表当选是否有效的意见，向本级人大常委会或者乡级人大主席团报告。

县级以上的各级人大常委会或者乡级人大主席团根据代表资格审查委员会提出的报告，确认代表的资格或者确定代表的当选无效，在每届人大第一次会议前公布代表名单（《选举法》第 47 条）。

［安口诀］代表资格审查委员会三问：一是哪些级别设置代表资格审查委员会？答：所有级别。二是来源地审查还是目的地审查？答：目的地审查。三是代表资格审查委员会能否直接确认代表资格无效？答：不可以，只是辅助性机构，最终要由各级人常（乡级是主席团）确认无效。

> **超链接**
>
> 禁止境外资助（2015 年《选举法》新增）：公民参加各级人民代表大会代表的选举，不得直接或者间接接受境外机构、组织、个人提供的与选举有关的任何形式的资助。违反前款规定的，不列入代表候选人名单；已经列入代表候选人名单的，从名单中除名；已经当选的，其当选无效。

（六）破坏选举责任

1. **贿选**（选举前＋平和手段）

以金钱或者其他财物贿赂选民或者代表，妨害选民和代表自由行使选举权和被选举权的。

2. 暴力妨害（选举前＋暴力手段）

以暴力、威胁、欺骗或者其他非法手段妨害选民和代表自由行使选举权和被选举权。

3. 虚报选票（选举后＋平和手段）

伪造选举文件、虚报选举票数或者其他违法行为。

4. 报复（选举后＋暴力手段）

对于控告、检举选举中违法行为的人，或者对于提出要求罢免代表的人进行压制、报复。以上述所列违法行为当选的，其当选无效。

品题

1. 根据我国宪法和法律，人大代表出现下列情况，其代表资格应终止的有（ ）。[①]（2019 年多选 46、2019 年法学多选 26）

　A. 赵某辞职被接受
　B. 钱某加入外国国籍但定居北京
　C. 孙某因刑事案件被羁押在接受调查
　D. 李某未经批准两次不出席市级人大会议

2. 根据我国选举法，设区的市的人大代表提出辞职，正确的做法是（ ）。[②]（2015 年单选 22）

　A. 向本级人大常委会口头提出
　B. 向本级人大会议主席团书面提出
　C. 向选举他的人大口头提出
　D. 向选举他的人大的常委会书面提出

第三节　国家结构形式

导学

行政区划级别

（1）省级：省（23 个）＋直辖市（4 个）＋自治区（5 个）＋特别行政区（2 个）。
（2）市级：市（地级市，又称设区的市，高于县级市）＋自治州。
（3）县级：市（县级市，又称不设区的市，低于地级市）＋县＋自治县＋区（市辖区）。
（4）乡级：乡＋镇＋民族乡。

---

① ABD
② D

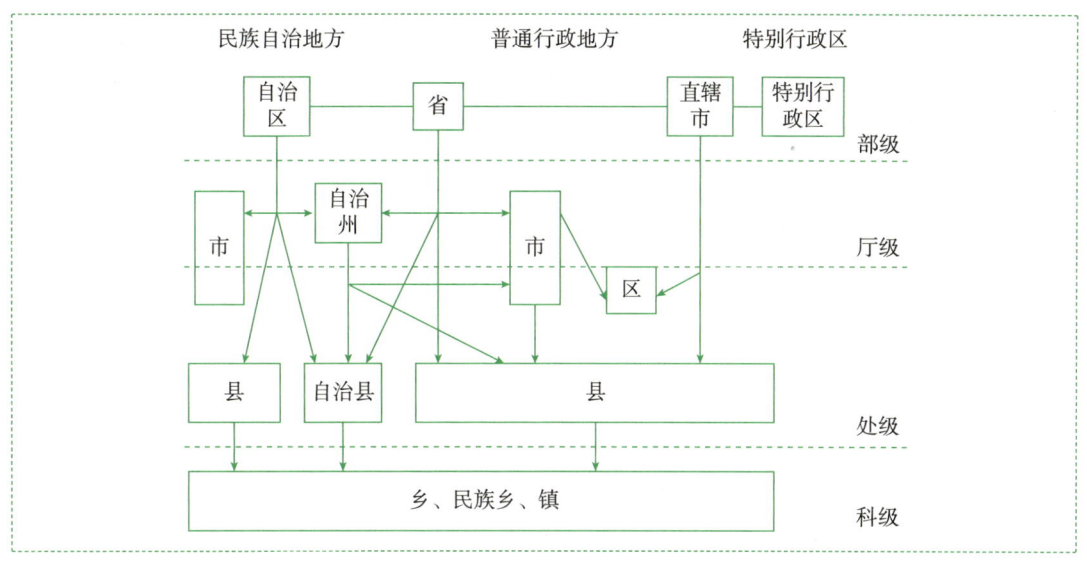

一、国家结构形式

（一）国家结构形式概述

1. 国家结构形式的概念

国家结构形式是<u>国家整体与组成部分、中央与地方的相互关系</u>，体现的是<u>纵向权力配置关系。</u>

［安口诀］国家权力横向配置——国家机构；国家权力纵向配置——国家结构。

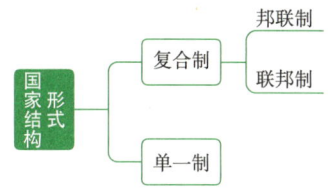

2. <u>单一制</u>

（1）单一制包括：<u>一个宪法和法律体系</u>＋<u>一个中央政权机关</u>＋<u>一个国籍</u>＋<u>一个国际法主体</u>。

（2）我国实行单一制原因：既是我国<u>政治、经济、民族发展的现实需要所决定的</u>，也是我国<u>历史上单一制结构形式的延续</u>，具体而言：

其一，由我国民族关系的历史和各民族的居住现状所决定的。

其二，由我国经济发展的实际需要所决定的。

其三，由我国政治发展的基本需要所决定的，有利于国家统一和政治稳定。

3. 复合制

（1）联邦：联邦和各成员单位都有自己的宪法和法律，都有各自的国家机关体系；公民具有双重国籍，既是成员国的公民，又是联邦的公民；联邦和各成员单位的权力划分是依据宪法，联邦的权力是来自各成员单位的授予；在国际关系中，各成员单位一般没有独立对外交往的权力。

（2）邦联：邦联不是一个主权国家，没有统一的宪法和集中统一的国家机关体系；各个国家都有自己的独立的主权、中央国家机关体系和法律制度体系；邦联的决定要经各个国家的批准才能够产生效力。

4.影响国家结构形式的要素
（1）历史传统——特别行政区。
（2）民族因素——自治区。
（3）政治因素——省、直辖市。

品 题

1.下列关于国家结构形式的理解，正确的是（　　）。①（2019年单选23）
A.我国实行单一制的国家结构形式
B.政权组织形式决定国家结构形式
C.现代国家结构形式主要有单一制和邦联制
D.国家结构形式是指国家各组成部分之间的横向权力配置关系

2.下列关于我国国家结构形式的表述，正确的有（　　）。②（2014年多选56）
A.我国是统一的多民族的单一制国家
B.我国国家结构形式是人民代表大会制度
C.行政区划制度决定了我国的国家结构形式
D.我国的国家结构形式是由历史、民族等多种因素形成的

（二）行政区划

1.行政区划的概念

行政区域划分，简称行政区划，是国家为了进行管理，将国家的领土依据政治、经济、民族状况和地理历史条件的不同，划分为若干大小不同、层次不同的区域的一种制度。

我国行政区划的原则包括：有利于现代化建设+有利于行政管理+有利于各民族团结+有利于巩固国防+照顾到自然条件和历史状况。

我国目前存在着三种行政单元，即普通行政地方、民族自治地方和特别行政区。

> **超链接**
>
> 《宪法》第30条规定：中华人民共和国的行政区域划分如下：（一）全国分为省、自治区、直辖市；（二）省、自治区分为自治州、县、自治县、市；（三）县、自治县分为乡、民族乡、镇。直辖市和较大的市分为区、县。自治州分为县、自治县、市。自治区、自治州、自治县都是民族自治地方。

---

① A

② AD

《宪法》第31条规定：国家在必要时得设立特别行政区。在特别行政区内实行的制度按照具体情况由全国人民代表大会以法律规定。

[安口诀] 根据宪法条文的规定，做题时就记住四个技巧就可以：
（1）我国地方从上到下分省、市、县、乡四级，如果说省、县、乡三级也正确。
（2）全国分省、自治区、直辖市、特别行政区，经济特区不是行政区划的概念。
（3）"市下不设市"：所以，直辖市下设地级市？错误；地级市下设县级市？错误。
（4）"只有县设乡"：只有县和自治县才下设乡、民族乡、镇。

品题

根据现行宪法，下列关于我国行政区域划分的表述，正确的有（　　）。① （2016年多选58）
A. 全国分为省、自治区、直辖市、经济特区
B. 省、自治区、直辖市分为自治州、县、自治县、市
C. 民族自治地方包括自治区、自治州和自治县
D. 县、自治县分为乡、民族乡、镇

2. 行政区划的变更
（1）省级政府的设立、撤销、更名，报全国人大批准。
（2）省级政府的行政区域界线的变更，人民政府驻地的迁移，简称、排列顺序的变更，报国务院审批；自治州、县、自治县、市、市辖区的设立、撤销、更名和隶属关系的变更以及自治州、自治县、设区的市政府驻地迁移，报国务院审批；自治州、自治县的行政区域界线的变更，县、市、市辖区的行政区域界线的重大变更报国务院审批。
（3）县、市、市辖区的部分行政区域界线的变更，县、不设区的市、市辖区政府驻地迁移，国务院授权省级政府审批；批准变更时，同时报送国务院备案。
（4）乡、民族乡、镇的设立、撤销、更名，行政区域界线的变更，人民政府驻地的迁移，由省级政府审批。

行政级别	设立、撤销、更名	区域界线变更	政府驻地的迁移	
省级	全国人大	国务院	简称、排列顺序变更：国务院	
市级	国务院	市重大变更、自治州变更：国务院	市变更：国务院授权省政府	国务院
县级	国务院	县、市辖区重大变更、自治县变更：国务院	县、市辖区变更：国务院授权省政府	自治县：国务院	县、不设区的市、市辖区：国务院授权省政府
乡级	省政府	省政府	省政府	

---

① CD

品题

1. 甲省乙市拟将上城区与下城区合并，设立为市中区，对于这一行政区划的变更，有权审批的国家机关是（　　）。① （2023 年单选 19）

    A. 民政部　　　B. 国务院　　　C. 甲省人民政府　　　D. 乙市人大常委会

2. 为加快地区经济发展，四川省报将某县改设为区。有权批准该区设立的国家机关是（　　）。② （2018 年单选 23）

    A. 四川省人民代表大会　　　　B. 民政部
    C. 国务院　　　　　　　　　　D. 全国人大常委会

3. 根据我国宪法，批准省、自治区、直辖市区域划分的国家机关是（　　）。③ （2014 年单选 26、2017 年单选 23）

    A. 全国人大常务委员会　　　　B. 国务院
    C. 发改委　　　　　　　　　　D. 民政部

4. 2012 年 6 月，我国设立地级三沙市，管辖西沙群岛、中沙群岛、南沙群岛的岛礁及其海域。根据我国宪法，设立三沙市的权力属于（　　）。④ （2013 年单选 22、2013 年法学单选 10）

    A. 全国人大　　　　　　　　　B. 国务院
    C. 海南省政府　　　　　　　　D. 民政部

5. 某直辖市拟将所辖的两个区合并为一个区。根据我国法律规定，有权批准这一行政区划变更的机关是（　　）。⑤ （2012 年法学单选 12）

    A. 全国人民代表大会　　　　　B. 全国人民代表大会常务委员会
    C. 国务院　　　　　　　　　　D. 民政部

二、民族区域自治制度

（一）民族区域自治制度概述

1. 民族区域自治制度的概念

<u>在国家的统一领导下，依照宪法、民族区域自治法和其他法律的有关规定，以各少数民族聚居区为基础建立民族自治地方，设立自治机关，行使自治权</u>，1954 年《宪法》确立（注意《民族区域自治法》包括序言）。

---

① B
② C
③ B
④ B
⑤ C

> **超链接**
>
> 1982年《宪法》规定了我国平等、团结、互助的民族关系，同时宪法确认了民族区域自治制度，并通过《民族区域自治法》对这一制度作出具体规定；2018年修正案规定"维护和发展各民族的平等团结互助和谐关系"。

2.民族区域自治制度的特征

（1）建立民族自治地方必须以宪法和法律为依据。

（2）建立民族自治地方要以少数民族聚居地区为基础。

（3）民族区域自治内容就是设立自治机关，行使自治权，切实保障少数民族当家作主，享有管理本民族内部事务和本地区地方事务的权利。

3.民族区域自治制度的优越性

（1）体现了人民民主专政制度和民族平等原则、国家整体利益和各民族具体利益的高度结合，有利于国家的统一领导。

（2）保证了聚居的少数民族能够充分享有自治权，同时散居全国各地的少数民族的权益也能够得以保障。

（3）把行政区域和经济文化发展区域有机结合起来，能够更好地因民族制宜、因地区制宜地发展经济文化事业。

（4）有利于民族团结和各民族间的互相合作。

（二）民族自治地方

民族自治地方包括自治区、自治州、自治县；民族乡不是自治地方。我国已建立的民族自治地方共有155个，其中包括5个自治区，30个自治州，120个自治县（旗）。

> **超链接**
>
> | | |
> |---|---|
> | 以一个少数民族聚居区为基础建立 | 如宁夏回族自治区 |
> | 以两个或两个以上的少数民族聚居区为基础建立 | 如贵州省的黔东南苗族侗族自治州 |
> | 以一个人口较多的少数民族聚居区为基础，同时包括一个或几个人口较少的其他少数民族聚居区而建立 | 如新疆维吾尔自治区 |

品题

根据宪法和法律规定，下列选项不属于民族自治地方的是（　　）。[①]（2012年单选17）

A. 自治区　　　　　　　　　　B. 自治州
C. 自治县　　　　　　　　　　D. 民族乡

[①] D

（三）民族自治机关

民族自治机关包括自治区、自治州、自治县的人民代表大会和人民政府：一方面，自治机关行使宪法和法律所赋予的一般地方国家机关的职权；另一方面，自治机关又可以行使自治权。

［安口诀］县级不能地方法规，人常不能自条单条：

—	地方性法规	自治条例、单行条例	—	地方性法规	自治条例、单行条例
自治区人大	地方性法规	自治条例、单行条例	自治区人常	地方性法规	—
自治州人大	地方性法规	自治条例、单行条例	自治州人常	地方性法规	—
自治县人大	—	自治条例、单行条例	自治县人常	—	—

民族自治地方的人大都是由实行区域自治的民族以及居住在本区域内的其他民族的公民按人口比例产生代表组成，人口特别少的其他民族，至少应有 1 名代表；民族自治地方的人大常委会应当由实行区域自治的民族的公民担任主任或者副主任；自治区主席、自治州州长、自治县县长由实行区域自治的民族的公民担任；民族自治地方政府的其他组成人员和自治机关所属工作部门的干部中，应当合理配备实行区域自治的民族和其他少数民族的成员。

品题

1. 根据我国宪法和法律，下列关于自治州自治条例的表述，正确的是（　　）。①（2022 年单选 20）

A. 自治州人大常委会有权制定自治条例

B. 自治州自治条例报全国人大常委会批准后生效

C. 自治州自治条例报经批准后，由自治州人大常委会发布公告予以公布

D. 自治州自治条例可依照当地民族特点对《民族区域自治法》作出变通规定

2. 下列选项中，属于民族自治地方自治机关的是（　　）。②（2015 年单选 20）

A. 内蒙古自治区人民检察院

B. 青海省门源回族自治县人民代表大会

C. 湖南省湘西土家族苗族自治州中级人民法院

D. 广西壮族自治州桂林市雁山区草坪回族乡人民政府

3. 根据我国宪法和法律，下列职务中只能由实行区域自治的民族的公民担任的有（　　）。③（2015 年多选 57）

---

① C

② B

③ AD

A. 自治区主席　　　　　　　　B. 自治州人大常委会主任
C. 自治州人民检察院检察长　　D. 自治县县长

4. 某自治州是某省所辖的藏族自治州，下列职务中，只能由藏族公民担任的是（　　）。①（2012 年单选 28）

A. 自治州人民代表大会常务委员会主任
B. 自治州州长
C. 自治州人民法院院长
D. 自治州人民检察院检察长

5. 根据我国宪法和法律规定，下列选项中，属于民族自治机关的有（　　）。②（2012 年法学多选 27）

A. 自治区、自治州和自治县的人民代表大会
B. 自治区、自治州和自治县的人民政府
C. 自治区、自治州和自治县的人民法院
D. 自治区、自治州和自治县的人民检察院

（四）民族自治权

1. 制定自治条例和单行条例

（1）自治条例：由民族自治地方的人大制定的、有关本地区实行民族区域自治的基本组织原则、机构设置、自治机关的职权、活动原则、工作制度以及其他的各种有关重大问题的规范性文件。

（2）单行条例：由民族自治地方的人大在自治权的范围内根据当地民族政治、经济、文化等各方面的特点，针对某一方面的具体问题而制定的，在本区域内实施的规范性文件。

（3）自治区的自治条例和单行条例，报全国人大常委会批准生效；自治州、自治县的自治条例和单行条例，报省、自治区、直辖市的人大常委会批准后生效，并报全国人大常委会和国务院备案。

2. 执行变通权

根据本地方的实际情况，贯彻执行国家的法律和政策，对于上级国家机关的决议、决定、命令和指示，如有不适合民族自治地方实际情况的，自治机关可以报经上级国家机关批准变通执行或停止执行。

3. 管理地方财政

4. 安排和管理地方经济建设事业的自主权

5. 管理本地方的教育、科学、文化、卫生、体育事业的自主权

---

① B
② AB

6. 依照国家的军事制度和当地的实际需要，经国务院批准，可以组织本地方维护社会治安的公安部队。

[安口诀]"政法大学"+"交通大学"+"财经大学"+"公安大学"+"科教文卫体"。

品题

1. 下列关于民族自治地方立法的表述，正确的是（　　）。① （2021年单选20、2021年法学单选15）

A. 自治县人大无权制定自治条例和单行条例
B. 自治州人大常委会可以制定地方性法规和单行条例
C. 自治区不能全部适用刑法规定的，可由自治区人大常委会制定变通规定
D. 自治州人大可以制定地方性法规

2. 关于四川省某自治州和上级国家机关的关系，下列表述正确的有（　　）。② （2020年多选46）

A. 该自治州州长由四川省人民政府任命
B. 四川省人大有权为该自治州制定自治条例
C. 该自治州单行条例由四川省人大常委会批准后生效
D. 该自治州单行条例可以对四川省人大制定的地方性法规作出变通规定

3. 下列法规或条例中，须报全国人大常委会批准后生效的是（　　）。③ （2018年单选24）

A. 重庆市人大常委会制定的地方性法规
B. 广西壮族自治区人大制定的单行条例
C. 河北省张家口市人大常委会制定的地方性法规
D. 吉林省延边朝鲜族自治州人大制定的自治条例

4. 下列选项中，属于民族自治地方行使自治权的是（　　）。④ （2018年单选27）

A. 自治区人民代表大会制定的地方性法规
B. 自治区人民政府变通执行国家的政策
C. 自治州人民法院审理破坏民族团结的案件
D. 自治县人民检察院对政府工作人员涉嫌贪污的行为立案侦查

5. 根据现行宪法和法律，下列关于民族区域自治制度的表述，正确的是（　　）。⑤ （2017年单选27、2017年法学单选13）

A. 民族自治地方包括自治区、自治州、自治县和民族乡
B. 民族自治地方的人大常委会主任应当由实行区域自治的民族的公民担任

---

① D
② CD
③ B
④ B
⑤ C

C. 自治州和自治县的自治条例和单行条例，均须报省级人大常委会批准后生效
D. 自治条例和单行条例不得对法律和行政法规的规定作出变通规定

6. 由民族自治地方人大制定的有关本地区实行民族区域自治的基本组织原则、机构设置、自治机关职权等问题的规范性文件是（　　）。① （2013年单选21）
A. 法律 B. 地方性法规
C. 自治条例 D. 单行条例

7. 根据我国现行宪法，民族自治地方的人民代表大会均有权制定的规范性法律文件包括（　　）。② （2013年法学多选27）
A. 自治条例 B. 单行条例
C. 地方性法规 D. 行政法规

三、特别行政区

（一）特别行政区制度概述

1. 特别行政区制度的概念

在统一的中华人民共和国范围内，根据我国宪法和法律所设立的具有特殊的法律地位，实行特别的政治、经济制度的行政区域（《香港基本法》和《澳门基本法》包括序言）。

2. 特别行政区制度的特征

（1）特别行政区享有高度的自治权：包括立法权、行政管理权、独立的司法权和终审权，特别行政区还实行财政独立、使用自己的货币，其收入全部用于自己的需要，中央人民政府不在特别行政区征税。

（2）特别行政区保留原有的资本主义制度和生活方式50年不变。

（3）特别行政区的行政机关和立法机关由该区永久性居民依照基本法的规定组成（注意不包括司法机关），实现"港人治港""澳人治澳"，必须以爱国者为主体，对国家效忠是从政者必须遵循的基本政治伦理。

（4）特别行政区原有的法律基本不变：除了基本法附件上所列举的法律外，全国性的法律一般不在特别行政区内适用，特别行政区继续适用原有的、不与基本法相抵触的法律。

3. 特别行政区的法律地位

确定特别行政区的法律地位主要是明确其与中央人民政府的关系。按照《宪法》《香港基本法》《澳门基本法》的规定，特别行政区的设立以及所实行的制度由全国人大以法律来规定，特别行政区是中华人民共和国的一个享有高度自治权的地方行政区域，直辖于中央人民政府，中央人民政府与特别行政区的关系是单一制国家结构形式内中央与地方之间的关系。特别行政区享有高度自治权，但不享有主权，也不是一个独立的政治实体，其

---

① C
② AB

法律地位相当于省、自治区、直辖市。

要明确特别行政区的法律地位，还应当解决的是两者之间的权力划分。

（二）中央权力和高度自治

1. 中央权力

（1）中央负责管理与特别行政区有关的外交事务，负责管理特别行政区的防务。

[安口诀] 外交属于中央事权；外事是地方事权；国防是中央事权，治安是地方事权。

（2）任命特别行政区的行政长官和行政机关的主要官员：

·任命

中央人民政府任命	香港行政长官＋澳门行政长官＋香港主要官员＋澳门主要官员＋澳门检察长（三长两高官）
香港行政长官任命	各级法院法官；行政会议
澳门行政长官任命	各级法院院长和法官；检察官；部分立法会议员；行政会委员

·选任资格

任职	年龄	居住年限	永久居民	中国公民	外国居留权
香港行政长官	40	连续20年	永久居民	中国公民	无居留权
澳门行政长官	40	连续20年	永久居民	中国公民	任期内无居留权
香港主要官员	—	连续15年	永久居民	中国公民	无居留权
澳门主要官员	—	连续15年	永久居民	中国公民	—
香港立法会主席	40	连续20年	永久居民	中国公民	无居留权
澳门立法会主席	—	连续15年	永久居民	中国公民	—
香港立法会议员	—	—	永久居民	中国公民 其他占20%	一般无居留权 有居留权占20%
澳门立法会议员	—	—	永久居民	—	—
香港行政会议成员	—	—	永久居民	中国公民	无居留权
澳门行政会委员	—	—	永久居民	中国公民	—
香港首席法官	—	—	永久居民	中国公民	无居留权
澳门终审法院院长	—	—	永久居民	中国公民	—
澳门检察长	—	—	永久居民	中国公民	—

（3）决定特别行政区进入紧急状态。

（4）全国人常解释特别行政区基本法，全国人大修改特别行政区基本法等。

[安口诀] 全国人常无权修改《香港基本法》《澳门基本法》正文，但有权修改附件部分内容。

2. 高度自治

（1）行政管理权：

如经济、财政、金融、贸易、工商业、土地、航运、民航、教育、科学、文化、体育、宗教、劳工和社会服务等；香港土地和自然资源都归国有，澳门土地和自然资源既有国有，也有私有。

（2）<u>立法权</u>：

立法会立法生效后报全国人大常委会备案，全国人常审查发现违宪违法就撤销，失效没有溯及力。

[安口诀] 港澳立法会的立法，特别行政区所有的法律都不能和宪法、港澳基本法抵触：

第一步，立法生效后报全国人大常委会备案，属事后审查。

第二步，全国人常审查发现违宪违法就撤销，撤销后失效。

第三步，失效前审理的案件就不改了，即失效没有溯及力。

香港	宪法 香港基本法 现有普通法	香港基本法附件三：《关于中华人民共和国国都、纪年、国歌、国旗的决议》《关于中华人民共和国国庆日的决议》《中华人民共和国政府关于领海的声明》《中华人民共和国国籍法》《中华人民共和国外交特权与豁免条例》《中华人民共和国国歌法》《中华人民共和国香港特别行政区维护国家安全法》《中华人民共和国国旗法》《中华人民共和国领事特权与豁免条例》《中华人民共和国国徽法》《中华人民共和国领海及毗连区法》《中华人民共和国香港特别行政区驻军法》《中华人民共和国专属经济区和大陆架法》《中华人民共和国外国中央银行财产司法强制措施豁免法》
澳门	宪法 澳门基本法 现有大陆法	澳门基本法附件三：《关于中华人民共和国国都、纪年、国歌、国旗的决议》《关于中华人民共和国国庆日的决议》《中华人民共和国国籍法》《中华人民共和国外交特权与豁免条例》《中华人民共和国领事特权与豁免条例》《中华人民共和国国旗法》《中华人民共和国国徽法》《中华人民共和国领海及毗连区法》《中华人民共和国国歌法》《中华人民共和国澳门特别行政区驻军法》《中华人民共和国专属经济区和大陆架法》《中华人民共和国外国中央银行财产司法强制措施豁免法》

（3）<u>独立的司法权和终审权</u>：

特别行政区法院独立进行审判，不受任何干涉，在特别行政区发生的案件由特别行政区法院进行审理，特别行政区终审法院享有终审权。

[安口诀] 对港澳终审法院判决不服能否向最高人民法院上诉？不能。

品题

1. 根据特别行政区基本法，下列关于特别行政区的表述，正确的有（　　）。[1]（2022年多选46）

A. 特别行政区基本法是全国人大制定的法律

B. 特别行政区行政长官在当地通过选举或协商产生，由中央人民政府任命

C. 与特别行政区有关的外交事务由中央人民政府负责管理

---

[1] ABCD

D. 特别行政区立法机关制定的法律须报全国人大常委会备案

2. 根据澳门特别行政区基本法，下列表述正确的有（　　）。①（2017年多选57、2017年法学多选26）

A. 特别行政区行政长官在任职期内不得具有外国居留权
B. 特别行政区检察长由行政长官提名，报中央人民政府任命
C. 特别行政区境内的土地和自然资源，全部属于国家所有
D. 特别行政区永久性居民和非永久性居民都享有选举权和被选举权

3. 根据香港特别行政区基本法，下列选项中，属于中央对特别行政区行使的权力是（　　）。②（2016年单选25）

A. 在特别行政区征税
B. 任命特别行政区法院的法官
C. 批准特别行政区立法通过的法律
D. 任命特别行政区行政机关的主要官员

4. 根据我国特别行政区基本法，下列表述正确的是（　　）。③（2015年单选23）

A. 特别行政区的立法须报全国人大常委会和国务院备案
B. 特别行政区享有高度自治权，行政长官只对特别行政区负责
C. 对特别行政区终审法院的判决不服，可以上诉至最高人民法院
D. 中央人民政府授权特别行政区依照基本法自行处理有关的对外事务

5. 下列选项中，不属于特别行政区自治权内容的是（　　）。④（2014年单选18）

A. 立法权
B. 防务权
C. 独立的司法终审权
D. 货币发行权

（三）特别行政区政权组织

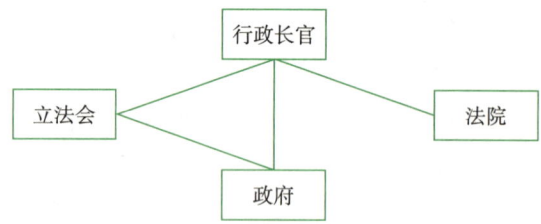

1. 行政长官

---

① AB
② D
③ D
④ B

（1）性质：特别行政区的首长，代表特别行政区，对中央人民政府和特别行政区负责。
（2）任职：通过选举或者协商产生，由中央人民政府任命；任期5年，可连任一次。
[安口诀] 连任限制十种人：全国人大常委会委员长、副委员长、国务院总理、副总理、国务委员、国家监察委主任、最高法院长、最高检检察长、香港行政长官、澳门行政长官。
（3）职权：执行权；立法方面的职权；行政方面的职权；司法方面的职权等。

> **超链接**
>
> 行政长官的职权：
>
> 行政长官行使的职权主要有：①领导特行政区政府；②负责执行基本法和依照基本法适用于特别行政区的其他法律；③签署立法会通过的法案，公布法律；签署立法会通过的财政预算案，将财政预算、决算报中央人民政商备案；④决定政府政策和发布行政命令；⑤提名并报请中央人民政府任命司局级官员并可建议中央人民政府免除上述官员职务；⑥任免行政会议的成员或行政会委员；⑦依照法定程序任免各级法院法官；⑧依照法定程序任免公职人员；⑨执行中央人民政府就基本法规定的有关事务发出的指令；⑩代表特别行政区政府处理中央授权的对外事务和其他事务；⑪批准向立法会提出有关财政收入或支出的动议；⑫根据安全或重大公共利益的考虑，决定政府官员或其他负责政府公务的人员是否向立法会或其属下的委员会作证和提供证据；⑬赦免或减轻刑事罪犯的刑罚；⑭处理请愿、申诉事项。
>
> 除上述14项职权外，澳门特别行政区行政长官还行使下列职权：①制定行政法规并颁布执行；②委任部分立法会议员；③依照法定程序任免检察官；④依照法定程序提名并报请中央人民政府任命检察长，建议中央人民政府免除检察长的职务；⑤依法颁授澳门特别行政区奖章和荣誉称号。
>
> 此外，两个特别行政区都设行政会议（行政会）协助行政长官决策，并设立廉政公署和审计署，独立工作，对行政长官负责。

2. 特别行政区政府
（1）性质：特别行政区的行政机关，对立法会负责。
（2）任职：首长是行政长官；设政务司、财政司、律政司和各局处、署，主要官员由行政长官提名报中央人民政府任命。
（3）职权：制定并执行政策，管理各项行政事务，办理基本法规定的中央人民政府授权的对外事务，编制并提出财政预算、决算，拟订并提出法案、议案，附属法规，委派官员列席立法会并代表政府发言。

3. 立法会
（1）性质：特别行政区的立法机关。
（2）任职：香港立法会由选举产生，澳门立法会多数议员由选举产生，部分由行政长官委任（香港的立法会都是选的，澳门的立法会有选的也有委任的）；任期4年。

（3）职权：立法权、财政权、监督权和任免权；立法会制定的法律须报全国人常备案，全人常在征询香港澳门基本法委员会（全人常五大工作机构之一）后，可将有关法律发回，但不作修改，经全国人常发回的法律立即失效，法律的失效无溯及力。

4. 司法机关

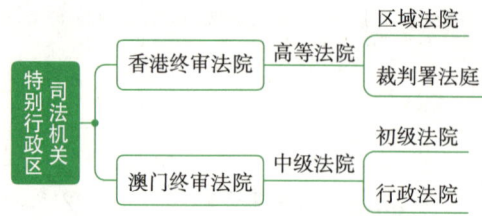

（1）香港设立终审法院、高等法院、区域法院、裁判署法庭和其他专门法庭；香港没有检察机关，律政司承担检察职能。

（2）澳门设立初级法院、中级法院和终审法院，初级法院还可根据需要设立若干专门法庭；澳门设立行政法院：管辖行政诉讼和税务诉讼的法院，不服行政法院裁决者，可向中级法院上诉；澳门设有独立的检察机关。

品题

1. 下列关于香港特别行政区立法会议员的表述，正确的是（　　）。① （2020 年单选 16、2020 年法学单选 11）

A. 立法会议员在就职时必须依法宣誓

B. 行政长官有权任命部分立法会议员

C. 立法会主席由立法会议员互选产生，由全国人大常委会任命

D. 立法会议员只能由香港特区永久性居民中的中国公民担任

2. 关于香港特别行政区司法机关，下列表述正确的是（　　）。② （2018 年单选 15、2018 年法学单选 10）

A. 香港特别行政区法院由普通法院和行政法院组成

B. 香港特别行政区法院对国防等国家行为无管辖权

C. 香港特别行政区终审法院受最高人民法院的监督

D. 香港特别行政区法院的法官必须是特区永久性居民中的中国公民

3. 根据香港特别行政区基本法，下列关于行政长官的表述，正确的有（　　）。③ （2015 年法学多选 27）

A. 行政长官任期五年，可连任一次

B. 行政长官可任命香港特别行政区政府主要官员

---

① A

② B

③ ACD

C. 行政长官是香港特别行政区的首长，代表香港特别行政区

D. 行政长官在当地通过选举或协商产生，由中央人民政府任命

4. 2012年7月1日，在国家主席胡锦涛的监督下，梁振英宣誓就任香港特别行政区行政长官，据此，下列关于香港特别行政区的说法，正确的是（　　）。①（2013年单选23）

A. 香港特别行政区政府是特别行政区的行政机关，对国家主席负责

B. 香港特别行政区行政长官通过直接选举产生，由中央人民政府任命

C. 中央人民政府与香港特别行政区是单一制国家中中央与地方之间的关系

D. 香港特别行政区行政长官应由香港通常居住连续满15年的中国公民担任

5. 根据《香港特别行政区基本法》的规定，香港的司法机关是（　　）。②（2012年单选20）

A. 廉政公署　　　　　　　　B. 检察院

C. 各级法院　　　　　　　　D. 律政司

（四）特别行政区政治体制

1. 行政主导

[安口诀] 一只手，两提案，签署发回和解散。

（1）行政长官在特别行政区处于特殊地位，是特别行政区的首长，代表特别行政区。

（2）法律草案、预算案及其他重要议案由政府向立法会提出。

（3）政府向立法会提出的议案优先列入议程。

（4）立法会通过的法案须经行政长官签署、公布，方能生效。

（5）行政长官对立法会通过的法案有相对否决权。

（6）行政长官有权根据法律规定的程序解散立法会。

其他，如行政长官可以依照法律的规定，批准临时短期拨款，有权决定政府官员或者其他公务人员是否向立法会做证和提供证据等。

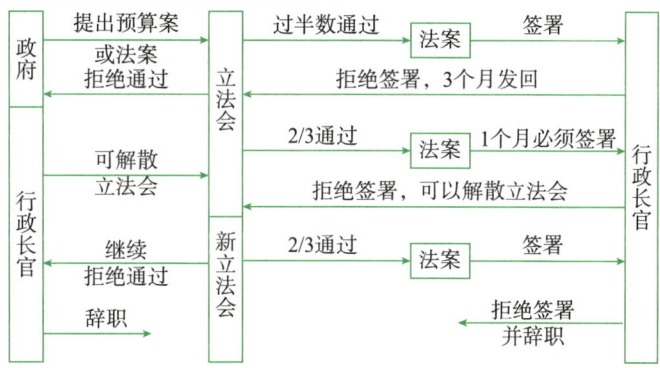

2. 行政对立法的制衡

---

① C

② C

[安口诀] 可发回，可解散，书面同意能提案。

（1）行政长官可以拒绝签署立法会通过的法案，并可在 3 个月内将法案发回立法会重新审议。

（2）如果行政长官拒绝签署立法会再次通过的法案，或者立法会拒绝通过政府提出的财政预算案或者其他重要法案，经协商仍不能取得一致意见，行政长官可解散立法会，但在其任期内只能解散立法会一次。

（3）立法会议员所提出的法律草案，凡涉及政府政策者，在提出前必须得到行政长官的书面同意。

3. 立法会对行政长官的制衡

[安口诀] 两种辞职，一弹劾。

（1）行政长官因两次拒绝签署立法会通过的法案而解散立法会，重新选举的立法会仍以全体议员 2/3 的多数通过所争议的原案，而行政长官仍拒绝签署，立法会可迫使行政长官辞职。

（2）行政长官因立法会拒绝通过财政预算案或者其他重要法案而解散立法会，重新选举的立法会继续拒绝通过所争议的原案，立法会可迫使行政长官辞职。

（3）如果行政长官有严重违法或者渎职行为，经法定程序，立法会可提出弹劾案，报中央人民政府决定。

4. 行政与立法的配合

（1）香港和澳门特别行政区的行政会议（行政会）的成员，由行政长官从行政机关的主要官员、立法会议员和社会人士中委任。

（2）行政长官在作出重要决策、向立法会提交法案、制定附属立法和解散立法会之前，须征询行政会议（行政会）的意见。

（3）行政长官如不采纳行政会议（行政会）多数成员的意见，应将具体理由记录在案。

5. 审判独立

以香港为例，香港特别行政区享有独立的司法权和终审权；各级法院是特别行政区的司法机关，行使特别行政区的审判权；特别行政区法院独立进行审判，不受任何干涉，司法人员履行审判职责的行为不受法律追究。

品 题

1. 下列关于香港特别行政区长官的表述，正确的是（ ）。① （2019 年单选 22）

A. 行政长官必须年满四十五周岁

B. 行政长官由当地选举产生，由立法会任命

C. 行政长官在其一任任期内可以解散立法会两次

D. 行政长官是香港特别行政区的首长，代表香港特别行政区

---

① D

2. 香港特别行政区政治体制具有行政主导的特点，表现有（　　）。①（2016年法学多选26）

A. 立法会通过的法案须经行政长官签署、公布才生效
B. 行政长官有权根据法律规定的程序任免立法会议员
C. 行政长官是特别行政区的首长，代表特别行政区
D. 行政长官对立法会通过的法案有相对否决权

四、基层群众自治制度

（一）基层群众自治制度概述

1. 基层群众自治制度的概念

基层群众性自治组织首次出现在 <u>1982年《宪法》</u> 中，是指依据法律规定，以城乡居民（村民）一定的居住地为基础设立，并由居民（村民）选举产生的成员组成的，实行<u>自我管理、自我教育、自我服务（自我监督）</u>的社会组织。基层群众性自治组织具有基层性、群众性、自治性的特点，在性质上<u>基层群众性自治组织不是一级政权机关</u>（《村委会组织法》和《居委会组织法》不包括序言）。

2. 基层群众自治制存在问题和完善措施

存在问题	完善措施
部分自治组织的经济状况较差	帮助基层群众性自治组织增加经济来源
居民委员会和村民委员会的自治职能错位	尊重宪法和法律规定的关于基层群众性自治组织的自治权和法律地位，避免将其当作人民政府的派出机关
部分人员的素质较低	提高基层群众性自治组织干部的素质
多数居民委员会和村民委员会的民主建设停留在抓换届选举上，忽视或放松了民主决策、民主管理、民主监督的贯彻等	搞好基层群众性自治组织的制度建设，规范自治组织的行为
	拓宽基层群众自治的途径和形式

［安口诀］经治人民。

品题

1. 下列关于基层群众性自治组织的表述，正确的是（　　）。②（2014年法学单选14）
A. 基层群众性自治组织是我国的基层政权机关
B. 基层群众性自治组织首次规定于1954年《宪法》
C. 基层群众性自治组织的表现形式仅限于村民委员会
D. 基层群众性自治组织实行自我管理、自我教育、自我服务

---

① ACD

② D

2. 根据现行宪法，城市中的居民委员会是（　　）。①（2012年单选31）
A. 社区居民的群众性组织　　　　B. 街道办事处的派出机关
C. 基层群众性自治组织　　　　　D. 社会工作者之家

（二）居民委员会

1. 性　质

城市居民自我管理、自我教育、自我服务（自我监督）的基层群众性自治组织，根据居住状况，<u>100~700户</u>；设立、撤销、规模调整，<u>由不设区的市、市辖区的人民政府决定</u>。

[安口诀] 爸爸提，爷爷批。

2. 任　职

（1）任期<u>5年</u>，<u>连选连任</u>。

（2）由主任、副主任、委员<u>5~9人</u>组成。

[安口诀] 村里有三七,五舅在城里；多民族居住地区居委会中应当有人数较少的民族的成员，注意是"应当"。

（3）根据需要可设立<u>人民调解委员会</u>＋<u>治安保卫委员会</u>＋<u>公共卫生委员会</u>。

（4）可以分设若干居民小组，小组长由居民小组<u>推选</u>产生。

[安口诀]
·居委会由全体有选举权的居民选举产生
·居委会由每户派代表选举产生
·居委会由每个居民小组选举代表2~3人选举产生

3. 领导体制

居民委员会对居民会议负责并报告工作；居民会议由居民委员会召集和主持，在涉及全体居民利益的重大问题时，居民委员会必须提请居民会议讨论决定。

4. 职　责

（1）"上传"——向人民政府或它的派出机关<u>反映居民的意见</u>、要求和提出建议。

（2）"下达"——<u>宣传宪法、法律、法规和国家的政策</u>，维护居民的合法权益，教育居民履行依法应尽的义务，爱护公共财产，开展多种形式的社会主义精神文明建设活动。

（3）"四大公务"——办理本居住地区居民的<u>公共事务和公益事业</u>；<u>调解</u>民间纠纷；协助维护社会<u>治安</u>；<u>协助</u>人民政府或它的派出机关做好与居民利益有关的公共卫生、计划生育、优抚救济、青少年教育等项工作。

[品题]

1. 某市河东区科创社区居民委员会换届，根据《城市居民委员会组织法》，该居民委员会主任、副主任和委员产生的方式是（　　）。②（2023年单选17）
A. 社区所在街道办事处任命

---

① C
② D

B. 科创社区居民推荐，河东区人民政府任命

C. 科创社区有选举权的居民通过选民登记后选举

D. 科创社区全体有选举权的居民或者每户派代表选举

2. 根据宪法和法律，关于居委会的设立和组成，下列表述正确的是（　　）。① （2021年单选27）

A. 居委会按照便于行政管理的原则而设立

B. 居委会的设立由不设区的市、市辖区的人民政府决定

C. 居委会主任选举产生，连续任职不能超两届

D. 居委会可以设若干居民小组，小组长由居委会主任指定

3. 下列关于我国居民委员会的表述，正确的是（　　）。② （2020年单选20、2020年法学单选15）

A. 居民委员会是一级政权机关

B. 居民委员会每届任期五年，其成员不可连选连任

C. 居民委员会须接受基层人民政府的领导

D. 居民委员会中从事管理的人员受监察机关的监察

4. 下列关于城市居民委员会的说法，不正确的有（　　）。③ （2015年单选24）

A. 居民委员会一般在100户到700户的范围内设立

B. 居民委员会每届任期3年，其成员不得连选连任

C. 居民委员会可根据需要，设立人民调解、治安保卫、公共卫生等委员会

D. 居民委员会是城市居民自我管理、自我教育、自我服务的基层群众性自治组织

（三）村民委员会

1. 性　质

农村村民自我管理、自我教育、自我服务（自我监督）的基层群众性、自治组织。村民委员会根据村民居住状况、人口多少，按照便于群众自治，有利于经济发展和社会管理的原则设立。村民委员会的设立、撤销、范围调整，由乡、民族乡、镇的人民政府提出，经村民会议讨论同意，报县级人民政府批准。

2. 任　职

（1）任期5年，连选连任。

（2）由主任、副主任和委员共3~7人组成，由村民直接选举产生。任何组织或者个人不得指定、委派或者撤换村民委员会成员。

[安口诀] 村里有三七，五舅在城里；村委会成员中应当有妇女成员（居委会没有此规

---

① B

② D

③ B

定），多民族村民居住的村应当有人数较少的民族的成员，注意是"应当"。

（3）根据需要可以设立人民调解委员会＋治安保卫委员会＋公共卫生与计划生育委员会，村民委员会成员可以兼任下属委员会的成员。

（4）可以根据村民居住状况、集体土地所有权关系等分设若干村民小组。

登 记	户籍在本村并且在本村居住的村民；户籍在本村，不在本村居住，本人表示参加选举的村民；户籍不在本村，在本村居住1年以上，本人申请参加选举，并且经村民会议或村民代表会议同意参加选举的公民。已在户籍所在村或居住村登记参加选举的村民，不得再参加其他地方村民委员会的选举。 ［安口诀］本村有户籍，一年两同意
主 持	由村民选举委员会主持。 村民选举委员会由主任和委员组成，由村民会议、村民代表会议或者各村民小组会议推选产生；村民选举委员会成员被提名为村民委员会成员候选人，应当退出村民选举委员会
提 名	登记参加选举的村民直接提名候选人，实行差额选举，村民选举委员会应当组织候选人与村民见面，由候选人介绍履行职责的设想，回答村民提出的问题
投 票	双过半当选
罢 免	本村1/5以上有选举权的村民或者1/3以上的村民代表联名。 ［安口诀］可口头可书面
申 辩	被提出罢免的村民委员会成员有权提出申辩意见。 ［安口诀］可口头可书面
表 决	双过半通过。 ［安口诀］"只有三个双过半（直接选举当选，村委会当选，村委会罢免），其余都是单过半"

3. 领导体制

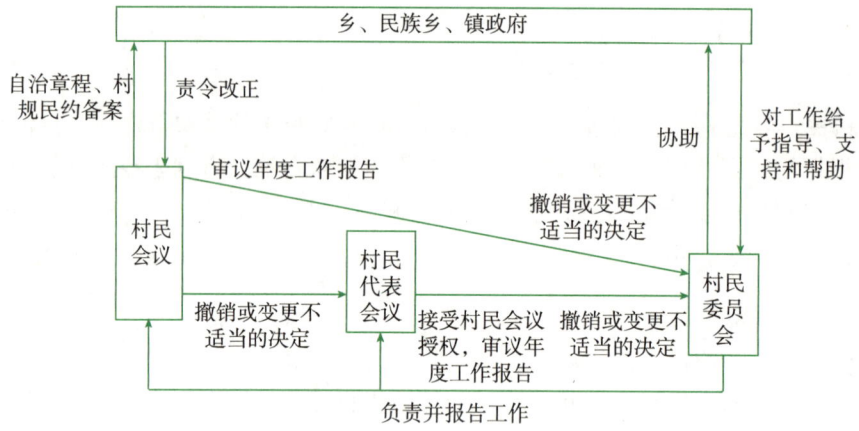

［安口诀］大鱼吃小鱼，小鱼吃虾米。

村民委员会向村民会议、村民代表会议负责并报告工作；协助乡级政府开展工作，乡级政府对村民委员会的工作给予指导、支持和帮助。

［安口诀］三个指导：集体经济＋上下级人大＋乡政府和村委会。

村民会议审议村民委员会的年度工作报告，撤销、变更村民委员会的决定，撤销、变更村民代表会议的决定；村民会议可以制定和修改村民自治章程、村规民约，并报乡级政府备案。

村民代表会议接受村民会议授权，审议村民委员会年度工作报告，撤销、变更村委会决定；向推选户或村民小组负责，接受村民监督。

4. 职 责

"上传""下达""三大公务"：① 宣传宪法、法律、法规和国家的政策，教育和推动村民履行法律规定的义务、爱护公共财产，维护村民的合法权利和利益，发展文化教育，普及科技知识，促进男女平等，做好计划生育工作，促进村与村之间的团结、互助，开展多种形式的社会主义精神文明建设活动。②办理本村的公共事务、公益事业，调解民间纠纷，协助维护社会治安，向人民政府反映村民的意见、要求和提出建议；协助乡、民族乡、镇人民政府开展工作。③村民委员会实行村务公开，应当保证公布内容的真实性，并接受村民的查询。

"三个集体经济"：④支持和组织村民依法发展各种形式的合作经济和其他经济，承担本村生产的服务和协调工作，促进农村生产建设和社会主义市场经济的发展。⑤尊重并支持集体经济组织依法独立进行经济活动的自主权，维护以家庭承包经营为基础、统分结合的双层经营体制，保障集体经济组织和村民、承包经营户、联户或合伙的合法财产权和其他合法的权利和利益。⑥依照法律规定，管理本村属于村农民集体所有的土地和其他财产，引导村民合理利用自然资源，保护和改善生态环境。

"民族团结"：⑦多民族居住的村，村民委员会应当教育和引导各民族村民加强民族团结，互相尊重，互相帮助。

品 题

1. 根据现行宪法和法律，下列关于村民委员会的表述，正确的是（　　）。① （2017年单选28、2017年法学单选14）

A. 乡镇政府可直接设立村民委员会，报县政府批准
B. 户籍在本村但不在本村居住的外嫁女，可以参加本村的村委会选举
C. 村民委员会可以制定和修改村民自治章程，并报乡镇政府备案
D. 乡镇政府领导、支持和帮助村民委员会工作

2. 2014年9月，王村举行村委会选举。下列人员中，应当列入参选村民名单的是（　　）。② （2016年单选21、2016年法学单选12）

A. 王二，户籍在李村，半年前入赘王村
B. 王五，户籍在王村，在纽约唐人街打工，杳无音讯
C. 王七，户籍在王村，嫁入李村，已登记和参加李村选举
D. 王九，户籍在王村，在北京经商，多次表示要参选村委会主任

---

① B

② D

3. 下列关于村民委员会的表述，不正确的是（　　）。① （2014年单选20）
A. 村民委员会向乡人民政府负责并报告工作
B. 由主任、副主任和委员组成，由村民直接选举产生
C. 是村民自我管理、自我教育、自我服务的基层群众性自治组织
D. 应当实行少数服从多数的民主决策机制和公开透明的工作原则

4. 根据宪法和法律规定，下列关于村民委员会的表述，正确的有（　　）。② （2013年多选58、2013年法学单选12）
A. 村民委员会实行村务公开制度
B. 村民委员会的选举由乡选举委员会主持
C. 村民委员会可以按照居住状况分设若干村民小组
D. 村民委员会根据需要设立人民调解、治安、保卫等委员会

（四）村民会议和村民代表会议

1. 村民会议

组成	本村18岁以上村民
召集	村民委员会召集，有1/10以上的村民或者1/3以上的村民代表提议，应当召集村民会议；召集村民会议应当提前10天通知村民。 ［安口诀］一块一毛三
出席	本村18周岁以上的村民过半数，或者本村2/3以上的户的代表参加；召开村民会议，根据需要可以邀请驻本村的企业、事业单位和群众组织派代表列席。 ［安口诀］成年一半，家长三二
决议	到会人员的过半数通过

2. 村民代表会议

组成	1）人数较多或者居住分散的村，可以设立村民代表会议，讨论决定村民会议授权的事项 2）村民代表会议由村民委员会成员和村民代表组成，村民代表应当占村民代表会议组成人员的4/5以上，妇女村民代表应当占村民代表会议组成人员的1/3以上 ［安口诀］村民委员会应当有妇女成员，但无比例要求；村民代表会议妇女代表占到1/3；村民会议没有比例要求。 3）村民代表由村民按每5~15户推选1人，或者由各村民小组推选若干人 4）任期5年，连选连任

---

① A
② ACD

召　集	村民委员会召集，有1/5以上的村民代表提议，应当召集村民代表会议，村民代表会议每季度召开一次。 ［安口诀］一块零五分
出　席	2/3以上的组成人员参加方可召开。 ［安口诀］家长三二
决　议	到会人员的过半数通过

（五）村务监督

1. 村务公开

（1）一般事项每季度公布；收支情况每月公布。

（2）村民委员会不及时公布应当公布的事项或者公布的事项不真实的，村民有权向乡级政府或者县级政府及其有关主管部门反映，有关人民政府或者主管部门应当负责调查核实，责令依法公布。

2. 村务监督委员会

（1）负责村民民主理财，监督村务公开等制度的落实，其成员由村民会议或者村民代表会议在村民中推选产生，其中必须有具备财会、管理知识的人员，村民委员会成员及其近亲属不得担任村务监督机构成员。

（2）村务监督机构成员向村民会议和村民代表会议负责，可以列席村民委员会会议。

［安口诀］选举：村委会成员、居委会成员；推选：村民小组小组长、居民小组小组长、村民选举委员会、村务监督委员会、村民代表会议。

3. 民主评议

村民委员会成员连续两次被评议不称职的，其职务终止。

4. 离任审计

由县级农业部门／县级财政部门／乡级政府负责组织。

5. 违法救济

（1）村民委员会或者村民委员会成员作出的决定侵害村民合法权益的，受侵害的村民可以申请人民法院予以撤销。

［安口诀］能够撤销村委会决议的主体：村民会议＋村民代表会议＋法院。

（2）村民委员会不依照法律、法规的规定履行法定义务的，由乡、民族乡、镇的人民政府责令改正。乡、民族乡、镇的人民政府干预依法属于村民自治范围事项的，由上一级人民政府责令改正。

［安口诀］如果村委会决议违法，可以：① 召开村民代表会议变更、撤销决议；② 召开村民会议变更、撤销决议；③ 申请人民法院撤销决议；④ 请求基层政府责令改正；⑤ 其他社会监督方式。如果村委会选举违法，可以：① 向村民选举委员会提出；② 启动罢免程序；③ 其他社会监督方式。

品题

1. 根据我国宪法和法律，下列关于村民委员会的表述，正确的是（　　）。① （2022年单选24）

A. 村民居委会是村民开展自我管理、自我教育、自我服务的基层群众性自治组织

B. 村民委员会由村民小组选举产生

C. 乡镇人民政府领导、支持和帮助村民委员会开展工作

D. 乡镇人民政府对不履行法定义务的村民委员会成员给予处分

2. 根据村民委员会组织法，下列关于村务监督机构的表述，正确的是（　　）。② （2019年单选27）

A. 村务监督机构有权撤销村委会的决定

B. 村务监督机构成员在村民代表中推选产生

C. 村务监督机构负责村民民主理财和村务公开工作

D. 村务监督机构成员向村民会议和村民代表会议负责

---

① A

② D

04 第四章
公民基本权利和义务

导学

基本权利体系

```
                我国保护 ────── 大陆地区保护 ────── 宪法明文保护 ────── 专章保护
基本权利                      
                我国不保护      港澳地区保护        无明文保护         未列入专章
                                大陆地区不保护
```

1. 基本权利有我国保护和不保护之分，绝大多数我国都保护，但比如持枪自由、沉默权等我国就不保护。

2. 我国保护的权利有大陆地区保护和港澳保护之分，大陆地区保护的权利港澳都保护，但港澳还多四项权利，即迁徙自由、罢工自由、公开传教自由和生育自由，这几项大陆地区没有。

3. 我国大陆地区保护的权利有宪法明文保护和无明文保护之分，绝大多数都写进了宪法，但比如生命权、健康权、隐私权、肖像权和姓名权等我国宪法就没有明文保护。

4. 我国宪法明文保护的权利有专章保护和非专章保护：专章保护就是规定在"公民基本权利和义务"这一章中；非专章保护就是虽然宪法也规定，但没规定在这一章中。比如财产权（第13条）规定在"总纲"一章中，辩护权（第130条）规定在"国家机构"一章中。

5. 基本权利有消极保护和积极保护之分。消极保护就是只要国家不干涉就可以，比如人身自由、财产权等；积极保护就是要求国家创造各种条件方便实现，比如受教育权，国家要积极建立学校。

消极保护	33条	平等权	平等权＋合理差别
	34条	政治权利	选举权和被选举权
	35条		言论＋出版（预防/许可制＋追惩制）＋集会（许可制）＋结社（登记制）＋游行（许可制）＋示威（许可制）
	36条	宗教信仰自由	宗教信仰＋宗教仪式＋宗教社团
	37条	人身自由	人身自由（非法剥夺＋非法限制＋非法搜查）
	38条		人格尊严（侮辱＋诽谤＋诬告陷害）
	39条		住宅权（非法侵入＋非法搜查）
	40条		通信自由＋通信秘密

续表

消极保护	13条	财产权	私有财产权和继承权＋征收征用（公共利益＋正当程序＋公平补偿＋法律保留）
	130条	辩护权	被告人有权获得辩护
积极保护	42条	社会文化权利	劳动权（既是权利也是义务＋有劳动能力者）
	43条		休息权（劳动者享有）
	44、45条		社会保障权（弱势者享有）
	46条		受教育权（既是权利也是义务）
	47条		科研创作自由
	41条	监督权	批评＋建议＋检举＋控告＋申诉＋国家赔偿
特殊群体保护	32条		保护中国境内外国人＋受庇护权（政治原因＋自己申请）
	50条		华侨的正当的权利和利益＋归侨和侨眷的合法的权利和利益
	48条		保护妇女＋男女同工同酬＋培养选拔妇女干部
	44、45条		保护退休人员＋军烈属
	49条		保护婚姻、家庭、母亲、儿童和老人
	46条		保护青少年和儿童
	4条		平等团结互助和谐民族关系
基本义务	52条		维护国家统一＋维护民族团结
	53条		遵守宪法法律＋国家秘密＋公共财产＋劳动纪律＋公共秩序＋社会公德
	54条		维护祖国安全＋祖国荣誉＋祖国利益
	55条		服兵役（志愿兵＋义务兵）
	56条		依法纳税（强制性＋无偿性）
	42条		劳动义务
	46条		受教育义务
	49条		计划生育义务＋父母抚养子女＋子女赡养扶助父母

品题

下列权利中，我国现行宪法有明确规定的是（　　）。① （2015 法学单选 11）
A. 沉默权　　　　　　　　　B. 罢工自由
C. 营业自由　　　　　　　　D. 被告人有权获得辩护

---

① D

第一节 公民基本权利的一般原理

一、基本权利的主体

（一）公 民

1. 公民概念

公民是基本权利最常见和一般的主体。公民的内涵是不断发展演变的，在资本主义最早期，女性、有色人种、奴隶都被排除在了公民范畴之外。现在我们认为，公民是指具有某个国家国籍的自然人，《宪法》第 33 条第 1 款规定："凡具有中华人民共和国国籍的人都是中华人民共和国公民。"

2. 国 籍

（1）出生国籍：采血统主义为主、出生地主义为辅原则。

（2）继有国籍：中国人的近亲属／定居在中国的／其他正当理由＋申请。

（3）我国不承认双重国籍。

3. 公民与人民的关系

（1）公民是法律概念，与外国人和无国籍人相对应；人民是政治概念，与敌人相对应，人民指全体社会主义劳动者＋社会主义事业的建设者（2004 修正案）＋拥护社会主义的爱国者＋拥护祖国统一和致力于中华民族伟大复兴的爱国者（2018 修正案）。

（2）人民的权利，主要是人民当家作主的政治权利；公民的权利，指的是所有具有中国国籍的人所享有的法律权利。

（3）公民的范围要比人民的范围更广泛。

（4）公民中的人民，享有宪法和法律规定的全部权利履行全部义务；公民中的敌人不能享受全部的法律权利（如选举权），也不允许履行某些义务（如服兵役）。

（5）公民表达个体概念，人民表达群体概念。

（二）外国人

随着人权保障成为国际法的普遍要求，外国人在一定范围内应享有本国宪法的基本权利保障。外国人在人的尊严、财产保护和法律程序方面享有和本国公民同等的保护，但在政治权利、社会福利等领域无法主张本国公民的权利。就发展趋势而言，外国人基本权利保障在内容和程度上都呈现出一种扩张趋势。

（三）法 人

（1）私法人：可以成为基本权利的主体。

（2）公法人：是基本权利约束和限制的对象，通常情况下不能成为基本权利的主体。

品题

1. 根据我国宪法和国籍法，下列关于国籍的表述，正确的有（　　）。① （2017 多选 56）
A. 张某出生在中国，其母亲是中国人，父亲是法国人，张某具有中国国籍
B. 中国公民李某公派德国学习期间生下赵某，赵某具有中国国籍
C. 杨某为国家工作人员，其可以加入外国国籍
D. 秦某加入了加拿大国籍，其可以保留中国国籍

2. 下列关于公民这一概念的表述，正确的有（　　）。② （2016 多选 52）
A. 公民概念通常在个体意义上使用
B. 公民是享有基本权利的唯一主体
C. 公民和人民具有相同的内涵外延
D. 凡具有中国国籍的人都是中国公民

二、人权和基本权利

（一）两者概念

（1）人权是指人作为人应该享有的权利，起源于资产阶级启蒙思想家的"天赋人权"学说，<u>最早确认人权的宪法性文件是 1776 年美国的《独立宣言》</u>，人权经历了由公民权利和政治权利到社会经济文化权利，从个人权利到集体权利，从国内人权到国际人权的过程。

> **超链接**
>
> 三代人权理论：人权 1.0 版本资产阶级强调人身自由、政治权利、财产权（消极权利），代表作《人权宣言》《美国宪法》；2.0 版本无产阶级强调社会权利、文化权利（积极权利），代表作《苏俄宪法》《魏玛宪法》；3.0 版本向国际人权发展（集体权利），代表作《联合国人类环境会议宣言》
>
> 个人人权和集体人权：个人人权是指只能以个人的名义和身份享有的权利和自由；集体人权是指某一集体的成员以集体的整体名义而主张的权利，包括民族自决权、自然资源永久主权、发展权、和平权、人类共同继承财产权、环境权。

（2）公民基本权利对国家权力的行使构成了直接的约束，是为宪法规范所承认和保障的公民享有的必不可少的权利。除了宪法明确列举的基本权利之外，还存在未明确列举的基本权利。各国对基本权利的规定存在差异，有的国家将生存权、发展权规定为基本权利，有的国家侧重于公民个人的自由权，而有的国家则将基本权利从自由权扩张到社会权利。

---

① AB

② AD

> **超链接**
>
> 生存权和发展权：生存权是指人们在一定社会关系中和历史条件下应当享有能够维持正常生活所必须的基本条件的权利；发展权是指每个人和所有人民有权参与、促进并享受经济、社会、文化和政治发展。

（二）两者联系

公民权与人权有着历史的、政治的联系。公民权是人权的法律化和具体化，而人权是公民权的政治基础。宪法中公民权的相关规定以人权作为其政治基础和理性依据，而这种人权入宪入法的过程也为人权的发展和实现提供了具体化途径和法律保障。

［安口诀］人权是自然权利、道德权利，写进法律是法定权利，写进宪法是基本权利。

（三）两者区别

（1）人权是政治概念，在实践中不断发展，不同的人们可以对人权有各自的理解和解释；公民权是法律概念，其含义和保护方式有着法律的界定，人权的内容一旦入宪而成为公民权，就具有了固定含义，只能依法解释和保护。

（2）人权的一个方面的要求可能具体化为公民权的若干项权利，而公民权的一项权利也可能同时体现着人权的多方面要求，不能一一对等。

（3）人权和公民权相比，还具有阶级性、民族性、地域性以及时代性和国际性等特点。

［安口诀］民阶帝国时代

三、基本权利的限制

（一）基本权利限制的概念

宪法作为一国法律秩序的基石，必然要对权利冲突或者公共利益保护进行相应的安排，对公民基本权利的行使进行相应的规制。对基本权利的限制，或者源于不同权利之间的冲突，或者出于对公共利益的保护。

（二）基本权利限制的方式

1. 宪法限制

例1——《宪法》第51条规定："中华人民共和国公民在行使自由和权利的时候，不得损害国家的、社会的、集体的利益和其他公民的合法的自由和权利。"

例2——《宪法》第36条规定："任何人不得利用宗教进行破坏社会秩序、损害公民身体健康、妨碍国家教育制度的活动。"

例3——《宪法》第34条规定："中华人民共和国年满十八周岁的公民，不分民族、种族、性别、职业、家庭出身、宗教信仰、教育程度、财产状况、居住期限，都有选举权和被选举权；但是依照法律被剥夺政治权利的人除外。"

2. 法律限制

宪法授权立法机关对公民基本权利予以限制，即法律保留：

一方面，这是法律对公民基本权利的限缩，即公民基本权利被法律所限定。

另一方面，这是法律对公民基本权利的保护，唯有立法机关的法律才能限缩基本权利，防止基本权利受到行政机关的非法限制。

（三）基本权利限制的原则

1. 明确性原则

法律对公民基本权利所作的限制，必须内容明确，可以成为公民行动的合理预期。

2. 比例原则

为公共利益而限制公民基本权利时，必须要在手段和目的之间进行利益衡量，限制公民基本权利的目的必须具有宪法正当性，包括三方面：

（1）手段适合性：所采用手段必须适合目的之达成。

（2）限制最小化：立法所采取的是对基本权利影响、限制最小的手段。

（3）均衡法：又称狭义比例原则，要求手段达成的公共目的与造成的损害之间具有适当的比例关系。

品题

关于公民基本权利的限制，下列表述正确的有（　　）。① （2017 多选 54）

A. 限制基本权利必须以宪法和法律为依据
B. 限制基本权利是需要严格遵守比例原则
C. 限制基本权利的主要目的是维护公共利益
D. 对基本权利的限制必须内容明确，使其可以成为公民行动的合理预期

第二节　我国公民的基本权利和义务

一、平等权

概念特征	（1）平等权的主体是全体公民，它意味着全体公民法律地位平等。 （2）平等权是公民的基本权利，也是国家的基本义务。 （3）平等权意味着公民平等地享有权利履行义务。 （4）平等权是贯穿于公民其他权利的一项权利。
法律保护	《宪法》第33条第2款规定"中华人民共和国公民在法律面前一律平等。"《宪法》第33条第4款规定"任何公民享有宪法和法律规定的权利，同时必须履行宪法和法律规定的义务。" 在平等权的效力范围上，存在两种观点： （1）法律适用平等说（立法者非拘束说）：认为平等权仅仅限定于法律适用上的平等，而不包括法律内容上的平等。 （2）法律内容平等说（立法者拘束说）：平等权并不限于人们在法律适用上的平等，还应包含人们在法律内容上也享有平等的权利。 我们认为，法律内容平等说相较法律适用平等说更具有说服力。

---

① ABCD

法律限制	平等权允许存在<u>合理差别</u>，具体包括：其一，年龄差异，如年满18周岁公民才享有选举权、被选举权；其二，生理差异，如怀孕妇女特殊保护；其三，民族差异，如少数民族优待政策等。判断是否符合合理差别需要通过三个标准： （1）政府进行差别对待的<u>目的必须是为了实现正当的而且是重大的利益</u>。 （2）这种差别对待必须是实现其所宣称的正当目标的合理的乃至是<u>必不可少的手段</u>。 （3）<u>政府负有举证责任</u>。

品题

1. 下列关于我国宪法上平等的理解，不正确的是（　　）。①（2021 单选 26）

A. 平等权是公民的一项基本权利
B. 男女平等、民族平等都是平等权的具体体现
C. 平等权不仅反对显性歧视，而且反对隐性歧视
D. 平等权意味着平等保护，不得设置任何差别对待

2. 根据现行宪法，下列关于平等保护原则的表述，正确的是（　　）。②（2020 单选 17）（2020 法学单选 12）

A. 国家机关拒绝录用"乙肝"表面抗原携带者，不构成歧视
B. 政府优先采购残疾人福利企业的产品，违反了平等保护原则
C. 为保护妇女的就业权，在任何工种或岗位上都不得设置性别限制
D. 国家对少数民族给予某些适当的照顾不违反平等保护原则

超链接

就业中的隐性歧视包括：

（1）健康：完全排除乙肝、艾滋病病毒携带者；

（2）身高：例如女 160 厘米以上、男 170 厘米以上；

（3）身份：涉及犯罪前科、药物成瘾、政治面貌等；

（4）性别：对女员工的婚姻、生育等提出干涉；

（5）学历：即使在同等工作能力下倾向录用高学历人员；

（6）年龄：35 岁以上往往成为就业"禁区"；

（7）残疾：涉及对相貌和肢体残疾的隐性歧视；

（8）其他：将血型、星座、生辰八字等纳入招聘考核条件。

---

① D

② D

3. 下列关于平等权的表述，正确的有（　　）。①（2016 多选 55）（2016 法学多选 27）
A. 平等权是我国公民的基本权利
B. 国家对公民的平等权负有保障义务
C. 平等权意味着公民平等地享有权利、履行义务
D. 平等权反对特权和歧视，也不允许存在任何差别对待

4. 下列选项中，违反我国宪法平等权要求的情形是（　　）。②（2013 单选 25）
A. 自治县县长由实行区域自治的民族公民担任
B. 某大学将"具有博士学位"作为招聘教师条件
C. 某民营饭店在门口贴出通告"本店谢绝公款消费"
D. 某中央国家机关将"具有北京户口"作为招录公务员条件

5. 我国宪法规定，国家和社会帮助安排盲聋哑和其他有残疾的公民的劳动，生活和教育。下列选项中，对这一规定理解正确的有（　　）。③（2013 多选 56）
A. 该规定属于合理的差别对待
B. 该规定与宪法平等原则相抵触
C. 政府对残疾人差别对待须负举证责任
D. 对残疾人实行优惠措施应当是必要和适当的

6. 下列选项中，不属于我国宪法规定的公民基本权利的是（　　）。④（2012 单选 25）
A. 受教育权
B. 劳动权
C. 环境权
D. 平等权

7. 下列选项中，不属于我国宪法规定的公民基本权利的是（　　）。⑤（2012 法学单选 10）
A. 言论自由
B. 迁徙自由
C. 人格尊严
D. 宗教信仰自由

二、政治权利

政治权利亦称<u>参政权</u>，是公民参与政治活动的一切权利与自由的总称，主要包括：选举权与被选举权＋言论自由＋出版自由＋集会游行示威自由＋结社自由。

---

① ABC
② D
③ ACD
④ C
⑤ B

（一）选举权与被选举权

概念特征	公民享有选举与被选举为国家权力机关的代表或其他国家机关公职人员的权利，包括： （1）公民按照自己的意愿选举人民代表。 （2）公民有被选举为人民代表的权利。 （3）公民依照法律监督被选出的人民代表和其他国家机关公职人员，对其中不称职者有权罢免。
法律保护	《宪法》第34条和《选举法》第4条规定"中华人民共和国年满18周岁的公民，不分民族、种族、性别、职业、家庭出身、宗教信仰、教育程度、财产状况、居住期限，都有选举权和被选举权；但是依照法律被剥夺政治权利的人除外。"我国《宪法》与《选举法》对公民行使选举权的原则、程序等都作了详细的规定，从法律上保障了公民选举权与被选举权的实现
法律限制	没有中国国籍的人不享有选举权和被选举权；不满18周岁的人不享有选举权和被选举权；被剥夺政治权利的人不享有选举权和被选举权。 ［安口诀］无期死、危害国，政治权利被剥夺

（二）表达自由

言论自由	概念特征	言论自由是公民通过口头等形式表达其意见和观点的自由，广义的言论自由还包括借助于绘画、摄影、雕塑、影视、广播、戏剧、网络等手段来展现自己的意见和观点的自由，分为政治言论＋非政治言论
	法律保护	我国从《共同纲领》到历部宪法都保护言论自由，《宪法》第35条规定"中华人民共和国公民有言论、出版、集会、结社、游行、示威的自由。"言论自由已经发展为国际社会普遍的基本准则，比如1966年联合国《公民权利和政治权利国际公约》
	法律限制	（1）公民在行使言论自由时不得侵害他人的隐私权和名誉权。 （2）淫秽言论会受到限制或者禁止。 （3）煽动仇恨和挑衅言论会受到约束或者限制。
		对于言论自由的限制范围、限制方式，许多国家都制定了专门的法律加以调整，各国法律限制方式分为预防制和追惩制： （1）预防制又称事前限制，在这种制度下，凡演说、出版等言论均需在表达以前受国家机关的干预和检查。 （2）追惩制又称事后制裁，在这种制度下，言论与出版不受事前检查，而是表达者一旦违法后按法定程序受制裁，英美等国就实行这种制度。
出版自由	概念特征	出版自由可以理解为广义的言论自由，指公民有在宪法和法律规定的范围内，通过出版物系统地表达自己的意见和思想的权利，它的主要媒介物是书籍、报纸、传单、广播、电视、网络等，分为政治出版＋非政治出版
	法律保护	我国从《共同纲领》到历部宪法都保护出版自由，《宪法》第35条规定"中华人民共和国公民有言论、出版、集会、结社、游行、示威的自由。"
	法律限制	我国法律对出版自由实行许可审批制

续表

集会游行示威自由	概念特征	集会：聚集于露天公共场所，发表意见、表示意愿的活动。 游行：在公共道路、露天公共场所列队行进，表达共同意愿的活动。 示威：在露天公共场所或者公共道路上以集会、游行、静坐等方式，表达要求、抗议或者支持、声援等共同意愿的活动。 集会、游行、示威最初源于请愿权，其特征包括： （1）集会游行示威是由公民举行的活动，国家或者根据国家决定举行的庆祝、纪念等活动和政党、社会团体、企业事业组织依照法律、章程举行的集会，不属于集会游行示威。 （2）集会游行示威是在露天公共场所或公共道路举行的活动。 （3）集会游行示威是公民表达意愿的活动，是言论自由的扩展形式，一般的文化娱乐、体育等活动不属于集会游行示威。
	法律保护	我国从《共同纲领》到历部宪法都保护集会、游行、示威自由，《宪法》第35条规定"中华人民共和国公民有言论、出版、集会、结社、游行、示威的自由。"
	法律限制	集会、游行、示威是一种较为激烈的表达意志的方式，在客观上往往会给社会造成一定的消极影响，故各国法律对集会、游行、示威自由权利给予一定的限制，主要包括： （1）登记制：仅须在集会、游行、示威前向有关机关报告，无须经其批准。 （2）许可制：集会、游行、示威须向有关机关申请并获得批准方能举行。 （3）追惩制：在集会、游行、示威前不受任何国家机关的干涉，只在集会、游行、示威中有违法行为时，才依法予以惩罚。 我国采许可制，法律对公民集会、游行、示威的申请和许可，集会、游行、示威的目的、口号、方式、人数、时间、地点等方面都作了一些规定
结社自由	概念特征	结社自由是指公民为了一定的宗旨而组成社会团体的自由，可分为以营利为目的的结社（如公司）和不以营利为目的的结社，不以营利为目的的结社又可分为政治性结社（如政党或社会政治团体）+非政治性结社（如宗教、学术、文化艺术、慈善行业、娱乐团体等）
	法律保护	我国从《共同纲领》到历部宪法都保护结社自由，《宪法》第35条规定"中华人民共和国公民有言论、出版、集会、结社、游行、示威的自由。" 结社自由是具有双重属性的基本权利：一方面保障个人可以自由组织、加入或者不加入社团，另一方面也保障社团本身的自主性活动
	法律限制	我国社会团体的成立实行核准登记制度，并由登记机关对社会团体实施年度检查

品 题

1.下列选项中，属于我国现行宪法规定的公民政治权利的是（ ）。[①]（2017单选21）（2017法学单选10）

---

① A

A. 结社自由　　　　　　　　B. 通信自由
C. 劳动者休息的权利　　　　D. 受教育权

2. 下列关于言论自由的表述，不正确的是（　　）。[①]（2016 单选 24）
A. 言论自由是公民政治权利的重要内容
B. 保障言论自由为各国宪法所普遍承认
C. 规制言论自由的方式主要有预防制和追惩制
D. 行使言论自由时侵害他人名誉权的，构成违宪

3. 下列选项中，属于公民政治权利的是（　　）。[②]（2014 单 28）
A. 平等权　　　　　　　　　B. 人格尊严
C. 言论自由　　　　　　　　D. 受教育权

三、宗教信仰自由

概念特征	宗教信仰自由是指公民个人可以选择其宗教信仰、公开参加宗教仪式、选择不信仰任何宗教而不必担心受迫害或歧视的自由，通俗地讲： （1）公民有信仰宗教的自由，也有不信仰宗教的自由。 （2）公民有信仰这种宗教的自由，也有信仰那种宗教的自由。 （3）在同一宗教里面，公民有信仰这个教派的自由，也有信仰那个教派的自由。 （4）公民有过去信教而现在不信教的自由，也有过去不信教而现在信教的自由。
法律保护	宗教信仰自由在《宪法》第36条中规定，包括： （1）<u>信仰的自由</u>：国家不得禁止公民信仰某种宗教，也不能鼓励公民信仰某种宗教。 （2）<u>参加宗教仪式的自由</u>：国家不得强迫公民履行某种宗教仪式或禁止、限制公民履行某种宗教仪式。 （3）<u>组成宗教社团的自由</u>：公民有设立并参加某种宗教社团的自由，国家既不得限制、也不得强制或鼓励公民参加某种宗教社团或宗教社团活动。 （4）其他：如宗教出版、宗教集会、正常传教等自由。
法律限制	（1）<u>不得强制</u>公民信仰宗教或不信仰宗教，<u>不得歧视</u>信仰宗教或不信仰宗教的公民。 （2）任何人<u>不得利用宗教破坏社会秩序、损害公民身体健康、妨碍国家教育制度</u>。 （3）宗教团体和宗教事务<u>不受外国势力的支配</u>。

四、人身自由

公民的人身自由是公民一切权利和自由的基础，公民的人身自由包括：公民的人身自由不受侵犯＋公民的人格尊严不受侵犯＋公民的住宅不受侵犯＋公民通信自由与秘密受法律保护。

---

① D
② C

（一）人身自由不受侵犯

狭义人身自由	概念特征	公民的人身和行动不受任何非法搜查、拘禁、逮捕、剥夺、限制和侵害
	法律保护	我国历部宪法都保护人身自由，《宪法》第37条规定"中华人民共和国公民的人身自由不受侵犯。任何公民，非经人民检察院批准或者决定或者人民法院决定，并由公安机关执行，不受逮捕。禁止非法拘禁和以其他方法非法剥夺或者限制公民的人身自由，禁止非法搜查公民的身体。"同时通过《刑法》规定非法拘禁罪等方式保护人身自由
	法律限制	人民检察院批准或决定或者人民法院决定逮捕，公安机关执行逮捕

（二）人格尊严不受侵犯

人格尊严	概念特征	公民享有人格权，人格权是和人的尊严紧密联系的一种宪法权利。公民的人格权包括姓名权、肖像权、名誉权和隐私权等
	法律保护	《宪法》第38条规定"中华人民共和国公民的人格尊严不受侵犯。禁止用任何方法对公民进行侮辱、诽谤和诬告陷害。"人格权是20世纪以来各国普遍重视的一项基本权利，我国的民事立法与刑事立法又进一步将人格权的保护具体化

（三）住宅不受侵犯

住宅安宁	概念特征	住宅安宁又称住宅权，指公民居住、生活以及保存私人财产的场所不受非法侵入和搜查，住宅权保护的核心法益是居住安全和生活安宁
	法律保护	《宪法》第39条规定"中华人民共和国公民的住宅不受侵犯。禁止非法搜查或者非法侵入公民的住宅。"我国《刑法》则规定对于非法侵入或搜查公民住宅的刑事犯罪予以严惩
	法律限制	合法搜查包括公安机关、检察机关、国安机关、监察机关＋2人以上＋搜查证＋见证人

（四）通信自由与秘密受法律保护

通信自由通信秘密	概念特征	通信自由：是指公民有根据自己的意愿自由进行通信不受他人干涉的自由。 通信秘密：是指公民通信的内容受国家法律保护，任何人不得非法私拆、毁弃、偷阅他人的信件

续表

通信自由通信秘密	法律保护	《宪法》第40条规定"中华人民共和国公民的通信自由和通信秘密受法律的保护。除因国家安全或者追查刑事犯罪的需要，由公安机关或者检察机关依照法律规定的程序对通信进行检查外，任何组织或者个人不得以任何理由侵犯公民的通信自由和通信秘密。"此外《刑法》也规定了相关罪名对该自由进行保护
	法律限制	（1）只有<u>公安机关</u>、<u>国家安全机关</u>和<u>检察机关</u>才有权依照法律规定的程序扣押或者检查公民的邮件、电报、电子邮件。 （2）扣押或者检查公民的通信只有两种原因：一是<u>国家安全的需要</u>；二是<u>追查刑事犯罪的需要</u>。 （3）对于扣押的邮件、电报、电子邮件等，经查明不影响国家安全或与犯罪无关，应<u>立即</u>通知<u>邮电部门</u>或<u>网络服务单位</u>。 （4）需扣押的邮件、电报、电子邮件等，应由<u>人民检察院</u>、<u>国家安全机关</u>或<u>公安机关</u>通知<u>邮电部门</u>或<u>网络服务单位</u>。

品 题

1. 下列对于我国宪法上的"公民的住宅不受侵犯"的理解，正确的有（　　）。① （2023 多选 47）

　　A. 该规定保护了公民隐私
　　B. 该规定是公民人身自由的重要内容
　　C. 该规定保障了居住安全和生活安宁
　　D. 该规定要求禁止非法搜查或者非法侵入公民的住宅

2. 根据我国宪法，下列关于公民人身自由的表述，正确的是（　　）。② （2022 单选 17）
　　A. 企业为管理需要可以翻包检查员工携带的物品
　　B. 公安机关为收集犯罪证据可以依法对犯罪嫌疑人进行搜查
　　C. 法院对严重违反法庭秩序的人员可以执行逮捕
　　D. 行政法规可以设定限制人身自由的强制措施

3. 某县第一中学为防止校园欺凌事件的发生，作出专门规定。下列规定中，符合宪法和法律的有（　　）。③ （2020 多选 45）
　　A. 学校禁止学生宣扬校园暴力
　　B. 学校禁止学生携带管制刀具进入校园
　　C. 学校可定期检查学生手机储存的信息
　　D. 学校可将实施欺凌的学生的姓名、照片公布于本地报刊

---

① ABCD
② B
③ AB

4. 根据我国宪法，公民人身自由包括（　　）。① （2019 多选 47）（2019 法学多选 27）

A. 住宅不受侵犯

B. 人身自由不受侵犯

C. 人格尊严不受侵犯

D. 通信自由和通信秘密受法律保护

5. 在甲乙离婚案件的审理过程中，甲以怀疑乙有婚外情为由，请求法院向移动通信公司调取乙的通话记录清单作为证据。根据宪法，下列说法正确的是（　　）。② （2018 单选 16）（2018 法学单选 11）

A. 甲只能雇佣私人侦探调取乙的通话记录清单

B. 法院为查得事实，有权要求移动通信公司提供用户的通话记录清单

C. 移动通信公司为保护用户隐私，有权拒绝任何机构对通信进行调查

D. 通话记录清单属于公民通信秘密的范围，移动通信公司有保护通信秘密的义务

6. 下列行为中，侵犯了我国宪法规定的公民通信自由和通信秘密的有（　　）。③ （2014 多选 53）

A. 某县第一中学为了提高学生升学率，禁止学生携带手机进入校园

B. 某县法院在审理一起民事案件过程中，为查明案件事实，对当事人信件进行拆检

C. 某县检察院在侦查一起贪污案件过程中，依法对犯罪嫌疑人王某的电话进行录音

D. 某县公安局因刘某在网络上批评该县征地过程中存在的违法行为，进入刘某的电子邮箱

7. 我国宪法规定的公民通信自由和通信秘密属于（　　）。④ （2014 法学单选 9）

A. 政治权利　　　　　　　　B. 人身自由

C. 文化权利　　　　　　　　D. 平等权

8. 人身自由是我国宪法规定的公民基本权利之一，其内容包括（　　）。⑤ （2012 多选 52）

A. 公民享有宗教信仰自由

B. 公民的人身自由不受侵犯

C. 禁止非法拘禁和以其他方法非法剥夺或者限制公民的人身自由

D. 任何公民非经人民检察院批准或者决定或人民法院决定并由公安机关执行，不受逮捕

---

① ABCD

② D

③ BD

④ B

⑤ BCD

五、财产权

概念特征	根据财产权的<u>主体不同</u>可以将其分为<u>公共财产</u>和<u>私有财产</u>： （1）公共财产：包括国有财产和集体所有的财产（参见第三章）。 （2）私有财产权：可以分为<u>宪法上的私有财产权</u>和<u>民法上的私有财产权</u>。 "宪法上的私有财产权"——公民所享有的、国家权力不能进行不法侵害的一种权利，直接反映公民和国家权力之间在宪法秩序中的关系。 "民法上的私有财产权"——公民对抗公民、私人对抗私人之间的财产关系，且民法上的私有财产权是对宪法上的私有财产权的具体化和法律化的实现
法律保护	《宪法》第12条规定"社会主义的公共财产<u>神圣不可侵犯</u>。国家保护社会主义的公共财产。禁止任何组织或者个人用任何手段侵占或者破坏国家的和集体的财产。" <u>2004年</u>私有财产权入宪建立了对私有财产权的规范体系，《宪法》第13条规定"公民的合法的私有财产<u>不受侵犯</u>。国家依照法律规定保护公民的<u>私有财产权</u>和<u>继承权</u>。" 宪法关于私有财产权的规定有三个特点：其一，该权利属于非专章保护，规定在"总纲"中；其二，对私有财产权的保护没有"神圣"二字；其三，受保护的财产必须是合法的
法律限制	（1）<u>国家征收或征用</u>：国家为了<u>公共利益</u>的需要，可以依照<u>法律</u>规定对公民的私有财产实行<u>征收或者征用</u>并给予<u>补偿</u>，必须满足<u>公共利益</u>＋<u>正当程序</u>＋<u>公平补偿</u>三要件。 （2）<u>管制性征收</u>：政府的行政立法并没有剥夺公民的财产所有权，但是对公民财产权构成了实质性侵害，造成了财产价值实质性的减损。 （3）<u>公共福利</u>：个人在自由行使财产权的同时，应当使其财产有助于社会公共福利的实现，这是基于维护社会正义的目的对财产权进行的一定限缩，财产权负有社会义务的制度安排背后往往有比较强烈的福利国家和社会注主义的观念基础。

品题

1. 根据我国宪法和法律，下列关于公民财产权的表述，正确的是（　　）。①（2019单选19）（2019法学单选14）

A. 公民行使财产权，不得损害公共利益
B. 2004年宪法修正案规定，公民的私有财产神圣不可侵犯
C. 公民财产权规定在宪法第二章"公民的基本权利和义务"中
D. 国家为经济发展的需要，可依法对私有财产进行征收并赔偿

2. 根据我国宪法关于公民私有财产的规定，下列表述正确的有（　　）。②（2015多选55）

A. 公民合法的私有财产不受侵犯
B. 国家机关不得没收任何公民的私有财产
C. 公民的私有财产受法律保护，并可依法继承
D. 国家为了公共利益的需要，可依法对公民的私有财产实行征收或征用并给予补偿

---

① A

② ACD

六、社会文化权利

社会文化权利是公民从社会获得基本生活条件的权利,是公民的积极权利,国家负有保障权利实现的义务。1919年德国《魏玛宪法》开始对公民的社会权利进行保护,第二次世界大战后,各国宪法都将这种权利规定于本国宪法之中,其内容、范围及其实现随着社会经济发展而不断改变。

(一)劳动权

概念特征	劳动权是指有劳动能力的公民,有获得工作和取得劳动报酬的权利。 [安口诀] 不是所有人都有劳动权
法律保护	《宪法》第42条规定"中华人民共和国公民有劳动的权利和义务。国家通过各种途径,创造劳动就业条件,加强劳动保护,改善劳动条件,并在发展生产的基础上,提高劳动报酬和福利待遇……" 我国《劳动法》规定了劳动者享有平等就业和选择职业的权利、取得劳动报酬的权利、接受职业培训技能权利等,还规定了国家通过促进经济和社会发展,创造就业条件,扩大就业机会,鼓励社会兴办产业、拓展经营,以增加就业,是一部调整劳动法律关系,保护劳动者权益的重要法律。

(二)休息权

概念特征	劳动者的休息权是与劳动权紧密联系的重要权利。是指为了保护劳动者的身体健康和提高劳动效率,规定劳动者享有的休假或休养的权利。 [安口诀] 不是所有人都有休息权
法律保护	《宪法》第43条规定"中华人民共和国劳动者有休息的权利。国家发展劳动者休息和休养的设施,规定职工的工作时间和休假制度。" (1)法定工作时间:国家规定8小时工作制,在一些特殊部门,如某些化工单位,实行6小时工作制。 (2)法定休假制度:是指劳动者根据国家和企事业单位的有关规定所享有的暂离生产岗位进行休息和度假,同时继续领取这一阶段的工资的制度。其包括每周2天的休息日,国家规定的节假日,职工根据规定享有的探亲假期以及职工到休养所、疗养院、避暑胜地和其他休息地点作较长时间的修养等。

（三）社会保障权

概念特征	作为复合概念，社会保障权是指社会成员为了维护人的有尊严的生活而向国家要求给付的权利，社会保障权有狭义和广义之分： （1）狭义的社会保障权：属于<u>社会弱势群体</u>的权利，重点在于社会救助、国家对年老体弱者的物质帮助等权利。 （2）广义的社会保障权：属于一般性的权利，<u>只要是符合条件的公民都可以无条件享有</u>，权能领域范围比较广，涉及医疗、养老、保险、基本住房等基本生活领域。
法律保护	（1）社保入宪：<u>2004年</u>宪法修正案增加了"<u>国家建立健全同经济发展水平相适应的社会保障制度</u>"条款 （2）<u>退休人员的生活保障权</u> 《宪法》第44条规定"国家依照法律规定实行企业事业组织的职工和国家机关工作人员的退休制度。退休人员的生活受到国家和社会的保障" （3）<u>物质帮助权</u> 《宪法》第45条第1款规定"中华人民共和国公民在年老、疾病或者丧失劳动能力的情况下，有从国家和社会获得物质帮助的权利。国家发展为公民享受这些权利所需要的社会保险、社会救济和医疗卫生事业"

> **超链接**
>
> 社会保险：国家通过立法，保证社会成员免除因疾病、年老、失业以及残疾带来的风险与损失而发生的社会关系的社会保障法律制度。包括养老保险、失业保险、工伤保险、生育保险、疾病保险等。
>
> 社会救助：国家或其他社会主体对于遭受自然灾害、失去劳动能力或者其他低收入公民给予的物质帮助或精神救助，以维持其基本生活需求，保障其最低生活水平的一项社会保障法律制度。包括最低生活保障、专项救助制度（如医疗救助、教育救助、就业救助、住房救助、灾害救助等）。
>
> 社会福利：国家和社会通过社会化的福利设施和有关福利津贴，以满足社会成员的生活服务需要，并促使其生活质量不断得到改善的一种社会政策。
>
> 社会优抚：又称军人社会保障制度，如军人及其家属享受社会优待、死亡伤残抚恤等。

品题

1. 下列关于社会权利的表述，正确的是（ ）。[1]（2021 单选14）（2021 法学单选9）
A. 社会权利的目标是为了更好地实现社会效率
B. 国家在社会权利的行使过程中应当保持中立
C. 社会权利只有在社会主义国家才成为基本权利

---

[1] D

D. 我国公民的社会权利主要包括劳动权、休息权和社会保障权

2. 下列关于社会保障权的表述，正确的是（　　）。① （2019 单选 26）
A. 社会保障权包括退休人员生活保障权、物质帮助权等内容
B. 1999 年宪法修正案强化了对公民社会保障的保护
C. 国家不负有保障社会保障权实现的义务
D. 社会保障权是一种消极权利

3. 我国法律规定，国家建立基本养老、医疗、工伤等保险制度，保障公民在年老、疾病等情况下依法从国家和社会获得物质帮助的权利。此项规定体现的宪法权利是（　　）。② （2013 单选 27）
A. 劳动权　　　　　　　　　B. 财产权
C. 社会保障权　　　　　　　D. 休息权

（四）文化教育权

受教育权	概念特征	（1）从权利层面来说：受教育权是公民接受文化、科学、品德等方面教育训练的权利。教育的主要形式有<u>学校教育、社会教育、自学</u>等。内容包括初等教育、中等教育、职业教育、高等教育以及学龄前教育。 ［安口诀］所有人都有受教育权 （2）从义务层面来说：受教育义务是指<u>适龄儿童有接受初等教育的义务</u>，<u>成年劳动者</u>有接受适当形式的政治、文化、科学、技术、业务教育的义务，<u>就业前的公民</u>有接受劳动就业训练的义务等。<u>接受教育是每个公民的责任</u>。
	法律保护	《宪法》第46条规定"中华人民共和国公民有受教育的权利和义务。国家培养青年、少年、儿童在品德、智力、体质等方面全面发展。"
科学研究文艺创作自由	概念特征	（1）<u>科学研究自由</u>：公民有权通过各种方式从事各种科学研究工作，同时也意味着公民有权在科学工作中自由地探讨问题、发表意见，对各种科学问题和各种学派持有自己的见解。 （2）<u>文化艺术活动自由</u>：公民有权按照自己的意愿和兴趣从事各项文艺活动，有权按照自己的特点发展自己文化艺术的风格。
	法律保护	《宪法》第47条规定"中华人民共和国公民有进行科学研究、文学艺术创作和其他文化活动的自由。国家对于从事教育、科学、技术、文学、艺术和其他文化事业的公民的有益于人民的创造性工作，给以鼓励和帮助。" 此外，国家还制定了《国家勋章和国家荣誉称号法》

---

① A
② C

> **超链接**
>
> 《国家勋章和国家荣誉称号法》
>
> | 种类 | 共和国勋章、国家荣誉称号、友谊勋章 |
> |---|---|
> | 提议 | 全国人民代表大会常务委员会委员长会议根据各方面的建议，向全国人民代表大会常务委员会提出授予国家勋章、国家荣誉称号的议案。国务院、中央军事委员会可以向全国人民代表大会常务委员会提出授予国家勋章、国家荣誉称号的议案 |
> | 决定 | 全国人民代表大会常务委员会决定授予国家勋章和国家荣誉称号
中华人民共和国主席根据全国人民代表大会常务委员会的决定，向国家勋章和国家荣誉称号获得者授予国家勋章、国家荣誉称号奖章，签发证书 |
> | 直接授予 | 中华人民共和国主席进行国事活动，可以直接授予外国政要、国际友人等人士"友谊勋章" |
> | 撤销 | 国家勋章和国家荣誉称号获得者因犯罪被依法判处刑罚或者有其他严重违法、违纪等行为，继续享有国家勋章、国家荣誉称号将会严重损害国家最高荣誉的声誉的，由全国人民代表大会常务委员会决定撤销其国家勋章、国家荣誉称号并予以公告 |

品题

1. 下列关于文化教育权的表述，不正确的是（　　）。① （2021 单选 24）
   A. 文化教育权的实现有利于促进科学文化事业的发展
   B. 文化教育权属于消极权利
   C. 公民有进行科研、文艺创作和其他文化活动的自由
   D. 公民受教育权是公民接受文化、科学、品德等方面教育的权利

2. 某村 5 名初中生辍学，家长听之任之，镇政府对家长进行了批评教育，要求他们送子女返校读书。根据宪法和法律，下列表述正确的有（　　）。② （2019 多选 45）（2019 法学多选 25）
   A. 学生家长应保障子女接受义务教育
   B. 受教育既是公民的权利也是公民的义务
   C. 镇政府有保障适龄儿童、少年接受义务教育的职责
   D. 子女教育应由家长负责，镇政府的行为侵犯了家长的监护权

3. 外来务工人员刘某在为其子办理小学入学报名手续的过程中，被要求到户籍所在地派出所开具无犯罪记录证明，刘某不同意开具证明。学校因此拒绝其子入学，根据现行宪法，在这

---

① B
② ABC

一事件中，刘某之子受到侵犯的基本权利有（　　）。①（2018 多选 46）（2018 法学多选 26）

A. 沉默权　　　　B. 平等权　　　　C. 财产权　　　　D. 受教育权

4. 根据我国宪法，国家兴办各种学校，发展教育事业，应当予以普及的教育类型是（　　）。②（2014 单选 24）

A. 学前教育　　　B. 初等义务教育　　C. 中等教育　　　D. 高等教育

七、监督权

概念特征		
		批评、建议、申诉、控告、检举是公民行使言论自由权利，对国家机关及其工作人员予以监督的行为，公民行使这一权利受到宪法和法律的保护
	批评权	公民对于国家机关及国家工作人员的缺点和错误，有权提出要求克服改正的意见
	建议权	公民对国家机关及国家工作人员的工作，有权提出自己的主张和建议
	检举权	公民对国家机关工作人员违法失职行为向有关机关进行检举的权利
	控告权	公民对违法失职的国家机关及其工作人员的侵权行为提出指控，请求有关机关对违法失职者给予制裁的权利
	申诉权	公民对国家机关作出的决定不服，可向有关国家机关提出请求，要求重新处理的权利，申诉分为诉讼上的申诉和非诉讼的申诉： （1）诉讼上的申诉：当事人或其他公民对人民法院已经发生法律效力的刑事诉讼、民事诉讼、行政诉讼及经济纠纷等判决或裁定不服，认为确有错误，依法向人民法院或人民检察院提出申请，要求重新审查处理的行为。 （2）非诉讼的申诉：公民对行政机关作出的决定不服，向其上级机关提出申请，要求重新处理的行为。
	国家赔偿请求权	国家机关和国家机关工作人员违法行使职权侵犯公民的合法权益造成损害时，受害人有取得国家赔偿的权利 （1）行政赔偿的范围包括行政机关及其工作人员在行使行政职权时侵犯公民人身权和财产权的情形。 （2）刑事赔偿的范围包括行使侦查、检察、审判职权的机关以及看守所、监狱管理机关及其工作人员在行使职权时侵犯公民人身权和财产权的情形。
法律保护		《宪法》第41条规定："中华人民共和国公民对于任何国家机关和国家工作人员，有提出批评和建议的权利；对于任何国家机关和国家工作人员的违法失职行为，有向有关国家机关提出申诉、控告或者检举的权利，但是不得捏造或者歪曲事实进行诬告陷害。对于公民的申诉、控告或者检举，有关国家机关必须查清事实，负责处理。任何人不得压制和打击报复。由于国家机关和国家工作人员侵犯公民权利而受到损失的人，有依照法律规定取得赔偿的权利。"

---

① BD

② B

> **超链接**
>
> 行政复议：公民、法人或其他组织认为行政机关的具体行政行为侵犯其合法权益，依法向上级行政机关提出申请，由受理申请的行政机关对具体行政行为依法进行审查并作出处理决定的活动。
>
> 行政赔偿 VS. 司法赔偿
>
> | | 行政赔偿 | 司法赔偿 |
> | --- | --- | --- |
> | 侵权主体不同 | 实施侵权行为的主体是国家行政机关及其工作人员，包括法律、法规授权的组织及其工作人员，受委托的组织及其公务人员以及事实上的公务员 | 实施侵权行为的主体是履行司法职能的国家机关及其工作人员，包括公安机关、国家安全机关以及军队的保卫部门，国家检察机关、国家审判机关，监狱管理机关及上述机关的工作人员 |
> | 侵权时间不同 | 发生在行政管理过程中，是行政机关及其工作人员在行使职权过程中实施的 | 发生在司法活动中，以司法机关及其工作人员在刑事诉讼中违法行使侦查权、检察权、审判权、监狱管理权，以及在民事、行政审判中人民法院采取强制措施、保卫措施以及执行措施为构成要件 |
> | 追偿条件不同 | 赔偿义务机关在履行赔偿义务后，可以责令有关责任人员承担部分或全部赔偿费用 | 司法追偿的范围较行政追偿的范围窄 |
> | 追偿标准不同 | 行政机关及其工作人员在行使职权过程中有故意或者重大过失 | 司法机关工作人员实施刑讯逼供、殴打和以其他暴力方式伤害公民，违法使用武器和警械伤害他人以及在审理案件中有贪污受贿、徇私舞弊、枉法裁判行为 |
> | 启动程序不同 | 行政赔偿分为单独提出赔偿请求和一并提出赔偿请求。单独提出赔偿请求实行行政处理前置原则，行政赔偿争议在行政程序不能解决的，最终可以通过行政诉讼途径解决 | 没有单独提出赔偿请求和一并提出赔偿请求的区分。赔偿请求人对赔偿义务机关的决定不服的，要向其上一级机关申请复议，对复议决定不服的，向复议机关所在地的同级人民法院的赔偿委员会申请，由其作最终决定 |

品题

1. 根据现行宪法，属于公民行使监督权的是（ ）。①（2023 单选 16）
A. 甲参加学术会议并作主题发言
B. 乙参与社区普法宣传教育活动
C. 丙发现网购的家用电器不合格，给商家差评
D. 丁写信给某国家机关对其工作人员的失职行为提出批评

---

① D

2. 下列政府行为中，属于侵害公民基本权利的有（　　）。①（2014 法学多选 28）

A. 某县政府以年龄、性别和身高为标准发布公务员招录公告

B. 某市制定地方性规章，限制不具有当地户籍的人员在当地就业

C. 赵某发布微博，批评县政府征收基本农田建设开发区，当地警方以侮辱诽谤罪将其刑拘

D. 钱某出版纪实小说，反映拆迁过程中的腐败问题，当地警方以非法经营罪对其采取强制措施

八、特殊群体保护

1. 保障妇女的权利

中华人民共和国妇女在政治的、经济的、文化的、社会的和家庭的生活等各方面享有同男子平等的权利。国家保护妇女的权利和利益，实行男女同工同酬，培养和选拔妇女干部（《宪法》第 48 条）。

2. 保护婚姻、家庭、母亲、儿童和老人

婚姻、家庭、母亲和儿童受国家的保护。夫妻双方有实行计划生育的义务。父母有抚养教育未成年子女的义务，成年子女有赡养扶助父母的义务。禁止破坏婚姻自由，禁止虐待老人、妇女和儿童（《宪法》第 49 条）。

3. 保障残疾人的权利

国家和社会帮助安排盲、聋、哑和其他有残疾的公民的劳动、生活和教育（《宪法》第 45 条）。

4. 保障残疾军人和烈士军属的权利

国家和社会保障残废军人的生活，抚恤烈士家属，优待军人家属（《宪法》第 45 条）。

5. 保护华侨、归侨、侨眷的权益

中华人民共和国保护华侨的正当的权利和利益，保护归侨和侨眷的合法的权利和利益（《宪法》第 50 条）。

品题

1. 下列关于我国宪法上男女平等的表述，不正确的是（　　）。②（2022 单选 23）

A. 实行男女同工同酬

B. 国家培养和选拔妇女干部

C. 国家保护妇女的权利和利益是对妇女的优待

D. 妇女在政治、经济、文化、社会和家庭生活等方面享有同男子平等的权利

---

① ABCD

② ABCD

2. 根据我国宪法和法律的规定，下列关于男女平等表述正确的有（　　）。① （2012 多选 53）

A. 妇女享有特殊劳动保护权
B. 妇女享有与男子平等的就业权
C. 妇女享有与男子同等的受教育权
D. 妇女享有与男子平等的选举权和被选举权

九、公民基本义务

（一）维护国家统一和民族团结

《宪法》第 52 条规定："中华人民共和国公民有维护国家统一和全国各民族团结的义务"。我国《宪法》序言和总纲部分都强调了维护民族团结的重要性和必要性，《宪法》第 52 条实际是序言和总纲规定的有关原则的延伸和具体化，是我国各民族的公民都必须遵守的共同准则。

（二）遵守宪法和法律

《宪法》第 53 条规定："中华人民共和国公民必须遵守宪法和法律，保守国家秘密，爱护公共财产，遵守劳动纪律，遵守公共秩序，尊重社会公德。"

1. 公民必须遵守宪法和法律
这是公民必须守法的总的原则规定。

2. 公民必须保守国家秘密
国家秘密是指在国家活动中，不应公布和向外透露的一切秘密文件、秘密资料、秘密情报和秘密情况。保卫国家秘密就是要严格保护国家秘密不被泄漏，防止国内外敌对分子侦探、偷盗国家机密，防止各种人员泄漏、遗失国家秘密，是每个公民的法律义务。

> **超链接**
>
> 国家秘密的基本范围包括：国家重大决策秘密、国防和外交秘密，经济秘密，科技秘密、国家安全和追查刑事犯罪秘密等。1988 年我国颁布了《保守国家秘密法》，《刑法》也规定了对泄露国家秘密的犯罪行为予以制裁的原则和刑罚。

3. 公民必须爱护公共财产
公共财产指一切国家财产和集体财产。爱护公共财产包括：
（1）在平时，任何公民都必须珍惜和保护国家的和集体的财产。
（2）当公共财产遭受破坏或面临其他危害的时候，任何公民都应保护、捍卫公共财产的安全，每个公民都有责任同一切破坏公共财产的行为进行斗争。

4. 公民必须遵守劳动纪律

---

① ABCD

劳动纪律是指在社会共同劳动中，所有劳动者必须共同遵守的劳动规章制度，是保证劳动者的安全、保证产品质量和数量、保证生产和工作顺利进行必不可少的重要手段之一。社会主义的劳动纪律主要靠自觉遵守，还要靠纪律教育和思想教育工作，违反劳动纪律者应受必要的纪律处分。

5. 公民必须遵守公共秩序

遵守公共秩序是指遵守法律、纪律以及优良的社会习惯等行为准则。公共秩序包括公共场所的活动秩序、交通秩序、社会管理秩序、工作秩序、居民生活秩序等，违反和破坏公共秩序的行为可分为违反公共秩序的一般错误行为、轻微违法行为以及破坏公共秩序的犯罪行为。

6. 公民必须尊重社会公德

尊重社会公德是指公民必须遵从和尊重社会主义公共生活的各项道德准则。社会公德是一种道德规范，它的执行一般不是靠国家的强制力量，而是靠社会的舆论、信念、习惯、传统和教育以及人们对正义、真理的信仰。

（三）维护祖国安全、荣誉和利益

《宪法》第54条规定："中华人民共和国公民有维护祖国的安全、荣誉和利益的义务，不得有危害祖国的安全、荣誉和利益的行为。"

1. 祖国安全

国家领土、主权不受侵犯，国家政权不受威胁，国家各项机密得以保守，社会秩序不被破坏。

2. 祖国荣誉

国家的尊严不受侵犯＋国家的信誉不受破坏＋国家的荣誉不受玷污＋国家的名誉不受侮辱。

3. 祖国利益

对外主要是指全民族的政治、经济、文化、荣誉等方面的权利和利益；对内主要是相对于个人利益、集体利益而言的国家利益

（四）依法服兵役和参加民兵组织

《宪法》第55条规定："保卫祖国、抵抗侵略是中华人民共和国每一个公民的神圣职责。依照法律服兵役和参加民兵组织是中华人民共和国公民的光荣义务。"

《兵役法》第3条规定："中华人民共和国实行以志愿兵役为主体的志愿兵役与义务兵役相结合的兵役制度。"

> **超链接**
>
> 我国现行《兵役法》由全国人大于1984年制定，2021年全国人大常委会作出修改。
>
> 《兵役法》第5条规定："中华人民共和国公民，不分民族、种族、职业、家庭出身、

宗教信仰和教育程度，都有义务依照本法的规定服兵役。有严重生理缺陷或者严重残疾不适合服兵役的公民，免服兵役。依照法律被剥夺政治权利的公民，不得服兵役。"

《兵役法》第 6 条规定："兵役分为现役和预备役。在中国人民解放军服现役的称军人；预编到现役部队或者编入预备役部队服预备役的，称预备役人员。"

《兵役法》第 14 条规定："国家实行兵役登记制度。兵役登记包括初次兵役登记和预备役登记。"

《兵役法》第 20 条规定："年满十八周岁的男性公民，应当被征集服现役；当年未被征集的，在二十二周岁以前仍可以被征集服现役。普通高等学校毕业生的征集年龄可以放宽至二十四周岁，研究生的征集年龄可以放宽至二十六周岁。根据军队需要，可以按照前款规定征集女性公民服现役。根据军队需要和本人自愿，可以征集年满十七周岁未满十八周岁的公民服现役。"

《兵役法》第 25 条规定："现役士兵包括义务兵役制士兵和志愿兵役制士兵，义务兵役制士兵称义务兵，志愿兵役制士兵称军士。"

《兵役法》第 26 条规定："义务兵服现役的期限为二年。"

《兵役法》第 27 条规定："义务兵服现役期满，根据军队需要和本人自愿，经批准可以选改为军士；服现役期间表现特别优秀的，经批准可以提前选改为军士。根据军队需要，可以直接从非军事部门具有专业技能的公民中招收军士……"

（五）依法纳税

《宪法》第 56 条规定："中华人民共和国公民有<u>依照法律纳税</u>的义务。"税收是国家依照法律规定，向纳税单位或个人无偿征收实物或货币。作为国家财政收入的一种形式，税收具有<u>强制性</u>和<u>无偿性</u>的特征。我国的税收是用于发展社会、巩固国防、不断提高人民的物质生活和文化生活水平，反映了取之于民、用之于民的社会主义分配和再分配关系。因此依照法律纳税也应是我国公民的一项基本义务。

[安口诀] 此处的"依照法律"应理解为狭义的法律，即全国人大及其常委会制定的法律。

（六）其　他

如<u>劳动</u>的义务＋<u>受教育</u>的义务＋夫妻有实行<u>计划生育</u>的义务＋父母有<u>抚养教育未成年子女</u>的义务＋<u>成年子女有赡养扶助父母</u>的义务。

品题

1. 近年来，我国修订了《未成年人保护法》和《预防未成年人犯罪法》，制定了《家庭教育促进法》。根据我国宪法和法律，下列关于保护未成年人的表述，正确的是

（　　）。① （2023 多选 45）

　　A. 未成年人的权利受宪法保护

　　B. 父母有抚养教育未成年子女的义务

　　C. 保护未成年人是国家、社会、学校和家庭的共同责任

　　D. 处理涉及未成年人事项，应尊重未成年人人格尊严，保护其个人信息

2. 公民某甲拒绝服兵役，当地政府对其进行处罚。根据我国宪法和法律，下列关于公民服兵役的表述，正确的是（　　）。② （2022 单选 15）

　　A. 服兵役是公民的基本权利和义务

　　B. 依法被剥夺政治权利的公民不得服兵役

　　C. 凡年满 16 周岁的公民，都有服兵役的义务

　　D. 公民如拒绝履行服兵役的义务，就无权享有政治权利

3. 我国宪法规定："中华人民共和国公民有依照法律纳税的义务。"对于该条文，下列理解正确的有（　　）。③ （2013 多选 57）

　　A. 税收属于法律保留事项

　　B. 依法纳税是公民的一项基本义务

　　C. "依照法律"包括对国家征税权的约束

　　D. 该条中的"法律"仅限于全国人大及其常委会制定的法律

---

① ABCD

② B

③ ABCD

05 / 第五章 国家机构

导学

国家机构体系

全国人大	国务院	最高法	最高检	国家监察委	中央军委	国家主席
全国人常＋专委会						
省级人大	省政府	高级法院	省检察院	省监察委	—	—
省级人常＋专委会						
市级人大	市政府	中级法院	市检察院	市监察委	—	—
市级人常＋专委会						
县级人大	县政府	基层法院	县检察院	县监察委	—	—
县级人常＋专委会						
乡级人大	乡政府	—	—	—	—	—

内部领导体制和外部领导体制

上图讲的是内部领导体制和外部领导体制问题。

什么是内部领导体制？就是一个国家机关内部听谁拍板，如果是个人拍板，就称"个人负责制"，如果大家表决拍板，就称"集体负责制"，内部领导体制注意以下几点：

1. 各级政府和中央军委是个人负责制（国务院就是总理负责制；中央军委就是主席负责制；地方政府就是省长、市长、县长、区长负责制）。

2. 其他国家机关都是集体负责制。

什么是外部领导体制？就是国家机关之间谁听谁的问题，外部领导体制注意以下几点：

1. 原则上国家机关之间都是领导与被领导关系，注意：A 领导 B，意味着 B 要对 A 负责并报告工作，如果 A 对 B 的报告工作不满意，可以提出质询。

2. 上下级法院是监督与被监督的关系。

3. 上下级人大是指导与被指导关系。

注意，国家主席没有内部领导体制和外部领导体制。

国家机构	外部领导体制	内部领导体制
全国人大	—	—
全国人常	受全国人大领导，向全国人大负责＋报告工作	—
地方人大	受上级人大指导	—
地方人常	受同级人大领导，向同级人大负责＋报告工作	—
国务院	受全国人大/人常领导，向全国人大/人常负责＋报告工作	个人负责制
地方政府	受同级人大/人常领导，向同级人大/人常负责＋报告工作 受上级政府领导，向上级政府负责＋报告工作	个人负责制
最高院	受全国人大/人常领导，向全国人大/人常负责＋报告工作	—
地方法院	受同级人大/人常领导，向同级人大/人常负责＋报告工作 受上级人民法院监督	—
最高检	受全国人大/人常领导，向全国人大/人常负责＋报告工作	—
地方检察院	受同级人大/人常领导，向同级人大/人常负责＋报告工作 受上级人民检察院领导	—
国家监察委	受全国人大/人常领导，向全国人大/人常负责	—
地方监察委	受同级人大/人常领导，向同级人大/人常负责 受上级监察委员会领导	—
中央军委	受全国人大/人常领导，向全国人大/人常负责	个人负责制

第一节 国家机构概述

一、国家机构的概念和特征

（一）国家机构的概念

国家机构是指国家为实现其管理社会、维护社会秩序职能而建立起来的国家机关的总和，包括立法机关、行政机关、监察机关、审判机关、检察机关、军事机关等。

（二）国家机构的特征

1. 阶级性

国家机构是统治阶级为了实现自己的使命而设立的政治组织，国家机构的权力运作和职责都反映了统治阶级的意志和利益，具有鲜明的阶级性。

2. 历史性

国家机构是一定历史范畴的产物，是社会发展到一定阶段的产物，随着国家的产生而出现，也会随着国家的消亡而消亡。

3. 特殊的强制性

国家机构是一种国家组织，拥有特殊的强制力，即以军队、警察、监狱、法庭等为主要内容的国家暴力。

4. 组织性

国家机构的组织体系的设置、职权划分及其相互之间的关系非常复杂，不同国家机关按照法律规定组成完整严密的整体，保证国家基本职能的实现。

5. 协调性

国家机构根据宪法划分职权，国家权力按照行使职权的性质和范围的不同而分工行使；同时各个国家机关之间又相互协作、互相配合，共同为实现宪法规定的目标而运行。

［安口诀］接力两只鞋。

二、国家机构组织活动原则

（一）党的领导原则

中国共产党是我国最高政治领导力量，中国共产党按照总揽全局、协调各方的原则。

1. 总揽全局

党在同级各种组织包括各级国家机关中发挥领导核心的作用，并发挥党组织在中央和地方国家机关中的领导作用。

2. 协调各方

把党的领导贯彻到党和国家机构履行职责全过程，推动各方协调行动，形成合力。

（二）民主集中制原则

民主集中制是社会主义国家政权组织和活动的基本原则。

《宪法》第3条第1款规定："中华人民共和国的国家机构实行民主集中制的原则。"

民主集中制是一种民主与集中相结合的制度，是在民主基础上的集中和在法治规范下的民主的结合。

根据这一原则的要求，我国国家权力必须集中由代表人民意志的、由民主选举产生的人大统一行使；各个国家机关之间不是分权关系，而是为实现国家管理任务进行的工作分工关系；各个国家机关依据宪法的具体规定，在人大及其常委会的统一领导和监督下，行使各自职责范围内的权力。

（1）在意志代表方面，人大由民主选举产生，对人民负责，受人民监督；由人大代表人民的最高意志，制定法律，决定国家的重大问题。

（2）在权限划分方面，国家行政机关、国家监察机关、国家审判机关、国家检察机关、国家军事机关等由人大选举或决定产生，对它负责，受它监督。

（3）在中央和地方的权力关系方面，遵循在中央统一领导下，充分发挥地方积极性、主动性的原则，但必须坚持中央的集中统一领导。

（4）在国家机关内部关系方面，人大及其常委会实行集体领导体制，而行政机关和军事机关都实行首长个人负责制。

（5）既不能出现"一言堂"的情况，更不能出现互相推诿的情况。

（三）责任制原则

《宪法》第27条规定了国家机关实行工作责任制。责任制原则是指国家机关及其工作人员，对其决定、行使职权、履行职责所产生的结果，都必须承担责任。

（1）人大向人民负责，每一个代表都要受原选区选民或原选举单位的监督，原选区选民或原选举单位可随时罢免自己选出的代表。

（2）国家行政机关、国家监察机关、国家审判机关、国家检察机关和国家军事领导机关则向人大及其常委会负责。

（3）按照国家机关的不同性质，分集体负责制和个人负责制两种形式：①集体负责制是指机关的全体组成人员和领导成员在重大问题的决策或决定上权利平等，全体成员集体讨论，并按照少数服从多数的原则作出决定，集体承担责任。②个人负责制是指在决策问题上由首长个人作出决定并承担相应责任的决策形式。

（四）法治原则

法治原则要求国家机关在其组织和活动中都要依法办事，不因领导人的改变而改变，不因领导人的看法和注意力的改变而改变。《宪法》第5条提出"实行依法治国，建设社会主义法治国家"的要求，国家机关应严格遵循宪法的这一规定。

1. "主体合法"

国家机关的设立和活动都有法可依，任何国家机关及其附属机构的存在都必须符合宪法和法律的规定。

2. "程序合法"

国家机关作出决定、命令、裁判等工作的程序必须符合法律的要求，符合法律规范。

3. "内容合法"

任何违反宪法和法律的国家机关的行为，必须予以纠正。

（五）其 他

除此之外，还有<u>民族平等和民族团结的原则</u>＋<u>效率原则</u>＋<u>联系群众原则</u>。

真题

下列选项中，属于我国国家机构组织和活动原则的有（　　）。①（2014年多选54）

A. 法治原则

B. 责任制原则

C. 权力分立与制约原则

D. 民主集中制原则

第二节　人民代表大会及其常务委员会

一、全国人大

（一）性　质

全国人大是最高国家权力机关，又是国家的立法机关。

就其性质而言，全国人大是国家权力的最高体现者，集中代表全国各族人民的意志和利益，行使国家的立法权和决定国家生活中的其他重大问题。

就其地位而言，全国人大在我国国家机关体系中居于首要地位，其他任何国家机关都不能超越于全国人大之上，也不能与它并列，全国人大及其常委会通过的法律和决议，其他国家机关都必须遵照执行。

（二）任　职

1. 任　期

（1）任期<u>5年</u>，届满<u>2个月前全国人大常委会</u>必须完成下届选举。

> **超链接**
>
> 2023年3月5日召开十四届全国人大一次会议，2022年3月5~11日召开十三届全国人大五次会议，2021年3月4~10日召开十三届全国人大四次会议，2020年5月22~5月28日召开十三届全国人大三次会议。什么是"届"和"次"？比如从2018~2022年，人大代表是同一拨人，也就是同一届，2018年召开的就是这一届的第一次会议，2019年就是第二次会议……以此类推，到2023年就换成新一届的第一次会议了。

---

① ABD

（2）如果遇到不能进行选举的非常情况，由全国人大常委会以全体组成人员的 2/3 以上的多数通过，可以推迟选举，延长本届全国人大的任期，在非常情况结束后 1 年内，必须完成下届全国人大代表的选举（《宪法》第 60 条）。

2. 组　成

（1）全国人大由省、自治区、直辖市、特别行政区和军队选出的代表组成，这表明我国实行地域代表制与职业代表制相结合、以地域代表制为主的代表机关组成方式。

主席团 执行主席						
解放军和武警部队代表团 团长 副团长	各省代表团 团长 副团长	各自治区代表团 团长 副团长	各直辖市代表团 团长 副团长	香港澳门台湾代表团 团长 副团长	秘书处 秘书长 副秘书长	

> **超链接**
>
> | | |
> |---|---|
> | 执行主席 | 主席团推选主席团成员若干人，分别担任每次大会全体会议的执行主席，并指定其中一人担任全体会议主持人 |
> | 常务主席 | 主席团常务主席就拟请主席团审议事项，听取秘书处和有关专门委员会的报告，向主席团提出建议，主席团常务主席可以对会议日程作必要的调整 |
> | 主席团会议 | 主席团推选常务主席若干人，召集并主持主席团会议。
主席团的决定，由主席团全体成员的过半数通过；主席团第一次会议由全国人大常委会委员长召集并主持，会议推选主席团常务主席后，由主席团常务主席主持 |
> | 代表团全体会议 | 代表团全体会议推选代表团团长、副团长，团长召集并主持代表团全体会议。副团长协助团长工作。
代表团可以分设若干代表小组。代表小组会议推选小组召集人 |
> | 代表团团长会议 | 主席团常务主席可以召开代表团团长会议，就议案和有关报告的重大问题听取各代表团的审议意见，进行讨论，并将讨论的情况和意见向主席团报告 |
> | 秘书处 | 秘书处由秘书长和副秘书长若干人组成，秘书长由预备会议选出，副秘书长的人选由主席团决定。
秘书处在秘书长领导下，办理主席团交付的事项，处理会议日常事务工作。副秘书长协助秘书长工作。
全国人大代表因病或者其他特殊原因不能出席全国人大会议的，应当向会议秘书处书面请假。秘书处应当向主席团报告代表出席会议的情况和缺席的原因 |

秘密会议	全国人大在必要的时候，可以举行秘密会议。 举行秘密会议，经主席团征求各代表团的意见后，由有各代表团团长参加的主席团会议决定（团团团团团秘密）

（2）全国人大举行会议时由主席团主持。

（3）全国人大代表名额不超过 3 000 名，由全国人大常委会确定各选举单位代表名额比例的分配；特别行政区应选全国人大代表的名额和代表产生办法，由全国人大另行规定。

[安口诀] 注意是不到 3 000 人，不是 3 000 人左右。

> **超链接**
>
> （1）香港应选全国人大代表 36 名，澳门应选全国人大代表 12 名。
>
> （2）选举机构：选举会议（由选举委员会中的中国公民和香港、澳门行政长官组成，选举会议≠选举委员会，选举会议是选全国人大代表的机构，选举委员会是选行政长官的机构）。
>
> （3）主持机构：选举会议主席团（香港 19 人组成、澳门 11 人组成）。
>
> （4）提名主体：选举会议成员 15 人（不同于大陆地区选举法，10 人提名）。
>
> （5）选举方式：差额选举；不记名投票；每一选票所选举人数必须等于应选名额（不同于大陆地区选举法，少于或等于都可以）；单过半当选。
>
> （6）辞职方式：向全人常提出辞职（不同于大陆地区选举法，向来源地人常提出）。
>
> （7）罢免方式：全人常代表资格审查委员会提出意见，全人常同意（不同于大陆地区选举法，由来源地人大或人常提出）。

（三）职　权

[安口诀] 宪法人事监。

1. "宪"——修改宪法，监督宪法的实施

宪法的修改，由全国人大常委会或者 1/5 以上的全国人大代表提议，并由全国人大以全体代表的 2/3 以上的多数通过（《宪法》第 64 条）。

2. "法"——制定和修改基本法律

全国人民代表大会和全国人民代表大会常务委员会行使国家立法权。全国人民代表大会制定和修改刑事、民事、国家机构的和其他的基本法律。全国人民代表大会常务委员会制定和修改除应当由全国人民代表大会制定的法律以外的其他法律；在全国人民代表大会闭会期间，对全国人民代表大会制定的法律进行部分补充和修改，但是不得同该法律的基本原则相抵触（《立法法》第 9 条）。

3. "人"——选举、决定和罢免国家领导人

（1）选举和决定：

提 名	选 举	提 名	决 定
主席团	全国人大常委会	—	—
	国家主席	国家主席	国务院总理
	—	国务院总理	其他组成人员
	中央军委主席	中央军委主席	其他组成人员
	国家监察委主任	—	—
	最高院院长	—	—
	最高检检察长	—	—

［安口诀］全人大可以使用选举票和决定票，全人常只能使用决定票。

（2）罢　免：

全国人大主席团、3个以上的代表团或者1/10以上的代表，可以提出对全国人大常委会的组成人员，国家主席、副主席，国务院和中央军委的组成人员，国家监察委主任，最高院院长和最高检检察长的罢免案，由主席团提请大会审议（《全国人大组织法》第20条）。

［安口诀］罢字头上三个口，中间十一下倒钩。

4. "事"——决定国家重大问题

［安口诀］"省钱打仗"。

（1）"省"：①批准省、自治区和直辖市的建置；②决定特别行政区的设立及其制度。

（2）"钱"：①审查和批准国民经济和社会发展计划以及有关计划执行情况的报告；②审查和批准国家预算和预算执行情况的报告。

（3）"打仗"：决定战争与和平问题。

5. "监"——最高监督权：听取报告＋提出质询

［安口诀］

提出主体	提出方式	受质询对象	答复质询	通过质询
全人大一个代表团/30代表	书面提出	国务院和国务院各部门＋国家监察委员会＋最高人民法院＋最高人民检察院	受质询机关书面答复或者口头答复	单过半通过

（五）会议制度

1. 召　集

（1）召集主体：全国人大每年举行一次会议，由全国人大常委会召集。

［安口诀］如果全国人大常委会认为必要，或者有1/5以上的全国人大代表提议，可

以临时召集全国人大会议（《宪法》第 61 条）"常委五一提临时"。

（2）召集时间：全国人大常委会应当在全国人大会议举行 <u>1 个月前</u>，将开会日期和建议大会讨论的主要事项通知全国人大代表；每届全国人大第一次会议，在本届全国人大代表选举完成后 2 个月内由上届全国人大常委会召集。

> **超链接**
> 全国人大会议于每年第一季度举行，会议召开的日期由全国人大常委会决定并予以公布。遇有特殊情况，全国人大常委会可以决定适当提前或者推迟召开会议。提前或者推迟召开会议的日期未能在当次会议上决定的，全国人大常委会可以另行决定或者授权委员长会议决定，并予以公布（《全国人大议事规则》第 2 条）。

2. 预备会议

预备会议三大职责：全国人大每次会议举行<u>预备会议</u>，<u>选举本次会议主席团</u>，<u>选举秘书长</u>，<u>通过本次会议的议程</u>和其他准备事项的决定。

> **超链接**
> 主席团和秘书长的名单草案，由全国人大常委会委员长会议提出，经常务委员会会议审议通过后，提交预备会议。注意秘书处的秘书长是预备会议选的，副秘书长是主席团决定的。

3. 出　席

（1）出席：全国人大会议须有 <u>2/3 以上的代表出席</u>始得举行。

［安口诀］各级人大都需要 2/3 以上代表出席。

（2）列席：国务院组成人员，中央军委组成人员，国家监察委员会主任，最高法院长和最高检检察长，列席全国人大会议；其他有关机关、团体的负责人，经全国人常决定可以列席全国人大会议。

4. 提　案

（1）机关提案权：<u>主席团</u>，<u>全国人大常委会</u>，<u>全国人大各专门委员会</u>，<u>国务院</u>，<u>中央军委</u>，<u>国家监察委员会</u>，<u>最高人民法院</u>，<u>最高人民检察院</u>，可以向全国人民代表大会提出属于全国人民代表大会职权范围内的议案，由主席团决定列入会议议程。

（2）个人提案权：1 个代表团或者 30 名以上的代表联名，可以向全国人民代表大会提出属于全国人民代表大会职权范围内的议案，由主席团决定是否列入会议议程，或者先交有关的专门委员会审议、提出是否列入会议议程的意见，再决定是否列入会议议程。

［安口诀］三人＋五大护法＋一块三。

5. 审　议

（1）议案审议：列入会议议程的议案，提案人应当向会议提出关于议案的说明。议案由<u>各代表团进行审议</u>，主席团可以并交有关的<u>专门委员会进行审议</u>、提出报告，由<u>主席团审议</u>决定提请大会全体会议表决（《全国人大议事规则》第 25 条）。

（2）法律案审议：列入会议议程的法律案，大会全体会议听取关于该法律案的说明后，由各代表团审议，并由宪法和法律委员会、有关的专门委员会审议（《全国人大议事规则》第 26 条）。

6. 表 决

（1）表决方式：会议表决议案采用无记名按表决器方式，如表决器系统在使用中发生故障，采用举手方式（《全国人大议事规则》第 60 条）；会议表决时，代表可以表示赞成，可以表示反对，也可以表示弃权（《全国人大议事规则》第 59 条）。

（2）表决通过：全体代表的过半数通过（单过半）。

[安口诀] 只有三个双过半，其余都是单过半（直接选举上，村委会上，村委会下）。

7. 公 布

（1）选任公布：①全国人大选举产生的全国人大常委会委员长、副委员长、秘书长、委员、国家主席、副主席、中央军委主席、国家监察委主任、最高法院长、最高检检察长、决定任命的中央军委副主席、委员，通过的全国人大专门委员会成员，以全国人大公告予以公布。②全国人大决定任命的国务院总理、副总理、国务委员、各部部长、各委员会主任、中国人民银行行长、审计长、秘书长，由国家主席根据全国人大的决定，签署主席令任命并予以公布。

（2）法案公布：国家主席签署主席令予以公布；法律签署公布后，及时在全国人大常委会公报和中国人大网以及在全国范围内发行的报纸上刊载，在常务委员会公报上刊登的法律文本为标准文本。

品 题

1. 根据我国宪法和法律，下列关于全国人大会议主席团的表述，不正确的是（ ）。①（2022 年单选 19）

A. 主席团主持全国人民代表大会会议

B. 主席团常务主席可以召开代表团团长会议

C. 主席团常务主席召集并主持主席团会议

D. 主席团的决定，由主席团全体成员 2/3 以上多数通过

2. 下列选项中，可以向全国人大提出法律案的有（ ）。②（2015 年多选 53）

A. 全国人大财经委员会　　　　B. 全国人大主席团

C. 30 名以上全国人大代表联名　D. 全国人大解放军代表团

3. 根据我国宪法规定，负责主持全国人民代表大会会议的是（ ）。③（2013 年法学单选 13）

A. 国家主席

---

① D

② ABCD

③ B

B. 全国人民代表大会主席团
C. 全国人民代表大会常务委员会委员长
D. 全国人民代表大会常务委员会秘书长

二、全国人大常委会

（一）性　质

全国人大常委会是全国人大的常设机关，也是行使国家立法权的机关。

（二）任　职

1. 组　成

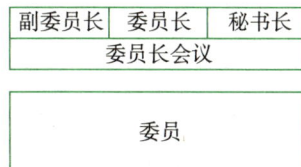

（1）全国人常包括<u>委员长</u>＋<u>副委员长</u>＋<u>秘书长</u>＋<u>委员</u>；这些组成人员必须是全国人大代表，并由每届全国人大第一次会议选举产生，<u>全国人常组成成员不得担任行政机关、监察机关、审判机关和检察机关的职务</u>。

［安口诀］注意是人大常委会的组成人员不得兼任，不是全国人大代表，人大代表是兼职的。

（2）<u>委员长会议</u>包括：<u>委员长</u>＋<u>副委员长</u>＋<u>秘书长</u>，处理全国人大常委会重要的日常工作。

（3）全国人大常委会组成人员中应有适当名额的少数民族代表。

［安口诀］少数民族都选"应当"。

2. 任　期

任期 5 年；组成人员得连选连任，但<u>委员长、副委员长连续任职不得超过两届</u>。

［安口诀］连任限制没有秘书长。

（三）领导体制

全国人大常委会隶属于全国人大，必须服从全国人大的领导和监督，向全国人大负责并报告工作。

（四）职　权

［安口诀］宪法人事监。

1. "宪"——<u>宪法解释权和宪法监督权</u>

［安口诀］只有全国人大有权修改宪法，只有全国人常有权解释宪法（"七八宪法"增加），而全国人大和全国人常都可监督宪法实施（人大审人常，人常审下位）。

2. "法"——立法权和法律解释权

> **超链接**
> 立法解释：
> （1）概念：全国人大常委会对法律的解释，全国人大常委会的法律解释同法律有同等效力。
> （2）提出：国务院＋中央军委＋国家监察委员会＋最高院＋最高检＋专门委员会＋省级人常。
> （3）公布：立法解释由全国人大常务委员会发布公告予以公布。
> （4）作用。①阐明法律实施中产生的疑义。②适应社会发展，赋予法律规定以新含义。③解决法条冲突以及司法解释之间的冲突：当出现法条冲突，而不能用法条竞合的一般规则来解释时，需要全国人大常委会进行立法解释；最高院和最高检的司法解释发生冲突，应当报请全国人大常委会作最终解释。

3. "人"——任免权

提　名	决　定
国务院总理	其他组成人员
中央军委主席	其他组成人员
国家监察委主任	其他组成人员
最高院院长	其他组成人员
最高检检察长	其他组成人员

［安口诀］既可以由全人大决定，也可以由全人常决定"国务院不包括总理，中央军委不包括主席"。

4. "事"——国家重大事项的决定权

［安口诀］两个名单两钱包，三个状态三外交。

（1）"两名单"：①规定和决定授予国家勋章和荣誉称号；②决定特赦。

（2）"两钱包"：①对国民经济和社会发展计划部分调整方案的审批权；②对国家预算部分调整方案的审批权。

（3）"三状态"：①遇到国家遭受武装侵犯或者必须履行国际间共同防止侵略的条约的情况，有权决定宣布战争状态；②决定全国总动员或者局部动员；③决定全国或者个别省、自治区和直辖市进入紧急状态。

（4）"三外交"：①决定批准或废除同外国缔结的条约和重要协定；②决定驻外全权代表的任免；③规定军人和外交人员的衔级制度和其他专门衔级制度。

5. "监"——监督权包括听取报告＋提出质询＋执法检查
［安口诀］

提出主体	提出方式	受质询对象	答复质询	通过质询
全人常10名组成人员	书面提出	国务院和国务院各部门＋国家监察委员会＋最高人民法院＋最高人民检察院	受质询机关书面答复或者口头答复	单过半通过

（五）会议制度

1. 召 集

全国人大常委会全体会议，一般两个月举行一次，由委员长召集主持（注意不是委员长会议）。

［安口诀］全国人大常委会必要时可以加开会议，有特殊需要的时候，可以临时召集会议（《全国人大常委会议事规则》第6条）。

2. 出 席

（1）出席：常委会全体组成人员过半数出席。

（2）列席：国务院、中央军委、国家监察委员会、最高人民法院、最高人民检察院的负责人列席会议；各省、自治区、直辖市和其他有关地方的人大常委会派主任或者副主任一人列席会议；必要时可以邀请有关的全国人大代表列席会议。

3. 提 案

（1）机关提案权：委员长会议可以向常务委员会提出属于常务委员会职权范围内的议案，由常务委员会会议审议；国务院，中央军委，国家监察委员会，最高人民法院，最高人民检察院，全国人民代表大会各专门委员会，可以向常务委员会提出属于常务委员会职权范围内的议案，由委员长会议决定列入常务委员会会议议程，或者先交有关的专门委员会审议、提出报告，再决定列入常务委员会会议议程。

（2）个人提案权：常务委员会组成人员10人以上联名，可以向常务委员会提出属于常务委员会职权范围内的议案，由委员长会议决定是否列入常务委员会会议议程，或者先交有关的专门委员会审议、提出是否列入会议议程的意见，再决定是否列入常务委员会会议议程。

［安口诀］二人＋五大护法＋一毛钱。

4. 审 议

（1）议案审议：常务委员会全体会议听取议案说明后，由分组会议、联组会议进行审议，并由有关的专门委员会进行审议、提出报告（《全国人大常委会议事规则》第22条）。

（2）法律案审议：常务委员会听取说明并初次审议后，由宪法和法律委员会进行统一审议，向下次或者以后的常务委员会会议提出审议结果的报告；专门委员会对有关法律案进行审议并提出审议意见，印发常务委员会会议（《全国人大常委会议事规则》第23条）。

5. 表　决

（1）表决方式：常务委员会表决议案，采用无记名按表决器方式，如表决器系统在使用中发生故障，采用举手方式或者其他方式；常务委员会组成人员通过网络视频方式出席会议的，采用举手方式或者其他方式表决（《全国人大常委会议事规则》第48条）；表决时常务委员会组成人员可以表示赞成，可以表示反对，也可以表示弃权（《全国人大常委会议事规则》第45条）。

（2）表决通过：常务委员会全体组成人员的过半数通过。

6. 公　布

（1）任免公布：常务委员会决定任免的国务院副总理、国务委员以及各部部长、各委员会主任、中国人民银行行长、审计长、秘书长，由中华人民共和国主席根据常务委员会的决定，签署主席令任免并予以公布。

（2）法律公布：国家主席签署主席令予以公布；法律签署公布后，及时在全国人大常委会公报和中国人大网以及在全国范围内发行的报纸上刊载，在常务委员会公报上刊登的法律文本为标准文本。

品题

1. 关于全国人大常委会组成人员的表述，正确的有（　　）。①（2015年多选58）
A. 全国人大常委会由委员长、副委员长、秘书长和委员组成
B. 全国人大常委会组成人员中应有适当名额的少数民族代表
C. 全国人大常委会组成人员不得担任国家行政机关、审判机关和检察机关的职务
D. 全国人大常委会组成人员得连选连任，委员长、副委员长连续任职不得超过两届

2. 根据我国宪法处理全国人民代表大会常务委员会的重要日常工作的机关或组织是（　　）。②（2012年单选24）
A. 委员长会议
B. 全国人民代表大会法律委员会
C. 全国人民代表大会常务委员会办公厅
D. 全国人民代表大会常务委员会法制工作委员会

---

① ABCD
② A

复习：全国人大和全国人常职权对比

全国人大	全国人常
1. 修改宪法，监督宪法的实施	1. 宪法解释权和宪法监督权
2. 制定和修改基本法律	2. 立法权和法律解释权
基本法律和非基本法律： （1）全人大制定基本法律，全人常制定非基本法律。 （2）全人常虽然不能制定基本法律，但是可以修改基本法律。 （3）全人常虽然可以修改基本法律，但是不能修改所有的基本法律（香港、澳门基本法）。 （4）全人常虽然不能修改香港、澳门基本法，但是可以修改港澳基本法的附件部分（附件一、二、三）。	
3. 选举、决定和罢免国家领导人	3. 任免权

提名	全国人大			全国人常	
^	选举	提名	决定	提名	决定
主席团	全国人大常委会	—	—	—	—
^	国家主席	国家主席	国务院总理	—	—
^	—	国务院总理	其他组成人员	国务院总理	其他组成人员
^	中央军委主席	中央军委主席	其他组成人员	中央军委主席	其他组成人员
^	国家监察委主任	—	—	国家监察委主任	其他组成人员
^	最高院院长	—	—	最高院院长	其他组成人员
^	最高检检察长	—	—	最高检检察长	其他组成人员

全国人大	全国人常
4. 决定国家重大问题 （1）批准省、自治区和直辖市的建置。 （2）决定特别行政区的设立及其制度。 （3）审查和批准国民经济和社会发展计划以及有关计划执行情况的报告。 （4）审查和批准国家预算和预算执行情况的报告。 （5）决定战争与和平问题。	4. 国家重大事项的决定权 （1）规定和决定授予国家勋章和荣誉称号。 （2）决定特赦。 （3）对国民经济和社会发展计划部分调整方案的审批权。 （4）对国家预算部分调整方案的审批权。 （5）遇到国家遭受武装侵犯或者必须履行国家间共同防止侵略的条约的情况，有权决定宣布战争状态。 （6）决定全国总动员或者局部动员。 （7）决定全国或者个别省、自治区和直辖市进入紧急状态。 （8）决定批准或废除同外国缔结的条约和重要协定。 （9）决定驻外全权代表的任免。 （10）规定军人和外交人员的衔级制度和其他专门衔级制度。

5.最高监督权：听取报告＋提出质询			5.监督权：听取报告＋提出质询＋执法检查	
提出主体	提出方式	受质询对象	答复质询	通过质询
全人大1个代表团或30人	书面提出	国务院和国务院各部门＋国家监察委员会＋最高人民法院＋最高人民检察院	受质询机关书面答复或者口头答复	单过半通过
全人常10人				

品题

1. 根据我国宪法和法律，关于质询案的提出，正确的是（　　）。① （2023年单选24）
   A. 全国人大会议期间，一个代表团可以书面提出质询案
   B. 全国人大会议期间，专门委员会可书面提出质询案
   C. 全国人大会议期间，十名以上代表可联名书面提出质询案
   D. 全国人大常委会会议期间，委员长可书面提出质询案

2. 根据我国宪法，下列选项中属于全国人大常委会职权的是（　　）。② （2021年单选23）
   A. 解释宪法，监督宪法的实施　　　　B. 选举国家监察委员会主任
   C. 批准省、自治区和直辖市的建置　　D. 制定、修改刑法、民法基本法

3. 关于全国人大和全国人大常委会职权的划分，下列表述正确的是（　　）。(2020年单选19、2020年法学单选14) ③
   A. 全国人大批准自治区的建置，全国人大常委会批准自治县的建置
   B. 全国人大决定特别行政区的设立，全国人大常委会决定其社会制度
   C. 全国人大批准国家预算，全国人大常委会批准国家预算的部分调整方案
   D. 全国人大决定国务院总理的人选，全国人大常委会决定国务院副总理的人选

4. 根据我国现行宪法，有权决定特赦的国家机关是（　　）。④ （2015年法学单选10）
   A. 国家主席
   B. 全国人民代表大会常务委员会
   C. 国务院
   D. 最高人民法院

---

① A
② A
③ C
④ B

三、地方人大

（一）性　质

省、自治区、直辖市、自治州、市、县、市辖区、乡、民族乡、镇的人民代表大会是本行政区域内的国家权力机关，同全国人民代表大会一起构成中国国家权力机关体系。

（二）任　职

1.任　期

任期 5 年。

2.组　成

地方各级人民代表大会由人民选举的代表组成。县、自治县、不设区的市、市辖区、乡、民族乡、镇的人民代表大会的代表由选民直接选举产生；省、自治区、直辖市、自治州、设区的市的人民代表大会的代表由下级人民代表大会选举产生。

［安口诀］各少数民族都应当有适当名额的代表，注意是"应当"。

超链接

省人大	350～1 000人	—
市人大	240～650人	—
县人大	140～450人	人口不足5万的，可以少于140人
乡人大	45～160人	人口不足2 000的，可以少于45人

（三）职　权

［安口诀］法人事监。

1."法"——制定地方性法规

［安口诀］

省级人大制定地方性法规		国务院和全人常备案
市级人大制定地方性法规	省级人常批准	国务院和全人常备案
自治区人大制定自治条例、单行条例	全国人大常委会批准	
自治州、自治县人大制定自治条例、单行条例	省级人大常委会批准	国务院和全人常备案

省、自治区、直辖市以及设区的市、自治州的人民代表大会根据区域协调发展的需要，可以开展协同立法。

2."人"——选举和罢免权

[安口诀]

省人大	主席团提名	省级人常组成人员，省长、副省长，自治区主席、副主席、直辖市市长、副市长、省监察委主任、省高院院长、省检察院检察长	主席团、常委会、1/10代表提出罢免
市人大	主席团提名	市级人常组成人员，地级市市长、副市长，自治州州长、副州长，市监察委主任、市中院院长、市检察院检察长	主席团、常委会、1/10代表提出罢免
县人大	主席团提名	县级人常组成人员，县长、副县长，县级市市长、副市长，区长、副区长，县监察委主任、县法院院长、县检察院检察长	主席团、常委会、1/10代表提出罢免
乡人大	主席团提名	乡级人大主席、副主席，乡长、副乡长，镇长、副镇长	主席团、1/5代表提出罢免

3."事"——<u>地方重大事项的决定权</u>

4."监"——<u>监督权</u>

[安口诀]

提出主体	提出方式	受质询对象	答复质询	通过质询
10人	书面提出	同级政府及其工作部门+监察委员会+人民法院+人民检察院	受质询机关书面答复或者口头答复	单过半通过

（四）领导体制

本行政区域内的同级人民政府、监察委员会、人民法院和人民检察院都由其产生，对它负责，受它监督。

（五）会议制度

1. 召　集

<u>县级以上地方人大每年至少举行一次</u>，<u>乡级人大每年举行两次</u>（新修改），由<u>地方人常召集</u>或乡级人大<u>主席团召集</u>。

[安口诀]

全人大	全人常召集	主席团主持
省人大	省人常召集	主席团主持
市人大	市人常召集	主席团主持
县人大	县人常召集	主席团主持
乡人大	主席团召集	主席团主持

2. 预备会议

（预备会议三大职责）县级以上的地方各级人民代表大会每次会议举行预备会议，选举本次会议的主席团和秘书长，通过本次会议的议程和其他准备事项的决定。

［安口诀］乡级人大没有预备会议。

3. 出　席

（1）出席：地方各级人民代表大会会议有 2/3 以上的代表出席，始得举行（新修改）。

（2）列席：县级以上的地方各级人民政府组成人员和监察委员会主任、人民法院院长、人民检察院检察长，乡级人民政府领导人员，列席本级人民代表大会会议；县级以上的其他有关机关、团体负责人，经本级人民代表大会常务委员会决定，可以列席本级人民代表大会会议；省、自治区、直辖市、自治州、设区的市的人民代表大会代表可以列席原选举单位的人民代表大会会议。

4. 提　案

（1）县级以上人大：主席团+常委会+专门委员会+同级政府+代表 10 人以上。

（2）乡级人大：主席团+同级政府+代表 5 人以上。

5. 审　议

由主席团决定是否列入大会议程。

6. 表　决

单过半通过。

7. 公　布

主席团公布。

品　题

1. 根据我国地方组织法，下列关于地方各级人民代表大会的表述，正确的有（　　）。①（2017 年多选 55）

　　A. 省人民代表大会会议每年至少举行一次

　　B. 市人民代表大会举行会议的时候，由主席团主持

　　C. 县人民法院院长列席本级人民代表大会会议

　　D. 乡人大主席负责召集下一次本级人民代表大会会议

2. 根据我国宪法和法律，下列关于地方各级人民代表大会的表述，不正确的是（　　）。②（2016 年单选 27）

　　A. 地方各级人民代表大会都是地方国家权力机关

　　B. 地方各级人民代表大会会议每年至少举行一次

　　C. 地方各级人民代表大会会议由本级人大常委会召集

　　D. 地方各级人大进行选举和通过决议，以全体代表过半数通过

---

① ABC

② C

四、地方人常

（一）性　质

县级以上地方各级人大常委会是本级人民代表大会闭会期间行使地方国家权力的机关，是本级国家权力机关的组成部分，从属于本级人民代表大会，对本级人民代表大会负责并报告工作。

（二）任　职

1. 任　期

任期 <u>5 年</u>。

2. 组　成

（1）<u>省级、市级人大常委会</u>由<u>主任</u>＋<u>副主任</u>＋<u>秘书长</u>＋<u>委员</u>组成；<u>县级人大常委会</u>由<u>主任</u>＋<u>副主任</u>＋<u>委员</u>组成（县级人常没有秘书长）；<u>人大常委会组成人员不得担任国家行政机关、监察机关、审判机关和检察机关的职务</u>。

（2）<u>省级人常主任会议、市级人常主任会议</u>由<u>主任</u>＋<u>副主任</u>＋<u>秘书长</u>组成；<u>县级人常主任会议</u>由<u>主任</u>＋<u>副主任</u>组成。

（三）职　权

［安口诀］法人事监。

1."法"

（1）<u>制定地方性法规的权力</u>。

（2）在本行政区域内，保证宪法、法律、行政法规和上级人民代表大会及其常务委员会决议的遵守和执行。

［安口诀］

省级人常制定地方性法规	—	国务院和全人常备案
市级人常制定地方性法规	省级人常批准	国务院和全人常备案

2."人"

（1）<u>人事任免权</u>。

（2）领导或主持本级人民代表大会代表的选举。

［安口诀］

省人常 市人常 县人常	同级政府、监察委员会、法院、检察院首长提名	任命同级政府、监察委员会、法院、检察院其他组成人员	主任会议、同级政府、法院、检察院、1/5组成人员提出撤职

3."事"

（1）<u>重大事项决定权</u>。

（2）召集本级人民代表大会会议。

4."监"：监督权。

［安口诀］

提出主体	提出方式	受质询对象	答复质询	通过质询
省人常5人	书面提出	同级政府及其工作部门+监察委员会+人民法院+人民检察院	受质询机关书面答复或者口头答复	单过半通过
市人常5人				
县人常3人				

（四）领导体制

地方人大常委会隶属于同级人大，必须服从同级人大的领导和监督，向同级人大负责并报告工作。

（五）会议制度

1. 召　集

地方各级人常每两个月至少举行一次，由主任召集主持。

［安口诀］

全人常	委员长召集	委员长主持
省人常	主任召集	主任主持
市人常	主任召集	主任主持
县人常	主任召集	主任主持

2. 出　席

（1）出席：常委会全体组成人员过半数出席。

（2）列席：同级人民政府、监察委员会、人民法院、人民检察院的负责人列席。

3. 提　案

（1）省级、市级人常：主任会议+专门委员会+同级政府+代表5人以上。

（2）县级人常：主任会议+专门委员会+同级政府+代表3人以上。

4. 审　议

由主任会议决定是否列入大会议程。

5. 表　决

单过半通过。

6. 公　布

常委会公布。

五、专门委员会

（一）性 质

专门委员会是按专业分工设立的<u>辅助性工作机构</u>＋<u>常设性机构</u>。

［安口诀］辅助性机构：专门委员会＋代表资格审查委员会。

（二）任 职

1. 任 期

任期 <u>5 年</u>。

2. 组 成

（1）各专门委员会由<u>主任委员</u>、<u>副主任委员</u>若干人和<u>委员</u>若干人组成。

［安口诀］

全人大	主席团提名	选举主任委员、副主任委员、委员
全人常	委员长会议提名	决定副主任委员、委员
省人大	主席团提名	选举主任委员、副主任委员、委员
省人常	主任会议提名	决定副主任委员、委员
市人大	主席团提名	选举主任委员、副主任委员、委员
市人常	主任会议提名	决定副主任委员、委员
县人大	主席团提名	选举主任委员、副主任委员、委员
县人常	主任会议提名	决定副主任委员、委员
注意：人常不能选专门委员会主任		

（2）各专门委员会主任委员主持委员会会议和委员会的工作。副主任委员协助主任委员工作。各专门委员会可以根据工作需要，任命专家若干人为顾问；<u>顾问可以列席专门委员会会议</u>，发表意见。顾问由全国人民代表大会常务委员会任免。

3. 组织系统

全国人民代表大会					
全国人大常委会				专门委员会	
委员长会议	工作机构	办公厅	代表资格审查委员会	民族委员会	外事委员会
		法制工作委员会		宪法和法律委员会	华侨委员会
		预算工作委员会		监察和司法委员会	环境与资源保护委员会
		香港基本法委员会		财政经济委员会	农业与农村委员会
		澳门基本法委员会		科教文卫委员会	社会建设委员会

	专门委员会	工作机构
全国	民族委员会、宪法和法律委员会、监察和司法委员会、财政经济委员会、教育科学文化卫生委员会、外事委员会、华侨委员会、环境与资源保护委员会、农业与农村委员会、社会建设委员会（2018年修正案将9个专门委员会增加至10个）	办公厅、法制工作委员会、预算工作委员会、香港基本法委员会、澳门基本法委员会（共5个） [安口诀] 港澳算办法
省级	法制委员会、财政经济委员会、教育科学文化卫生委员会、环境与资源保护委员会、社会建设委员会（新增1个，共5个）	办公厅、法制工作委员会、预算工作委员会、代表工作委员会（共4个）
市级	法制委员会、财政经济委员会、教育科学文化卫生委员会、环境与资源保护委员会、社会建设委员会（新增1个，共5个）	办公厅、法制工作委员会、预算工作委员会、代表工作委员会（共4个）
县级	法制委员会、财政经济委员会（无新增，共2个）	办公厅、法制工作委员会、预算工作委员会、代表工作委员会（共4个）

（三）职　权

（1）审议同级人民代表大会主席团或者常务委员会交付的议案（审议议案）。

（2）向同级人民代表大会主席团或者常务委员会提出属于同级人民代表大会或者常务委员会职权范围内同本委员会有关的议案，组织起草有关议案草案（提出议案）。

（3）审议同级人民代表大会主席团或者常务委员会交付的质询案，听取受质询机关对质询案的答复，必要的时候向主席团或者常务委员会提出报告（审议质询）。

（4）对属于同级人民代表大会或者常务委员会职权范围内同本委员会有关的问题，进行调查研究，提出建议（调查研究）。

（5）审议全国人民代表大会常务委员会交付的被认为同宪法、法律相抵触的国务院的行政法规、决定和命令，国务院各部门的命令、指示和规章，国家监察委员会的监察法规，省、自治区、直辖市和设区的市、自治州的人民代表大会及其常务委员会的地方性法规和决定、决议，省、自治区、直辖市和设区的市、自治州的人民政府的决定、命令和规章，民族自治地方的自治条例和单行条例，经济特区法规，以及最高人民法院、最高人民检察院具体应用法律问题的解释，提出意见（合宪性审查：全国人大专门委员会独有）。

（四）领导体制

专门委员会受同级人大领导；在人大闭会期间，受同级人大常委会领导。

品题

1. 关于全国人大宪法和法律委员会的表述，正确的是（　　）。① （2023年单选15）
A. 宪法和法律委员会有权解释宪法
B. 宪法和法律委员会有权组织宪法宣誓仪式
C. 宪法和法律委员会可以修改除全国人大制定的法律以外的其他法律
D. 宪法和法律委员会可以组织对有关法律进行立法后评估

2. 下列关于全国人大常委会工作机构的表述，正确的是（　　）。② （2022年单选27）
A. 全国人大常委会工作机构负责审查代表的选举是否符合法律规定
B. 工作机构的主任和副主任应从全国人大常委会组成人员中产生
C. 在备案审查中，工作机构可以和全国人大专门委员会召开联合审查会议
D. 全国人大常委会根据全国人大专门委员会需要分别设置对应的工作机构

3. 根据现行宪法和法律，下列关于全国人大专门委员会的表述，正确的有（　　）。③ （2018年多选45、2018年法学多选25）
A. 专门委员会受全国人大及其常委会的领导
B. 专门委员会有权向全国人大提出同本委员会有关的提案
C. 专门委员会有权审查和撤销同法律相抵触的地方性法规
D. 专门委员会副主任委员由主任委员提名，由全国人大常委会通过

4. 下列关于全国人大专门委员会的表述，正确的是（　　）。④ （2016年单选19）
A. 全国人大专门委员会根据工作需要可聘请若干顾问，出席会议，参加表决
B. 全国人大专门委员会的委员人选，由主席团在代表中提名，大会通过
C. 全国人大现设有法律委员会、预算工作委员会等九个专门委员会
D. 全国人大专门委员会是全国人大的具体办事机构

5. 下列关于国家机关之间关系的表述，正确的有（　　）。⑤ （2012年多选59）
A. 在全国人民代表大会闭会期间，各专门委员会受全国人大常务委员会领导
B. 国务院领导地方各级人民政府的工作
C. 上级人民法院领导下级人民法院的工作
D. 最高人民检察院指导下级人民检察院的工作

---

① D
② C
③ AB
④ B
⑤ AB

（五）特定问题调查委员会

1. 概　念

全国人民代表大会和全国人大常委会认为必要时可组织关于特定问题的调查委员会，它的工作是临时性的，没有固定任期。

[安口诀] 临时性机构：特定问题调查委员会＋宪法起草委员会＋选举委员会＋村民选举委员会。

2. 提　议

[安口诀] 人大主十一，人常主五一，全国人大三个团。

全国人大	主席团	三个代表团	1/10代表
全国人常	委员长会议	—	1/5代表
省级人大	主席团	—	1/10代表
省级人常	主任会议	—	1/5代表
市级人大	主席团	—	1/10代表
市级人常	主任会议	—	1/5代表
县级人大	主席团	—	1/10代表
县级人常	主任会议	—	1/5代表

3. 组　成

调查委员会由主任委员、副主任委员若干人和委员若干人组成，由主席团在代表中提名，提请大会全体会议通过，调查委员会可以聘请专家参加调查工作。

4. 职　责

调查委员会进行调查的时候，一切有关的国家机关、社会团体和公民都有义务如实向它提供必要的材料。提供材料的公民要求调查委员会对材料来源保密的，调查委员会应当予以保密。调查委员会在调查过程中，可以不公布调查的情况和材料。

5. 报　告

调查委员会应当向本级人民代表大会提出调查报告。人民代表大会根据调查委员会的报告，可以作出相应的决议。人民代表大会可以授权它的常务委员会听取调查委员会的调查报告，常务委员会可以作出相应的决议，报人民代表大会下次会议备案。

品题

1. 下列关于全国人大专门委员会的表述，正确的有（　　）。[1]（2021年多选46、2021年法学多选26）

A. 专门委员会是全国人大的专门性工作机构

---

[1] AB

B. 专门委员会委员由全国人大主席团在代表中提名，大会通过
C. 专门委员会委员不得担任国家行政机关、监察机关、审判机关和检察机关的职务
D. 十三届全国人大设有宪法和法律委员会、特定问题调查委员会等专门委员会

2. 根据我国宪法和法律的规定，下列选项中，属于各级人大常委会监督职权的有（　）。① （2014 年多选 58）
A. 进行询问和质询
B. 组织关于特定问题的调查委员会
C. 听取和审议人民政府专项工作报告
D. 对有关法律、法规实施情况组织执法检查

六、人大代表

人大代表是<u>国家权力机关的组成人员</u>，其中一部分代表同时又是人大常委会的组成人员。<u>人大代表接受人民的委托，代表全国人民的意志和利益，并且依照宪法和法律的规定集体行使国家权力。</u>

（一）代表权利

［安口诀］三案三保一出席。

（1）人大代表有<u>出席</u>人大会议、发表意见、参与表决、共同决定国家机关公职人员的人选和国家生活中的重大问题的权利（一出席）。

（2）根据法律规定的程序<u>提出议案、建议和意见</u>的权利（三案之议案）。

［安口诀］三人＋五大护法＋一块三；两人＋五大护法＋一毛钱。

全人大	主席团	常委会	专委会	国务院	中央军委	最高法	最高检	国监委	一个代表团	30
全人常	委员长会议	—	专委会	国务院	中央军委	最高法	最高检	国监委	—	10

［安口诀］主常专政主专政，十五十五十三五。

省人大	主席团	常委会	专委会	省政府	10
省人常	主任会议	—	专委会	省政府	5
市人大	主席团	常委会	专委会	市政府	10
市人常	主任会议	—	专委会	市政府	5
县人大	主席团	常委会	专委会	县政府	10

---

① ABCD

| 县人常 | 主任会议 | — | 专委会 | 县政府 | 3 |
| 乡人大 | 主席团 | — | — | 乡政府 | 5 |

（3）依照法律规定的程序提出质询案的权利（三案之质询案）。

[安口诀]质询案提案权≈个人提案权。

全人大	一个代表团	30
全人常	—	10
省人大	—	10
省人常	—	5
市人大	—	10
市人常	—	5
县人大	—	10
县人常	—	3
乡人大	—	10

（4）依法提出罢免案的权利（三案之罢免）。

[安口诀]罢字头上四个口，中间十一下倒钩。

全人大	主席团	三个代表团	1/10代表

[安口诀]主常十，主常十，主常十，主五。

省人大	主席团	常委会	1/10代表
市人大	主席团	常委会	1/10代表
县人大	主席团	常委会	1/10代表
乡人大	主席团	—	1/5代表

[安口诀]主五三护法。

全人常	—	国务院	—	—	中央军委	—
省人常	主任会议	省政府	省高院	省检察院	—	1/5组成人员
市人常	主任会议	市政府	市中院	市检察院	—	1/5组成人员
县人常	主任会议	县政府	县基层院	县检察院	—	1/5组成人员

（5）人身特别保护权（三保之人保）：在人大开会期间，非经人大主席团许可，在人大闭会期间，非经人大常委会许可，人大代表不受逮捕或者刑事审判。如果因为人大代表是现行犯而被拘留的，执行拘留的公安机关必须立即向人大主席团或者人大常委会报告。

［安口诀］非现行犯，先批后抓，现行犯，先抓后报告。

（6）言论免责权（三保之言保）：人大代表在人大各种会议上的发言和表决不受法律追究。

（7）物质保障权（三保之物保）：人大代表在履职时，所在单位根据实际需要予以时间保障和工资福利保障，国家应当给予适当补贴和物质上的便利。

（二）代表义务

（1）保守国家秘密。

（2）模范地遵守宪法和法律，在自己参加的生产、工作和社会活动中，宣传法治并协助宪法和法律的贯彻实施。

（3）出席全国人民代表大会会议，认真参与对国家事务的讨论和决定，积极参加代表的视察活动。

（4）与原选举单位和人民保持密切联系，接受原选举单位的监督，听取和反映人民的意见和要求，原选举单位有权依法定程序罢免其所选出的代表。

［安口诀］保守机密。

品题

1. 关于人大代表执行职务保障的表述正确的是（　　）。①（2023 年单选 27）
A. 对人大代表采取强制措施，应当由人大常委会许可
B. 人大代表在各种会议上的发言和表决，不受法律追究
C. 人大代表建议、批评和意见办理情况的报告不予公开
D. 无固定工资收入的人大代表执行代表职权由本级财政给予适当补贴

2. 关于全国大民代表大会代表，下列表述正确的是（　　）。②（2018 年单选 25）
A. 全国人大代表在各种会议上的发言，不受法律追究
B. 全国人大代表在全国人大开会期间可提出对国务院的质询案
C. 罢免全国人大代表须经全国人大常委会组成人员的过半数通过
D. 全国人大代表被行政拘留的，应向全国人大主席团或全国人大常委会备案

3. 根据我国宪法和法律，下列关于全国人民代表大会代表权利与义务的表述，正确的有（　　）。③（2016 年法学多选 25）
A. 全国人大代表有义务模范地遵守宪法和法律，协助宪法和法律的实施
B. 全国人大闭会期间，全国人大代表非经全国人大常委会许可，不受逮捕
C. 全国人大代表执行代表职务时，国家根据需要给予其适当的补贴和物质上的便利

---

① D

② B

③ ABCD

D. 全国人大代表应同原选举单位和人民保持密切联系，可列席原选举单位的人民代表大会会议

4. 2014年春节期间，县人大代表刘某因酒后交通肇事逃逸，涉嫌犯罪，县公安局拟对其实施逮捕。对此，下列做法中正确的是（　　）。① （2015年单选29）

A. 公安局可自行决定并实施逮捕
B. 公安局经县人民法院决定后可实施逮捕
C. 公安局经县人民检察院批准后可实施逮捕
D. 非经县人大常委会许可，公安局不得实施逮捕

5. 根据我国代表法的规定，人民代表大会享有的权利有（　　）。② （2014年多选55、2014年法学多选27）

A. 参加本级人民代表大会的各项选举
B. 提出对各方面工作的建议、批评和意见
C. 依法联名提出议案、质询案、罢免案
D. 出席本级人民代表大会会议，参加审议各项议案、报告和其他议题，发表意见

6. 2012年"两会"召开前夕，公安机关以涉嫌参与一年前的非法集资为由，逮捕了全国人大代表甲。根据我国宪法和法律，下列表述正确的是（　　）。③ （2013年单选26）

A. 非经全国人大主席团许可，公安机关无权逮捕甲
B. 非经全国人大常委会许可，公安机关无权逮捕甲
C. 公安机关可以拘留甲，但须立即向全国人大主席团报告
D. 公安机关可以拘留甲，但须立即向全国人大常委会报告

7. 下列关于全国人民代表大会代表权利的表述，正确的是（　　）。④ （2012年单选21）

A. 依法联名提出议案、质询案
B. 有权获得其工作、生活所需的各种信息
C. 享有言论豁免权，在公开场合的发言不受法律追究
D. 为广泛听取民意，得设代表工作室并聘请代表助理

（三）全国人大会议期间代表工作职责

[安口诀] 特定问题，提建议，两选，三案，一出席。

1. "特定问题"

可依法<u>提议组织特定问题调查委员会</u>。

---

① D
② ABCD
③ B
④ A

171

2."提建议"

可向全国人大提出对各方面工作的建议、批评和意见。

3."两选"

（1）参加各项选举，可对主席团提名的国家领导机构的负责人名单提出意见；

（2）参加决定国务院组成人员和军委副主席、委员的人选。

4."三案"

（1）可依照法定程序提出议案（包括修改宪法的议案）；

（2）可提出询问，可依照法律规定的程序，书面提出对国务院及其各部委、国家监察委员会、最高人民法院、最高人民检察院的质询案；

（3）可依照法律的规定提出罢免案。

5."一出席"

出席会议，审议各项议案和报告。

（四）全国人大闭会期间代表工作职责

[安口诀] 两批评，两列席，临时来召集。

1."两批评"

（1）全国人大代表在常委会的统一安排下，对有关地区、有关单位进行视察，就被视察的各方面的工作提出建议、批评、意见，但不直接处理问题；

（2）向全国人大常委会提出对各方面工作的建议、批评和意见。

2."两列席"

（1）可应邀列席全国人大常委会会议以及各专门委员会会议；

（2）列席原选举单位的人民代表大会会议和人大常委会会议，回答原选举单位对代表工作的询问，协助政府推行工作。

3."临时来召集"

有权按照法律规定的程序提议临时召集全国人大会议。

[安口诀] 临时会议：

召开临时会议	提议主体	
全国人大临时会议	全国人大常委会	1/5以上代表
省级人大临时会议	省级人大常委会	1/5以上代表
市级人大临时会议	市级人大常委会	1/5以上代表
县级人大临时会议	县级人大常委会	1/5以上代表
乡级人大临时会议	乡级人大主席团	1/5以上代表

第三节　国家主席、中央军委

一、国家主席

(一) 性　质

中华人民共和国主席是我国的国家元首，包括国家主席和副主席。

国家主席是国家主权的代表，是国家统一和民族团结的象征。国家主席对内代表整个国家机构和国家权力，对外代表中华人民共和国和全体中国公民。

[安口诀] 1954 年宪法设置国家主席，与全国人大常委会共同行使国家元首职权；1975 年、1978 年宪法未设国家主席；1982 年宪法恢复设置。

(二) 任　职

1. 任　期

任期 5 年，没有届数限制（2018 年修正案）。

2. 组　成

包括国家主席和副主席；必须是有选举权和被选举权的中华人民共和国公民，必须年满 45 周岁，由全国人大任免。

> **超链接**
> 全国人大主席团提出国家主席和副主席的候选人名单，然后经各代表团酝酿协商，再由主席团根据多数代表的意见确定正式候选人名单，最后由主席团把确定的候选人名单交付大会表决，由大会选举产生国家主席和副主席。

3. 缺位制度

国家主席缺位时，由副主席继任；副主席缺位时，由全国人大补选；都缺位时，由全国人民代表大会补选，补选前由全国人大常委会委员长暂时代理主席职位。

(三) 职　权

1. 公布法律、发布命令权

根据全国人大、全国人常决定，发布法律、特赦令、紧急状态令、动员令、宣布战争状态。

[安口诀]

全国人大决定	全国人常决定	公布
法律	法律	国家主席
—	特赦令	
—	紧急状态令	
—	动员令	
战争状态	战争状态	

2. 任免权

根据全国人大、全国人常的决定，任免国务院总理、副总理、国务委员、各部部长、各委员会主任、审计长、秘书长；根据全国人常的决定，派遣或召回驻外全权代表。

[安口诀]

全国人大决定	全国人常决定	公 布
总理	—	国家主席
副总理、国务委员	副总理、国务委员	
各部部长、各委员会主任、审计长、秘书长	各部部长、各委员会主任、审计长、秘书长	
—	驻外全权代表	

3. 荣典权

根据全国人常的决定，授予国家的勋章和荣誉称号。

[安口诀]

全国人大决定	全国人常决定	公 布
—	国家勋章和国家荣誉称号	国家主席

4. 外交权

国家主席对外代表国家，进行国事活动，接受外国使节；根据全国人常，批准或废除同外国缔结的条约和重要协定。

[安口诀]

全国人大决定	全国人常决定	公 布
—	批准、废除外交条约	国家主席

品题

1. 下列选项中，国家主席需要根据全国人大或全国人大常委会的决定行使的职权有（　　）。① (2018年多选47、2018年法学多选27)

A. 会晤外国总统　　　　　　B. 授予荣誉奖章和光荣称号
C. 发布动员令　　　　　　　D. 批准同外国缔结的重要协定

2. 2015年8月29日，全国人大常委会决定：在中国人民抗日战争暨世界反法西斯战争胜利70周年之际，对部分服刑罪犯予以特赦。根据宪法，发布特赦令的是（　　）。② (2017年单选24、2017年法学单选11)

A. 国家主席　　　　　　　　B. 全国人大常委会委员长

---

① BC

② A

C. 国务院总理　　　　　　　D. 中央军委主席

3. 国家主席无须根据全国人大及其常委会的决定独立行使的职权是（　　）。①（2015年单选26）

　　A. 发布特赦令　　　　　　B. 宣布战争状态
　　C. 接受外国使节　　　　　D. 任免国务院组成人员

4. 下列关于国家主席的表述，正确的是（　　）。②（2013年单选29）
　　A. 国家主席由全国人大决定产生
　　B. 国家主席的任职年龄须年满40周岁
　　C. 国家主席缺位时，由副主席代理主席职位
　　D. 国家主席代表中华人民共和国，进行国事活动

5. 根据我国《宪法》规定，我国发布特赦令的国家机关是（　　）。③（2012年单选26）
　　A. 全国人民代表大会常务委员会　　B. 国家主席
　　C. 国务院　　　　　　　　　　　　D. 最高人民法院

二、中央军委

（一）性　质

中央军事委员会是<u>国家最高军事领导机关</u>。

中央军委领导的我国武装力量由中国人民解放军<u>现役部队</u>和<u>预备役部队</u>、<u>中国人民武装警察部队</u>、<u>民兵</u>组成。

［安口诀］1954年宪法规定国家主席担任国防委员会主席；1975年、1978年宪法改为中共中央主席统率全国武装力量；1982年宪法设立中央军事委员会。

（二）任　职

1. 任　期

任期<u>5年</u>，<u>没有届数限制</u>。

2. 组　成

包括军委主席＋副主席＋委员；中央军委主席由全国人大选举产生，根据中央军委主席的提名，全国人大决定其他组成人员的人选，在全国人大闭会期间，全国人大常委会根据中央军委主席的提名，决定中央军委其他组成人员的人选。

（三）领导体制

1. 外部领导体制

---

① C
② D
③ B

中央军委主席对全国人大和全国人大常委会负责（不汇报工作）。

2. 内部领导体制

中央军委实行<u>主席负责制</u>。

（1）军委主席提名：中央军委副主席和委员均由中央军委主席提名。

（2）军委主席领导：中央军委其他组成人员必须接受中央军委主席的领导。

（3）军委主席主持：中央军委的有关重大问题要经委员会集体讨论，但是中央军委主席有决定权。

（4）军委主席签署：中央军委发布的军令等须由中央军委主席签署方有法律效力。

[安口诀] 1982 年宪法才设立中央军委，也是 1982 年宪法国务院才改成个人负责制，所以 1982 年宪法之前不存在个人负责制。

品题

根据我国宪法，下列关于中央军事委员会的表述，正确的是（   ）。[①]（2016 年单选 23）

A. 在中央国家机关体系中居于最高地位

B. 主席由国家主席提名，全国人大决定

C. 每届任期五年，连续任职不得超过两届

D. 实行主席负责制，中央军委主席对全国人大及其常委会负责

第四节　国务院和地方政府

一、国务院

（一）性　质

国务院即<u>中央人民政府</u>，最高权力机关的执行机关，最高国家行政机关。

国务院是由最高国家权力机关产生的，必须对全国人大及其常委会负责并报告工作，因此相对于最高国家权力机关来说，国务院处于从属地位。

国务院在全国行政机关系统中居最高地位，统一领导地方各级人民政府的工作，统一领导和管理国务院各部委的工作。

（二）任　职

1. 任　期

任期<u>5 年</u>；<u>总理、副总理、国务委员连续任职不得超过两届</u>。

2. 组成人员

<u>总理</u>＋<u>副总理、国务委员</u>＋<u>各部部长、各委员会主任、审计长、秘书长</u>；国务院总理人选根据国家主席的提名，由全国人大决定；副总理、国务委员、各部部长、各委员会主

---

① D

任、审计长和秘书长的人选根据总理的提名,由全国人大决定,在全国人大闭会期间,根据总理的提名,由全国人大常委会决定副总理、国务委员、部长、委员会主任、审计长和秘书长的任免,组成人员的任免决定以后,由国家主席负责宣布。

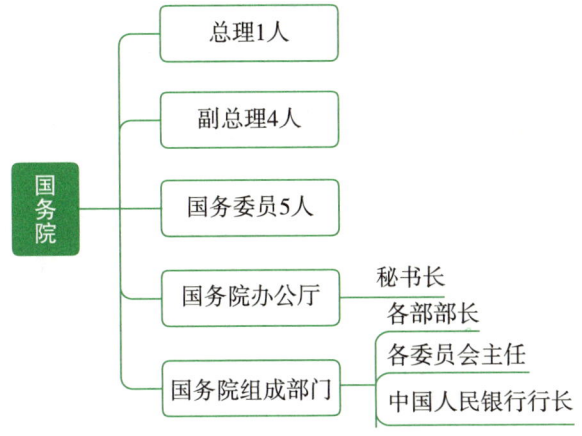

3.组成部门

[安口诀]两办两部三直属。

"两办"

(1)国务院办公厅:协助处理国务院日常事务的行政机构。

(2)国务院办事机构:协助总理办理各项专门事项的机构,不具有独立的行政管理职能,如国务院研究室、国务院港澳事务办公室等。

"两部"

(3)国务院组成部门:具体履行国务院基本行政管理职能的行政机构,由各部、各委员会、中国人民银行、审计署组成。

(4)国务院组成部门管理的国家行政机构:主管特定业务,行使行政管理职能,如国家外汇管理局、国家邮政局、国家铁路局等。

[安口诀]审计机关:国务院和县级以上地方人民政府设立审计机关;对国务院各部门和地方各级政府的财政收支,对国家的财政金融机构和企业事业组织的财务收支,进行审计监督;审计机关在国务院总理领导下,依照法律规定独立行使审计监督权,不受其他行政机关、社会团体和个人的干涉。

"三直属"

(5)国务院直属机构:专门业务主管机关,具有独立行政管理职能,如国家市场监督管理总局、国家税务总局、国家广播电视总局等。

(6)国务院直属特设机构:国务院为了管理某类特殊的事项或履行特殊的职能而单独设立的一类机构,目前只有国务院国有资产监督管理委员会。

(7)国务院直属事业单位:如中国气象局、中国科学院、中国社会科学院、新华社等。

[安口诀]

国务院设部门	全国人大/人常决定	
省政府设部门	国务院批准	省人常备案
市政府设部门	省政府批准	市人常备案
县政府设部门	市政府批准	县人常备案

品题

1. 根据我国《地方组织法》，下列关于地方各级审计机关的表述，不正确的是（　　）。①（2017 年单选 26）

A. 县级以上地方各级人民政府设立审计机关

B. 省级审计机关的设立需要报请国务院批准

C. 地方各级审计机关只对本级人民政府负责

D. 地方各级审计机关依照法律规定独立行使审计监督权

2. 根据现行宪法，我国县级以上地方各级审计机关依法独立行使审计监督权。下列表述中，正确的是（　　）。②（2014 年单选 25）

A. 地方各级审计机关对监察部和本级人民政府负责

B. 地方各级审计机关对本级人民政府和上一级审计机关负责

C. 地方各级审计机关对本级人民政府和上一级人民代表大会负责

D. 地方各级审计机关对上一级人大常委会和上一级人民政府负责

（三）领导体制

1. 外部领导体制

国务院对全国人大和全国人大常委会负责并报告工作。

2. 内部领导体制

<u>1982 年宪法改集体负责制为个人负责制</u>，国务院实行总理负责制，各部委实行部长、主任负责制。

（1）总理提名：由<u>总理提名</u>组成国务院，总理有向全国人大及其常委会提出任免国务院其他组成人员议案的权利。

（2）总理领导：<u>总理领导</u>国务院的工作，副总理、国务委员协助总理工作，其他组成人员都在总理领导下工作，向总理负责。

（3）总理主持：<u>总理召集和主持</u>召开国务院常务会议和全体会议，对于所议事项总理有最后决定权，并对决定的后果承担全部责任。

---

① C

② B

[安口诀] 常务会议：总理＋副总理＋国务委员＋秘书长；全体会议：总理、副总理、国务委员、各部部长、各委员会主任、审计长、秘书长。

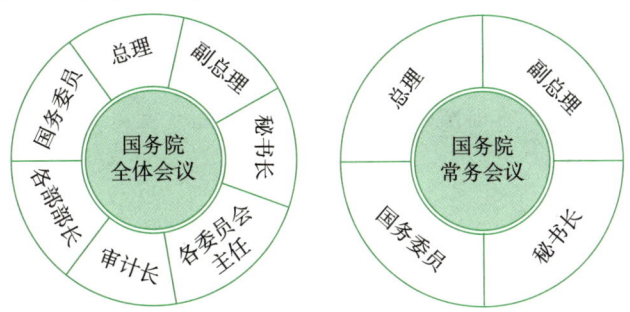

（4）总理签署：国务院发布的行政法规、决定和命令，向全国人大及其常委会提出的议案，任免国务院有关人员的决定，都由<u>总理签署</u>。

品题

1. 我国明确规定国务院实行总理负责制的是（　　）。① （2012年单选27）

A. 1954年宪法　　　　　　　　B. 1975年宪法

C. 1978年宪法　　　　　　　　D. 1982年宪法

2. 根据我国宪法，下列关于国务院的表述，正确的有（　　）。② （2016年多选53）

A. 国务院实行集体负责制

B. 国务院是最高国家权力机关的执行机关

C. 国务院每届任期同全国人大每届任期相同

D. 国务院常务会议由总理、副总理、国务委员、秘书长、审计长组成

（四）职　权

1. "法"——<u>法规制定权</u>

包括行政措施、行政法规、决定、命令。

> **超链接**
>
> 行政法规制定程序：
>
> 1. 立　项
>
> （1）国务院法制机构拟订年度立法计划，报国务院审批。
>
> （2）国务院有关部门认为需要制定行政法规，应当向国务院报请立项，在年初编订年度立法计划之前提出。
>
> 2. 起　草
>
> （1）国务院有关部门或国务院法制机构负责起草。

---

① D

② BC

> （2）重要的行政法规草案由国务院法制机构组织起草。
>
> 3. 审 查
>
> （1）起草工作完成后，起草单位将草案送交国务院法制机构审查。
>
> （2）国务院法制机构应当向国务院提出审查报告和草案修改稿。
>
> 4. 决 定
>
> 行政法规草案可以由国务院常务会议审议，或者由国务院审批。
>
> 5. 公 布
>
> 总理签署公布；刊载在《国务院公报》。

2．"君"——提案权

（1）国民经济和社会发展计划和计划执行情况。

（2）国家预算和预算的执行情况。

（3）必须由全国人常批准和废除的同外国缔结的条约和协定。

（4）国务院组成人员中必须由全国人大或全国人常决定任免的人选。

3．"臣"——领导权

（1）国务院对所属部委和地方各级行政机关的领导权和监督权。

（2）国务院所属各部委和地方各级行政机关必须接受国务院的统一领导和监督。

（3）国务院有权改变或撤销地方各级行政机关及所属各部委发布的不适当的决定和命令。

4．"民"——管理权

包括对国防、民族、民政、公安、司法行政、文教、经济、卫生、体育、华侨、外交等各项行政工作的领导和管理权。

5．"天时"——紧急状态决定权

国务院有权决定省、自治区、直辖市范围内部分地区进入紧急状态。

［安口诀］紧急状态三考点：第一，2004年修正案写入宪法；第二，省以上范围紧急状态，全国人常决定，国家主席发布；第三，省以下范围紧急状态，国务院决定，总理签署发布。

6．"地利"——行政区域划分权

行政级别	设立、撤销、更名	区域界线变更	政府驻地的迁移
省级	—	国务院	简称、排列顺序变更：国务院
市级	国务院	市重大变更、自治州变更：国务院	国务院

续表

行政级别	设立、撤销、更名	区域界线变更	政府驻地的迁移
县级	国务院	县、市辖区重大变更、自治县变更：国务院	自治县：国务院
乡级	—	—	—

7."人和"——<u>任免权</u>

国务院有权任免国家行政机关的领导人员。

品题

根据现行宪法，下列选项中，属于国务院职权的有（　　）。①（2020年多选47）

A. 领导和管理国防建设事业

B. 领导和管理经济工作和城乡建设、生态文明建设

C. 决定同外国缔结的条约和重要协定的批准和废除

D. 改变或撤销地方各级国家行政机关的不适当的决定或命令

二、地方政府

（一）性　质

县级以上地方各级人民政府是指省、自治区、直辖市、自治州、设区的市、县、自治县、不设区的市、市辖区的人民政府；地方各级人民政府是地方各级国家权力机关的执行机关，<u>地方各级国家行政机关</u>。

（二）任　职

1. 任　期

任期<u>5年</u>。

2. 组成人员

（1）省、自治区、直辖市、自治州、设区的市的人民政府分别由省长、副省长、自治区主席、副主席、市长、副市长、州长、副州长和秘书长、厅长、局长、委员会主任等组成。

（2）县、自治县、不设区的市、市辖区的人民政府分别由县长、副县长、市长、副市长、区长、副区长和局长、科长等组成。

---

① ABD

省级政府	省长、副省长；自治区主席、副主席；直辖市市长、副市长；秘书长；各厅厅长、各委员会主任等	机构调整，同级政府提，上级政府批，同级人常备案
市级政府	地级市市长、副市长；自治州州长、副州长；秘书长；各局局长、各委员会主任等	
县级政府	县长、副县长；县级市市长、副市长；区长、副区长；各局局长、各科科长等	
乡级政府	乡长、副乡长；镇长、副镇长；民族乡的乡长由建立民族乡的少数民族公民担任	

新的一届人民政府领导人员依法选举产生后，应在两个月内提请本级人大常委会任命人民政府秘书长、厅长、局长、委员会主任和科长。

（三）职　权

[安口诀] 两个对上两对下，国民经济5678，90女足夺冠啦。

（1）"两个对上"——执行本级人大及其常委会的决议，以及上级国家行政机关的决定和命令，规定行政措施，发布决定和命令。

（2）"两个对下"——领导所属各工作部门和下级人民政府的工作。

（3）"两个对下"——改变或撤销所属各工作部门的不适当的命令、指示和下级人民政府的不适当的决定、命令。

（4）"两个对下"——依照法律的规定任免、培训、考核和奖惩国家行政机关工作人员。

（5）"国民经济"——编制和执行国民经济和社会发展规划纲要、计划和预算，管理本行政区域内的经济、教科文卫体、城乡建设等事业和各项行政工作。

（6）"民"——保护公有财产，保护公民私人所有的合法财产，维护社会秩序，保障公民的人身权利、民主权利和其他权利。

（7）"国"——履行国有资产管理职责。

（8）"经济"——保护各种经济组织的合法权益。

（9）"足"——铸牢中华民族共同体意识，促进各民族广泛交往交流交融，保障少数民族的合法权利和利益。

（10）"女"——保障宪法和法律赋予妇女的男女平等、同工同酬和婚姻自由等各项权利。

（四）领导体制

1. 外部领导体制

（1）县级以上政府由同级人民代表大会产生，对同级人大及其常委会负责并报告工作。

（2）地方各级人民政府都是国务院统一领导下的国家行政机关，地方各级人民政府实行重大事项请示报告制度。

2. 内部领导体制

各级政府实行首长负责制。

行政首长主持和负责地方各级人民政府的行政工作，人民政府会议分为全体会议和常务会议，政府工作中的重大问题，须经常务会议或者全体会议讨论决定。

> **品题**

1. 关于设区的市的人民政府制定的地方政府规章，下列表述正确的是（　　）。① （2021年单选17、2021年法学单选12）

   A. 地方政府规章由市长决定并予以公布
   B. 为加强历史文化保护，地方政府规章可作出对本地文化产业实行免税的规定
   C. 没有上位法依据，地方政府规章不得设定减损公民权利或增加其义务的规范
   D. 制定地方性法规条件不成熟的，可先制定地方政府规章，实施至法规制定为止

2. 关于县级以上的地方各级人民政府的工作部门，下列说法正确的是（　　）。② （2018年单选19、2018年法学单选14）

   A. 地方各级人民政府的工作部门由同级人大决定设立
   B. 地方各级审计机关独立行使审计监督权，只对上一级审计机关负责
   C. 地方各级人民政府的工作部门受本级人民政府的领导，并且受上级主管部门的业务指导或领导
   D. 民族自治地方人民政府工作部门的负责人由实施区域自治的民族公民担任

3. 根据我国宪法和法律，下列关于地方各级人民政府的表述，不正确的是（　　）。③（2016年法学单选10）

   A. 地方各级人民政府必须依法行政
   B. 地方各级人民政府实行集体负责制
   C. 地方各级人民政府均受国务院的统一领导
   D. 地方各级人民政府是地方各级人大的执行机关

（五）派出机关

（1）省、自治区人民政府在必要的时候，经国务院批准，可以设立行政公署（简称行署）。

（2）县、自治县人民政府在必要的时候，经省、自治区、直辖市的人民政府批准，可以设立区公所。

（3）市辖区、不设区的市人民政府，经上一级人民政府批准，可以设立街道办事处；街道办事处在本辖区内办理派出它的人民政府交办的公共服务、公共管理、公共安全等工作，依法履行综合管理、统筹协调、应急处置和行政执法等职责，反映居民的意见和要求（《地方人大地方政府组织法》第86条）。

---

① C
② C
③ B

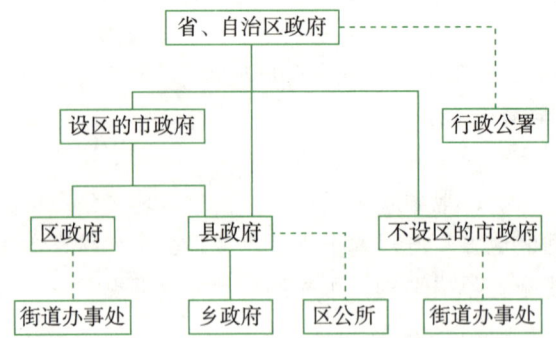

品题

根据我国宪法和法律，下列关于地方人民政府派出机关的表述，正确的是（　　）。[①]（2016年法学单选14）

A. 派出机关是一级政权机关，有行政管理职权
B. 县人民政府设立派出机关应当经国务院批准
C. 不设区的市的人民政府经批准可设立派出机关
D. 行政公署是省、自治区、直辖市人民政府的派出机关

第五节　监察委员会、人民法院、人民检察院

一、监察委员会

（一）性　质

各级监察委员会是国家的监察机关，是行使国家监察职能的专责机关。

监察委员会依法对所有行使公权力的公职人员进行监察，调查职务违法和职务犯罪，开展廉政建设和反腐败工作，维护宪法和法律的尊严（2018年《宪法》修正案，2018年《监察法》）。

（二）任　职

1. 任　期

各级监察委员会任期5年，国家监察委员会主任<u>连续任职不得超过两届</u>。

[安口诀] 一把手五年，三个人两任。

2. 组　成

监察委员会由主任+副主任若干人+委员若干人组成；同级人大选举或罢免监察委员会主任，同级人常任免副主任和委员。

3. 组织系统

<u>国家监察委员会</u>＋<u>省级监察委员会</u>＋<u>市级监察委员会</u>＋<u>县级监察委员会</u>。

[①] C

（三）领导体制

1. 外部领导体制

（1）监察委员会对同级人大及其常委会负责，并接受其监督（目前《宪法》和《监察法》尚未规定报告工作）。

（2）<u>国家监察委员会领导地方各级监察委员会的工作，上级监察委员会领导下级监察委员会的工作</u>。

2. 内部领导体制

集体负责制。

（四）职　权

监察委员会依法<u>独立行使监察权</u>，不受行政机关、社会团体和个人的干涉。监察机关办理职务违法和职务犯罪案件，应当与审判机关、检察机关和执法部门互相配合、互相制约。

[安口诀] 四个独立：审判独立＋审计独立＋检察独立＋监察独立。

品题

1. 关于国家监察委员会，下列表述正确的是（　　）。① （2023年单选21）
A. 国家监察委员会是最高法律监督机关
B. 国家监察委员会指导地方各级监察委员会的工作
C. 国家监察委员会主任由全国人大常委会选举产生
D. 国家监察委员会对全国人大及其常委会负责，接受其监督

2. 根据我国宪法和法律，下列关于监察委员会的表述正确的是（　　）。② （2022年单选18）
A. 监察委员会是国家的法律监督机关
B. 派驻的监察机构、监察专员对同级人大常委会负责
C. 监察委员会副主任和委员的任免由监察委员会主任决定
D. 人大常委会会议期间，常委会组成人员可以依法对监察工作提出质询

3. 下列关于监察委员会组织和职权的表述，正确的是（　　）。③ （2020年单选27）
A. 国家监察委员会监督地方各级监察委员会的工作
B. 地方各级监察委员会只对上一级监察委员会负责
C. 各级监察委员会无权对人大及其常委会机关的公务员进行监察
D. 被调查人既涉嫌严重职务违法或者职务犯罪，又涉嫌其他违法犯罪，一般应当由监察机关为主调查，其他机关予以协助

---

① D
② D
③ D

4. 根据我国宪法和法律，下列关于监察委员会的表述，不正确的是（　　）。①（2019年单选20、2019年法学单选15）

A. 国家监察委员会是最高监察机关
B. 上级监察委员会监督下级监察委员会的工作
C. 各级监察委员会是行使国家监察职能的专责机关
D. 监察委员会依法独立行使监察权，不受行政机关、社会团体和个人的干涉

5. 根据我国宪法和法律，有权任免最高人民法院审判员的是（　　）。②（2023年单选25）

A. 司法部
B. 最高人民法院院长
C. 最高人民法院审判委员会
D. 全国人大常委会

二、人民法院

（一）性　质

人民法院是适用法律的专门机关，根据法律规定受理并处理具体案件，依据事实和法律作出判断，保障法律的实施，维护法律尊严，实现打击敌人、惩罚犯罪、保护人民、调解纠纷的国家职能。

人民法院通过审判刑事案件、民事案件、行政案件以及法律规定的其他案件惩罚犯罪，保障无罪的人不受刑事追究解决民事纠纷，保护个人和组织的合法权益解决行政纠纷，监督行政机关依法行使职权，维护国家安全和社会秩序，维护社会公平正义，维护国家法制统一、尊严和权威，保障中国特色社会主义建设的顺利进行（《法院组织法》第2条）。

（二）任　职

1. 任　期

各级法院院长任期5年，最高法院院长连续任职不得超过两届。

［安口诀］一把手五年，三个人两任。

2. 组　成

人民法院的审判人员由院长＋副院长＋审判委员会委员＋审判员组成；人民法院的法官、审判辅助人员和司法行政人员实行分类管理；各级人大任免本级人民法院院长，各级人大常委会根据本级法院院长的提请任免同级法院副院长、审判委员会委员、审判员，在法院院长因故不能担任职务时，决定由副院长代理院长。

［安口诀］院长同人大＋找不到对象，直辖市人常。

---

① B
② D

法院院长任免	最高院院长	全国人大选任	主席团提名
	省高院院长	省人大选任	主席团提名
	市中院院长	市人大选任	主席团提名
	县法院院长	县人大选任	主席团提名
直辖市院长任免	北京市高院院长	北京市人大选任	主席团提名
	一中院院长	北京市人常选任	主任会议提名
	海淀区法院院长	海淀区人大选任	主席团提名

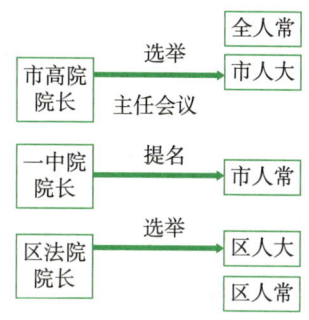

3. 组织系统

最高人民法院	最高人民法院设有民事审判庭、行政审判庭、刑事审判庭、环境资源审判庭、审判监督审判庭等审判庭、六个巡回法庭以及其他必要机构（巡回法庭设立在广东深圳、陕西西安、河南郑州、重庆、江苏南京、辽宁沈阳，巡回法庭是最高人民法院的组成部分，其判决和裁定即最高人民法院的判决和裁定）
地方法院	高级人民法院：省高院＋自治区高院＋直辖市高院
	中级人民法院：地级市中院＋自治州中院＋直辖市内设立的中院＋在省、自治区内按地区设立的中院
	基层人民法院：县、自治县人民法院＋县级市人民法院＋市辖区人民法院
	地方法院根据审判需要设立刑事、民事、行政、经济、告诉申诉等审判庭及必要的其他机构
专门法院	设在特定部门或对特定案件设立的审判机关，专门人民法院审理的案件是特定的案件；目前我国设立的专门人民法院主要有军事法院（分高级、中级、基层三级）、海事法院（相当于中级）、知识产权法院和金融法院等；专门法院的设置、组织、职权和法官任免，由全国人大常委会规定

[安口诀]

（1）各级法院设立审判委员会（讨论重大疑难案件）。

（2）各级法院设立法官考评委员会（负责对本院法官的考核工作）。

（3）中级以上法院设立赔偿委员会（处理所管辖的国家赔偿案件）。
（4）高级以上法院设立法官遴选委员会（负责法官人选专业能力的审核）。

习题

1. 关于我国专门人民法院，下列说法正确的是（　　）。① （2018年单选20、2018年法学单选15）

A. 知识产权法院的设立由全国人大常委会决定
B. 军事法院院长由中央军事委员会任命
C. 海事法院负责审理海事和海商领域的刑事和民事案件
D. 我国设立专门的行政法院以保障行政案件的独立公正审理

2. 下列关于我国司法制度的表述，正确的是（　　）。② （2015年单选28）

A. 人民检察院属于司法行政机关
B. 最高人民法院院长由全国人大常委会任免
C. 人民法院上下级之间是指导与被指导关系
D. 人民检察院上下级之间是领导与被领导的关系

3. 下列机关中，享有对直辖市中级人民法院院长有任免权的是（　　）。③ （2012年单选22）

A. 市人民代表大会
B. 市高级人民法院
C. 市政法委员会
D. 市人民代表大会常务委员会

（三）职　权

最高人民法院	一审	（1）法律规定由其管辖的和其认为应当由自己管辖的第一审案件。
	二审	（2）对高级人民法院判决和裁定的上诉、抗诉案件。 （3）按照全国人民代表大会常务委员会的规定提起的上诉、抗诉案件。
	再审	（4）按照审判监督程序提起的再审案件。
	其他	（5）高级人民法院报请核准的死刑案件，死刑除依法由最高人民法院判决的以外，应当报请最高人民法院核准。 （6）最高人民法院可以对属于审判工作中具体应用法律的问题进行解释。 （7）最高人民法院可以发布指导性案例。 （8）监督地方各级人民法院和专门人民法院的审判工作。

---

① A
② D
③ D

续表

高级人民法院	一审	（1）法律规定由其管辖的第一审案件。 （2）下级人民法院报请审理的第一审案件。 （3）最高人民法院指定管辖的第一审案件。
	二审	（4）对中级人民法院判决和裁定的上诉、抗诉案件。
	再审	（5）按照审判监督程序提起的再审案件。
	其他	（6）中级人民法院报请复核的死刑案件。
中级人民法院	一审	（1）法律规定由其管辖的第一审案件。 （2）基层人民法院报请审理的第一审案件。 （3）上级人民法院指定管辖的第一审案件。
	二审	（4）对基层人民法院判决和裁定的上诉、抗诉案件。
	再审	（5）按照审判监督程序提起的再审案件。
	其他	（6）中级以上人民法院设赔偿委员会，依法审理国家赔偿案件。
基层人民法院	一审	（1）基层人民法院审理第一审案件，法律另有规定的除外。
	其他	（2）基层人民法院对人民调解委员会的调解工作进行业务指导。

（四）领导体制

1.外部领导体制

（1）人民法院要向同级人大及其常委会负责并报告工作，受其监督。

（2）最高人民法院监督地方各级人民法院和专门人民法院的审判工作。

二	对高级人民法院和专门人民法院的判决和裁定的上诉案件和最高人民检察院按审判监督程序提出的抗诉案件进行审判
再	对下级人民法院已经生效的判决、裁定发现确有错误的，按审判监督程序提审或指令下级法院再审
死	核准死刑案件
考	通过检查案件、考核工作对下级人民法院进行监督

（3）上级人民法院监督下级人民法院的审判工作。

一	上级人民法院有权审判下级人民法院移送的第一审案件
二	审判对下级人民法院的判决和裁定不服上诉和抗诉的案件

再	对下级人民法院已经发生法律效力的判决和裁定，如果发现确有错误，有权提审或指令下级人民法院再审
指	对管辖权有争议的下级人民法院受理的案件，指定受理法院
考	通过检查案件、考核工作，对下级人民法院进行监督

2. 内部领导体制

集体负责制。

品 题

根据我国宪法和法律，下列关于最高人民法院的表述，正确的是（　　）。①（2022年单选26）

A. 最高人民法院领导各级人民法院的审判工作

B. 互联网法院的上诉案件，由最高人民法院管辖

C. 最高人民法院可以设巡回法庭，审理最高人民法院依法确定的案件

D. 高级人民法院院长的任免，由最高人民法院院长提请全国人大常委会批准

（五）工作原则

依法独立审判原则	（1）人民法院依照法律规定独立行使审判权，不受行政机关、社会团体和个人的干涉（《宪法》第131条）。人民法院在办理各种案件活动中，只服从法律，严格依法办事，在职权范围内的活动必须独立进行；依法独立审判原则，是社会主义法治的一项重要原则，审判工作贯彻这一原则有利于保证国家审判权的统一行使，保证国家法律统一执行，保证审判工作正常进行，保证案件正确判决。 （2）人民法院独立审判，并不是不受任何监督：人民法院受同级人大及其常委会监督＋人民法院受人民检察院监督＋人民法院接受人民群众监督。
审判案件在适用法律上一律平等原则	（1）要求人民法院对一切公民都必须一律平等对待，一切公民的合法权益，都要依法予以保护，任何公民的违法犯罪行为，都要依法予以追究。 （2）要求在适用法律上不能有任何歧视，对公民一律平等对待，不能因公民的家庭出身、地位高低、政治倾向等非法定条件而对公民有不公正的待遇。 （3）要求对待法人或其他组织方面，不论组织规模大小、企业性质、何人经营、主办单位等情况如何，都应平等保护其合法权益、追究其违法责任。

---

① C

续表

被告人有权获得辩护原则	（1）人民法院审理案件，除法律规定的特别情况外，一律公开进行，被告人有权获得辩护（《宪法》第130条）。在刑事诉讼中，被告人和他的辩护人有权根据事实和法律，提出证明被告人无罪、罪轻或者免除、减轻刑事处罚的材料和意见，以维护被告人的合法权益；有关法律规定了被告人行使辩护权利的具体制度，必要时人民法院应当为被告人指定承担法律援助义务的律师担任被告人的辩护人。 （2）实行辩护制度有助于人民法院全面客观地认定案件事实，正确适用法律，公正判决或裁定案件以及避免错案冤案的发生。
使用本民族语言文字进行诉讼原则	（1）各民族公民都有用本民族语言文字进行诉讼的权利，对于不通晓当地通用的语言文字的诉讼参与人，应当为他们翻译，在少数民族聚居或者多民族共同居住的地区，应当用当地通用的语言进行审理，用当地通用的文字发布判决书、裁定书、布告和其他文件（《宪法》第139条）。 （2）我国是统一的多民族国家，各民族公民都有用本民族语言文字进行诉讼的权利，这是民族平等原则在诉讼制度方面的具体表现，宪法和法律这一规定，是确保各民族公民平等地享有诉讼的权利和地位，反对民族歧视，维护民族平等和加强民族团结的重要法律保障。

（六）工作制度

审判委员会制度	（1）<u>总结审判工作经验</u>（过去好的）。 （2）<u>讨论决定重大、疑难、复杂案件</u>的法律适用（现在的）。 （3）<u>讨论决定</u>本院已经发生法律效力的判决、裁定、调解书<u>是否应当再审</u>（过去错的）。 <u>最高法院</u>对属于审判工作中具体应用法律的问题进行<u>解释</u>，<u>应当由审判委员会全体会议讨论通过</u>；<u>发布指导性案例，可以由审判委员会专业委员会会议讨论通过</u>。 合议庭认为案件需要提交审判委员会讨论决定的，由<u>审判长提出申请</u>，<u>院长批准</u>；审判委员会的决定，<u>合议庭应当执行</u>；审判委员会讨论案件的决定及其理由应当在裁判文书中公开，法律规定不公开的除外
司法责任制	建立健全权责统一的司法权力运行机制

续表

审判监督制度	（1）院长对本院已经发生法律效力的判决和裁定，如果发现认定事实上或者适用法律上有错误，必须提交审判委员会处理（自己纠错）。 （2）最高法院对各级法院已经发生法律效力的判决和裁定，上级法院对下级法院已经发生法律效力的判决和裁定，如果发现确有错误，有权提审或者指令下级人民法院再审（上级纠错）。 （3）最高检察院对各级法院已经发生法律效力的判决和裁定，上级检察院对下级法院已经发生法律效力的判决和裁定，如果发现确有错误，有权按审判监督程序提出抗诉（检察院纠错）。
公开审判制度	审理案件除涉及国家机密、个人隐私和未成年人犯罪案件以外，应当公开进行。 ［安口诀］不公开四个事项：国家秘密、商业机密、个人隐私、未成年。
两审终审制	（1）地方法院第一审案件的判决和裁定，当事人不服可以在法定期限内向上一级法院提出上诉（上诉引发二审）。 （2）检察院对所公诉的刑事案件，如果认为第一审判决或裁定有错误，在法定期限内可以向上一级法院提出抗诉（抗诉引发二审）。 （3）上一级法院对上诉、抗诉案件，按照第二审程序进行审理后所作的判决或裁定是终审的判决或裁定；在上诉期限内，当事人不上诉，人民检察院不抗诉，第一审判决或裁定就发生法律效力（不上诉、不抗诉，就生效）。 ［安口诀］一审终审制：最高人民法院审理的第一审案件＋选民资格案件＋宣告失踪案件＋宣告死亡案件＋认定公民无行为能力的案件＋认定公民限制行为能力的案件＋认定财产无主案件＋确认调解协议案件＋实现担保物权案件
回避制度	（1）人民法院在开庭时，应当向当事人宣布合议庭组成人员及书记员名单，告知当事人有申请回避的权利；是否批准回避申请，由人民法院院长决定；院长的回避由本院审判委员会决定。 （2）情形：是本案当事人或者当事人的近亲属＋本人或者他的近亲属与本案有利害关系＋担任过本案的证人、鉴定人、辩护人或者诉讼代理人+与本案当事人有其他关系可能影响案件公正处理。 （3）具有以上情形的审判人员及书记员、翻译人员、鉴定人、勘验人等，应当报告本院院长要求回避；当事人也有权申请回避。刑事案件中，应当回避的人员，本人没有自行回避的，当事人和他们的法定代理人也没有申请其回避的，院长或者审判委员会应当决定其回避。

第五章　国家机构

续表

合议制度	（1）第一审案件由<u>审判员组成合议庭</u>或者由<u>审判员和人民陪审员组成合议庭</u>进行，简单的民事案件、轻微的刑事案件和法律另有规定的案件可以由<u>审判员一人独任审判</u>。 （2）人民法院审判<u>上诉</u>和<u>抗诉</u>案件由<u>审判员组成合议庭</u>进行。<table><tr><th>一审</th><th>二审</th></tr><tr><td>审判员组成合议庭</td><td rowspan="3">审判员组成合议庭</td></tr><tr><td>审判员＋人民陪审员组成合议庭</td></tr><tr><td>独任庭</td></tr></table>（3）合议庭为<u>三人以上单数</u>，由一名法官担任审判长，院长或者庭长参加审理，自己担任审判长。 （4）合议庭评议案件应当按照多数人的意见作出决定，<u>少数人的意见应当记入笔录</u>，<u>评议案件笔录全体签名</u>；裁判文书经合议庭组成人员或者独任法官签署，由人民法院发布。

[安口诀] 委员撕监工两回合。

品题

1. 根据现行宪法和法律，下列关于人民法院的表述，正确的是（　　）。① （2017年单选29）

   A. 人民法院审判案件一律公开进行
   B. 最高人民法院院长得连选连任，不受任期限制
   C. 地方各级人民法院对上一级人民法院负责并报告工作
   D. 人民法院依法独立行使审判权，不受行政机关、社会团体和个人的干涉

2. 根据我国宪法和法律，下列关于人民法院审判工作制度的表述，正确的是（　　）。② （2016年单选29）

   A. 人民法院实行陪审制
   B. 人民法院审判案件，实行两审终审制
   C. 上级人民法院领导下级人民法院的审判工作
   D. 人民法院设立审判监督庭，专门讨论重大疑难案件

3. 下列选项中，属于我国人民法院审判工作原则的有（　　）。③ （2015年多选56）

   A. 两审终审原则　　　　　　　　B. 群众路线原则
   C. 平等适用法律原则　　　　　　D. 被告人有权获得辩护原则

---

① D
② B
③ ACD

三、人民检察院

（一）性　质

人民检察院是国家法律监督机关。法律监督又称为检察监督，是通过人民检察院行使检察权，对国家机关及其工作人员和公民是否遵守法律进行监督，保障法律正确实施。

人民检察院通过行使检察权，追诉犯罪，维护国家安全和社会秩序，维护个人和组织的合法权益，维护国家利益和社会公共利益，保障法律正确实施，维护社会公平正义，维护国家法制统一、尊严和权威，保障中国特色社会主义建设的顺利进行（《检察院组织法》第2条）。

（二）任　职

1. 任　期

各级检察院检察长任期5年，最高检察院检察长连续任职不得超过两届。

[安口诀] 一把手五年，三个人两任。

连任两次限制十种人（2332）：

（1）2——全国人常委员长＋副委员长。
（2）3——总理＋副总理＋国务委员。
（3）3——最高法院长＋最高检检察长＋国家监察委员会主任。
（4）2——香港行政长官＋澳门行政长官。

2. 组　成

人民检察院由检察长、副检察长、检察委员会委员和检察员等人员组成；地方各级人民检察院检察长由本级人民代表大会选举和罢免，副检察长、检察委员会委员和检察员由检察长提请本级人民代表大会常务委员会任免。

[安口诀] 同级人大选，上级人常批＋找不到对象，直辖市人常。

检察院检察长任免	最高检检察长	全国人大选任	主席团提名	—	—
	省检察长	省人大选任	主席团提名	全国人常批准	最高检检察长报请
	市检察长	市人大选任	主席团提名	省人常批准	省检察长报请
	县检察长	县人大选任	主席团提名	市人常批准	市检察长报请
直辖市检察长任免	北京市检察长	北京市人大选任	主席团提名	全国人常批准	最高检检察长报请
	一分检检察长	北京市人常选任	北京市检察长提名	北京市人常批准	北京市检察长报请
	海淀区检察长	海淀区人大选任	主席团提名	北京市人常批准	北京市检察长报请

3. 组织系统

最高人民检察院	国家最高检察机关，领导全国人民检察院的工作。最高人民检察院对最高人民法院的死刑复核活动实行监督；对报请核准追诉的案件进行审查，决定是否追诉；最高人民检察院可以对属于检察工作中具体应用法律的问题进行解释；最高人民检察院可以发布指导性案例
地方检察院	省级人民检察院：省检察院＋自治区检察院＋直辖市检察院
	市级人民检察院：地级市检察院＋自治州检察院＋直辖市设立的检察分院＋省、自治区设立的检察分院
	基层人民检察院：县、自治县检察院＋县级市检察院＋市辖区人民检察院
专门检察院	主要有军事检察院等，专门人民检察院的设置、组织、职权和检察官任免，由全国人大常委会规定。 ［安口诀］没有海事检察院、金融检察院、知识产权检察院

［安口诀］各级检察院设立<u>检察委员会</u>。检察委员会由检察长、副检察长和若干资深检察官组成，成员应当为单数，职责包括：

（1）总结检察工作经验（过去好的）。

（2）讨论决定重大、疑难、复杂案件（现在的）。

（3）讨论决定其他有关检察工作的重大问题。

地方各级人民检察院的检察长不同意本院检察委员会多数人的意见，属于办理案件的，可以报请上一级人民检察院决定；属于重大事项的，可以报请上一级人民检察院或者本级人民代表大会常务委员会决定。

最高人民检察院对属于检察工作中具体应用法律的问题进行解释、发布指导性案例，应当由检察委员会讨论通过。

品题

下列关于我国检察机关的表述正确的是（　　）。① （2014 年单选 23）

A. 最高人民检察院是最高司法行政机关

B. 人民检察院是国家的法律监督机关

C. 上级人民检察院指导下级人民检察院工作

D. 人民检察院有批准逮捕、审查起诉并领导公安机关侦查活动的职权

（三）职　权

［安口诀］侦查和批捕，两公三监督。

"侦查"

（1）依照法律规定对有关刑事案件行使<u>侦查权</u>。

"批捕"

---

① B

（2）对刑事案件进行审查，批准或者决定是否逮捕犯罪嫌疑人。

"两公"

（3）对刑事案件进行审查，决定是否提起公诉，对决定提起公诉的案件支持公诉；

（24）依照法律规定提起公益诉讼。

"三监督"

（5）对诉讼活动实行法律监督。

（6）对判决、裁定等生效法律文书的执行工作实行法律监督。

（7）对监狱、看守所的执法活动实行法律监督。

人民检察院行使法律监督职权，可以进行调查核实，并依法提出抗诉、纠正意见、检察建议。有关单位应当予以配合，并及时将采纳纠正意见、检察建议的情况书面回复人民检察院。

[安口诀]

侦查	逮捕	起诉	审判	执行
公安机关、检察院、监察委员会、国家安全机关侦查；检察院对侦查监督	公安机关申请逮捕，检察院批准逮捕；检察院自行侦查，决定逮捕；刑事自诉案件，法院决定逮捕；公安机关执行逮捕；检察院不批捕的，公安机关可以复议或复核	检察院审查起诉；证据充足，检察院公诉；证据不足，退回公安机关补充侦查或自行补充侦查；检察院提起公益诉讼	法院审判；检察院对审判监督，可以提出抗诉	检察院对执行监督

（四）领导体制

1. 外部领导体制

实行双重从属制。

（1）国家权力机关和人民检察院的关系：检察长由同级人大选举和罢免，副检察长、检察委员会委员和检察员由检察长提请同级人大常委会任免，同级人大及其常委会审议同级检察院的工作报告，对检察院进行各种形式的监督。

（2）上级人民检察院对下级人民检察院组成人员任免。

批准	地方检察院检察长的任免，须报上一级检察长提请同级人大常委会批准；省级检察分院检察长、副检察长、检察委员会委员和检察员，由省级检察院检察长提请本级人大常委会任免
撤换	全国人大常委会和省级人大常委会根据本级检察院检察长的建议，可以撤换下级检察院检察长、副检察长和检察委员会委员

（3）上级人民检察院对下级人民检察院业务领导：下级人民检察院应当执行上级人民检察院的决定；有不同意见的，可以在执行的同时向上级人民检察院报告。

撤	认为下级人民检察院的决定错误的，指令下级人民检察院纠正，或者依法撤销、变更
指	可以对下级人民检察院管辖的案件指定管辖
办	可以办理下级人民检察院管辖的案件
调	可以统一调用辖区的检察人员办理案件

2. 内部领导体制

人民检察院检察长领导本院检察工作（并不违背集体负责制），管理本院行政事务。人民检察院副检察长协助检察长工作。检察官在检察长领导下开展工作，重大办案事项由检察长决定。检察长可以将部分职权委托检察官行使，可以授权检察官签发法律文书。

品 题

根据我国宪法和法律，下列关于人民检察院职权的表述，正确的有（　　）。① （2021年多选 47、2021 年法学多选 27）

A. 依照法律规定提起公益诉讼
B. 对公安机关的侦查活动是否合法，实行监督
C. 对人民法院的审判活动是否合法，实行监督
D. 对职务犯罪案件作出不起诉决定，须经上一级人民检察院批准

（五）工作原则

依法独立行使检察权原则	人民检察院依法独立行使检察权，不受行政机关、社会团体和个人的干涉；这是检察机关的一项重要原则，也是检察机关进行法律监督、实现检察职能的重要保证；人民检察院独立行使检察权，有利于维护社会主义法制的统一实施，保证案件得到公正处理
行使检察权在适用法律上一律平等原则	人民检察院行使检察权在适用法律上一律平等，不允许任何组织和个人有超越法律的特权，禁止任何形式的歧视
司法公正原则	人民检察院坚持司法公正，以事实为根据，以法律为准绳，遵守法定程序，尊重和保障人权
司法公开原则	人民检察院实行司法公开，法律另有规定的除外
司法责任制原则	人民检察院实行司法责任制，建立健全权责统一的司法权力运行机制
公民使用本民族语言文字进行诉讼原则	这一原则与人民法院审判活动中的公民使用本民族语言文字进行诉讼原则的性质相同，是宪法中规定的重要司法工作原则；人民检察院在办理案件过程中，对于不通晓当地语言文字的诉讼参与人，应当为他们翻译；在少数民族聚居区或者多民族共同居住的地区，应当用当地通用的语言进行讯问，应当根据实际需要用当地通用的一种或几种文字制作起诉书或其他法律文书

---

① ABCD

(六) 人民法院、人民检察院和公安机关的关系

人民法院、人民检察院和公安机关办理刑事案件，应当<u>分工负责，互相配合，互相制约</u>，以保证准确有效地执行法律。

1. 分工负责

（1）<u>公安机关负责对案件的侦查、拘留、预审、执行逮捕、依法执行判决。</u>

（2）<u>人民检察院负责批准逮捕、审查起诉和出庭公诉、抗诉、直接受理案件的侦查。</u>

（3）<u>人民法院负责审判。</u>

2. 互相配合

每一机关的工作依法完成后移交下一环节的工作机关时，都能依法顺利接受并开始新环节的工作，每一机关在工作上需要另一机关协助时，能依法在职权范围内协助。

3. 互相制约

（1）公安机关在侦查过程中，需要逮捕犯罪嫌疑人时，要经过人民检察院审查批准，<u>对不予批准的，公安机关认为有错误的，可以要求复议以及向上一级人民检察院要求复核。</u>

（2）人民检察院对公安机关侦查终结移送起诉的案件，进行审查，决定是否起诉。<u>犯罪事实不清、证据不足的，可以退回公安机关补充侦查或自行侦查。</u>在办理案件中发现公安机关有违法情况，应当通知公安机关予以纠正。

（3）<u>公安机关对人民检察院的决定认为有错误的，可以要求复议，以及要求上一级检察机关复核。</u>

（4）人民法院对人民检察院提起公诉的案件，经审判，根据具体情况和法律作出有罪、无罪的判决。

（5）<u>人民检察院认为判决有错误的，可以提出抗诉。对发生法律效力的判决，人民检察院认为有错误的，可以依照审判监督程序通过抗诉引起再审。</u>

习 题

1. 某镇镇长甲涉嫌贪污公款被调查，后被起诉至县人民法院。法院经过审理，判处甲有期徒刑五年。关于此案，下列做法正确的是（　　）。① （2020年单选18、2020年法学单选13）

A. 县公安机关对甲立案侦查

B. 县人民法院认为贪污是甲的隐私，不公开审理

C. 上级人民检察院认为县人民法院判决错误，提出抗诉

D. 上级人民法院认为县人民法院的量刑过重，要求其改判为三年

---

① C

2. 根据我国现行宪法规定，人民法院、人民检察院和公安机关在办理刑事案件过程中的相互关系是（   ）。①（2013 年法学单选 14）

A. 各自独立办案

B. 联合办案

C. 分工负责，互相监督

D. 分工负责，互相配合，互相监督

---

① D

复习思维导图

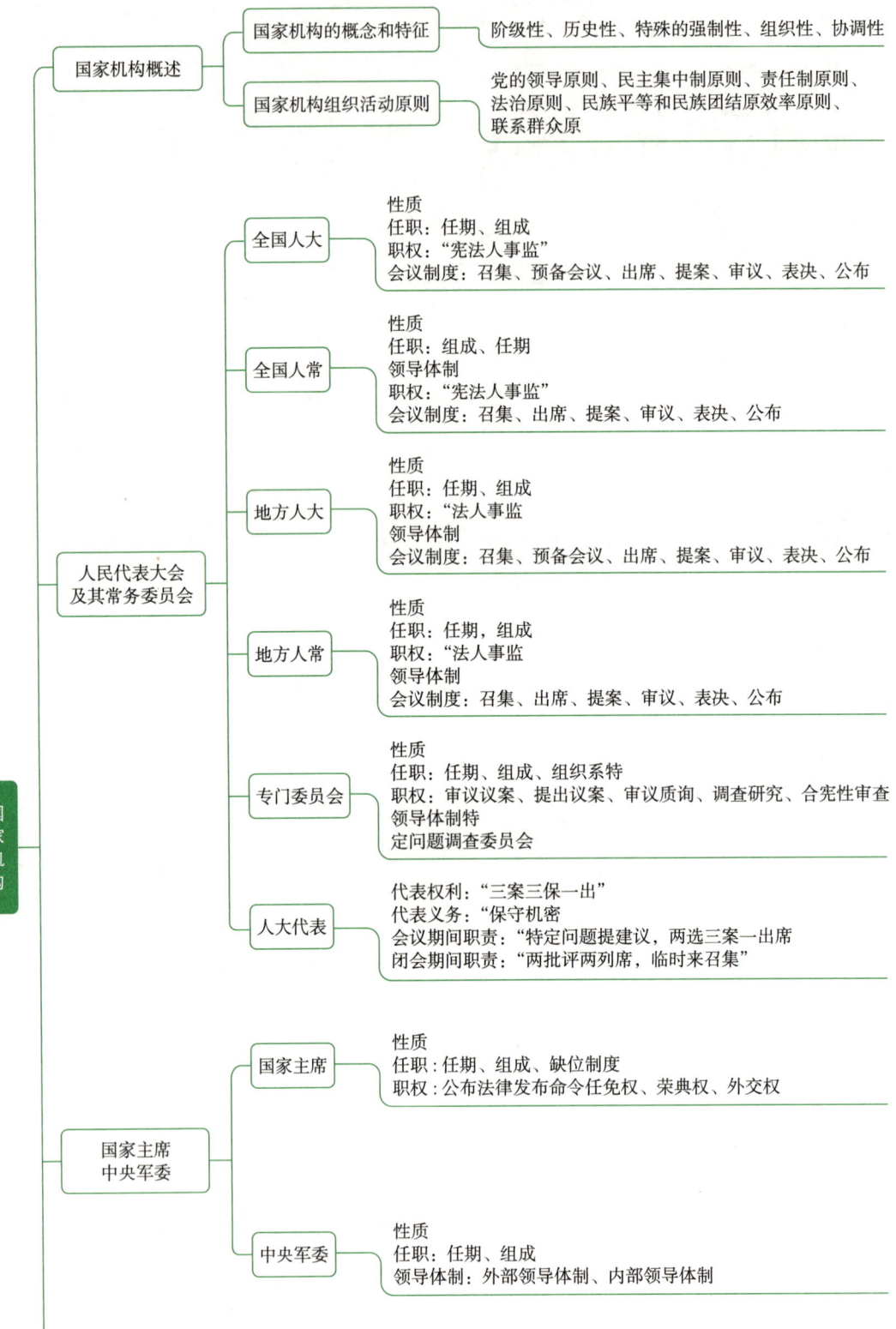

第五章 国家机构

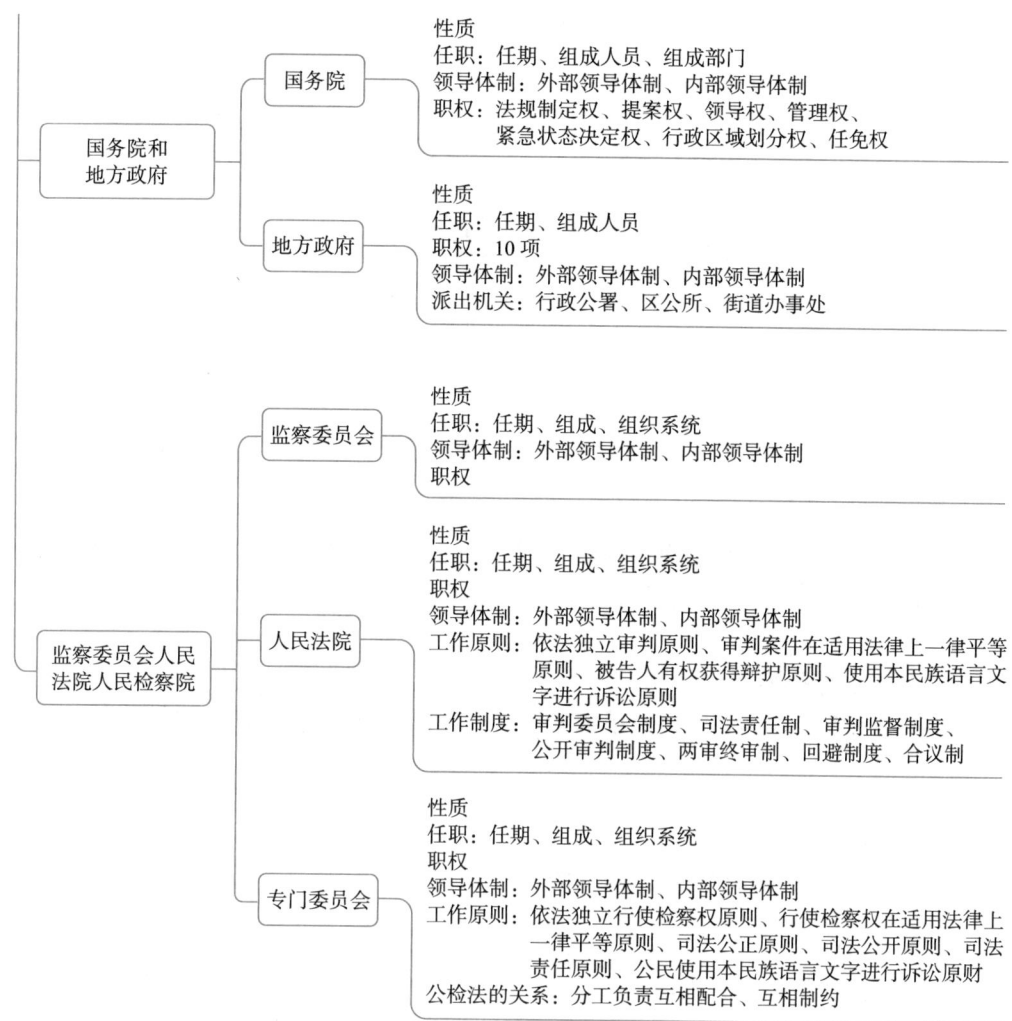

第六章
宪法程序汇总

一、宪法制定

1. 制宪权——人民；制宪机关——双一会；修宪权——人民；修宪机关——全人大。

2. 制宪程序
（1）成立专门的制宪机构：1953年成立以毛泽东为主席的宪法起草委员会；1954年9月15日，第一届全国人民代表大会第一次会议成为制宪机关。
（2）提出宪法草案。
（3）通过宪法草案。
（4）公布（法律的制定修改由国家主席公布，宪法的制定修改由全国人大公布）。

二、宪法修改

1. 全面修改
1975年宪法＋1978年宪法＋1982年宪法。

2. 部分修改
是对宪法的部分条款加以改变，或者增加一些新的条款，而不改动其他条款的一种修改方式。
（1）直接修改：1979年、1980年在"七八宪法"基础上直接修改。
（2）修正案修改：美国首先使用宪法修正案，我国目前也采用宪法修正案（"八二宪法"，1988年），包括1988年修正案（第1、2条）＋1993年修正案（第3~11条）＋1999年修正案（第12~17条）＋2004年修正案（第18~31条）＋2018年修正案（第32~52条），共五次52条。

3. 修宪程序
（1）机关：全国人大。
（2）提议：（党中央建议）全国人大常委会或1/5以上全国人大代表提议。
（3）通过：全国人大全体代表2/3以上多数通过。
（4）公布：全国人大主席团。
《宪法》第64条第1款："宪法的修改，由全国人民代表大会常务委员会或者五分之一以上的全国人民代表大会代表提议，并由全国人民代表大会以全体代表的三分之二以上的多数通过。"

三、宪法解释

（1）解释体制：立法机关模式——全国人大常委会；"七八宪法"确立。
（2）解释机制（程序）：目前没有法律规定。

四、批准备案

1. 批 准

一地市，两自治，三批准。

（1）地市级人大、人常制定地方性法规，报省级人大常委会批准（《宪法》第100条）。
（2）自治区人大制定自治条例、单行条例，报全人常批准（《民族区域自治法》第19条）。
（3）自治州人大、自治县人大制定自治条例、单行条例，报省级人常批准（《民族区域自治法》第19条）。

2. 备 案

中央一备案，省级两备案，市级四备案，批准自备案。

（1）"中央一备案"：①法律不备案；②行政法规、监察法规、军事法规、司法解释报全人常备案；③部门规章报国务院备案。
（2）"省级两备案"：①省级地方性法规报国务院和全人常备案；②省政府规章报省人常和国务院备案。
（3）"市级四备案"：市政府规章报市人常、省政府、省人常和国务院备案。
（4）"批准自备案"：①自治区人大自治条例、单行条例，报全人常批准，不备案；②自治州人大、自治县人大自治条例、单行条例，报省级人常批准，报国务院和全人常备案。

有关备案的三个结论：法律不备案；自治区的自治条例、单行条例不备案；规章不备案到全人常，只备案到国务院（《立法法》第105条）。

五、改变撤销

人常后、自治前、授权前，不改变。

法律文件	制定主体	批准机关	备案机关	改变/撤销
法律	全国人大	—	—	—
	全国人常	—	—	全国人大改变/撤销
行政法规	国务院	—	全国人常	全国人常撤销
监察法规	国家监察委员会	—	全国人常	全国人常撤销
司法解释	最高法院	—	全国人常	全国人常撤销
	最高检察院	—	全国人常	全国人常撤销
部门规章	国务院各部委	—	国务院	国务院改变/撤销

续表

法律文件	制定主体	批准机关	备案机关	改变/撤销
省级地方性法规	省级人大	—	全国人常	全国人常撤销
			国务院	—
	省级人常	—	全国人常	全国人常撤销
			国务院	—
			—	省级人大改变/撤销
省政府规章	省政府	—	国务院	国务院改变/撤销
			省级人常	省级人常撤销
市级地方性法规	市级人大	省级人常	全国人常	全国人常撤销
			国务院	—
			—	省级人大改变/撤销
	市级人常	省级人常	全国人常	全国人常撤销
			国务院	—
			—	省级人大改变/撤销
市政府规章	市政府	—	国务院	国务院改变/撤销
			省级人常	—
			省政府	省政府改变/撤销
			市级人常	市级人常撤销
自治条例、单行条例	自治区人大	全国人常	—	全国人大撤销
	自治州人大	省级人常	全国人常	全国人常撤销
			国务院	—
	自治县人大	省级人常	全国人常	全国人常撤销
			国务院	—

六、合宪性审查

1. 审查机关

（1）全国人大（1954年、1978年、1982年宪法）和全国人大常委会监督宪法实施。

（2）专门委员会（宪法和法律委员会）和全人常工作机构（全国人大常委会法制工作委员会法规审查备案室）具体负责。

2. 审查对象

行政法规＋地方性法规＋自治条例＋单行条例＋监察法规＋经济特区法规＋最高院司法解释＋最高检司法解释＋部门规章＋地方政府规章（二解，二条，二规章，四法规）。

3. 审查启动（《立法法》第 107 条）

（1）审查要求：国务院，中央军事委员会，国家监察委员会，最高人民法院、最高人民检察院和各省、自治区、直辖市的人民代表大会常务委员会认为同宪法或者法律相抵触的，可以向全国人大常委会书面提出进行审查的要求，由常务委员会工作机构分送有关的专门委员会进行审查、提出意见。

（2）审查建议：其他国家机关和社会团体、企业事业组织以及公民认为同宪法或者法律相抵触的，可以向全国人大常委会书面提出进行审查的建议，由常务委员会工作机构进行研究，必要时，送有关的专门委员会进行审查、提出意见。

（3）主动审查：全国人大宪法和法律委员会、全国人常法制工作委员会可以对报送备案的规范性文件进行主动审查。

4. 审查结果

（1）审查意见（《立法法》第 108 条）：全国人大宪法和法律委员会、全国人常法制工作委员会在审查、研究中认为同宪法或者法律相抵触的，可以向制定机关提出书面审查意见、研究意见；也可以由全国人大宪法和法律委员会、全国人常法制工作委员会召开联合审查会议，要求制定机关到会说明情况，再向制定机关提出书面审查意见。

（2）修改意见（《立法法》第 108 条）：制定机关应当在两个月内研究提出是否修改的意见，并向全国人大宪法和法律委员会、全国人常法制工作委员会反馈。

（3）审查终止（《立法法》第 108 条）：全国人大宪法和法律委员会、全国人常法制工作委员会向制定机关提出审查意见、研究意见，制定机关按照所提意见进行修改或者废止的，审查终止。

（4）撤销议案（《立法法》第 108 条）：全国人大宪法和法律委员会、全国人常法制工作委员会经审查、研究认为同宪法或者法律相抵触而制定机关不予修改的，应当向委员长会议提出予以撤销的议案、建议，由委员长会议决定提请常务委员会会议审议决定。

（5）反馈公开（《立法法》第 109 条）：全国人大宪法和法律委员会、全国人常法制工作委员会应当按照规定要求，将审查、研究情况向提出审查建议的国家机关、社会团体、企业事业组织以及公民反馈，并可以向社会公开。

七、宪法宣誓

1. 宣誓主体

各级人民代表大会及县级以上各级人民代表大会常务委员会选举或者决定任命的国家工作人员，以及各级人民政府、监察委员会、人民法院、人民检察院任命的国家工作人员，在就职时应当公开进行宪法宣誓。

2. 宣誓誓词

我宣誓：忠于中华人民共和国宪法，维护宪法权威，履行法定职责，忠于祖国、忠于人民，恪尽职守、廉洁奉公，接受人民监督，为建设富强民主文明和谐美丽的社会主义现代化强国努力奋斗！

3. 组织宣誓

全国人大主席团组织	国家主席、副主席；全人常委员长、副委员长、秘书长、委员；国务院总理、副总理、国务委员、各部部长、各委员会主任、中国人民银行行长、审计长、秘书长；中央军委主席、副主席、委员；国监委主任、最高法院长、最高检检察长；专门委员会主任、副主任、委员
全国人常委员长会议组织	国务院（副总理）、（国务委员）、各部部长、各委员会主任、中国人民银行行长、审计长、秘书长；中央军委副主席、委员；专门委员会副主任、委员
	全人常副秘书长；全人常工作机构主任、副主任、委员；代表资格审查委员会主任、副主任、委员
本部门组织	国监委其他组成人员；最高院其他组成人员；最高检其他组成人员；国务院各部门其他组成人员

八、直接选举

第一步——组织机构

在实行直接选举的地方，设立选举委员会主持本级人大的选举；选举委员会设主任一人，副主任若干人，委员若干人；县级选举委员会受本级人大常委会的领导，乡级选举委员会受县级人大常委会领导（县人常选出选举委员会的组成人员）。

第二步——选区划分

不设区的市、市辖区、县、自治县、乡、民族乡、镇的人民代表大会的代表名额分配到选区，按选区进行选举；选区可以按居住状况划分，也可以按生产单位、事业单位、工作单位划分；选区的大小，按照每一选区选 1~3 名代表划分。

第三步——选民登记

1. 登 记

选民登记按选区进行，经登记确认的选民资格长期有效（一次登记，长期有效，更新式登记）。

（1）每次选举前对上次选民登记以后新满 18 周岁的、被剥夺政治权利期满后恢复政治权利的选民，予以登记。

（2）对选民经登记后迁出原选区的，列入新迁入的选区的选民名单。

（3）对死亡的和依照法律被剥夺政治权利的人，从选民名单上除名。

（4）精神病患者不能行使选举权利的，经选举委员会确认，不列入选民名单。

2. 异议（"2-5-3-5 程序" 20 日前公布，5 日内申诉，3 日内答复，5 日前起诉）

（1）选民名单应在选举日的 20 日以前公布，实行凭选民证参加投票选举，并应当发给选民证。

（2）对于公布的选民名单有不同意见的，可以在选民名单公布之日起 5 日内向选举委员会提出申诉。

（3）选举委员会对申诉意见，应在 3 日内作出处理决定。

(4）申诉人如果对处理决定不服，可以在选举日的 5 日以前向人民法院起诉，人民法院应在选举日以前作出判决。人民法院的判决为最后决定（选民资格案件审限短、一审终审、先申诉后起诉、诉讼理由只是选民名单）。

第四步——代表候选人产生（"半月一周程序" 15 日前公布候选人名单，7 日前公布正式候选人名单）

1. 提　名

（1）各政党、各人民团体，可以联合或者单独推荐代表候选人。
（2）选民 10 人以上联名，也可以推荐代表候选人。
（3）提名不得超过本选区或者选举单位应选代表的名额。

2. 确定正式候选人

（1）选举委员会汇总后，将代表候选人名单及代表候选人的基本情况在选举日的 15 日以前公布。
（2）如果所提代表候选人的人数超过最高差额比例，由选举委员会交各该选区的选民小组讨论、协商，根据较多数选民的意见，确定正式代表候选人名单。
（3）对正式代表候选人不能形成较为一致意见的，进行预选，根据预选时得票多少的顺序，确定正式代表候选人名单。
（4）正式代表候选人名单及代表候选人的基本情况应当在选举日的 7 日以前公布。

3. 介绍候选人

（1）正式代表候选人产生后，选举委员会应当向选民介绍代表候选人的情况。
（2）但是在选举日必须停止代表候选人的介绍。

第五步——投票选举

（1）投票站：选举委员会应当根据各选区选民分布状况，按照方便选民投票的原则设立投票站，进行选举。
（2）选举大会：选民居住比较集中的，可以召开选举大会，进行选举。
（3）流动票箱：因患有疾病等原因行动不便或者居住分散并且交通不便的选民，可以在流动票箱投票（行动不便、交通不便、被羁押）。
（4）委托投票：选民如果在选举期间外出，经选举委员会同意，可以书面委托其他选民代为投票。每一选民接受的委托不得超过三人，并应当按照委托人的意愿代为投票（书面委托、选举委员会同意、最多接受三人委托）。

第六步——公布选举结果

（1）双过半当选（只有三个双过半，其余都是单过半，直接选举上、村委会上、村委会下）。
（2）选举结果由选举委员会决定是否有效，并予宣布。

第七步——直接选举代表罢免（《选举法》第50条）

（1）县级人大代表，原选区选民50人以上联名；乡级人大代表，原选区选民30人以上联名，可以向县级人大常委会书面提出罢免要求。罢免须经原选区选民单过半通过（乡3县5，县委诉苦）。

（2）罢免要求应当写明罢免理由；被提出罢免的代表有权提出申辩意见，也可以书面提出申辩意见（提出罢免必须书面，被罢免人的申辩可口头、可书面）。

第八步——直接选举代表辞职（不能找选民辞职）

（1）县级人大代表可以向本级人大常委会书面提出辞职，乡级人大代表可以向本级人大书面提出辞职（县找县人常、乡找乡人大）。

（2）县级人大常委会接受辞职，须经常委会组成人员单过半通过；乡级人大接受辞职，须经人大代表单过半通过。接受辞职的，应当予以公告（《选举法》第55条）。

九、加赛程序

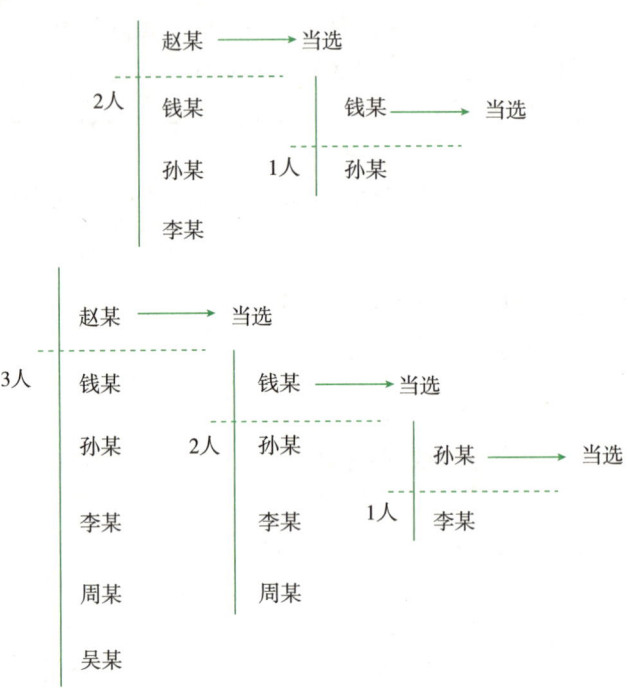

如遇票数相等不能确定当选人时，应当就票数相等的候选人再次投票，以得票多的当选。获得过半数选票的当选代表的人数少于应选代表的名额时，不足的名额另行选举。另行选举时，根据在第一次投票时得票多少的顺序，按照本法第三十一条规定的差额比例，确定候选人名单。如果只选1人，候选人应为2人。依照前款规定另行选举县级和乡级的人民代表大会代表时，代表候选人以得票多的当选，但是得票数不得少于选票的1/3（一轮是过半数的半数，二轮是过半数的1/3）；县级以上的地方各级人民代表大会在另行选举上一级人民代表大会代表时，代表候选人获得全体代表过半数的选票，始得当选（《选举法》第45条）。

十、间接选举

第一步——组织机构

（1）（大主持）全国人大常委会主持全国人大代表的选举。省级、市级人大常委会主持本级人大代表的选举（《选举法》第9条）。

（2）（小主持）县级以上的地方各级人大在选举上一级人大代表时，由各该级人大主席团主持（《选举法》第39条）。

省级人大→全国人大	大主持是全人常	小主持是省人大主席团
市级人大→省级人大	大主持是省人常	小主持是市人大主席团
县级人大→市级人大	大主持是市人常	小主持是县人大主席团

第二步——代表候选人产生

1. 提 名

（1）各政党、各人民团体，可以联合或者单独推荐代表候选人。

（2）代表10人以上联名，也可以推荐代表候选人。

2. 确定正式候选人

（1）各该级人大主席团将依法提出的代表候选人名单及代表候选人的基本情况印发全体代表，由全体代表酝酿、讨论，时间不得少于2天。

（2）如果所提代表候选人的人数符合差额比例，直接进行投票选举。如果所提代表候选人的人数超过最高差额比例，进行预选，确定正式代表候选人名单（直接选举产生正式候选人的方式有讨论协商＋预选；间接选举产生正式候选人的方式有预选）。

3. 介绍候选人

（1）正式代表候选人产生后，人大主席团应当向代表介绍代表候选人的情况。

（2）但是在选举日必须停止代表候选人的介绍。

第三步——投票选举

由该级人大主席团主持。

第四步——公布结果

（1）单过半当选。

（2）选举结果由人大主席团决定是否有效，并予宣布（直接选举由选举委员会公布结果，间接选举由主席团公布结果）。

第五步——间接选举代表罢免（《选举法》第51条）（人大主十一，人常主五一，罢免上一级，备案上一级）

（1）（原选举单位人大可以罢免）县级以上的地方各级人大举行会议的时候，主席团或者1/10以上代表联名，可以提出对由该级人大选出的上一级人大代表的罢免案。罢免案经会议审议后，由主席团提请全体会议表决，单过半通过。罢免的决议，须报送上一级人大常委会备案、公告（直接选举代表罢免无须报备案）。

（2）（原选举单位人常也可以罢免）在人大闭会期间，县级以上的地方各级人大常委会主任会议或者常委会1/5以上组成人员联名，可以向常委会提出对由该级人大选出的上一级人大代表的罢免案。罢免案经会议审议后，由主任会议提请全体会议表决，单过半通过。罢免的决议，须报送上一级人大常委会备案、公告（直接选举代表罢免无须报备案）。

（3）罢免案应当写明罢免理由；被提出罢免的代表有权提出申辩意见，也可以书面提出申辩意见。

第六步——间接选举代表辞职（谁选的找谁辞）

（1）全国人大代表，省级、市级人大代表，可以向选举他的人大常委会书面提出辞职。

（2）常委会接受辞职，须经常委会组成人员单过半通过。接受辞职的决议，须报送上一级人大常委会备案、公告（直接选举代表辞职无须报备案）。

十一、代表资格审查委员会

代表资格审查委员会依法对当选代表是否符合宪法、法律规定的代表的基本条件，选举是否符合法律规定的程序，以及是否存在破坏选举和其他当选无效的违法行为进行审查，提出代表当选是否有效的意见，向本级人大常委会或者乡级人大主席团报告。

县级以上的各级人大常委会或者乡级人大主席团根据代表资格审查委员会提出的报告，确认代表的资格或者确定代表的当选无效，在每届人大第一次会议前公布代表名单（《选举法》第47条）。

十二、香港澳门代表选举

（1）香港应选全国人大代表36名，澳门应选全国人大代表12名（2004年修正案）。

（2）选举机构：选举会议（选举委员会中的中国公民＋香港、澳门行政长官）（选举会议≠选举委员会，选举会议是选全国人大代表的机构，选举委员会是选行政长官的机构）。

（3）主持机构：选举会议主席团（香港19人组成、澳门11人组成）。

（4）提名主体：选举会议成员15人（不同于大陆地区选举法，10人提名）。

（5）选举方式：差额选举；不记名投票；每一选票所选举人数必须等于应选名额（不同于大陆地区选举法，少于或等于都可以）；单过半当选。

（6）辞职方式：向全人常提出辞职（不同于大陆地区选举法，向来源地人常提出）。

（7）罢免方式：全人常代表资格审查委员会提出意见，全人常同意（不同于大陆地区选举法，由来源地人大或人常提出）。

十三、提　案

全人大	主席团	常委会	专委会	国务院	中央军委	最高法	最高检	国监委	一个代表团	30
全人常	委员长会议	—	专委会	国务院	中央军委	最高法	最高检	国监委	—	10

续表

省人大	主席团	常委会	专委会	省政府	—	—	—	—	—	10
省人常	主任会议	—	专委会	省政府	—	—	—	—	—	5
市人大	主席团	常委会	专委会	市政府	—	—	—	—	—	10
市人常	主任会议	—	专委会	市政府	—	—	—	—	—	5
县人大	主席团	常委会	专委会	县政府	—	—	—	—	—	10
县人常	主任会议	—	专委会	县政府	—	—	—	—	—	3
乡人大	主席团	—	—	乡政府	—	—	—	—	—	5

十四、立法程序

1. 全国人大立法程序

（1）提案：全国人大主席团、全国人大常委会、专门委员会、国务院、中央军委、最高法、最高检、国监委、1代表团、30代表。

（2）审议：代表团+专门委员会+宪法和法律委员会。

（3）表决：单过半。

（4）公布：由国家主席公布，刊载于《全国人大常委会公报》。

2. 省人大制定地方性法规

（1）提案：省人大主席团+省人大常委会+省人大专门委员会+省政府+10省人大代表。

（2）审议：由省人大代表分组+专门委员会+法制委员会。

（3）表决：由单过半。

（4）公布：由省人大主席团公布，刊载于《省人大常委会公报》。

3. 市人常地方性法规

（1）提案：市人大常委会主任会议+市人大专门委员会+市政府+5市人大代表。

（2）审议：市人大常委会分组+专门委员会+法制委员会。

（3）表决：单过半。

（4）批准：由省人大常委会批准。

（5）公布：由市人大常委会公布，刊载于《市人大常委会公报》。

4. 自治区自治条例单行条例

（1）提案：由自治区人大主席团+自治区人大常委会+自治区人大专门委员会+自治区政府+10代表。

（2）审议：由自治区人大分组+专门委员会+法制委员会。

（3）表决：由单过半。

（4）批准：由全国人常批准。

（5）公布：由自治区人大常委会公布。

十五、授权立法

（1）授权主体：全国人大＋全国人常。

（2）被授权主体：国务院。

（3）授权期限：不超过 5 年。

（4）授权结果：授权期限届满 6 个月前，向授权机关报告，由授权机关决定继续授权或制定法律。

（5）授权限制：不得转授权，全国人大和全国人常也可暂停或停止授权。

（6）授权备案：报决定授权机关备案。

十六、全国人大会议制度

第一步——召集

（1）（谁召集）全国人大每年举行一次会议，由全国人大常委会召集。

（2）（什么时候召集）全国人大常委会应当在全国人大会议举行 1 个月前，将开会日期和建议大会讨论的主要事项通知全国人大代表。

（3）（换届怎么办）每届全国人大第一次会议，在本届全国人大代表选举完成后 2 个月内由上届全国人大常委会召集。

（4）（新修改）全国人大会议于每年第一季度举行，会议召开的日期由全国人大常委会决定并予以公布。遇有特殊情况，全国人大常委会可以决定适当提前或者推迟召开会议。提前或者推迟召开会议的日期未能在当次会议上决定的，全国人大常委会可以另行决定或者授权委员长会议决定，并予以公布。

第二步——预备会议

（1）（预备会议三大职责）全国人大每次会议举行预备会议，选举本次会议主席团，选举秘书长，通过本次会议的议程和其他准备事项的决定。

（2）主席团和秘书长的名单草案，由全国人大常委会委员长会议提出，经常务委员会会议审议通过后，提交预备会议。注意秘书处的秘书长是预备会议选的，副秘书长是主席团决定的。

第三步——出席

（1）（出席）全国人大会议须有 2/3 以上的代表出席始得举行。

（2）（应当列席）国务院组成人员，中央军委组成人员，国家监察委员会主任，最高人民法院院长和最高人民检察院检察长，列席全国人大会议。

（3）（可以列席）其他有关机关、团体的负责人，经全人常决定，可以列席全国人大会议。

第四步——提出议案

全国人大主席团＋全国人大常委会＋全国人大各专门委员会＋国务院＋中央军委＋国家监察委员会＋最高人民法院＋最高人民检察院＋一个代表团＋30 名以上全国人大代表。

第五步——审议议案

由主席团决定是否列入大会议程。

第六步——表决通过议案

(1) 由主席团决定提交大会表决,并由主席团决定采用无记名投票方式或者举手表决方式或其他方式通过。

(2) 单过半通过。

第七步——公布

法律议案通过后即成为法律,由国家主席签署主席令予以公布。

十七、全国人常会议制度

第一步——召集

一般每2个月举行一次,由委员长召集并主持(注意不是委员长会议)。

第二步——出席

(1)(出席)常委会全体组成人员过半数出席。

(2)(应当列席)国务院、中央军委、国家监察委员会、最高人民法院、最高人民检察院的负责人列席会议;各省、自治区、直辖市和其他有关地方的人大常委会派主任或者副主任一人列席会议。

(3)(可以列席)必要时可以邀请有关的全国人大代表列席会议。

第三步——提出议案

全国人大常委会委员长会议+全国人大各专门委员会+国务院+中央军委+国家监察委员会+最高人民法院+最高人民检察院+常委会组成人员10名以上。

第四步——审议议案

由委员长会议决定是否列入常委会会议审议。

第五步——表决通过议案

单过半通过。

第六步——公布

法律议案通过后即成为法律,由国家主席签署主席令予以公布。

十八、地方人大会议制度

第一步——召集

每年至少举行一次,乡级人大一般每年举行两次(新修改),由地方人常召集或乡级人大主席团召集。

第二步——预备会议(乡级人大没有预备会议)

（预备会议三大职责）县级以上的地方各级人民代表大会每次会议举行预备会议，选举本次会议的主席团和秘书长，通过本次会议的议程和其他准备事项的决定。

第三步——出席

（1）（出席）地方各级人民代表大会会议有 2/3 以上的代表出席，始得举行（新修改）。

（2）（应当列席）县级以上的地方各级人民政府组成人员和监察委员会主任、人民法院院长、人民检察院检察长，乡级的人民政府领导人员，列席本级人民代表大会会议。

（3）（可以列席）县级以上的其他有关机关、团体负责人，经本级人民代表大会常务委员会决定，可以列席本级人民代表大会会议；省、自治区、直辖市、自治州、设区的市的人民代表大会代表可以列席原选举单位的人民代表大会会议。

第四步——提出议案

（1）县级以上人大：主席团＋常委会＋专门委员会＋同级政府＋代表 10 人以上。

（2）乡级人大：主席团＋同级政府＋代表 5 人以上。

第五步——审议议案

由主席团决定是否列入大会议程。

第六步——表决通过议案

单过半通过。

第七步——公布

由主席团公布。

十九、地方人常会议制度

第一步——召集

每 2 个月至少举行一次，由主任召集主持。

第二步——出席

（1）（出席）常委会全体组成人员过半数出席。

（2）（列席）同级人民政府、监察委员会、人民法院、人民检察院的负责人列席。

第三步——提出议案

（1）省级、市级人常：主任会议＋专门委员会＋同级政府＋代表 5 人以上。

（2）县级人常：主任会议＋专门委员会＋同级政府＋代表 3 人以上。

第四步——审议议案

由主任会议决定是否列入大会议程。

第五步——表决通过议案

单过半通过。

第六步——公布

由常委会公布。

二十、罢免案

1. 全国人大（罢字头上四个口，中间十一下倒钩）

| 全人大 | 主席团 | 3个代表团 | 1/10代表 |

2. 地方人大（主常十，主常十，主常十，主五）

省人大	主席团	常委会	1/10代表
市人大	主席团	常委会	1/10代表
县人大	主席团	常委会	1/10代表
乡人大	主席团	—	1/5代表

3. 各级人常

全人常	—	国务院	—	—	中央军委	—
省人常	主任会议	省政府	省高院	省检察院	—	1/5组成人员
市人常	主任会议	市政府	市中院	市检察院	—	1/5组成人员
县人常	主任会议	县政府	县基层院	县检察院	—	1/5组成人员

二十一、质询案

全人大	1个代表团	30人
全人常	—	10人
省人大	—	10人
省人常	—	5人
市人大	—	10人
市人常	—	5人
县人大	—	10人
县人常	—	3人
乡人大	—	10人

二十二、全国人大、全国人常选举和罢免

提名	全国人大			全国人常	
	选 举	提 名	决 定	提 名	决 定
主席团	全国人大常委会	—	—	—	—
	国家主席	国家主席	国务院总理	—	—
	—	国务院总理	其他组成人员	国务院总理	其他组成人员
	中央军委主席	中央军委主席	其他组成人员	中央军委主席	其他组成人员
	国家监察委主任	—	—	国家监察委主任	其他组成人员
	最高院院长	—	—	最高院院长	其他组成人员
	最高检检察长	—	—	最高检检察长	其他组成人员
	主席团、3个代表团、1/10代表提出罢免			国务院、中央军委提出撤职	

二十三、全国人大、全国人常质询

提出主体	提出方式	受质询对象	答复质询	通过质询
全人大一个代表团、30人	书面提出	国务院和国务院各部门+国家监察委员会+最高人民法院+最高人民检察院	受质询机关书面答复或者口头答复	单过半通过
全人常10人				

二十四、地方人大选举和罢免

省人大	主席团提名	省级人常组成人员，省长、副省长，自治区主席、副主席、直辖市市长、副市长，省监察委主任、省高院院长、省检察院检察长	主席团、常委会、1/10代表提出罢免
市人大	主席团提名	市级人常组成人员，地级市市长、副市长，自治州州长、副州长，市监察委主任、市中院院长、市检察院检察长	主席团、常委会、1/10代表提出罢免
县人大	主席团提名	县级人常组成人员，县长、副县长，县级市市长、副市长，区长、副区长、县监察委主任、县法院院长、县检察院检察长	主席团、常委会、1/10代表提出罢免
乡人大	主席团提名	乡级人大主席、副主席，乡长、副乡长，镇长、副镇长	主席团、1/5代表提出罢免

二十五、地方人大质询

提出主体	提出方式	受质询对象	答复质询	通过质询
10人	书面提出	同级政府及其工作部门+监察委员会+人民法院+人民检察院	受质询机关书面答复或者口头答复	单过半通过

二十六、地方人常选举罢免

省人常	同级政府、监察委员会、法院、检察院首长提名	任命同级政府、监察委员会、法院、检察院其他组成人员	主任会议、同级政府、法院、检察院、1/5组成人员提出撤职
市人常			
县人常			

二十七、地方人常质询

提出主体	提出方式	受质询对象	答复质询	通过质询
省人常5人	书面提出	同级政府及其工作部门+监察委员会+人民法院+人民检察院	受质询机关书面答复或者口头答复	单过半通过
市人常5人				
县人常3人				

二十八、人大组织法相关概念

1. 执行主席 + 常务主席

主席团推选主席团成员若干人分别担任每次大会全体会议的执行主席，并指定其中一人担任全体会议主持人；主席团常务主席就拟提请主席团审议事项，听取秘书处和有关专门委员会的报告，向主席团提出建议。主席团常务主席可以对会议日程作必要的调整。

2. 主席团会议

主席团推选常务主席若干人，召集并主持主席团会议。主席团的决定，由主席团全体成员的过半数通过；主席团第一次会议由全国人大常委会委员长召集并主持，会议推选主席团常务主席后，由主席团常务主席主持。

3. 代表团全体会议

代表团全体会议推选代表团团长、副团长。团长召集并主持代表团全体会议。副团长协助团长工作。代表团可以分设若干代表小组。代表小组会议推选小组召集人。

4. 代表团团长会议

主席团常务主席可以召开代表团团长会议，就议案和有关报告的重大问题听取各代表团的审议意见，进行讨论，并将讨论的情况和意见向主席团报告。

5. 秘书处

秘书处由秘书长和副秘书长若干人组成。秘书长由预备会议选出，副秘书长的人选由主席团决定。秘书处在秘书长领导下，办理主席团交付的事项，处理会议日常事务工作。副秘书长协助秘书长工作；全国人大代表因病或者其他特殊原因不能出席全国人大会议的，应当向会议秘书处书面请假。秘书处应当向主席团报告代表出席会议的情况和缺席的原因。

6. 秘密会议

全国人民代表大会在必要的时候，可以举行秘密会议。举行秘密会议，经主席团征求各代表团的意见后，由有各代表团团长参加的主席团会议决定（团团团团团秘密）。

7. 临时会议

召开临时会议	提议主体	
全国人大临时会议	全国人大常委会	1/5以上代表
省级人大临时会议	省级人大常委会	1/5以上代表
市级人大临时会议	市级人大常委会	1/5以上代表
县级人大临时会议	县级人大常委会	1/5以上代表
乡级人大临时会议	乡级人大主席团	1/5以上代表

二十九、专门委员会

1. 性　质

专门委员会是按专业分工设立的辅助性工作机构＋常设性机构。

行政级别	专门委员会	工作机构
全　国	民族委员会、宪法和法律委员会、监察和司法委员会、财政经济委员会、教育科学文化卫生委员会、外事委员会、华侨委员会、环境与资源保护委员会、农业与农村委员会、社会建设委员会（2018年修正案将9个专门委员会增加至10个）	办公厅、法制工作委员会、预算工作委员会、香港基本法委员会、澳门基本法委员会（共5个）（港澳算办法）
省　级	法制委员会、财政经济委员会、教育科学文化卫生委员会、环境与资源保护委员会、社会建设委员会（新增1个，共5个）	办公厅、法制工作委员会、预算工作委员会、代表工作委员会（共4个）
市　级	法制委员会、财政经济委员会、教育科学文化卫生委员会、环境与资源保护委员会、社会建设委员会（新增1个，共5个）	办公厅、法制工作委员会、预算工作委员会、代表工作委员会（共4个）
县　级	法制委员会、财政经济委员会（无新增，共2个）	办公厅、法制工作委员会、预算工作委员会、代表工作委员会（共4个）

2. 领导体制

专门委员会受同级人大领导；在人大闭会期间，受同级人大常委会领导。

3. 任　职

（1）任期 5 年。

（2）各专门委员会由主任委员、副主任委员若干人和委员若干人组成：

全人大	主席团提名	选举主任委员、副主任委员、委员
全人常	委员长会议提名	决定副主任委员、委员
省人大	主席团提名	选举主任委员、副主任委员、委员
省人常	主任会议提名	决定副主任委员、委员
市人大	主席团提名	选举主任委员、副主任委员、委员
市人常	主任会议提名	决定副主任委员、委员
县人大	主席团提名	选举主任委员、副主任委员、委员
县人常	主任会议提名	决定副主任委员、委员

（3）各专门委员会主任委员主持委员会会议和委员会的工作。副主任委员协助主任委员工作。各专门委员会可以根据工作需要，任命专家若干人为顾问；顾问可以列席专门委员会会议，发表意见。顾问由全国人民代表大会常务委员会任免。

三十、特定问题调查委员会

1. 概　念

全国人民代表大会和全国人大常委会认为必要时可组织关于特定问题的调查委员会，它的工作是临时性的，没有固定任期。

| 临时性 | 宪法起草委员会；调查委员会；选举委员会；村民选举委员会；选举会议 |
| 辅助性 | 专门委员会；代表资格审查委员会 |

2. 提　议

全国人大	主席团	3个代表团	1/10代表
全国人常	委员长会议	—	1/5代表
省级人大	主席团	—	1/10代表
省级人常	主任会议	—	1/5代表
市级人大	主席团	—	1/10代表
市级人常	主任会议	—	1/5代表
县级人大	主席团	—	1/10代表
县级人常	主任会议	—	1/5代表

3. 组　成

调查委员会由主任委员、副主任委员若干人和委员若干人组成，由主席团在代表中提名，提请大会全体会议通过，调查委员会可以聘请专家参加调查工作。

4. 职　责

调查委员会进行调查的时候，一切有关的国家机关、社会团体和公民都有义务如实向它提供必要的材料。提供材料的公民要求调查委员会对材料来源保密的，调查委员会应当予以保密。调查委员会在调查过程中，可以不公布调查的情况和材料。

5. 报　告

调查委员会应当向本级人民代表大会提出调查报告。人民代表大会根据调查委员会的报告，可以作出相应的决议。人民代表大会可以授权它的常务委员会听取调查委员会的调查报告，常务委员会可以作出相应的决议，报人民代表大会下次会议备案。

三十一、国家勋章和荣誉称号

1. 种　类

共和国勋章、国家荣誉称号、友谊勋章。

2. 提　议

全国人民代表大会常务委员会委员长会议根据各方面的建议，向全国人民代表大会常务委员会提出授予国家勋章、国家荣誉称号的议案。国务院、中央军事委员会可以向全国人民代表大会常务委员会提出授予国家勋章、国家荣誉称号的议案。

3. 决　定

（1）全国人民代表大会常务委员会决定授予国家勋章和国家荣誉称号。

（2）中华人民共和国主席根据全国人民代表大会常务委员会的决定，向国家勋章和国家荣誉称号获得者授予国家勋章、国家荣誉称号奖章，签发证书。

4. 直接授予

中华人民共和国主席进行国事活动，可以直接授予外国政要、国际友人等人士"友谊勋章"。

5. 撤　销

国家勋章和国家荣誉称号获得者因犯罪被依法判处刑罚或者有其他严重违法、违纪等行为，继续享有国家勋章、国家荣誉称号将会严重损害国家最高荣誉的声誉的，由全国人民代表大会常务委员会决定撤销其国家勋章、国家荣誉称号并予以公告。

三十二、行政区划变更

行政级别	设立、撤销、更名	区域界线变更	政府驻地的迁移
省级	全国人大	国务院	简称、排列顺序变更：国务院
市级	国务院	市重大变更、自治州变更：国务院	市变更：国务院授权省政府	国务院

续表

行政级别	设立、撤销、更名	区域界线变更		政府驻地的迁移	
县级	国务院	县、市辖区重大变更、自治县变更：国务院	县、市辖区变更：国务院授权省政府	自治县：国务院	县、不设区的市、市辖区 国务院授权省政府
乡级	省政府	省政府		省政府	

三十三、香港澳门官员选任

中央人民政府任命	香港行政长官＋澳门行政长官＋香港主要官员＋澳门主要官员＋澳门检察长（三长两高官）
香港行政长官任命	各级法院法官；行政会议
澳门行政长官任命	各级法院院长和法官；检察官；部分立法会议员；行政会委员

	选任资格				
	年龄	居住年限	永久居民	中国公民	外国居留权
香港行政长官	40	连续20年	永久居民	中国公民	无居留权
澳门行政长官	40	连续20年	永久居民	中国公民	任期内无居留权
香港主要官员	—	连续15年	永久居民	中国公民	无居留权
澳门主要官员	—	连续15年	永久居民	中国公民	—
香港立法会主席	40	连续20年	永久居民	中国公民	无居留权
澳门立法会主席	—	连续15年	永久居民	中国公民	—
香港立法会议员	—	—	永久居民	中国公民 其他占20%	一般无居留权 有居留权占20%
澳门立法会议员	—	—	永久居民	—	—
香港行政会议成员	—	—	永久居民	中国公民	无居留权
澳门行政会委员	—	—	永久居民	中国公民	—
香港首席法官	—	—	永久居民	中国公民	无居留权
澳门终审法院院长	—	—	永久居民	中国公民	—
澳门检察长	—	—	永久居民	中国公民	—

三十四、村民委员会

1. 性质

农村村民自我管理、自我教育、自我服务、(自我监督)的基层群众性自治组织。村民委员会根据村民居住状况、人口多少，按照便于群众自治，有利于经济发展和社会管理的原则设立。村民委员会的设立、撤销、范围调整，由乡、民族乡、镇的人民政府提出，经村民会议讨论同意，报县级人民政府批准（爸爸提，爷爷批）。

2. 任职

（1）任期5年，连选连任。

（2）由村民委员会由主任、副主任和委员共3～7人组成，由村民直接选举产生。任何组织或者个人不得指定、委派或者撤换村民委员会成员（村委会成员中应当有妇女成员，居委会没有此规定，多民族村民居住的村应当有人数较少的民族的成员，注意是"应当"）。

（3）根据需要可以设立人民调解委员会＋治安保卫委员会＋公共卫生与计划生育委员会，村民委员会成员可以兼任下属委员会的成员。

（4）可以根据村民居住状况、集体土地所有权关系等分设若干村民小组。

登 记	户籍在本村并且在本村居住的村民；户籍在本村，不在本村居住，本人表示参加选举的村民；户籍不在本村，在本村居住一年以上，本人申请参加选举，并且经村民会议或村民代表会议同意参加选举的公民。已在户籍所在村或居住村登记参加选举的村民，不得再参加其他地方村民委员会的选举（本村有户籍，一年两同意）
主 持	由村民选举委员会主持。村民选举委员会由主任和委员组成，由村民会议、村民代表会议或者各村民小组会议推选产生。村民选举委员会成员被提名为村民委员会成员候选人，应当退出村民选举委员会
提 名	登记参加选举的村民直接提名候选人，实行差额选举，村民选举委员会应当组织候选人与村民见面，由候选人介绍履行职责的设想，回答村民提出的问题
投 票	双过半当选
罢 免	本村1/5以上有选举权的村民或者1/3以上的村民代表联名（可口头，可书面）
申 辩	被提出罢免的村民委员会成员有权提出申辩意见（可口头，可书面）
表 决	双过半通过

3. 领导体制

（1）村民委员会向村民会议、村民代表会议负责并报告工作；协助乡级政府开展工作，乡级政府对村民委员会的工作给予指导、支持和帮助。

（2）村民会议审议村民委员会的年度工作报告，撤销、变更村民委员会的决定，撤销、变更村民代表会议的决定；村民会议可以制定和修改村民自治章程、村规民约，并报乡级政府备案。

（3）村民代表会议接受村民会议授权，审议村民委员会年度工作报告，撤销、变更村委会决定；向推选户或村民小组负责，接受村民监督。

三十五、村民会议

1. 组　成

本村 18 岁以上村民。

2. 召　集

村民委员会召集，有 1/10 以上的村民或者 1/3 以上的村民代表提议，应当召集村民会议；召集村民会议应当提前 10 天通知村民（一块一毛三）。

3. 出　席

本村 18 周岁以上的村民过半数，或者本村 2/3 以上的户的代表参加；召开村民会议，根据需要可以邀请驻本村的企业、事业单位和群众组织派代表列席（成年一半，家长三二）。

4. 决　议

到会人员的过半数通过。

三十六、村民代表会议

1. 组　成

（1）人数较多或者居住分散的村，可以设立村民代表会议，讨论决定村民会议授权的事项。

（2）村民代表会议由村民委员会成员和村民代表组成，村民代表应当占村民代表会议组成人员的 4/5 以上，妇女村民代表应当占村民代表会议组成人员的 1/3 以上。

（3）村民代表由村民按每 5~15 户推选 1 人，或者由各村民小组推选若干人。

（4）任期 5 年，连选连任。

2. 召　集

村民委员会召集，有 1/5 以上的村民代表提议，应当召集村民代表会议，村民代表会议每季度召开一次（一块零五分）。

3. 出　席

2/3 以上的组成人员参加方可召开（家长三二）。

4. 决　议

到会人员的过半数通过。

三十七、村务监督

（1）村务公开：一般事项每季度公布；收支情况每月公布；村民委员会不及时公布应当公布的事项或者公布的事项不真实的，村民有权向乡级政府或者县级政府及其有关主管部门反映，有关人民政府或者主管部门应当负责调查核实，责令依法公布。

（2）村务监督委员会：负责村民民主理财，监督村务公开等制度的落实，其成员由村民会议或者村民代表会议在村民中推选产生，其中必须有具备财会、管理知识的人员。村民委员会成员及其近亲属不得担任村务监督机构成员。村务监督机构成员向村民会议和村民代表会议负责，可以列席村民委员会会议（选举：村委会成员、居委会成员；推选：村民小组小组长、居民小组小组长、村民选举委员会、村务监督委员会、村民代表会议）。

（3）村民委员会或者村民委员会成员作出的决定侵害村民合法权益的，受侵害的村民可以申请人民法院予以撤销。

（4）村民委员会不依照法律、法规的规定履行法定义务的，由乡、民族乡、镇的人民政府责令改正。乡、民族乡、镇的人民政府干预依法属于村民自治范围事项的，由上一级人民政府责令改正。

如果村委会决议违法，可以：①召开村民代表会议变更、撤销决议；②召开村民会议变更、撤销决议；③申请人民法院撤销决议；④请求基层政府责令改正；⑤其他社会监督方式。如果村委会选举违法，可以：①向村民选举委员会提出；②启动罢免程序；③其他社会监督方式。

三十八、法院院长、检察院检察长任免

法院院长任免	最高院院长	全国人大选任	主席团提名
	省高院院长	省人大选任	主席团提名
	市中院院长	市人大选任	主席团提名
	县法院院长	县人大选任	主席团提名
法院法官任免	最高院法官	全国人常选任	最高院院长
	省高院法官	省人常选任	高院院长
	市中院法官	市人常选任	中院院长
	县法院法官	县人常选任	县法院院长
直辖市院长任免	北京市高院院长	北京市人大选任	主席团提名
	一中院院长	北京市人常选任	主任会议提名
	海淀区法院院长	海淀区人大选任	主席团提名
直辖市法官任免	北京市高院法官	北京市人常选任	北京市高院院长提名
	一中院法官	北京市人常选任	北京市高院院长提名
	海淀区法院法官	海淀区人常选任	海淀区法院院长
检察院检察长任免	最高检检察长	全国人大选任	主席团提名	—	—
	省检察长	省人大选任	主席团提名	全国人常批准	最高检检察长报请
	市检察长	市人大选任	主席团提名	省人常批准	省检察长报请
	县检察长	县人大选任	主席团提名	市人常批准	市检察长报请

续表

检察院检察官任免	最高检检察官	全国人常选任		最高检检察长提名
	省检察院检察官	省人常选任		省检察长提名
	市检察院检察官	市人常选任		市检察长提名
	县检察院检察官	县人常选任		县检察长提名
直辖市检察长任免	北京市检察长	北京市人大选任	主席团提名	全国人常批准	最高检检察长报请
	一分检检察长	北京市人常选任	北京市检察长提名	北京市人常批准	北京市检察长报请
	海淀区检察长	海淀区人大选任	主席团提名	北京市人常批准	北京市检察长报请
直辖市检察官任免	北京市检察院检察官	北京市人常选任		北京市检察长提名
	一分检检察官	北京市人常选任		北京市检察长提名
	海淀区检察官	海淀区人常选任		海淀区检察长提名

华研法硕
SINCE 2022
HUAYAN.FASHUOSCHOOL.COM

精讲

2024
法律硕士联考

一本全

宪法学·法制史
➤ 法制史分册

赵逸凡/编著
华研法硕/组编

北京航空航天大学出版社
BEIHANG UNIVERSITY PRESS

图书在版编目（CIP）数据

2024法律硕士联考一本全. 宪法学·法制史 / 赵逸凡编著. -- 北京：北京航空航天大学出版社，2023.2
ISBN 978-7-5124-4040-1

Ⅰ. ①2… Ⅱ. ①赵… Ⅲ. ①宪法-法的理论-中国-硕士生入学考试-自学参考资料②法制史-中国-硕士生入学考试-自学参考资料 Ⅳ. ①D9

中国国家版本馆CIP数据核字(2023)第023538号

版权所有，侵权必究。

2024法律硕士联考一本全·宪法学·法制史

（法制史分册）

赵逸凡 编著

华研法硕 组编

策划编辑 杨国龙　责任编辑 周美佳

*

北京航空航天大学出版社出版发行

北京市海淀区学院路37号（邮编100191）　http://www.buaapress.com.cn
发行部电话：(010)82317024　传真：(010)82328026
读者信箱：qdpress@buaacm.com.cn　邮购电话：(010)82316936
北京雅图新世纪印刷科技有限公司印装　各地书店经销

*

开本：787×1 092　1/16　印张：30.5　字数：780千字
2023年2月第1版　2023年7月第3次印刷
ISBN 978-7-5124-4040-1　定价：81.00元（全2册）

若本书有倒页、脱页、缺页等印装质量问题，请与本社发行部联系调换。联系电话：(010)82317024

目 录
Contents

第一章 夏商西周春秋战国法律制度 /1
 第一节　夏商法律制度　/2
 第二节　西周法律制度　/6
 第三节　春秋法律制度　/16
 第四节　战国法律制度　/19

第二章 秦汉三国两晋南北朝法律制度 /25
 第一节　秦朝法律制度　/25
 第二节　汉朝法律制度　/37
 第三节　魏晋南北朝法律制度　/57

第三章 隋唐宋法律制度 /73
 第一节　隋唐法律制度　/73
 第二节　宋辽夏金法律制度　/104

第四章 元明清法律制度 /120
 第一节　元朝法律制度　/120
 第二节　明朝法律制度　/129
 第三节　清朝法律制度　/146

第五章 清末民初法律制度 /164
 第一节　清末法律制度　/164
 第二节　南京临时政府法律制度　/180
 第三节　北洋政府法律制度　/185

第六章 南京国民政府及中国共产党领导下的革命根据地法律制度 /193
 第一节　南京国民政府法律制度　/193
 第二节　工农民主政权法律制度　/207
 第三节　抗日民主政权法律制度　/215
 第四节　人民民主政权法律制度　/224

第七章 复习总结篇 /230
 第一节　大纲中"绪论"部分内容　/230
 第二节　历史变迁专题总结　/232

01 第一章
夏商西周春秋战国法律制度

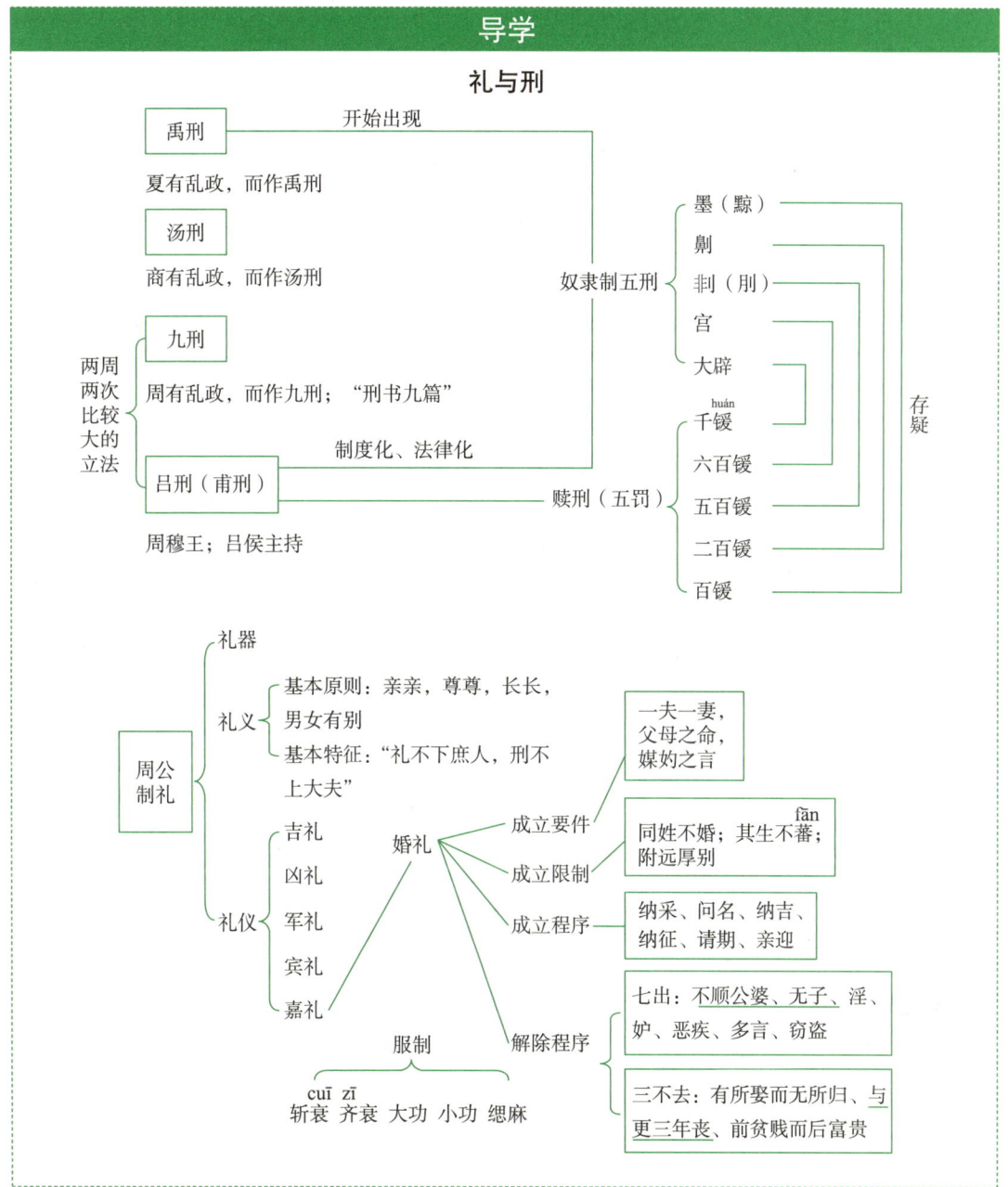

第一节 夏商法律制度

考点1：夏商法律制度

（一）中国法律起源

1）古代法的起源与宗法等级制度紧密结合，具有明显的宗法伦理性质：象征国家政权的王权与族权高度统一，呈现出家国一体的格局。因此中国古代法在形成时兼有国法和宗法的双重性质，既适用于占统治地位的各支宗族内部，又适用于整个国家。

2）代法的起源主要是以刑始于兵和礼源于祭祀的形式完成：古代法制主要由礼与刑两部分组成，并始终贯穿礼刑并用的原则，一方面运用礼发挥其调整社会关系的基本职能，另一方面又以刑维护礼，对违礼者实行制裁。中国古代法制在形成时便具有了德礼刑兼备的特色。

3）古代法的起源以自给自足的自然经济结构为基础：家庭是农业的基本生产单位，强调家族、宗族、国家利益和集体协作精神。早期的社会分工由宗族组织内部统一调节，故其内部的社会分工比较发达，形成自给自足的自然经济结构，而商品经济不够发达；同时家长权、族权和王权遮掩乃至湮没了个人权利，导致古代社会刑事、行政立法等公法体系发达，而私法不够发达。

（二）夏朝主要立法

1）"夏有乱政，而作禹刑"，禹刑并不是一部成文法典，而是泛指夏朝的法律和刑罚，大抵是启及其后继者根据氏族社会晚期习俗和令陆续积累的习惯法，托名为禹所作，具体内容无可详考。

2）"五刑之属三千，而罪莫大于不孝"，近代学者章太炎认为夏朝已经有不孝罪。

> **超链接**
>
> 章太炎（1869—1936），原名炳麟，字枚叔，别号太炎，浙江余杭人，青年时期就学于经学大师俞樾，1894年中日甲午战争爆发以后，民族危机加深，促使他投身于政治活动，热心向西方学习，曾经支持康有为、梁启超发动的维新运动，编辑过《实务报》，"戊戌变法"失败以后逃亡日本。

3）"昏、墨、贼，杀，皋陶之刑也"，春秋时期晋国叔向解释为"己恶而掠美为昏，贪以败官为墨，杀人不忌为贼"，犯此三罪者，均应处死刑。

4）"与其杀不辜，宁失不经"，即宁可不按常法行事，也不能错杀无辜，这一原则以其强调审慎用刑的思想而为后世传颂。

品题

《左传》载，"昏、墨、贼，杀，皋陶之刑也"。其中"贼"指的是（　　）。① （2017年单选31、2017年法学单选15）

---

① B

A. 掠人之美　　B. 杀人无忌　　C. 贪以败官　　D. 寇攘奸宄

（三）商朝主要立法

1. 汤刑

"商有乱政，而作汤刑"：汤刑被认为是商朝法律的总称。

2. 誓、诰、命

1）誓：内容偏重于出兵打仗前的盟誓，主要是发布军令或宣布军纪，大体相当于后来的军法。

2）诰：内容偏重于王对大臣、诸侯或下属官吏发出的命令、指示或训诫。

3）命：王针对具体事情发布的命令。

> **超链接**
>
> 誓：誓作为法律形式，主要行于夏商周三代，如夏启征讨有扈氏，作《甘誓》，勉励将士服从命令，努力杀敌，同时告诫不服从指挥者，将受到严厉的处罚；《汤誓》则是商汤起兵讨伐夏桀时发布的命令；《牧誓》是武王伐纣时向随征将士发布的命令。
>
> 诰：《尔雅·释诂上》："诰，告也"，《尚书》中有《大诰》《康诰》《酒诰》《召诰》《洛诰》《康王之诰》多篇，《大诰》是周公借天子名义平定殷人叛乱后而发布的，《康诰》则是对将往殷地就任，以统治殷遗民的康叔的告诫。《正字通·言部》，"诰，秦废古制称制诏，汉武帝元狩六年初作诰"，明初朱元璋汇编《明大诰》。

3. 乱政、疑众

1）乱政："析言破律，乱名改作，执左道以乱政，杀"。意思是说：断章取义、曲解法律，擅自改变事物的名称或重新命名，用邪门旁道来扰乱朝政的人，处死刑。

2）疑众："作淫声、异服、奇技、齐器以疑众，杀；行伪而坚，言伪而辩，学非而博，顺非而泽以疑众，杀；假于鬼神、时日、卜筮以疑众，杀"。意思是说：制作靡靡之音、穿戴奇装异服，展现怪诞之技、奇异之器来惑乱民心的人，处死刑；行为虚伪不端而又固执己见，言辞虚伪诡诈而又巧言利舌能言善辩，深入广泛地学习歪门邪道，顺从错误言行且加以润饰，用以上罪行来惑乱民众的人，处死刑；假托鬼神、良辰吉日、巫蛊算卦之术来蛊惑人心的人，处死刑。

4. 三风十愆

官吏三类恶劣风气和十种不法行为，将受到墨刑等处罚。

1）巫风：庭内起舞、沉溺酒歌等。

2）淫风：贪求财物、迷恋美色、狩猎不休等。

3）乱风：蔑视圣人教训、拒绝忠直劝告、疏远贤德高士、亲近庇护小人等。

品题

1. 根据《礼记·王制》的记载，商朝对"乱政"和"疑众"均处以"杀"。下列行为中，属于"乱政"的是（　　）。①（2019年单选28）

---

① A

A. 析言破律　　　　　　B. 行伪而坚
C. 作淫声异服　　　　　D. 假于鬼神、时日、卜筮

2. 宋代文学家苏轼曾感叹"三风十愆古所戒，不必骊山可亡国"。其中，"三风十愆"指的是官吏中盛行的"巫风""淫风"和"乱风"三类恶劣风气以及与之相关的十种不良行为。我国古代已有针对"三风十愆"处墨刑的惩罚性规定，作出该规定的朝代是（　　）。①（2016年单选30、2016年法学单选15）

A. 商朝　　　　　　　　B. 西周
C. 秦朝　　　　　　　　D. 唐朝

（四）夏商主要刑罚——旧五刑

1. 背　景

关于五刑起源的记载最早见于《尚书》，五刑最早<u>源于苗民</u>，"苗民弗用灵，制以刑。惟作五虐之刑，曰法，杀戮无辜"，意思是说：苗民不遵守命令，于是蚩尤就制定五种暴虐的刑罚来镇压民众，称之为法。华夏族在征服苗民后袭用其肉刑，加以损益。

2. 内　容

1）墨刑：也称<u>黥刑</u>，是在罪人面上或额头上刺刻后再涂上墨，留下痕迹作为受刑人的标志。墨刑既是刻人肌肤的肉刑，又使受刑人蒙受耻辱。墨刑是旧五刑中最轻的刑罚，后来的刺字刑即是这一刑罚的变种。

超链接

夏商	旧五刑
汉初	文景刑制改革
宋代	刺配：既杖其脊，又配其人，而且刺面
元代	盗牛马者劓；盗驴骡者黥额，再犯劓；盗羊豕者墨项，再犯黥，三犯劓，劓后再犯者死
清代	枷号和刺字作为附加刑

2）劓刑：即割鼻之刑，较墨刑为重。

超链接

夏商	旧五刑
汉初	文景刑制改革
元代	盗牛马者劓；盗驴骡者黥额，再犯劓；盗羊豕者墨项，再犯黥，三犯劓，劓后再犯者死

3）剕刑：也作<u>刖刑、膑刑</u>，秦汉时称为斩趾，此刑或断人之足，或剔去膝盖骨，使人丧失行走能力，夏商时代此刑已成为主要刑种，隋唐以前剕刑与宫刑均为<u>次死之刑</u>。

---

① A

> **超链接**
>
> | 夏商 | 旧五刑 |
> |---|---|
> | 汉初 | 文景刑制改革 |
> | 东汉 | 恢复斩右趾 |
> | 唐初 | 创设加役流 |

4）宫刑：又称淫刑、腐刑，源于苗民，男性去势，女性幽闭，汉以后宫刑作为代死之刑，至<u>北齐废止</u>。

5）大辟：死刑的总称，执行方法主要是斩首，商末还出现了炮烙、醢、脯等残忍酷刑。

3. 影　响

除"正刑有五"外，还存在诸如鞭扑、流刑、劳役刑、赎刑等刑罚，旧五刑是中国上古时期具有代表性的刑罚，沿用达数千年之久。

品题

我国奴隶制五刑为（　　）。① （2014年单选32）

A. 笞、杖、徒、流、死
B. 昏、墨、贼、赎、鞭
C. 墨、劓、剕、宫、大辟
D. 折杖、充军、刺配、迁徙、凌迟

（五）夏商司法制度

1. <u>天罚与神判</u>

卜者、巫史参与司法，通过祭祀占卜活动求问神意，以神判来决定司法审判和定罪量刑，乃为"殷人尊神，率民以事神"的商朝所司空见惯，同时，作为最高军政首脑的商王拥有最高审判权。

2. 监　狱

1）尧舜时代：史载"皋陶造狱，法律存"，表明尧舜时代已有监狱出现。

> **超链接**
>
> 皋陶是传说中东夷族的首领，偃姓，相传被舜任命为司法官，《论语·颜渊》："舜有天下，选于众，举皋陶，不仁者远矣"。

2）夏朝：《竹书纪年》载"夏帝芬三十六年作<u>圜土</u>"，即在地下挖成圆形土牢，或在地上围成圆土墙以拘禁罪人；夏桀曾以<u>夏台</u>作为监狱，囚禁商族首领汤于其中，故夏朝监狱又有夏台或<u>钧台</u>之称。

---

① C

3）商朝：商代监狱仍称圜土；许慎在《说文解字》中说"囹圄，所以拘罪人"，故囹圄也是监狱；《史记·殷本纪》有"纣囚西伯羑里"的记载，故后世史书也称商时监狱为羑里。

品题

《竹书纪年》记载："夏帝芬三十六年作圜土。"这里的"圜土"是指（　　）。① （2013年单选30）

A. 法庭　　　　　　　　　　B. 监狱
C. 刑罚　　　　　　　　　　D. 刑书

第二节　西周法律制度

考点2：西周主要立法

（一）西周立法思想

1. 以德配天，明德慎罚

1）背景：周初统治者将商朝败亡的历史作为前车之鉴，认为天命是会改变的，天命总是归于有德者，天意总是通过民意表达出来。从夏商时代的神权法思想，发展到对人的关注，提出"以德配天"的民本思想，并将"德"这一抽象的伦理道德准则落实到现实统治之中，形成了"敬天保民"的政治思想和"明德慎罚"的法律思想。

2）内容：西周统治者主张以"德教"治理国家，化成天下；在制定法律、实施刑罚时应当宽缓谨慎，而不应一味地用严刑重罚来迫使臣民服从，这就是"明德慎罚"；但这并非削弱刑罚的威慑力，而是为了更有效、更准确地施用刑罚，防止因滥刑而激化矛盾；"明德慎罚"较天罚具有更强烈的政治号召力和更广泛的社会渗透力，在这一思想的指导下，西周的立法真正形成了"礼"与"刑"的结合。

3）影响：由夏商时期的专任刑罚，发展为注重德礼教化、慎用刑罚以及因时制宜地制定和适用刑事政策。这是古代法律思想史上的重大进步，为后世"德主刑辅"法律思想的产生和发展奠定了基础。

[安口诀] 历代立法思想：

夏商	天讨、天罚思想
西周	以德配天，明德慎罚
战国	一断于法＋刑无等级＋轻罪重刑＋法布于众
秦	缘法而治＋法令由一统＋严刑重法
汉	汉初黄老学说；汉武帝时期德主刑辅

---

① B

续表

唐	德礼为政教之本，刑罚为政教之用＋立法宽简、稳定、划一
元	祖述变通，附会汉法，因俗而治，蒙汉异制
明	刑乱国用重典＋明刑弼教
清	入关前参汉酌金；入关后详译明律，参以国制

品题

西周初期统治者总结了历史经验教训，对夏商的"天罚"思想进行了修正，在此基础上提出的立法思想是（　　）。① （2015年单选30）

A. 天命天罚　　　　　　　B. 明刑弼教
C. 明德慎罚　　　　　　　D. 德主刑辅

2.西周宗法制度

1）周天子、诸侯、卿大夫、士的宗祧都实行嫡长子继承制。
2）大宗与小宗权利义务关系明确，相辅相成。
3）家国一体，亲贵合一，等级秩序分明。

品题

西周统治者为维系以血缘关系为纽带的政权组织制度，在实践中逐渐形成的原则有（　　）。② （2017年多选59、2017年法学多选28）

A. 嫡长子继承　　　　　　B. 小宗服从大宗
C. 亲贵合一　　　　　　　D. 选官时"任人唯贤"

（二）礼与刑

1.礼

1）礼的精神原则：亲亲＋尊尊＋长长＋男女有别。
2）具体礼仪形式：吉礼（祭祀之礼）＋凶礼（丧葬之礼）＋军礼（行兵打仗之礼）＋宾礼（迎宾待客之礼）＋嘉礼（冠婚之礼）。

2.刑

1）九刑：有两种含义，一是指周朝制定的九篇刑书，《左传》记载"周有乱政，而作九刑"，《逸周书》中提到成王时有"刑书九篇"，可能西周中后期才有《九刑》之名；二是指西周的九种刑罚，即墨、劓、剕、宫、大辟五刑加上鞭、扑、流、赎等刑罚，合称九刑。

> **超链接**
> 《逸周书》主要记载从周文王、周武王、周公、成王、康王、穆王、厉王到景王年

---

① C
② ABC

间的时事，旧说《逸周书》是孔子删定《尚书》后所剩，是为"周书"的逸篇，故得名，今人多以为此书主要篇章出自战国人之手，可能还经汉代人改易或增附。

2）吕刑：周穆王命司寇吕侯所作，是西周中期具有代表性的刑法，继承并贯彻了周初明德慎罚的思想，以苗民无德滥刑而亡国绝祀的历史教训说明建立法度的重要性，强调必须以德教为本、用刑适中（明于刑之中）；提出惩罚与罪行相符（其罪惟均，其审克之，上下比罪）；结合具体案情灵活处断（刑罚世轻世重，轻重诸罚有权）；案情不能确定时从轻不从重（五刑之疑有赦，五罚之疑有赦）等审案原则，还规定了较为完整的收赎办法，赎刑由此开始制度化。

品题

西周穆王统治时期制定的具有代表性的法典是（ ）。① （2012 年单选 32）
A.《九刑》　　　　　　B.《汤刑》
C.《吕刑》　　　　　　D.《禹刑》

3.礼与刑的关系

1）"礼者禁于将然之前，而法者禁于已然之后"，即礼是要求人们自觉遵守的积极规范，侧重于预防；刑则是对犯罪行为的制裁，侧重于事后的处罚。

2）"礼之所去，刑之所取，出礼则入刑，相为表里者也"，即礼强调道德教化，刑则着重于惩罚制裁，若道德教化不成，对于严重违礼的行为则要适用刑罚。

4.礼与刑的区别

区别："礼不下庶人，刑不上大夫"。

1）礼主要不是为庶人设立的，但这绝不意味着庶人可以不受礼的约束，任何越礼的行为都要受到惩罚。

2）刑罚的目的主要不是针对贵族，贵族犯罪在适用刑罚上也可以享有减免特权，一般犯罪行为能够获得宽宥，若有严重犯罪行为一般不适用肉刑，也可被放逐乃至赐死，但处死不在市朝行刑，以体现贵族"可杀不可辱"的尊严。

考点 3：西周刑事制度

（一）刑法原则

1.老幼犯罪减免刑罚

例——西周有三赦之法，"一曰幼弱，二曰老耄，三曰蠢愚"，此三者除犯故意杀人罪外，一般皆赦免其罪，《礼记·曲礼》也载"八十、九十曰耄，七年曰悼。悼与耄，虽有罪不加刑焉"，意思是说：八十岁、九十岁以上的老人称为耄，七岁以下的幼童称为悼。这两类人即使犯了罪，也不予处罚。这一原则正是西周明德慎罚思想在刑法中的具体体现，作为矜老恤幼的标志，后世法律沿袭和发展了这一制度。

---

① C

[安口诀] 西周三赦之法——汉代矜老恤幼——唐代老幼废疾减免刑罚——元代年老疾病者适用诉讼代理。

2. 区分故意与过失、惯犯与偶犯

例1——过失称眚+故意称非眚+惯犯称惟终+偶犯称非终，《尚书·康诰》云"人有小罪，非眚，乃惟终……有厥罪小，乃不可不杀。乃有大罪，非终，乃惟眚灾……时乃不可杀"，意思是说：一个人虽然犯了小罪，如果出于故意，或者是惯犯……即使其罪很小，也不可不杀；反之，一个人如果犯了大罪，不是惯犯，只是由于过失造成了灾祸……这样的话，就不可判处死刑。

例2——《周礼·秋官·司刺》载三宥之法："壹宥曰不识，再宥曰过失，三宥曰遗忘"，意思是说：一是宽宥看错人而杀人者，二是宽宥无心而误杀者，三是宽宥忘了某处有人而误杀人者。对于上述三种情况，可以给予赦宥，不追究刑事责任，这表明西周在定罪量刑时已考虑到行为人的主观动机，是刑罚适用原则的重大发展。

3. 罪疑从轻、罪疑从赦

例1——西周时为保证适用法律的谨慎，防止错杀无辜，对犯罪事实有疑的案件，实行从轻处断或赦免罪责的原则，《尚书·吕刑》载"五刑之疑有赦，五罚之疑有赦，其审克之"，意思是说：如果五刑判决存疑，可以减免刑罚；如果发现五罚存疑，可以减免刑罚。

例2——三刺之法：《周礼·秋官·小司寇》载"以三刺断庶民狱讼之中，一曰讯群臣，二曰讯群吏，三曰讯万民，听民之所刺宥，以施上服下服之刑"，意思是说：一讯是讯问群臣的意见，二讯是讯问群吏的意见，三讯是讯问民众的意见；听从他们的意见来决定诛杀或从宽，决定施用重刑或轻刑。带有原始民主制的遗风。

4. 宽严适中原则

例——西周在定罪量刑时强调中道、中罚、中正，即要求宽严适中，罪刑相当，《尚书·吕刑》载"士制百姓于刑之中"，其疏文解释，"中之为言，不轻不重之谓也"，意思是说：士族制约百姓的刑法应宽严适中。所谓中就是不畸轻畸重。

5. 因地因时制宜

例1——周初针对封国的具体情况实行灵活权衡的原则，"刑新国用轻典，刑平国用中典，刑乱国用重典"，意思是说：治理新兴的国家用较轻的刑罚，治理太平的国家用适中的刑罚，治理动乱的国家用较重的刑罚。这一政策对于稳定和巩固宗周起到了良好作用，也成为后世治国的重要原则。

例2——《吕刑》中载"轻重诸罚有权""刑罚世轻世重"，即主张结合犯罪的主客观情势权衡量刑，不可一味地从轻或从重。

6. 上下比罪

例——"罪无正律，则以上下刑而比附其罪也。上刑适轻，下服；下刑适重，上服，轻重诸罚有权"，意思是说：法律没有明文规定的情况下，那么就比照较轻或较重的刑罚来判断他的罪名。犯应判重刑之罪而宜减轻的，服减轻的刑罚；犯应判轻刑之罪而应加重的，服加重的刑罚，即在无法律明文规定情况下的类推适用。

[安口诀] 比附类推总结：

西周	罪无正律，则以上下刑而比附其罪也。上刑适轻，下服；下刑适重，上服，轻重诸罚有权
唐朝	举重以明轻，举轻以明重
宋朝	余条准此44条，即具有类推适用性质的条文
明朝	凡律令该载不尽事理，若断罪而无正条者，引律比附。应加、应减，定拟罪名，转达刑部议定奏闻

7. 同罪异罚

例1——《周礼·秋官·掌戮》载"凡杀人者，踣（bó）诸市，肆之三日。刑盗于市。凡罪之丽于法者亦如之。唯王之同族与有爵者，杀之于甸师氏"，意思是说：凡是杀害他人的，在闹市处死，并陈尸三日。对盗贼处刑也在闹市。凡有罪而犯法的，也在闹市行刑。而王族和有爵位的人，则由甸师氏秘密处死。

例2——"公族无宫刑"，应处宫刑者，由贵族们议决减免。

例3——《周礼·秋官》关于<u>八辟之法</u>的规定，公开赋予特定身份者享受减免刑罚的特权，这是后世八议制度的来源。

[安口诀] 西周"八辟之法"——曹魏"八议入律"——隋《开皇律》将议、请、减、赎、当全面规定——《大清新刑律》删除八议。

【品题】

1.《尚书·康诰》："人有小罪。非眚，乃惟终……有厥罪小，乃不可不杀。"非眚是指（　　）。① （2018年单选33）

A. 故意　　　　　　　　　　B. 过失
C. 惯犯　　　　　　　　　　D. 偶犯

2. 根据《周礼·秋官·司刺》的记载，西周法律规定，定罪量刑时须考虑行为人的主观动机。该规定是（　　）。② （2017年单选32）

A. 三赦之法　　　　　　　　B. 三刺之法
C. 三宥之法　　　　　　　　D. 五过之疵

3.《尚书·康诰》中说："人有小罪。非眚，乃惟终……有厥罪小，乃不可不杀。"这里的惟终是指（　　）。③ （2014年法学单选15）

A. 惯犯　　　　　　　　　　B. 偶犯
C. 故意　　　　　　　　　　D. 过失

4. 在"明德慎罚"思想的指导下，西周实行的刑法原则有（　　）。④ （2012年多选60）

A. 宽严适中　　　　　　　　B. 诬告反坐

---

① A
② C
③ A
④ ACD

C. 老幼犯罪减免刑罚　　　　　　D. 区分故意与过失、偶犯与惯犯

（二）西周主要罪名

1. 政治性犯罪

如违抗王命罪。

2. 破坏社会秩序、侵犯人身财产犯罪

如寇攘奸宄，即劫夺窃盗。

> 超链接
> 奸宄亦作奸轨，是指为非作歹、违法作乱的事情，在外曰奸，在内曰宄。

3. 渎职方面犯罪

如司法官五过之疵，《吕刑》规定，犯有五过之疵者，"其罪惟均"，即司法官和罪犯受同样的惩罚。

1）惟官："秉承上意，依仗权势"。
2）惟反："利用职权，报私恩怨"。
3）惟内："内亲用事，暗中牵制"。
4）惟货："贪赃受贿，敲诈勒索"。
5）惟来："接受请托，徇私枉法"。
[安口诀] 关内来贩货。

4. 其　他

1）《左传》引周公作誓命曰，"毁则为贼，掩贼为藏，窃贿为盗，盗器为奸。主藏之名，赖奸之用，为大凶德，有常无赦，在《九刑》不忘"，意思是说：毁坏礼法者的人称为贼，窝藏贼的人称为藏，窃取财物的人称为盗，偷盗国器宝物的人称为奸。而主谋及藏匿罪犯，或使用被盗名器，更是重大犯罪，按照九刑的规定，一律严惩不贷。

2）《康诰》中亦有对于内奸、外奸、杀人越货以及不孝不友等罪犯处以重刑且不予宽赦的规定。

> 超链接
> 不孝不友是西周时的罪名，不孝是指不孝敬父母，不友是指不恭敬兄长。不孝不友在西周被认为是"元恶大憝（duì，凶恶）"。

品题

1. 西周时期司法官的渎职犯罪通称为"五过之疵"，其中接受请托而徇私枉法的行为属于（　　）。①（2022年单选28）

A. 惟来　　　　　　　　　　　B. 惟反
C. 惟货　　　　　　　　　　　D. 惟官

---

① A

2. 下列选项中，属于西周司法官责任制度的是（　　）。①（2013年单选31）
A. 三宥之法　　　　B. 三风十愆
C. 三赦之法　　　　D. 五过之疵

考点4：西周民事制度

（一）契约制度

1. 质　剂

质剂即为买卖契约，《周礼》载"听买卖以质剂"，贾公彦疏解释为"质剂谓券书，有人争市事者，则以质剂听之"，所谓"大市以质，小市以剂"，质剂均由官方制作，作为处理买卖纠纷的凭证，说明官方已对市场交易进行干预。

1）质：买卖奴隶、牛马等大宗交易使用较长的契券。
2）剂：买卖兵器、珍异等小件物品使用较短的契券。

> **超链接**
> 贾公彦，唐州永年人（今河北邯郸），唐代经学家，"三礼学"（《仪礼》《周礼》《礼记》）学者，撰有《周礼义疏》五十卷。

2. 傅　别

傅别为借贷契约，《周礼》载"听称责以傅别"，郑玄注曰"称责谓贷予，傅别谓券书也。听讼责者，以券书决之"，司法官以其为凭证审理有关债权债务纠纷案件。

1）傅：债券，是解决债务纠纷的凭证。
2）别：一分为二，债权人执左券，债务人持右券。

> **超链接**
> 郑玄（127—200），字康成，北海高密人（今属山东），东汉经学家，曾入大学学今文《易》和公羊学，又从张恭祖学《古文尚书》《周礼》《左传》等，最后从马融学古文经。

3. 管理官员

西周设有专职官员管理立契事宜，称为<u>司约</u>，并设<u>质人</u>作为市场管理人员。

> **品题**
> 西周时期的契约制度比较发达，其中买卖奴隶、牛马等大宗交易使用的契券称为（　　）。②（2015年法学单选15）
> A. 傅别　　B. 白契　　C. 质　　D. 剂

（二）婚姻制度

1. 婚姻原则

<u>一夫一妻多妾</u>制。

---

① D
② C

[安口诀]革命根据地废除一夫一妻多妾制。

2. 婚姻目的

"合二姓之好，上以事宗庙，而下以继后世"，即缔结婚姻的目的是两个家族间的联合，是为了继承祖先的香火，而不是或主要不是男女双方个人的结合。

3. 结婚要件

（1）积极要件

<u>父母之命、媒妁之言</u>：在宗法制下，子女的婚姻大事须由父母主持，并通过媒人撮合，否则婚姻便是不循礼法。

> **超链接**
> 《诗·齐风·南山》："娶妻如之何？必告父母。"
> 《诗·豳风·伐柯》："娶妻如何？匪媒不得。"

（2）消极要件

<u>同姓不婚</u>：人们在长期种族繁衍过程中，逐渐认识到"男女同姓，其生不蕃"，即婚姻双方血缘关系越近，越不利于后代的健康和宗族的繁衍；此外禁止同姓为婚是为了加强与其他部族的政治联系，"娶于异姓，所以附远厚别也"，婚姻具有鲜明的政治意图，后世的同姓不婚之禁多着眼于其宗法伦理意义，重在禁止同姓宗亲之间结婚。

> **超链接**
> 《礼记·曲礼》："取妻不取同姓，故买妾不知其姓则卜之。"

4. 结婚程序

履行<u>六礼</u>程序。

[安口诀]蔡文姬真轻盈。

1）<u>纳采</u>：男家请媒妁向女家提亲。
2）<u>问名</u>：男方询问女子名字、生辰等，卜于宗庙以定吉凶。
3）<u>纳吉</u>：卜得吉兆后即与女家订婚。
4）<u>纳征</u>：又称纳币，男方派人送聘礼至女家，婚约正式成立。
5）<u>请期</u>：商请女方择定婚期。
6）<u>亲迎</u>：婚期之日新郎迎娶新妇，至此婚礼始告完成，婚姻最终成立。

[安口诀]六礼为后世历代所继承，直至革命根据地将"仪式婚"改为"登记婚"。

> **超链接**
> 《仪礼·昏义》："昏（婚）礼者，合二姓之好，上以事宗庙，而下以继后世也，故君子重之，是以昏礼，纳采、问名、纳吉、纳征、请期，皆主人筵几于庙，而拜迎于门外，人揖让而升，听命于庙，所以敬慎重正昏礼也。"

5. 离婚要件

（1）积极要件

七出（去、弃）：丈夫或公婆单方面提出休妻——不顺公婆（不事姑舅）者逆德、无子者绝嗣不孝、淫者乱族、妒者乱家、有恶疾者不能供祭祖先、口多言者离间亲属、盗窃者违反规矩。

（2）消极要件

三不去：有所娶无所归、与更三年丧（为公婆守三年之孝）、前贫贱后富贵。

[安口诀] 三不去（社会利益）＞七出（家族利益）。

> **超链接**
>
> 《大戴礼记·本命》："妇有七去，不顺父母去，无子去，淫去，妒去，有恶疾去，多言去，窃盗去……妇有三不去：有所娶，无所归，不去；与更三年丧，不去；前贫贱，后富贵，不去。"

品 题

1. 按照周代礼制，已婚妇女不被夫家休弃的情形包括（ ）。①（2014年多选60）

A. 有恶疾　　　　　　　　B. 有所娶无所归

C. 与更三年丧　　　　　　D. 前贫贱后富贵

2. 从《仪礼》中婚姻"六礼"的内容看，中国古代的婚姻是（ ）。②（2013年法学单选15）

A. 登记婚　　　　　　　　B. 仪式婚

C. 宗教婚　　　　　　　　D. 共食婚

（三）继承制度

1. 背　景

宗法制下，继承制度的核心是嫡长子继承制，嫡长子继承制度至西周逐步制度化和法律化，成为宗法制度的一项基本原则。

2. 内　容

嫡长子继承制的原则是"立嫡以长不以贤，立子以贵不以长"。

1）从天子、诸侯、卿大夫到士，各级贵族的领地和世袭身份只能由正妻（嫡妻）所生的长子继承。

2）庶子只能由嫡长子分给部分利益。

3）女子仅能在出嫁时得到一份嫁妆，但也只是父兄的赐予，并非其法定的继承权。

3. 影　响

西周的宗法制着眼于从长远解决周天子及各级贵族的爵封继承和宗祧继承问题，同时

---

① BCD

② B

也解决财产继承问题，目的是保持贵族的政治特权、祭祀权和财产权不致分散或受到削弱。

考点 5：西周司法制度

（一）司法机关

1）大司寇：中央最高司法官，"掌建邦之三典，以佐王刑邦国，诘四方"，辅助周王掌管全国司法工作，遇有重大或疑难案件，须上报周王最后裁断，或由周王指派高级贵族进行议决。

2）小司寇："以五刑听万民之狱讼"，协助大司寇审理案件，处理狱讼。

3）此外还有各种专职的属吏如司刑、司刺、掌囚、掌戮等，处理各类司法事务。

[安口诀] 最高司法机关变迁：

西周	大司寇
秦汉魏晋	廷尉
北周	秋官大司寇
北齐	大理寺
隋唐宋	大理寺
元	大宗正府＋刑部
明清	刑部
清末	大理院
南京临时政府	临时中央审判所
北洋政府	大理院
南京国民政府	司法院——最高法院

品题

据《周礼》载，西周"掌建邦之三典，以佐王刑邦国"的司法官是（　　）。①（2020年单选 33）

A. 小司寇 B. 大司寇
C. 太宰   D. 司刑

（二）司法制度

1. 起诉阶段

区分刑事诉讼（以罪名相告者为狱）和民事诉讼（以财货相告者为讼）。

1）审理民事诉讼称听讼，审理刑事诉讼称断狱。

2）民事诉讼费用称束矢（一百支箭），刑事诉讼费用称钧金（三十斤铜）。

---

① B

2. 审理阶段

西周总结出一套"以五声听狱讼求民情"的经验,即运用察言观色进行审讯,以判断当事人陈述的真伪。五声又称五听。

1) 辞听:"观其出言,不直则烦",即观察当事人的言语表达,理屈者则言语错乱。
2) 色听:"观其颜色,不直则赧然",即观察当事人的面部表情,理屈者则面红。
3) 气听:"观其气息,不直则喘",即观察当事人的呼吸,无理则喘息。
4) 耳听:"观其听聆,不直则惑",即观察当事人的听觉,理亏则听语不清。
5) 目听:"观其眸子,视不直则眊然",即观察当事人的眼睛与视觉,无理则双目失神。

通过观察被讯问者的感官反应以确定其陈述之真假,虽然近于主观,但比起夏商的神判,显然前进了一大步,在某种意义上可以说是审判心理学的萌芽,周以后历朝的司法实践都沿用了五听。

品题

1. 西周时期实行"以五声听狱讼求民情"的审判方式,其中"观其出言,不直则烦"指的是(　　)。① (2021年单选28)

A. 辞听　　　　　　B. 气听
C. 耳听　　　　　　D. 目听

2. 西周时,通过察言观色判断当事人陈述真伪的审判方式称为(　　)。② (2014年单选33)

A. 三刺　　　　　　B. 三赦
C. 五过　　　　　　D. 五听

第三节　春秋法律制度

考点6:春秋公布成文法

1. 第一次公布成文法

1) 公元前536年,郑国子产鉴于当时社会关系的变化和旧礼制的崩溃,率先"铸刑书于鼎,以为国之常法"。
2) 子产铸刑鼎遭到晋国大夫叔向反对,他指责子产违背先王传统,放弃礼制,将亡郑国。

> **超链接**
> 子产(?—公元前522),春秋末期政治家、法家代表,姓公孙、名侨、字子产,

---

① A
② D

又称公孙成子，郑国贵族子国之子。子产初任郑国少正卿，后出任郑国执政，具备卓越的外交才能，同时进行了一系列改革，如：整顿田地疆界和沟洫（xù），以利农业生产；改革田制，承认土地私有，按亩征税；按丘征收军赋；公布成文法等。根据《左传》记载，郑国民众在乡校聚会，议论执政者的施政措施，大夫然明知道后，建议子产毁乡校，子产回答："其所善者，吾则行之；其所恶者，吾则改之。是吾师也，若之何毁之？"

叔向，生卒年不详，春秋末期政治家，晋国贵族，羊舌氏，名肸（xī），晋悼公时为太子彪的师傅，晋平公时被任为太傅，曾反对子产铸刑鼎，他认为："民知争端矣，将弃礼而征于书，锥刀之末，将尽争之，乱狱滋丰，货赂并行……国将亡，必多制，其此之谓乎！"意思是说：人民如果知道了争端所在，将会抛弃礼仪而以刑法为依据，字句间微小的差别，都将尽力争论明白，触犯法律的案件日益增加，贿赂到处通行……国家将要灭亡，必然多订法律，说的就是这个吧！

2. 第二次公布成文法

1）公元前513年，晋国赵鞅、荀寅把前任执政范宣子所编的刑书铸于鼎上，公之于众。

2）晋国铸刑鼎遭到孔子反对："晋其亡乎！失其度矣。民在鼎矣，何以尊贵？贵贱无序，何以为国？"

> **超链接**
>
> 赵鞅（？—公元前476），春秋末期晋国正卿，即赵简子，又名志父，亦称赵孟。《赵氏孤儿》就是以赵盾、赵朔、赵武祖孙三代为背景，赵武之子是赵成，赵成之子就是赵鞅。
>
> 荀寅，即中行文子，又称中行寅，荀吴之子，晋国六卿之一。他曾与赵鞅共同铸刑鼎，《左传》记载"冬，晋赵鞅、荀寅帅师城汝滨，遂赋晋国一鼓铁，以铸刑鼎，著范宣子所为刑书焉"，就是说赵鞅、荀寅率领军队在汝水边筑城，就向晋国人民征收了四百八十斤铁，用来铸造刑鼎。
>
> 三家分晋：公元前633年，晋文公作三军设六卿，到晋平公时，韩、赵、魏、智、范、中行氏六卿掌握大权，后来范氏、中行氏没落，智氏实力变强，最终赵、韩、魏三家合力击败了智氏，晋国公室名存实亡。公元前403年，周威烈王"初命晋大夫魏斯、赵籍、韩虔为诸侯"，宋代司马光《资治通鉴》将这一事件作为全书开篇。

3. 《竹刑》

公元前501年，郑国邓析私造刑法，因其书之于竹简上而称《竹刑》，执政驷歂（sì chuán）以私制刑书的罪名处死邓析，但仍用其《竹刑》。

> **超链接**
>
> 邓析（公元前560—公元前501），春秋末期郑国政治家，法家学派的先驱者，名辩学的启蒙思想家，名家的开创者。他曾任郑国大夫，因不满子产所著刑书，私自编写《竹刑》。邓析创办私学招收门徒，教授法律知识和诉讼方法，并承揽狱讼。在他的倡导和鼓动下，当时郑国兴起改革的浪潮，给统治者造成严重威胁，以至"郑国大乱，民口欢哗"，最终执政驷歂杀死邓析，但仍用其竹刑。

4. 其他诸侯国立法

1）《被庐之法》：《被庐之法》是晋文公在被庐检阅军队时制定的，内容可能是关于选贤任能，建立官僚制度之法。

> **超链接**
>
> 被庐是晋国的地名，晋文公姬重耳（公元前636—公元前628在位）历经十九年奔波，回到晋国即王位后，着手整顿内政，进行改革，自行修订法律，不再全用周法。

2）《仆区法》：《仆区法》由楚文王颁行，是禁止隐匿逃犯之法。

3）《茆门法》：《茆门法》由楚庄王颁行，是关于宫门守卫、保障国君安全之法。

5. 成文法公布意义

1）公布成文法是国家治理与社会控制的新型方式，是对旧的法律观念、法律制度以及社会秩序的否定，打破了"刑不可知，威不可测"的信条，结束了法律的秘密状态，使法律制度逐步走向公开化，开创了古代法制建设的新纪元。

2）公布成文法在客观上为法律制度的进一步发展，为罪和刑相对应的成文法典的出现提供了条件，也为各种新型社会关系的产生和发展提供可靠保证。

3）公布成文法开辟了一种全新的集权制的统治模式，为战国至秦统一时期"法治"取代"礼治"拉开了序幕，为后世法律制度的发展与完善积累了经验。

> **品题**

1. 春秋时期晋文公制定的有关选贤任官的法律是（　　）。① （2019年单选33）

A. 竹刑　　　　　　　　　　B. 茆门法
C. 被庐之法　　　　　　　　D. 仆区法

2. 春秋时期，私人编修法律的事件是（　　）。② （2017年单选33）

A. 子产"铸刑书于鼎"　　　　B. 赵鞅"铸刑鼎"
C. 邓析造"竹刑"　　　　　　D. 屈原制"宪令"

---

① C

② C

3. 下列关于春秋时期公布成文法历史意义的表述,正确的有（　　）。① （2016 年多选 59、2016 年法学多选 28）

A. 打破了"刑不可知,则威不可测"的传统
B. 开辟了一种全新的以法治世的统治模式
C. 为封建法律制度的确立奠定了基础
D. 为成文法典的出现提供了条件

4. 下列选项中,属于春秋时期公布成文法活动的有（　　）。② （2014 年多选 61）

A. 子产"铸刑书"　　　　　B. 邓析"造竹刑"
C. 赵鞅、荀寅"铸刑鼎"　　D. 商鞅制"分户令"

5. 春秋时期,郑国大夫私自修订法律,并书之于竹简,称为"竹刑"。这位大夫是（　　）。③（2013 年单选 32）

A. 邓析　　　　　　　　　B. 叔向
C. 子产　　　　　　　　　D. 范宣子

6. 春秋时期,最早打破"不预设刑""临事议制"法律传统的诸侯国是（　　）。④（2012 年法学单选 15）

A. 郑国　　　　　　　　　B. 齐国
C. 楚国　　　　　　　　　D. 秦国

第四节　战国法律制度

考点 7：战国法律制度

（一）战国立法思想

1. 一断于法

法家主张"不别亲疏,不殊贵贱,一断于法",将法律作为治理国家的基本手段,要求打破"刑不上大夫"的壁垒,将法作为衡量任何人行为的客观标准,取消旧贵族在法律上享有的一切特权。

2. 刑无等级

在法律适用上,法家反对宗法制时代的"礼有等差",主张"刑无等级""法不阿贵",要求制定公正、平等的法律,在保障国家和君主利益的基础上,平等地适用法律,使全社

---

① ABCD
② ABC
③ A
④ A

会都在法律的约束下生活，无论贵贱一律平等，即"刑过不避大臣，赏善不遗匹夫""赏当其功，刑当其罪""志存公道，人有所犯，一一于法"。

3. 轻罪重刑

法家用严刑峻法达到以法治国的目的，法家认为"行刑重其轻者，轻者不生，则重者无从至矣"，只有通过重刑酷法，才能使臣民畏法和服法，达到"禁奸止过"和预防犯罪的目的，即"以刑去刑，以杀止杀"。

4. 法布于众

与"以法治国"等原则的要求相适应，法家主张"法者，编著之图籍，设之于官府，而布之于百姓者也"，即向全社会公布成文的法律，让全体臣民皆"知所避就"，否定了法律的秘密状态。

[安口诀] 一一一一，一断于法；法法法法，法布于众；重重重重，轻罪重刑；刑刑刑刑，刑无等级。

品题

战国时期，各诸侯国的立法指导思想主要包括（　　）。① (2013年多选59)
A. 一断于法　　　B. 刑无等级　　　C. 轻罪重刑　　　D. 明德慎罚

（二）《法经》

1. 背景

《法经》在魏文侯时由李悝主持制定，是历史上第一部比较系统、完整的成文法典，虽然《法经》原文早已失传，但从《晋书·刑法志》等文献中可知《法经》之概略。

超链接

魏文侯（？—公元前396），即魏斯，战国时期魏国的创始人，公元前445年—公元前396在位，周威烈王二十三年（公元前403年）魏斯自立为诸侯，他崇奉卜子夏、李悝为师，信用田子方、吴起、西门豹、乐羊以及魏成，使魏国成为当时强盛的大国。战国时期各个诸侯国纷纷变法，魏文侯任用李悝主持改革，在政治上废除"世卿世禄"制，实行"食有劳而禄有功，使有能而赏必行，罚必当"，即剥夺旧贵族的世袭特权，确立量才录用的新型官僚制度；在经济上实行"尽地力之教"和"善平籴"（籴dí，即买进粮食，反义词是粜tiào，即卖出粮食），采取各种措施发展经济，增加国家财政收入；为保证变法的顺利进行，李悝"撰次诸国法"，考察各国成文法，吸收各国立法经验，制定颁布《法经》。

2. 体例

《法经》共六篇，包括《盗法》《贼法》《囚法》《捕法》《杂法》《具法》。

---

① ABC

3. 内　容

盗法	侵犯官私财产所有权犯罪的法律规定	这两篇列在法典之首，体现了"王者之政，莫急于盗贼"的原则
贼法	关于人身伤害、破坏社会秩序的法律规定	
网法	又称囚法，关于囚禁和审判罪犯的法律规定	这两篇属于诉讼法的范围
捕法	关于追捕盗、贼及其他犯罪者的法律规定	
杂法	关于盗贼以外的其他犯罪与刑罚的规定，即"六禁"：淫禁＋狡禁＋城禁＋嬉禁＋徒禁＋金禁	—
具法	关于定罪量刑中从轻从重等法律原则的规定，起着"具其加减"的作用	此篇相当于近代法典的总则部分

> **超链接**
>
> 杂法六禁——《晋书·刑法志》载："故其律始于《盗》《贼》；盗贼须劾捕，故著《网》《捕》二篇；其轻狡、越城、博戏、借假不廉、淫侈、逾制，以为《杂律》一篇；又以《具律》具其加减，是故所著六篇而已，然皆罪名之制也。"
>
> 1）轻狡：盗兵符、玺，或私议国家法令政治狡诡等犯罪，即狡禁。
> 2）越城：非法翻越城池，偷渡关津、要塞等的犯罪，即城禁。
> 3）博戏：赌博、欺诈等的犯罪，即嬉禁。
> 4）借假不廉：贪污、贿赂等的犯罪，即金禁。
> 5）淫侈：生活奢侈淫靡等的犯罪，即淫禁。
> 6）逾制：违法享用特权等僭越的犯罪，即徒禁。

[安口诀] 洗脚城图金银。

4. 特　点

1）内容上，以惩治盗贼为首要任务，反对旧贵族的等级特权，体现重刑主义精神。
2）体例上，出现了先开列罪名再规定刑罚的罪刑法定倾向，相当于刑法总则的《具法》列在最后且适用于其他各篇。

5. 影　响

《法经》的体例和内容，为后世成文法典的编纂奠定了重要基础。《法经》六篇为秦、汉直接继承，成为秦、汉律的主要篇目。

品题

1.《法经》载"王者之政，莫急于盗贼"，下列犯罪中属于"贼"的是（　　）。[1]（2022年单选33）

---

[1] A

A. 杀人　　　　　　　　　　B. 犯奸

C. 窃盗　　　　　　　　　　D. 僭越

2. 在中国法制史上，提出"王者之政，莫急于盗贼"的立法思想的是（　　）。① （2018年单选28、2018年法学单选16）

A. 商鞅　　　　　　　　　　B. 子产

C. 李悝　　　　　　　　　　D. 李斯

3.《法经》中规定对博戏行为进行处罚的篇目是（　　）。② （2017年单选34）

A.《杂法》　　　　　　　　B.《网法》

C.《盗法》　　　　　　　　D.《具法》

4.《法经》是中国历史上第一部比较系统的成文法典，该法典中具有诉讼法性质的篇目是（　　）。③ （2016年单选31）

A.《网法》和《捕法》　　　B.《网法》和《杂法》

C.《杂法》和《具法》　　　D.《捕法》和《具法》

5. 战国时期李悝作《法经》六篇，其内容属于诉讼法制度的篇章是（　　）。④ （2015年单选31）

A. 盗法　　　　　　　　　　B. 杂法

C. 网法　　　　　　　　　　D. 具法

6. 下列关于《法经》的表述，正确的是（　　）。⑤ （2014年单选34）

A.《法经》的编纂者是商鞅

B.《法经》将"名例"置为首篇

C.《法经》确立的九篇体例为后世法典所继承和发展

D.《法经》是我国历史上第一部比较系统、完整的封建成文法典

7.《法经》中规定量刑原则的篇章是（　　）。⑥ （2013年单选33）

A. 盗法　　　　　　　　　　B. 网法

C. 捕法　　　　　　　　　　D. 具法

8. 下列关于《法经》篇目的表述，正确的是（　　）。⑦ （2013年法学单选18）

A."杂法"规定定罪量刑的基本原则

---

① C

② A

③ A

④ C

⑤ D

⑥ D

⑦ D

B. 篇目总共为七篇，至汉代增加为九篇
C. "捕法"是关于囚禁、审判及实施刑罚方面的法律规定
D. "王者之政莫急于盗贼"，故其律之篇目始于"盗法"与"贼法"

（三）商鞅变法

1. 背 景

商鞅变法是战国时期影响最大、效果最为突出的社会变革，在深度和广度上都超过了其他诸侯国的改革。变法在政治、经济和法律制度等方面推行全面改革，使秦国从一个西疆小国发展成为国力强盛、制度先进的大国，为灭六国、统一天下奠定了坚实的基础，"商鞅相孝公，为秦开帝业"。

> **超链接**
>
> 商鞅（约公元前390—公元前338），战国中期政治家，法家代表人物，姓公孙氏，名鞅。因为他是卫国国君的疏远亲族，又称卫鞅。后商鞅因功被秦孝公封于商邑（今陕西省商县东南商洛镇），号商君。公元前361年，秦孝公（公元前361—公元前338在位）即位，下令求贤，商鞅携李悝《法经》入秦，被任为左庶长，两次主持秦国变法。

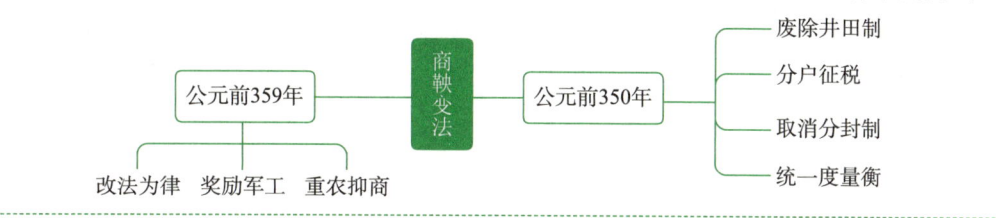

2. 改法为律

商鞅以李悝的《法经》为基础，在秦国进行法律变革，并将法典名称由"法"改称为"律"，实际上在商鞅改法为律之前，律的形式就已经出现。

第1步——以法代刑：一般认为法是春秋中后期由夏商西周时期的"刑"发展而来，用"平之如水"的法取代有差等的刑，使法律的公平正义内涵得到强调，消减杀戮威吓之意，是历史的进步。

第2步——改法为律：随着法律制度的不断发展和法制建设经验的进一步积累，要求把法律的普遍性、公开性和强制性提到更高的位置，律的字义为"均布也"，具有稳定恒常、整齐划一之意。

3. 连坐法

连坐就是因一人犯罪牵连其亲属、邻里、同伍以及其他与之有联系的人，使他们一起承担罪责的刑罚制度。

1）范围：秦法的连坐范围很广，包括同居连坐、邻伍连坐、军伍连坐、职务连坐等。

2）方式：秦法鼓励互相纠举，奖励告奸，告奸者受赏，不告奸者腰斩，匿奸者与降敌同罪。

3）影响：连坐制度在最大限度内把各种危害国家的隐患消灭在萌芽状态，对于维护社会秩序、保障政权稳定有重要作用；同时，连坐制度也容易激化矛盾，造成潜在风险，

充分体现了法家重刑主义的严苛性。

4.《分户令》
1）内容:"民有二男以上不分异者,倍其赋"。
2）影响:一方面,改变了秦国父子无别、同室而居的旧习俗;另一方面,强制百姓分家立户,还能够增加国家的财政收入。

5.《军爵令》
目的在于奖励战功,增强国力。

6. 影 响
商鞅通过改法为律,使得秦律成为秦国的主要法典,其内容比较系统、完整,适用范围较为广泛,并且保持相对稳定,从此以后律成为中国历朝历代的主要法律形式,由此可见,商鞅变法这种承上启下的作用使中国法制传统和特色得到了延续和传承。

品题

中国古代"改法为律"始于（　　）。①（2012 年单选 33）
A. 周公制礼　　　　　　　　　　B. 商鞅变法
C. 邓析"竹刑"　　　　　　　　　D. "约法三章"

---

① B

第二章
秦汉三国两晋南北朝法律制度

第一节 秦朝法律制度

导学

秦国和秦朝世系

"及至始皇,奋六世之余烈,振长策而御宇内,吞二周而亡诸侯,履至尊而制六合,执敲扑而鞭笞天下,威振四海。南取百越之地,以为桂林、象郡;百越之君,俯首系颈,委命下吏。乃使蒙恬北筑长城而守藩篱,却匈奴七百余里;胡人不敢南下而牧马,士不敢弯弓而报怨。于是废先王之道,焚百家之言,以愚黔首;隳名城,杀豪杰;收天下之兵,聚之咸阳,销锋镝,铸以为金人十二,以弱天下之民。然后践华为城,因河为池,据亿丈之城,临不测之渊,以为固。良将劲弩守要害之处,信臣精卒陈利兵而谁何。天下已定,始皇之心,自以为关中之固,金城千里,子孙帝王万世之业也。"(贾谊《过秦论》)

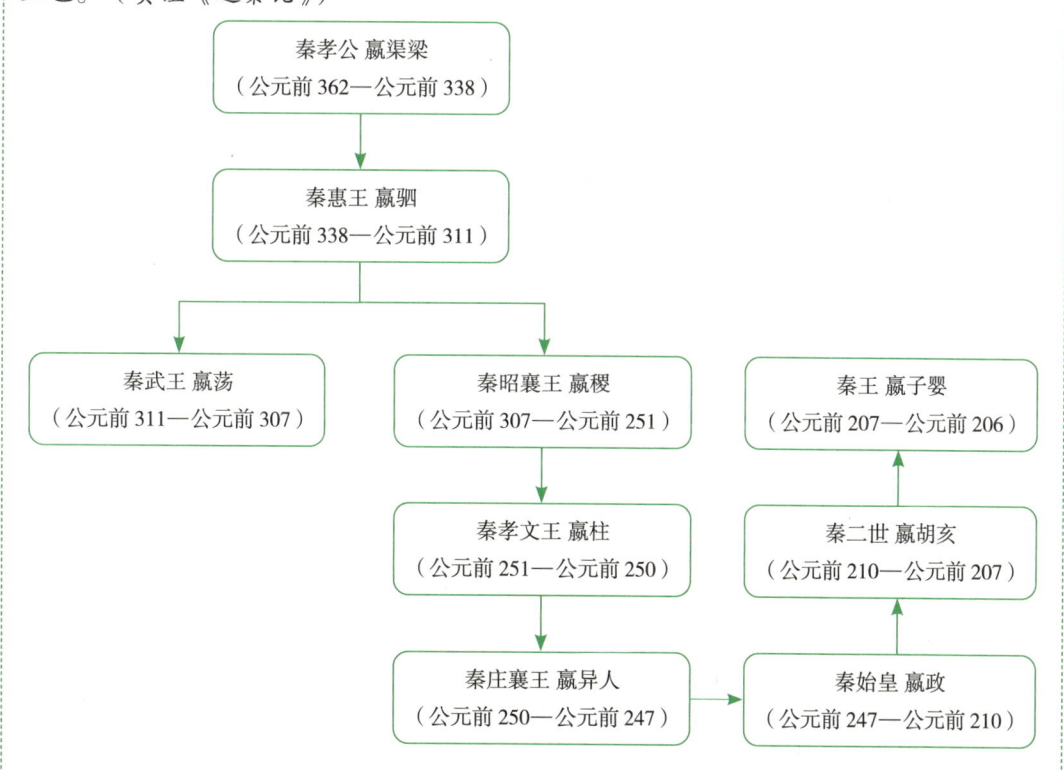

秦朝大事年表		
秦始皇	公元前221年——秦始皇统一： 秦将王贲攻陷齐国，齐王田建投降，齐国灭亡，秦王嬴政称始皇帝	
	公元前214年——蒙恬修长城： 秦将蒙恬率军三十万北攻匈奴，取匈奴黄河以南地置四十四县，修长城； 李斯任宰相；	
	公元前213年——焚书坑儒	
	公元前210年——秦始皇去世： 秦始皇于沙丘驾崩，二世胡亥即位，与赵高、李斯矫诏，杀公子扶苏和大将蒙恬	
秦二世	公元前209年——陈胜起义： 渔阳戍卒陈胜、吴广起兵反秦，占据陈县，陈胜称张楚王，吴广为假王； 刘邦起兵于沛县，称沛公； 项梁起兵于吴县，项羽追随； 齐国、燕国、魏国相继复国	
	公元前208年—公元前207年——怀王之约： 胡亥杀丞相李斯，任赵高为丞相，后赵高杀胡亥，立秦王子婴，子婴反杀赵高； 张楚王陈胜被车夫杀死，景驹称张楚王，项梁击杀景驹，立熊心为楚怀王，后项梁被秦将章邯击败身死，项羽继承项梁兵权，楚怀王命宋义、项羽救赵国，项羽与宋义发生矛盾，遂杀宋义，自己带兵救赵国并击败章邯，章邯投降； 刘邦率军向西攻秦	
	公元前206年——秦朝灭亡： 刘邦攻入咸阳，秦王子婴投降，秦朝灭亡，刘邦与民约法三章，拜将韩信； 鸿门宴后，项羽入咸阳，称西楚霸王，尊怀王为义帝，后命九江王英布杀义帝，封刘邦为汉王	
	公元前205年—公元前202年——楚汉争霸	

考点1：秦代主要立法

（一）秦代立法思想

法家韩非子法、术、势相结合的思想对秦朝影响极大。

> **超链接**
>
> 韩非（约公元前280—公元前233），战国末期思想家，法家代表人物，韩国公子，喜刑名法术之学，曾与李斯同学于荀况门下，曾多次上书韩王，倡议变法图强但未被采用，乃发愤著书立说，以明己志，后秦王政慕其名，遗书韩王，强邀他使秦，在秦为李斯、姚贾所诬害，冤死狱中。

1. 缘法而治

强调以君主为至高无上的权威，以法律作为判断是非曲直、决定行止赏罚的唯一标准，主张君主依据法律治理国家，"作制明法""建定法度""皆有法式"，反对礼治原则。

2. 法令由一统

全国实行统一的法律令，"海内为郡县，法令由一统"，并且"法令出于王"，立法权掌握于君主，"以法为教""以吏为师"。

3. 严刑重法

秦朝推行"专任刑罚"的政策，使"法令诛罚，日益深刻"，通过"深督轻罪"使"民不敢犯"，达到巩固专制统治、"以刑去刑"的目的。

[安口诀] 战国和秦代指导思想都是法家，法家全选，儒家不选。

品 题

1. 韩非提出"明立之国，无书简之文，以法为教，无先王之语，以吏为师"，中国古代以此为治国指导思想的朝代是（　　）。①（2023年单选28）
 A. 秦朝　　　　　　　　B. 隋朝
 C. 宋朝　　　　　　　　D. 元朝

2. 下列选项中，不属于秦朝法制的指导思想的是（　　）。②（2016年单选32）
 A. 缘法而治　　　　　　B. 法令由一统
 C. 严刑重法　　　　　　D. 明刑弼教

3. 下列关于秦朝立法指导思想的表述，正确的是（　　）。③（2014年单选35）
 A. 秦朝的立法强调"兼爱""非攻"
 B. 秦朝的立法主张"缘法而治"和"法令由一统"
 C. 秦朝的立法体现"无为而治"的老庄核心思想
 D. 秦朝的立法提倡"德治""礼治"与"人治"

（二）秦代法律形式

1. 律

律是秦朝法律的主体，是通过正式立法程序制定、颁布、实施的法律条文，具有稳定性、规范性与普遍适用性。

2. 令

令是皇帝针对某些具体事项临时发布的命令，具有最高的法律效力，秦始皇二十六年改命为制，改令为诏。

3. 法律答问

法律答问是对法律条文、术语、律义作出的具有法律效力的解释，因采用答问的形

---

① A

② D

③ B

式，故称法律答问。

[安口诀] 法律答问是秦代独有的。

4. 封诊式

封诊式是司法机关有关审判原则、治狱程式以及对案件进行调查、勘验、审讯、查封等方面的法律规定和文书程式，包括一些具体案例。

5. 廷行事

廷行事即最高司法机关判案的判决成例，在司法实践中可以作为同类案件判决的依据，睡虎地云梦秦简《法律答问》中有12处提到廷行事，说明其已成为律文之外可援引的成例。

6. 其 他

秦朝的法律形式还包括课、程等。

品题

1. 秦律规定："盗封啬夫可（何）论？廷行事以伪写印。"这里的"廷行事"是指（ ）。①（2016年单选33）

A. 制定法　　　　　　　　B. 司法成例
C. 立法解释　　　　　　　D. 司法解释

2. 秦朝的法律形式中，对法律条文、术语作出具有法律效力解释的是（ ）。②（2015年法学单选16）

A. 令　　　　　　　　　　B. 法律答问
C. 廷行事　　　　　　　　D. 封诊式

3. 秦朝主要的法律形式有（ ）。③（2014年法学多选29）

A. 格　　　　　　　　　　B. 律
C. 封诊式　　　　　　　　D. 法律答问

（三）云梦秦简

1. 背 景

1975年12月，湖北省云梦县睡虎地秦墓出土了1155支秦简。

2. 内 容

1) 律：包括《秦律十八种》《效律》《秦律杂抄》，涉及的内容非常广泛，所见律名主要有《田律》《厩苑律》《仓律》《金布律》《关市律》《工律》《工人程》《均工律》《徭律》《司空律》《军爵律》《置吏律》《效律》《传食律》《行书律》《内史杂》《尉杂》《除吏律》

---

① B
② B
③ BCD

《除弟子律》《牛羊课》《傅律》《戍律》《捕盗律》等近 30 种。

2）法律答问。

3）封诊式。

4）为吏之道：官吏应遵循的为官准则和要求。

3. 影　响

睡虎地云梦秦简的发现，使得战国末年至秦始皇统一后的法制基本得到了再现。除睡虎地秦简外，湖南出土的里耶秦简和岳麓书院藏秦简，也有较为丰富的法律内容。

品题

在 1975 年 12 月出土的湖北云梦睡虎地秦墓竹简中，有大量关于律的内容。下列选项中，属于秦律篇名的有（　　）。① （2020 年多选 48）

A. 金布律　　　　　　　　B. 关市律
C. 户婚律　　　　　　　　D. 均工律

考点 2：秦代刑事制度

（一）秦代刑法原则

1. 秦以身高作为承担刑事责任的标准：未成年者犯罪，不负刑事责任或减轻刑事处罚，男六尺五寸、女六尺二寸为成年人，开始负刑事责任。

> **超链接**
>
> "甲小未盈六尺，有马一匹自牧之，今马为人败，食人稼一石，问当论不当？不当论及偿稼。"
>
> 翻译：甲小儿身高不足六尺，有一匹马自己放养，现在马被别人惊吓，吃了别人一石的庄稼，问是否应当论处？不应论处，也不应赔偿庄稼。
>
> "甲盗牛，盗牛时高六尺，系一岁，复丈，高六尺七寸，问甲何论？当完城旦。"
>
> 翻译：甲偷牛，偷牛的时候身高六尺，囚禁一年，再次测量，身高六尺七寸，问甲应当如何论处？应完为城旦。
>
> "隶臣、城旦高不盈六尺五寸，隶妾、舂不盈六尺二寸，皆为小。"
>
> 翻译：隶臣、城旦身高不满六尺五寸，隶妾、舂身高不满六尺二寸，都属于未成年。

2. 区分故意与过失：故意称端，过失称不端，故意犯罪处刑从重，过失犯罪处刑从轻。

[安口诀] 区别于西周"眚""非眚"。

3. 盗窃按赃值定罪：对于侵犯财产的盗窃罪，根据不同等级的赃值分别定罪，赃值少的定罪轻，赃值多的定罪重。

---

① ABD

> **超链接**
>
> "甲盗，赃值千钱，乙知其盗，受分，赃不盈一钱。问乙何论？同论。"
>
> 翻译：甲盗窃，赃值一千钱，乙知道甲盗窃，分赃不满一钱，问乙应如何论处？与甲同样论处。
>
> "甲盗钱以买丝，寄乙，乙受，弗知盗，乙论何也？毋论。"
>
> 翻译：甲盗钱用以买丝，把丝寄存在乙方处，乙收受了，但不了解盗窃的事，乙方如何论处？不应论罪。

4. **共同犯罪加重处罚**：在侵犯财产罪的处罚方面，<u>两人或两人以上实施犯罪较个体犯罪加重量刑</u>，<u>五人以上共犯为重大犯罪</u>。

> **超链接**
>
> "五人盗，赃一钱以上，斩左趾，又黥以为城旦；不盈五人，盗过六百六十钱，黥劓以为城旦；不盈六百六十到二百廿钱，黥为城旦；不盈二百廿以下到一钱，迁之。"
>
> 翻译：（负责抓捕的官员）五人以上盗罪共犯，赃值超过1钱，判处斩左趾、黥刑和城旦刑；不足五个人的共犯，盗的赃值超过660钱的，判处黥刑、劓刑和城旦刑；盗的赃值在220~660钱之间的，判处黥刑和城旦刑；盗的赃值在1~220钱之间的，判处迁徙流放。
>
> "甲盗，赃值千钱，乙知其盗，受分，赃不盈一钱，问乙何论？同论。"
>
> 翻译：甲盗钱，数额1 000钱，乙知道是甲盗来的钱，参与分赃，分到不过1钱，问乙该如何论处？应该与甲同罪。
>
> "夫盗千钱，妻所匿三百，何以论妻？妻知夫盗而匿之，当以三百论为盗；不知为收。"
>
> 翻译：丈夫盗1 000钱，妻子藏匿其中300钱，如何认定妻子的行为？如果妻子知道是丈夫盗来而藏匿的，就以盗300钱来追究妻子的责任；如果不知道，就是普通的收藏行为，没有罪。

5. **累犯和教唆犯加重处罚**：犯罪被处刑后再犯罪以及教唆未成年人犯罪者，加重处罚。

> **超链接**
>
> "甲谋遣乙盗杀人，受分十钱，问乙高未盈六尺，甲何论？当磔。"
>
> 翻译：甲为主谋，派遣乙强盗杀人，分到10钱，如果乙身高未达到六尺，问甲该如何处置？应当判处车裂。

6. **自首减轻处罚**：秦律区分<u>自出</u>、<u>自告</u>与<u>得（捕获）</u>。自出、自告等自首者从轻；若犯罪后能主动消除犯罪后果，可减免处罚。

[安口诀] 自告 VS 自出：如果是犯罪人在官府未发现犯罪时主动投案，或者在犯罪现场等候抓捕，则构成自告；如果是犯罪人在官府立案通缉后，逃跑又主动归案，则构成自出。如果犯罪人无任何自首情节，就是被抓获，就是"得"。

> **超链接**
>
> "把其假以亡，得及自出，当为盗不当？自出，以亡论；其得，坐赃为盗；盗罪轻于亡，以亡论。"
>
> 翻译：凡携带所借公物外逃，被抓获或者主动自首，是否判处盗罪？如果主动自首，不以盗窃论处，而以逃亡论处；如果被抓获，就按赃值判处盗罪；如果（这个赃值的）盗罪轻于逃亡罪，则判处逃亡罪。
>
> "隶臣妾系城旦舂，去亡，已奔，未论而自出，当笞五十，备系日。"
>
> 翻译：隶臣妾/城旦舂，在服刑期间逃亡、出走，后又自首，仅笞五十，补足服役期限。

7. <u>诬告反坐</u>：故意捏造事实诬告他人者，使无罪者入罪，轻罪者入于重罪，即构成诬告罪，按所诬罪名相应的刑罚，对诬告者处罚。

[安口诀] 诬告死罪反坐死罪，诬告非死罪则不一定；明代诬告加等反坐。

> **超链接**
>
> "甲告乙盗牛若贼伤人，今乙不盗牛、不伤人，问甲何论？端为，为诬人；不端，为告不审"。
>
> 翻译：甲控告乙方盗牛或杀伤人，现在乙没有盗牛、没有伤人，问甲应如何论处？如果是故意就属于诬告他人；如果不是故意就属于控告不实。
>
> "告人盗百一十，问盗百，告者何论？当赀二甲。盗百，即端盗加十钱，问告者何论？当赀一盾。赀一盾应律，虽然，廷行事以不审论，赀二甲。"
>
> 翻译：告发他人盗110钱，审问结果是盗了100钱，告发人应如何论处？应罚金2甲。如果告发人是故意多加了10钱，那告发人该如何论处？按照法律应罚金1盾，可是按照廷行事则以控告不实论处，罚金2甲。
>
> "伍人相告，且以辟罪，不审，以所辟罪罪之。又曰：不能定罪人，而告它人，为告不审。今甲曰伍人乙贼杀人，即执乙，问不杀人，甲言不审，当以告不审论，且以所辟？以所辟论当也。"
>
> 翻译：同伍的人相控告，加以罪名，不属实，应以所加的罪名判决控告者有罪。（律文）又说，不能确定别人犯罪，而对别人进行控告，这就是"不审"，即控告不实。如果甲控告说同伍的乙杀了人，就将乙进行拘捕，经过审讯，乙并未杀人，甲所言不实，应以控告不实罪论处，还是以所加的罪名论处？应以所加的罪论处。
>
> "上造甲盗一羊，狱未断，诬人曰盗一猪，论可（何）也？当完城旦。"
>
> 翻译：上造甲盗了一只羊，案子尚未判决，又诬告他人盗窃了一只猪，应如何论处？应完城旦。

8. <u>连坐制度</u>：秦朝延续商鞅时期的连坐制度，未实施犯罪行为，但因与犯罪者有某种关系而受牵连入罪者，极为普遍。

品题

1. 《睡虎地秦墓竹简·法律答问》载:"伍人相告,且以辟罪,不审,以所辟罪罪之。"这一规定所反映的秦朝定罪量刑的原则是（　　）。① (2021年单选33)

A. 邻伍连坐　　　　　　　B. 共犯加重
C. 奖励告奸　　　　　　　D. 诬告反坐

2. 秦简《法律答问》记载:"甲小未盈六尺,有马一匹自牧之,今马为人败,食人稼一石,问当论不当？不当论及偿稼。"依照该解答,秦律判断责任能力的标准是（　　）。② (2017年单选35、2017年法学单选16)

A. 智识　　　　　　　　　B. 身高
C. 年龄　　　　　　　　　D. 财产

（二）秦代主要刑罚

1. 死刑

秦朝死刑的种类很多,如戮、磔、腰斩、车裂、枭首、弃市、凿颠、抽肋、镬烹、囊扑、定杀等,体现出死刑执行的残酷性和随意性。

2. 肉刑

如墨、劓、斩左右趾、宫刑等,通常肉刑与劳役刑并用。

3. 作刑

作刑即后世的徒刑,是在一定时期内对罪犯限制人身自由,并强制无偿劳役的刑罚。秦朝将大量的徒刑用于军事设施和土木工程兴造,如城旦、舂、鬼薪、白粲、隶臣妾、司寇、候,并附加肉刑和髡、耐,分不同的等级。一般认为秦的作刑尚没有关于刑期的系统规定。

4. 财产刑

财产刑即对于某些犯罪强制罪犯交纳一定数量的财产,以示惩罚,主要有赀刑和赎刑。

1）赀刑以财罚为主,也有与财产相关的力役罚,对轻微犯罪者实行赀甲、赀盾、赀徭等。

2）赎刑是缴纳一定数量的赎金或提供一定期限的劳役以替代判定的刑罚,秦律规定的种类有赎耐、赎黥、赎宫到赎死等,分不同等级,无钱赎罪者可以劳役折抵。

5. 耻辱刑

如髡（剃去犯人头发）、耐（剃去犯人胡须）、完（不附髡耐者）,耻辱刑基于古人"身体发肤,受之父母,不可轻弃"的观念,既亏其体,又辱其人,耻辱刑多作为徒刑的附加刑使用,如髡钳城旦舂、耐为鬼薪、完为城旦。

---

① D

② B

> **超链接**
> 关于完刑，一种说法是指不加肉刑和髡耐，另一种说法是完与耐是一刑二称，剃去犯人的胡须，而保留犯人的头发。

6. 官吏轻微犯罪

<u>废</u>、<u>谇</u>、<u>免</u>、<u>收</u>（籍没）、<u>迁</u>等。

[安口诀]废水免收钱。

> **超链接**
> 废是指秦汉时期职官或王侯犯罪被撤销官爵的刑罚；谇是指秦律规定的训诫刑；免是指辞职、解职；收就是籍没，亦称抄没，是将罪犯所有财产登记没入官府的刑罚，相当于现在的没收财产；迁亦称徙，是将犯人及受株连者以及因判死刑而得赦宥者，或统治者认为对其有安全威胁的人迁移到指定地区的刑罚或处置。

品题

1. 秦朝法律规定对轻微犯罪者实行赀甲、赀盾、赀徭等，这些刑罚属于（　　）。① (2022 年单选 34)

   A. 身体刑　　　　　　　　B. 财产刑
   C. 生命刑　　　　　　　　D. 耻辱刑

2. 秦始皇年间，咸阳发生一起杀人案，甲向官府告发该案是乙所为，乙遂被官府捕获，被判死罪，后官府抓获真凶丙，经查，甲乙素有结怨，甲为报私仇而进行诬告，根据秦律，甲可能被判处的刑罚是（　　）。② (2018 年单选 29、2018 年法学单选 17)

   A. 腰斩　　　　　　　　　B. 鬼薪
   C. 斩左趾　　　　　　　　D. 髡钳城旦

3. 在刑制改革中，汉代增设"女徒顾山"刑罚属于（　　）。③ (2018 年单选 36)

   A. 死刑　　　　　　　　　B. 赎刑
   C. 徒刑　　　　　　　　　D. 耻辱刑

4. 下列选项中，属于耻辱刑的刑罚是（　　）。④ (2015 年单选 32)

   A. 髡刑　　　　　　　　　B. 隶臣妾
   C. 赀刑　　　　　　　　　D. 城旦舂

5. 下列刑罚中，属于秦朝作刑的是（　　）。⑤ (2012 年单选 34)

---

① B
② A
③ B
④ A
⑤ D

A. 髡刑　　　　　　　　B. 耐刑
C. 赀刑　　　　　　　　D. 城旦舂

(三) 秦代主要罪名

1. 盗贼类犯罪：包括谋反、盗贼犯罪、不敬皇帝。
2. 思想类犯罪：包括诽谤与妖言、以古非今、妄言、非所宜言、投书等惩治思想言论的犯罪。
3. 秦独有犯罪：如<u>盗徙封</u>罪，即偷偷移动田界标志企图侵占他人田产的犯罪，秦律规定，盗徙封，<u>赎耐</u>。

> **超链接**
> "盗徙封，赎耐。何如为封？封即田阡陌。顷畔封也，且非是？而盗徙之，赎耐，何重也？是，不重。"
> 翻译：盗徙封的行为，判处赎耐。什么是封？封就是划分田界的阡陌。把田界旁边零星土地盗徙过来，判处赎耐，判得重吗？判得不重。

> **品题**
> 秦朝南郡民某甲犯盗徙封罪，被官府判处赎耐。根据秦律，盗徙封是指（　　）。① （2022年单选29）
> A. 擅自移动田界标志　　　　B. 盗大祀神物
> C. 盗官府符印　　　　　　　D. 占田过限

考点 3：秦代经济制度

1. <u>农业管理与自然资源保护立法</u>

秦朝继续推行商鞅变法以来的重农政策，注重发展农业和畜牧业生产，注重督课各级官吏加强农田水利管理、农产品种子管理、自然灾害报告、畜牧业管理、劳动力的控制与考课，以便有效地促进农业生产和管理。

秦朝还十分注意协调和保护生态环境，采取周密的管理措施，通过颁布法令合理利用和保护自然资源，如<u>规定山林、矿山、湖泊、水流及其附着物等自然资源属于国有</u>，受到法律保护；每年<u>春二月</u>，<u>不准砍伐树木</u>；<u>不准堵塞水道</u>；<u>不到夏季</u>，<u>不得烧草积肥</u>；<u>不准采摘刚发芽的植物</u>；<u>不准捕取幼兽、幼鸟等</u>。<u>禁令至七月才解除</u>。

2. <u>官营手工业管理立法</u>

秦朝制定了如《工律》《均工律》《工人程》等法规，对手工业特别是官营手工业进行严格管理，如规定产品的规格与标准；建立生产责任制和产品检查评比制度；规定工人的劳动定额、培训指导、奖惩标准和劳动力调配等。

3. <u>市场与货币管理立法</u>

为了保护合法的商品交换，维护正常的市场贸易秩序，秦朝很重视运用法律手段加强市

---

① A

场与货币管理，对诸如商品价格、货币流通、度量衡管理、外贸管制等均有细密的法律规定。

考点4：秦代司法制度

（一）司法机关

1. 皇帝掌握最高司法审判权，重大案件往往由皇帝亲自审判和裁决。

2. 廷尉属于九卿之一，是中央司法机关，负责审理地方上诉案件和郡县不能决断的疑难案件，同时也负责皇帝交办的诏狱。

［安口诀］最高司法机关变迁：

西周	大司寇
秦汉魏晋	廷尉
北周	秋官大司寇
北齐	大理寺
隋唐宋	大理寺
元	大宗正府＋刑部
明清	刑部
清末	大理院
南京临时政府	临时中央审判所
北洋政府	大理院
南京国民政府	司法院——最高法院

3. 御史大夫属于三公之一，是最高监察官，也具有重大案件的司法审判权。

品题

历史上以廷尉为中央最高司法审判机关的朝代有（　　）。① （2019年多选48）
A. 秦朝　　B. 汉朝　　C. 唐朝　　D. 宋朝

（二）司法制度

1. 起诉阶段

1）起诉方式：一是当事人或亲属告发，二是官吏纠举。对于重大案件，受害人亲属、邻里皆有主动告发之义务，知奸不举者要连坐。

2）公室告和非公室告：公室告是指"贼杀伤、盗他人"等危害统治秩序的犯罪，官府必须受理；非公室告是指"子盗父母，父母擅杀、刑、髡子及奴妾"等家庭成员内部的案件，不得告发，官府也不得受理，若控告人坚持控告，官府会对控告者治罪。

［安口诀］只有"对家族以外的人构成贼、盗"才是公室告，只有"儿子偷爹妈，家

---

① AB

主动私刑"才是非公室告。其余既不是公室告，也不是非公室告。

3）禁止诬告：控告的内容若不实，控告者又以他事控告，官府不仅不受理，还要追究其罪责，以防止诬告。

品题

依秦律，下列案件中，属于官府应当受理的"公室告"的是（　　）。① （2016年法学单选16）

A. 甲告邻人窃其财产 　　B. 乙告父殴伤自己
C. 丙告子窃其财物 　　　D. 丁告主擅用私刑

2. 审判阶段

1）审讯制度：秦朝讯问被告称<u>讯狱</u>，审断定罪称<u>治狱</u>，调查或勘验笔录称<u>爰书</u>，查封财产称<u>封守</u>。

2）刑讯制度：秦朝允许司法官吏使用刑讯手段，但不提倡刑讯。审讯效果分为上、下、败：<u>上</u>即能据供查证，弄清事实；<u>下</u>为动刑后查清案情；<u>败</u>指采用恐吓手段审讯却没有查清案情。

3）上诉制度：秦朝司法官作出判决后向被告宣读称<u>读鞫</u>；宣读后当事人不服可以申请再审称<u>乞鞫</u>，乞鞫<u>也可由家人代为</u>。

3. 法官责任

1）<u>不直</u>：<u>故意</u>重罪轻判或轻罪重判。
2）<u>纵囚</u>：故意减轻犯罪情节或应论而不论者。
3）<u>失刑</u>：<u>过失</u>导致处刑不当、失其轻重。

[安口诀] 没判就放或判了无罪是纵囚；故意判错是不直；过失判错是失刑。

超链接

"论狱何谓不直？何谓纵囚？罪当重而端轻之，当轻而端重之，是谓不直。当论而端弗论，及易其狱，端令不致，论出之，是谓纵囚。"

翻译：判案怎样称为不直？怎样称为纵囚？罪应重而故意轻判，应轻而故意重判，称为不直。应当论罪而故意不论罪，以及减轻案情，故意使犯人达不到判罪标准的，称为纵囚。

品题

秦始皇三十三年，咸阳令审判一起盗羊案件时，误将系羊绳圈的价值计入赃值，与秦律规定的计赃方法不符。依照秦律，该县令的行为已构成犯罪，其所触犯的罪名是（　　）。② （2013年单选34）

A. 不直　　B. 纵囚　　C. 失刑　　D. 擅刑

---

① A
② C

第二节　汉朝法律制度

导学

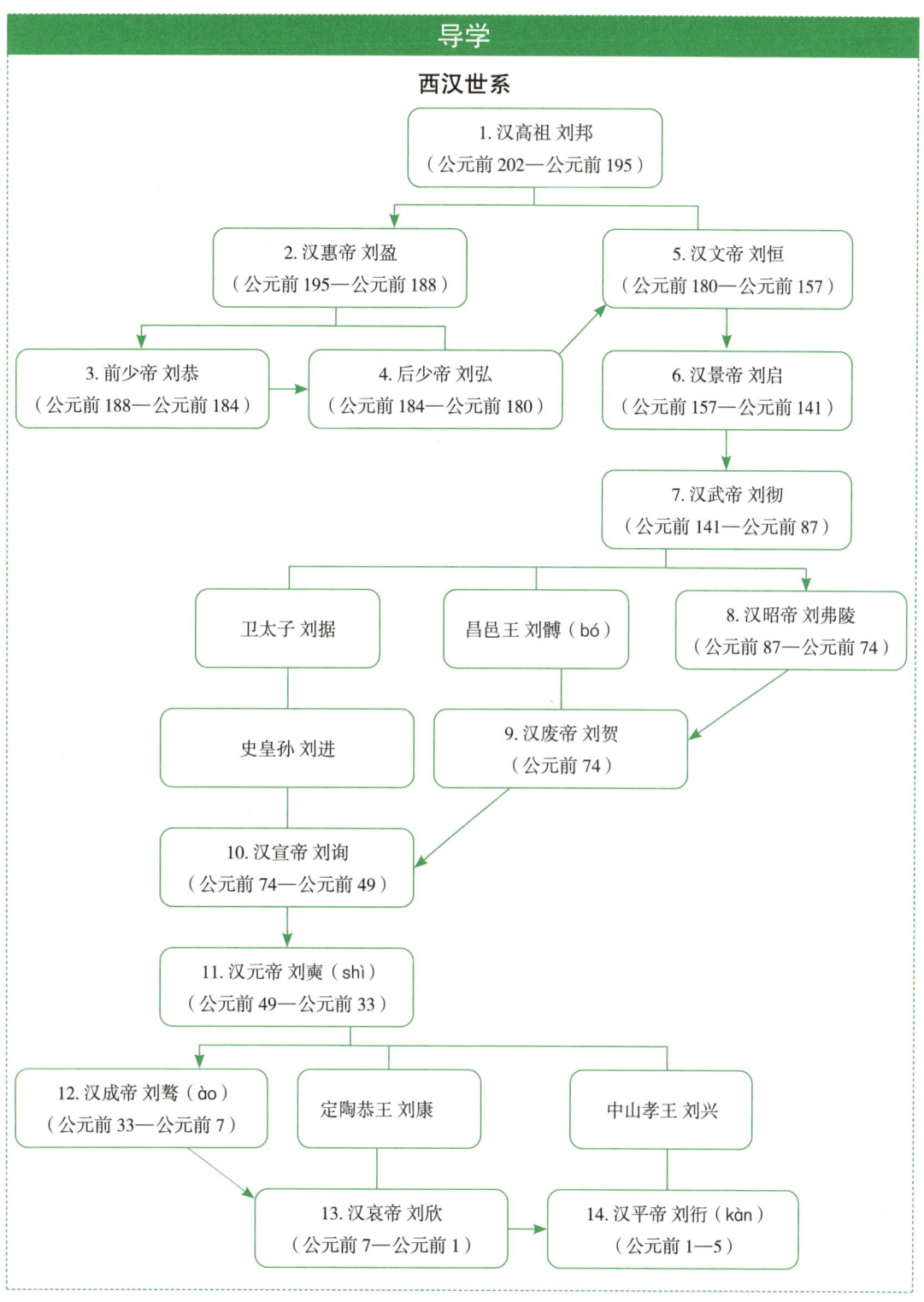

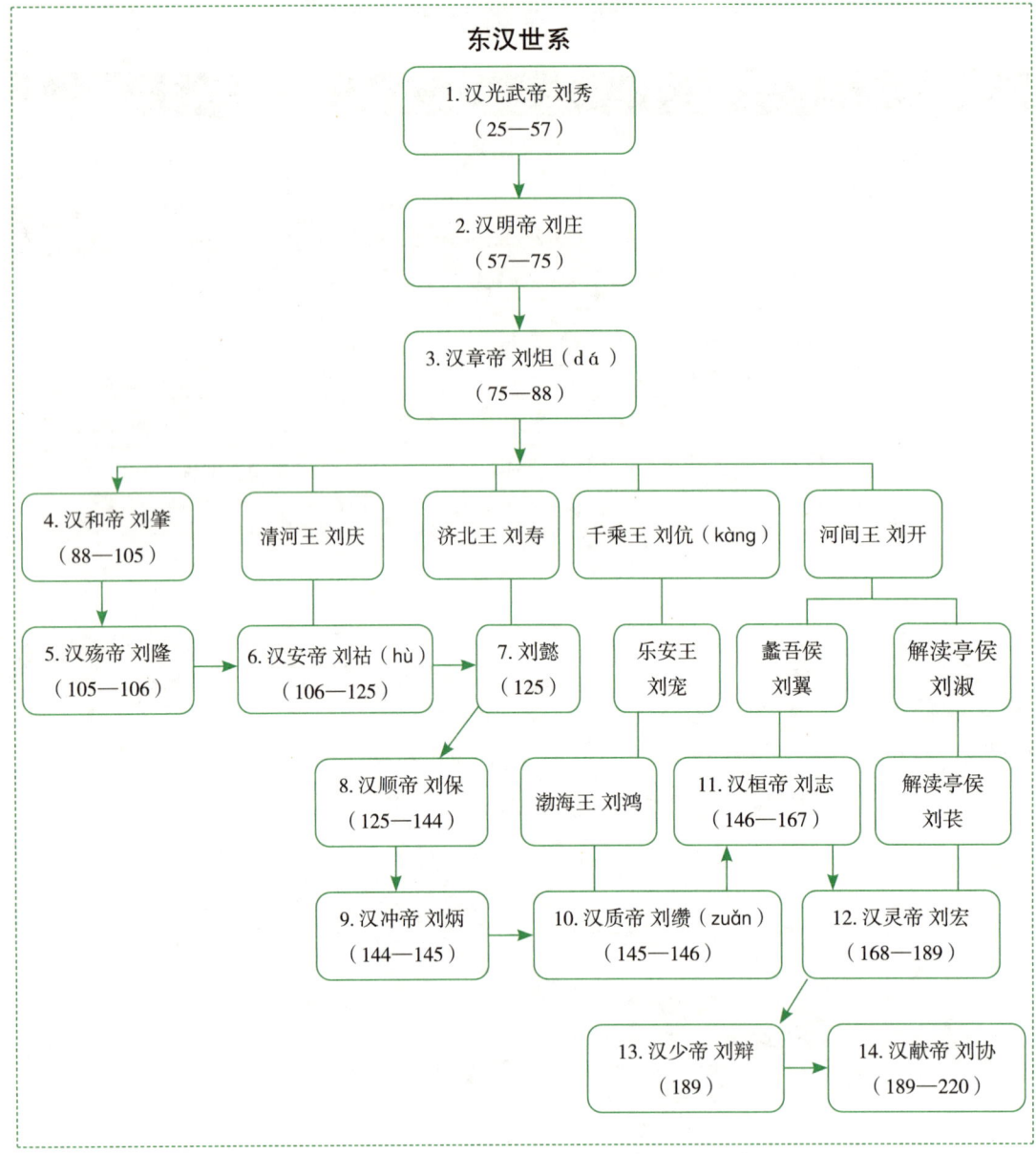

考点5：汉代主要立法

(一) 汉代立法思想

1. 汉初<u>黄老学说</u>

1) 背景：汉初通过批判秦朝"专任刑罚""重刑轻罪"，确立了黄老的无为而治为指导思想，具体体现为"<u>轻徭薄赋</u>"和"<u>约法省刑</u>"，这既是长期战乱之后经济凋敝的客观条件所决定的，又是统治者总结秦亡教训、探索治国之道的结果。

2) 内容。①轻徭薄赋：旨在休养生息，<u>汉高祖</u>减轻税负，规定田赋<u>十五而税一</u>，<u>汉景帝</u>又减为<u>三十而税一</u>。②约法省刑：刘邦入咸阳曾<u>约法三章</u>，即"<u>杀人者死，伤人及盗</u>

抵罪，余悉除去秦法"；汉惠帝除《挟书律》；吕后"除三族罪、妖言令"；汉文帝、汉景帝进行肉刑改革。

> **超链接**
>
> 《挟书律》：挟书即私藏书籍，秦始皇三十四年，采纳丞相李斯的建议，下令禁止儒生以古非今，颁布民间有私藏《诗》《书》和百家书籍者族诛的法令。
>
> 妖言：秦代已有妖言罪，汉承秦制继续规定妖言罪，其间虽吕后、文帝、章帝曾下诏废除妖言罪，但随废随复，终汉之世仍有被定为妖言罪而处死者，其后唐、宋、元、明、清代均设有妖言罪。

3）影响：汉初推行无为而治取得了生产发展、政权稳定的显著成效。

> **超链接**
>
> 《汉书·张释之传》："上行出中渭桥，有人从桥下走，乘舆马惊。于是使骑捕之，属廷尉。释之治问。曰：'县人来，闻跸，匿桥下。久，以为行过，既出，见车骑，即走耳。'释之奏当：'此人犯跸，当罚金。'上怒曰：'此人亲惊吾马，马赖和柔，令他马，固不败伤我乎？而廷尉乃当之罚金！'释之曰：'法者，天子所与天下公共也。今法如是，更重之，是法不信于民也。且方其时，上使立诛之则已。今已下廷尉，廷尉，天下之平也，壹顷，天下用法皆为之轻重，民安所措其手足？唯陛下察之。'上良久曰：'廷尉当是也。'"
>
> 翻译：皇上行经中渭桥，有一个人从桥下跑出来，使皇上驾车的马受了惊。于是皇上令骑士把那人逮捕，交付给廷尉治罪。张释之审问那个人。那个人回答说："我是长安县乡下人，来这里，听到清道戒严，急忙躲到桥下。过了好久，以为皇上已经过去，便从桥下出来，见到皇上的车马和仪仗队就在眼前，立即转身跑了。"张释之据此上奏应得的刑罚，说："此人违犯了清道戒严的号令，应处以罚金。"文帝大怒道："这个人惊了我的马，幸亏我的马性情温和，假如是别的马，不早就摔伤我了吗？廷尉却仅处以罚金！"张释之说："法律是天子与天下人共同遵从的。如今法律是这样规定的，却要加重处罚，这样法律就不能取信于民了。况且在当时，皇上令人就地杀掉他也就罢了。如今既然交付给廷尉，而廷尉是天下公平的象征，一旦有偏，天下使用法律时都会任意或轻或重，老百姓往哪儿安放他们的手脚？望陛下明察。"过了好久，皇上说："还是廷尉判得对。"
>
> 《汉书·张释之传》："有盗高庙座前玉环，得，文帝怒，下廷尉治。案盗宗庙服御物者为奏，当弃市。上大怒曰：'人亡道，乃盗先帝器！吾属廷尉者，欲致之族，而君以法奏之，非吾所以共承宗庙意也。'释之免冠顿首谢曰：'法如是足也。且罪等，然以逆顺为基。今盗宗庙器而族之，有如万分之一，假令愚民取长陵一抔土，陛下且何以加其法乎？'文帝与太后言之，乃许廷尉当。是时，中尉条侯周亚夫与梁相山都侯王恬启见释之持议平，乃结为亲友。张廷尉由此天下称之。"

翻译：有人偷了高祖庙内神座前的玉环，被捕。文帝大怒，交给廷尉治罪。张释之依照法律中偷盗宗庙服饰器物的条文，奏请判处斩首。皇上勃然大怒道："那人胡作非为，居然偷盗先帝宗庙中的器物！我之所以交付给你廷尉审理，是想使他灭族，而你却按照通常的法律条文奏请，这不是我所用来恭敬承奉先人的本意。"张释之脱帽叩头解释说："按照法令这样判处已经到极限了。况且斩首与灭族同是死罪，但以逆顺轻重的程度为根据。今日偷盗宗庙的器物便诛灭他的全族，假设愚民偷挖了长陵上的一捧土，陛下又将怎样施加给他刑罚呢？"后来文帝和薄太后谈论了这件事，于是批准了廷尉的判决。当时，中尉条侯周亚夫和梁相山都侯王恬启看到张释之议论公正，就同他结为亲密朋友。张释之由此受到天下人的称颂。

2. 汉武帝德主刑辅

1）背景：经过休养生息，汉武帝时国家已经具备雄厚的物质基础，为了实现大一统的治世理想，汉武帝决心改消极姑息的"无为而治"为积极进取的"有为而治"。

2）内容：汉武帝采纳董仲舒罢黜百家、独尊儒术的主张，将儒家思想定为至尊，董仲舒以"天人感应"的国家法律观和"大一统"的秩序模式，系统阐述了礼法并用、德主刑辅的立法指导思想。

> **超链接**
> 董仲舒的学说以先秦儒家思想为主体，吸收了阴阳、法、道等诸说而建构完成，实现了儒法的合流。经过董仲舒的理论阐释和附会，"君为臣纲，父为子纲，夫为妻纲"之"三纲"成为法律制度的核心和宗旨，其中尤其鼓吹"君权神授"，强调君主集权。

3）影响：德主刑辅纠正了秦朝专任刑罚的偏失，以儒家的德礼教化和法家的刑罚惩治相结合，更有利于维护王朝的长治久安。这一思想是对以往法制经验的总结，并为后世王朝所沿袭和发展，从而确立了传统中国正统的法律思想。

[安口诀] 历代立法思想：

夏商	天讨、天罚思想
西周	以德配天，明德慎罚
战国	一断于法＋刑无等级＋轻罪重刑＋法布于众
秦	缘法而治＋法令由一统＋严刑重法
汉	汉初黄老学说；汉武帝时期德主刑辅
唐	德礼为政教之本，刑罚为政教之用＋立法宽简、稳定、划一
元	祖述变通，附会汉法，因俗而治，蒙汉异制
明	刑乱国用重典＋明刑弼教
清	入关前参汉酌金；入关后详译明律，参以国制

（二）汉律六十篇

1.《九章律》

1）背景：汉朝建立后，高祖深感"三章之法不足以御奸"，故令丞相萧何参照秦法，"取其宜于时者，作律九章"。

2）体例：共9篇。

3）内容：《盗律》《贼律》《囚律》《捕律》《杂律》《具律》《户律》（户籍、田赋、婚姻）《兴律》（征发徭役、城防守备）《厩律》（牛马蓄养、驿传）。

4）影响：《九章律》是两汉的基本法律，由于该法既直接沿用《法经》各篇，又多汲取秦律，并未进行严格的逻辑分类及体系构建，因此，无论是各律篇名与具体内容的对应性，还是各篇之间的关系，均存在一定的交叉重复甚至混乱现象。

> **超链接**
>
> 《晋书·刑法志》："《盗律》有贼伤之例，《贼律》有盗章之文，《兴律》有上狱之法，《厩律》有逮捕之事，若此之比，错糅无常。"
>
> 《晋书·刑法志》引《魏律序略》称："《九章律》因秦《法经》，就增三篇，而《具律》不移，因在第六，罪条例既不在始又不在终，非篇章之义。"

2.《傍章律》

1）背景：汉高祖时期叔孙通制定。

2）体例：共18篇。

3）内容：朝廷礼仪。

> **超链接**
>
> 叔孙通，生卒年不详，汉初薛县人（今山东省滕县东南），曾任秦博士，于汉朝建立之后，帮助刘邦制定朝仪，官至太子太傅，《史记》和《汉书》都有叔孙通的传记，但关于《傍章律》，《史记》和《汉书》中都没有明确的记载，如《汉书》说他"所撰礼仪与律令同录藏于理官法家，又不复传"，近人程树德《九朝律考》就根据"与法令同录"这句话，认为"礼仪"就是"傍章"。

3.《越宫律》

1）背景：汉武帝时期张汤制定。

2）体例：共27篇。

3）内容：宫廷卫禁。

> **超链接**
>
> 张汤（？—公元前115），西汉杜陵人（今陕西西安市东南），幼时随父学习法律，根据《汉书》记载，"父为长安丞，出，汤为儿守舍。还，鼠盗肉，父怒，笞汤。汤掘熏得鼠及余肉，劾鼠掠治，传爱书，讯鞫论报，并取鼠与肉，具狱磔堂下。父见之，视文辞如老狱吏，大惊，遂使书狱"，父亲死后，张汤继承父职为长安吏，汉武帝时任太

中大夫、廷尉、御史大夫等职。他将汉武帝对一些疑难案件的处理意见，辑为"廷尉挈（qiè）令"，深得汉武帝信任。根据《汉书》记载，他死后"家产直不过五百金，皆所得奉赐，无它赢"。

4.《朝律》
1）背景：汉武帝时期<u>赵禹</u>制定。
2）体例：共 <u>6</u> 篇。
3）内容：<u>朝贺制度</u>。

> **超链接**
> 赵禹（？—约公元前100），西汉斄（tái）县人（今陕西武功县西南），汉武帝时曾任御史、太中大夫、廷尉等职，曾和张汤共同制定"监临部主，见知故纵"之法，为官廉洁、治狱严酷。

品题

汉初，叔孙通制定《傍章律》十八篇，"与律令同录，藏于理官"，作为《九章律》的重要补充。《傍章律》的主要内容是（　　）。① （2022年单选35）
A. 朝廷礼仪　　　　　　　　B. 宫廷警卫
C. 朝贺制度　　　　　　　　D. 朝仪制度

（三）汉代法律形式

1.律
1）内容：律是以刑事规范为主的具有普遍性和稳定性的成文法。
2）影响：律是汉代的基本法律形式，如汉律六十篇以及《左官律》《酎金律》《上计律》等。

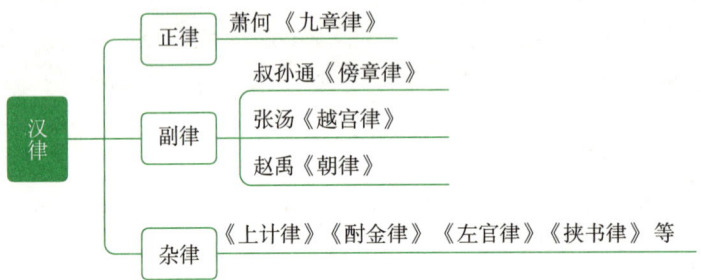

2.令
1）内容：令是皇帝随时发布的诏令或由臣下提出、经皇帝批准的立法建议，涉及面广，法律<u>效力高于律</u>。
2）影响：令可以对律起到增补和修改的作用，由于诏令的发布往往比较随意，其数

---

① A

量不断增多。

> **超链接**
>
> 汉武帝时廷尉杜周说"前主所是著为律,后主所是疏为令",表明律和令都是君主意志的体现,在汉代并未明确区分律和令;而晋武帝时杜预说"律以正罪名,令以存事制",晋代将律和令明确分开。

3.科

1)内容:科从课发展而来,是规定犯罪与刑罚及行政管理方面的单行法规,也称<u>事条</u>、<u>科条</u>。

2)影响:至<u>东汉</u>,科条种类繁多,造成<u>科条无限</u>的混乱局面。

4.比

1)内容:<u>比</u>又称<u>决事比</u>,是在律无正条时比照援引<u>典型判例</u>作为裁断案件的依据,两汉具备法律效力的比的种类有<u>死罪决事比</u>、<u>辞讼比</u>、<u>廷尉决事比</u>、<u>春秋决事比</u>等。

> **超链接**
>
> 《礼记·王制》郑玄注云:"已行故事曰比。"
>
> 《周礼·秋官·大司寇》贾公彦疏:"若今律,其有断事,皆依旧事断之。其无条,取比类以决之,故云'决事比'也。"
>
> 《辞讼比》是东汉时期陈宠撰写的书,共七卷,《后汉书·陈宠传》载,"陈宠少为州郡吏,辟司徒鲍昱府……宠为昱撰《辞讼比》七卷,决事科条,皆以事类相从。昱奏上之,其后公府奉以为法",此书隋朝已佚。

2)影响:由于比具有灵活性和针对性,故被广泛应用,至汉武帝时仅"死罪决事比"即达1.3万余条。由于比的方便与灵活、数量极多又缺乏严格的整理统一,以致"罪同论异"。

> **超链接**
>
> 《汉书·刑法志》:"奸吏因缘为市,所欲活则傅(传)生议,所欲陷则予死比。"
>
> 翻译:奸猾之吏于是上下其手,想要使犯人活就引用轻判的法条,想要让犯人死就引用死罪的判例。

品 题

1.汉代律无正条时,可以援引典型判例作为裁断案件的依据。由此形成的法律形式称为(　　)。① (2014年单选36)

　　A.律　　　　　　　　　　B.令
　　C.科　　　　　　　　　　D.比

---

① D

2. 中国法制史上出现的下列法律形式中,具有判例法性质的有(　　)。①(2012年法学多选30)

A. 教民榜文　　　　　　B. 廷行事
C. 决事比　　　　　　　D. 则例

考点6：汉代刑事制度

(一)汉代主要刑罚

1. 文景刑制改革

1)背景：汉文帝时期约法省刑政策的推行,使经济持续发展,社会稳定,为改革刑制提供了基本条件,促成汉文帝进行刑制改革的直接原因是<u>缇萦上书</u>。

> **超链接**
>
> 《史记·孝文本纪》："齐太仓令淳于公有罪当刑,诏狱逮系长安。太仓公无男,有女五人。太仓公将行会逮,骂其女曰：'生子不生男,有缓急非有益也！'其少女缇萦自伤泣,乃随其父至长安,上书曰：'妾父为吏,齐中皆称其廉平,今坐法当刑。妾伤夫死者不可复生,刑者不可复属,虽复欲改过自新,其道无由也。妾愿没入为官婢,赎父刑罪,使得自新。'书奏天子,天子怜悲其意,乃下诏曰：'盖闻有虞氏之时,画衣冠异章服以为戮,而民不犯。何则？至治也。今法有肉刑三,而奸不止,其咎安在？非乃朕德薄而教不明欤？吾甚自愧。故夫驯道不纯而愚民陷焉。今人有过,教未施而刑加焉？或欲改行为善而道毋由也。朕甚怜之。夫刑至断支体,刻肌肤,终身不息,何其楚痛而不德也,岂称为民父母之意哉！其除肉刑。'"

2)内容。

文帝十三年	景帝元年	景帝中元六年	东汉明帝
<u>黥(墨)刑改为髡钳城旦舂</u>	—	—	—
<u>劓刑改为笞三百</u>	笞三百改为笞二百	笞二百改为笞一百	—
<u>斩左趾改为笞五百</u>	笞五百改为笞三百	笞三百改为笞二百	—
<u>斩右趾改为弃市</u>	—	—	恢复<u>斩右趾</u>
评价：<u>外有轻刑之名,内实杀人</u>	—	《箠令》：规定笞杖规格、受刑部位以及行刑不得中途换人等	—

3)影响：文景时期的刑制改革顺应了历史发展,使以肉刑为主的刑制摆脱了原始形态,刑罚的残酷程度大为减轻,刑罚制度趋于规范,为后世五刑体系的建立奠定了基础。

[安口诀] 鼻子321,左腿532。

---

① BC

品题

西汉文帝刑制改革中，取代斩左趾的刑罚是（　　）。① （2017 年单选 36）

A. 劓 B. 弃市
C. 城旦舂 D. 笞五百

2. 刑罚种类

1) 死刑（主要是<u>殊死</u>，即斩首、枭首、腰斩和弃市）、肉刑（主要是<u>宫刑</u>和<u>东汉初恢复的斩右趾</u>）、笞刑、徒刑、徙边、<u>禁锢</u>（终身不得为官）、赎刑、罚金等。

> **超链接**
>
> 殊死：颜师古曰："殊，绝也，异也，言其身首离绝而异处也。"
>
> 禁锢：古代禁绝某些人及其家属做官的处罚。春秋时期有此处罚，但仅限于罪吏；汉代禁锢的范围扩大，不仅罚及罪吏，而且罚及贾人和赘婿，甚至罚及本犯的亲属。

2) <u>女徒顾山</u>：汉代增设的一种<u>赎刑</u>，即允许被判徒刑的女犯回家，但需每月缴纳官府三百钱，由官府雇人上山砍伐木材或从事其他劳作，以代替女犯的劳役刑。

（二）汉代法律儒家化

1. <u>上　请</u>

1) 概念：一定范围内的官僚贵族及其子孙犯罪，不交普通司法机关处理，而是奏请皇帝裁决，减免刑罚。

2) 背景。

第 1 步——<u>汉高祖</u>七年，下诏"郎中有罪耐以上，请之"。

第 2 步——<u>汉惠帝</u>时期，规定买爵三十级者可免死。

第 3 步——汉宣帝时期，下诏"吏六百石位大夫，有罪先请"，上请的范围有所扩大。

第 4 步——汉平帝时期，又令"公列侯嗣子有罪耐以上，先请"，从而将上请扩大到贵族官僚的亲属。

第 5 步——<u>东汉光武帝</u>，更令"吏不满六百石，下至墨绶长、相，有罪先请"，铜印墨绶就是县级官员。

3) 处理：司法官吏不遵守上请规定，擅自判决并执行的，不论定罪是否准确，都要被免官直至追究刑事责任。

［安口诀］官员上请到皇帝，百姓上请到廷尉。

2. <u>亲亲得相首匿</u>

1) 概念：<u>直系三代血亲之间</u>和<u>夫妻之间</u>，除犯<u>谋反、大逆以外</u>的罪行，均可因互相隐匿犯罪而免于刑罚。

2) 背景。

第 1 步——源于<u>孔子</u>"父为子隐，子为父隐，直在其中"的思想。

---

① D

第2步——汉武帝时期，曾颁布"重首匿之科"，首匿就是隐匿窝藏罪犯的首谋者。

第3步——汉宣帝时期，诏令规定"亲亲得相首匿"。

3）处理：卑幼隐匿尊长，不追究刑事责任，尊长隐匿卑幼，除死罪上请廷尉，一般犯罪不追究刑事责任。

[安口诀] 幼匿长，免刑罚；长匿幼，死罪上请免刑罚。

品 题

汉成帝时，甲杀人，告之其养子乙，乙藏匿甲。问乙何论？（　　）。① （2016年单选34）
A. 坐杀人共犯　　　　　　B. 坐窝藏
C. 上请　　　　　　　　　D. 不当坐

3. 矜老恤幼

汉代沿袭西周，对老人、孩童、妇女、残疾人等生理上之弱势群体在定罪量刑上给予特殊宽宥。

[安口诀] 西周三赦之法—汉代矜老恤幼—唐代老幼犯罪减免刑罚。

4. 春秋决狱

1）概念：春秋决狱也称引经决狱，是以儒家经典（公羊《春秋》）的精神和事例作为司法审判的根据。

2）背景：汉武帝时期董仲舒罢黜百家，独尊儒术的必然产物，沿用于魏晋南北朝。

超链接

《后汉书》："董仲舒老病致仕，朝廷每有政议，数遣廷尉张汤亲至陋巷问其得失，于是作《春秋决狱》二百三十二事"。

翻译：董仲舒年老多病告老还乡后，朝廷常常有关于政事的讨论，数次派遣廷尉张汤亲自到董仲舒住处询问得失，因此董仲舒撰写《春秋决狱》232件案子。

3）处理。

观点1——董仲舒《春秋繁露》载，"春秋之听狱也，必本其事而原其志；志邪者不待成，首恶者罪特重，本直者其论轻"，意思是说：春秋决狱的原则，一定要根据事实推究出犯罪嫌疑人在作案时的心理动机；对那些动机邪恶的人，即使犯罪未遂也须治罪，对首恶分子要严加量刑，而对于那些出于善意犯下罪行的人，量刑从轻。

观点2——桓宽《盐铁论》中有"春秋之治狱，论心定罪。志善而违于法者免，志恶者合于法者诛"，心和志都是指主观动机，即以《春秋》之义去考察犯罪者的主观动机，再对案件作出裁决。

评价——现存汉朝30多个引经决狱的案例，无一例证明"志恶而合于法者诛"，可见"论心定罪"的结论比较绝对和武断，春秋决狱的原则按照董仲舒的论述应该是"本事原志"，即春秋决狱应兼顾事实和动机。

---

① D

> **超链接**
>
> 《后汉书·列女传》:"酒泉庞淯母者,赵氏之女也,字娥。父为同县人所杀,而娥兄弟三人,时俱病物故,仇乃喜而自贺,以为莫已报也。娥阴怀感愤,乃潜备刀兵,常帷车以候仇家。十余年不能得。后遇于都亭,刺杀之。因诣县自首。曰:'父仇已报,请就刑戮。'禄福长尹嘉义之,解印绶欲与俱亡。娥不肯去。曰:'怨塞身死,妾之明分;结罪理狱,君之常理。何敢苟生,以枉公法!'后遇赦得免。州郡表其闾。太常张奂嘉叹,以束帛礼之。"
>
> 翻译:酒泉人庞淯的母亲,是赵氏的女儿,字娥。赵娥的父亲被同县的人杀死,而赵娥的哥哥和弟弟3个人当时全都病死了,仇人于是高兴地庆贺,以为没人会向自己报仇。赵娥心中暗暗感慨激愤,于是悄悄准备了兵器,经常坐在用布幔围着的车里等候仇人。她10多年没有找到仇人。后来赵娥在都亭遇到仇人,刺死了仇人。赵娥因此到县府自首。她说:"父亲的仇已经报了,请求接受刑罚处死。"禄福长尹嘉认为赵娥的行为合乎义,解下印绶想同她一起逃走。赵娥不肯离去,她说:"仇怨已报,自身被杀,这是我的分内之事;判决有罪,审理案件,这是您的正常职责。我怎么敢苟且偷生,从而违背国家法律!"后来赶上大赦天下,赵娥得以免罪。州郡在她家里巷门前予以表彰。太常张奂赞美感叹,送来束帛向赵娥致礼。

4)影响:由于儒家经典教义不具有法的规范性和确定性,法吏又往往不谙晓儒术,在司法实践中常常任意比附,造成司法专断和腐败。

5)发展:春秋决狱除了对律学的推动和对审判原则的修正外,还促进了法律儒家化的进程,开辟了引礼入法的通道。东汉后期律学兴起,<u>叔孙宣、郭令卿、马融、郑玄</u>等学者<u>以儒学思想注释《九章律》</u>,称为<u>章句</u>,司法上也往往被引用断狱,影响极大。

> **超链接**
>
> 《晋书·刑法志》:"叔孙宣、郭令卿、马融、郑玄诸儒章句十有余家,家数十万言。凡断罪所当由用者,合二万六千二百七十二条,七百七十三万二千二百余言。"
>
> 翻译:叔孙宣、郭令卿、马融、郑玄等以儒学思想注释《九章律》的儒学家有十多位,所注有数十万句。凡是断案定罪所用的依据,便有 26 272 条,7 732 200 余句。
>
> 马融(79—166),字季长,扶风茂陵人(今陕西兴平县东北),东汉经学家,汉桓帝时任南郡太守,因得罪大将军梁冀,被免官、髡徙朔方,后赦免回家,开始教授经籍,收弟子卢植、郑玄等人。

5.秋冬行刑

1)概念:按照<u>董仲舒</u>的<u>天人感应</u>学说,<u>除谋反大逆等决不待时者外</u>,一般死刑犯须在<u>秋天霜降以后、冬至以前</u>执行。

2)背景。

第1步——秋冬行刑理论<u>渊源于西周</u>,将司法镇压与阴阳运行、四季变换联系起来,借助天的权威和实际生活感受来加强司法的严肃性。

第 2 步——汉代将秋冬行刑制度化，董仲舒的天人感应学说认为：春夏以阳为主，万物生长，不宜刑杀；秋冬以阴为主，万物凋零，宜施刑罚，清理狱讼。

第 3 步——秋冬行刑为后世法律所继承，如斩监候。

3）影响：秋冬行刑在客观上有利于农业生产与社会秩序的稳定，又标榜了德政慎罚。

品题

1. 下列关于春秋决狱的表述，正确的有（　　）。① （2016 年法学多选 29）

A. 春秋决狱是贾谊倡导的

B. 春秋决狱的实质是原心定罪

C. 春秋决狱盛行于秦汉，直到隋唐时期才退出历史舞台

D. 春秋决狱是将儒家经典的原则适用于案件审理的特殊审判方式

2. 据《魏书·刑罚志》记载，北魏延昌三年，冀州阜城之民费羊皮为葬母而卖女为婢，按律当死。此案在朝野引起巨大争议，后经宣武帝权衡各方意见，作出最终裁决："羊皮卖女葬母，孝诚可嘉，便可特原。"关于此案所遵循的法律原则，下列表述正确的是（　　）。② （2013 年单选 36）

A. 亲属相犯，罪不至死

B. 为伸张孝道，可特赦罪责

C. 诏令与律条冲突时，须依律断案

D. 子女的人格从属尊长，不受法律保护

3. 下列关于春秋决狱的表述，不正确的是（　　）。③ （2012 年单选 35）

A. 春秋决狱盛行于西汉文帝、景帝时期

B. 春秋决狱体现了司法领域中儒家思想向法律的渗透

C. 春秋决狱是指以《春秋》的经义作为司法审判的依据

D. 春秋决狱是汉武帝确立"罢黜百家，独尊儒术"后法律儒家化的必然产物

6. 录囚制度

1）概念：由皇帝或上级司法机关通过对囚徒的复核审录，监督和检查下级司法机关的决狱情况，以平反冤案、疏理滞狱。

2）背景：西汉时州刺史"常以八月巡行所部郡国，录囚徒"，东汉光武帝也曾亲录囚徒。

3）影响：录囚之制对平反冤狱、改善狱政、监督司法及统一法律适用具有积极的作用。

> **超链接**
> 三级录囚：

---

① BD

② B

③ A

1）皇帝亲自参与录囚；
2）刺史对所辖郡国录囚；
3）郡守或其分管司法的属员对所辖县录囚。

品题

汉朝法律规定，被告人及其亲属不服官府判决的，可申请重审。这一诉讼程序称为（　　）。① （2015年单选35）

A. 录囚　　　　　　　　B. 乞鞫
C. 举劾　　　　　　　　D. 读鞫

（三）汉代主要罪名

1. 危害中央集权

1）阿党附益：诸侯国的官吏与诸侯王结党，知其犯罪不举奏为阿党；朝廷大臣交通诸侯，助其获得非法利益构成附益。

2）左官：朝廷官员"舍天子而仕诸侯"即为左官，其行动受到诸多限制。

3）非正：非嫡系子孙继承爵位，依律免为庶人。

4）出界：诸侯王擅自出封国疆界者，轻者免为庶人或耐为司寇，重者诛杀。

5）逾制（僭越）：诸侯百官在器用、服饰、乘舆、仪仗、用语等方面逾越规制。

6）漏泄省中语：泄露朝廷机密事宜。

7）酎金不如法：帝王酎祭时诸侯所献贡金的成色不符合标准。

超链接

酎金：酎是指春天酿的醇酒，此处指祭祀时用的醇酒；金是指贡金。酎金是指汉代朝廷每年祭祀宗庙时，各诸侯王须按其封地内的人口数，贡金给皇帝的助祭，有关酎金的法律规定称《酎金律》。汉武帝加重酎金数量，惩罚诸侯酎金数量、成色不足的行为，仅元鼎五年（公元前112年），列侯坐献黄金酎祭宗庙不如法夺爵者百六人。

8）事国人过员：诸侯王在王国内滥征人力、扩张势力者，免爵。

品题

1. 据《汉书·严助传》载，汉朝廷中大夫严助接受淮南王"厚赂"，与其"交私论议"。后淮南王谋反事发，严助受到牵连，被处弃市。严助所涉的罪名是（　　）。② （2021年单选38）

A. 阿党附益　　　　　　B. 怨望诽谤
C. 见知故纵　　　　　　D. 通行饮食

2. 汉律的罪名除沿袭秦制外又增设了一些新罪名，"左官"便是其中危害中央集权的

---

① B

② A

犯罪之一，具体是指（　　）。① （2016年单选35）

A. 诸侯国官吏与诸侯王结党，知其犯罪而不举奏
B. 朝廷大臣交通诸侯，助其获得非法利益
C. 朝廷官员舍天子而仕诸侯
D. 泄露朝廷机密事宜

3. 在汉代，危害中央集权的犯罪包括（　　）。② （2012年多选61）

A. 出界　　　　　　　　　　B. 非正
C. 酎金　　　　　　　　　　D. 阿党附益

2. 危害君主专制

1) 欺谩、诋欺、诬罔：对皇帝不忠、欺骗、轻慢、毁辱和诬蔑等行为。
2) 废格诏书：官吏不执行皇帝的诏令。
3) 怨望诽谤：因怨恨不满而诽谤朝政。
4) 左道：以邪道巫术诅咒皇帝、蛊惑民众者，依律处死刑。
5) 矫制：官吏诈称皇帝诏命，轻者免官，重者腰斩，视后果轻重分为大害、害、不害三种。

3. 危害皇帝尊严和安全

1) 不敬、大不敬罪：对皇帝及其先祖、皇帝使用的器物、牲畜等有轻蔑失礼的行为。
2) 阑入与失阑罪：阑入指无凭证擅自闯入宫殿，失阑指警卫人员失职致使他人无证入宫。

4. 危害国家政权

1) 蔽匿盗贼：地方官吏隐瞒盗贼消息不上报朝廷的行为，武帝时制定《沈命法》，规定"群盗起不发觉，发觉而弗捕满品者，二千石以下至小吏主者皆死，敢蔽匿盗贼者，没其命也"，意思是说：凡有成帮结伙盗贼兴起，地方官不能及时发现，或虽然发现却未能全部擒获，自二千石官以下直至小吏，主持其事的一律处死，胆敢窝藏盗贼的人，处以死刑。
2) 见知故纵：汉代对不检举揭发犯罪活动的官吏所定的罪名。
第1步——汉武帝时"作见知故纵、监临部主之法"，颜师古注曰："见知人犯法不举告为故纵，而所监临部主有罪并连坐也"，即：发现有人犯罪必须举报，否则即为故纵；上级官员对所辖主管官吏的违法行为，应及时纠举，否则应处连坐。
第2步——汉昭帝时，"廷尉李种坐故纵死罪，弃市"。
3) 群饮酒：三人以上无故群饮，罚金四两。
4) 通行饮食：为盗贼提供饮食，传递情报，充当向导者，罪至大辟。

5. 其　他

沿用秦朝的诽谤妖言、非所宜言等罪，并出现了腹诽罪。

---

① C
② ABCD

> **超链接**
>
> 《汉书·食货志》："初，异（颜异）为济南亭长，以廉直稍迁至九卿。上与汤既造白鹿皮币，问异。异曰：'今王侯朝贺以仓璧，直数千，而其皮荐反四十万，本末不相称。'天子不说（悦）。汤又与异有隙，及人有告异以它议，事下汤治。异与客语，客语初令下有不便者，异不应，微反唇。汤奏当异九卿见令不便，不入言而腹诽，论死。自是后有腹诽之法比，而公卿大夫多谄谀取容。"
>
> 翻译：起初，颜异任济南亭长，凭借廉洁正直逐渐升任九卿，皇帝和张汤已经制造了白鹿皮钱币，来询问颜异。颜异说："现在王侯用青色玉璧来朝贺，价值数千，而皮币反而要40万，本末不相称。"皇帝不高兴。张汤又与颜异不和，等到有人举告颜异有不同的言论，案件由张汤审理。颜异和客人交谈，客人说诏令刚下达，有不便利的地方，颜异没有回答，只是稍微动动嘴唇。张汤上奏说颜异官至九卿，见诏令有不便利的，不进言而心中认为不对，判死罪。从此以后，有腹诽的法律，公卿大夫多谄谀取容。

考点 7：汉代经济制度

1. 禁　榷

有关人民生计的产品由国家专营，制定法律禁止私人生产和销售，目的是增加财政收入。

第 1 步——汉武帝时将盐、铁和酒由国家专营，酒类专卖称榷酤，中央设太官，地方设榷酤官，组织酒类生产，统一经销，利润归政府所有。

第 2 步——汉昭帝时改为课税，卖酒者自行如实申报，税率每升四钱。

第 3 步——王莽时恢复专卖。

> **超链接**
>
> 《汉书·食货志》："敢私铸铁器、煮盐者，钛（釱）左趾，没入其器物"。
>
> 翻译：胆敢私自铸造铁器、煮私盐的人，在左脚趾上挂铁钳，没收其作案工具。

2. 重农抑商

1）政治：不许商人及其子孙去官府做官；谪发商人到边远地方戍守。

2）经济：限制商人经营采矿冶铁、近海煮盐。

3）生活：不许商人穿丝衣乘车马；不许商人购买土地，土地和奴婢超限者没入官府。

4）税赋：对商人多征收一倍于民的算赋；汉武帝时颁布《告缗令》，鼓励告发不如实申报财产、不按令纳税的商人，使中产以上的商人基本破产。抑商政策使汉朝商业发展受到很大影响。

> **超链接**
>
> 算缗钱：汉武帝时对商人、手工业者、高利贷者和车船所征的赋税，课税对象为商品或资产，"缗钱"为计税单位。唐人张守节《史记正义》记载："武帝伐四夷，国用不足，故税民田宅、船乘、畜产、奴婢等，皆平作钱数，每千钱一算，出一等，贾人倍之。若隐不税，有告之，半与告人，余半入官。"

3. 对外贸易

1）背景：汉朝对外贸易活动比较活跃，汉武帝时开辟丝绸之路，汉朝重视通过立法手段开展和管理对外贸易活动。

2）对匈奴：通过互市缓和与匈奴的矛盾，规定参与互市的私商须持有政府发放的符传，但铁、兵器、马匹和铜钱等禁止与匈奴互市。

[安口诀] 金戈铁马。

3）对西域中亚各国：采取种种优惠政策，不但没有通商物品种类和数量的限制，反而给予外商十分优厚的礼遇，为汉以后历代王朝发展与西域各民族和邻近国家的友好往来奠定了良好基础。

考点 8：汉代行政制度

（一）汉代行政制度

1. 皇帝制度

1）皇权神秘化：以董仲舒为代表的儒家学者极力鼓吹君权神授，认为皇帝是沟通天地与人的中介，受命于天而掌握生杀予夺之大权，皇帝被说成是上天在人间的代表，皇权披上了神的外衣，显示其神圣不可侵犯性。

2）称谓法律化：蔡邕《独断》载，"汉天子正号曰皇帝，自称曰朕，臣民称之曰陛下，其言曰制诏，史官记事曰上，车马衣服器械百物曰乘舆，所在曰行在，所居曰禁中，后曰省中，印曰玺，所至曰幸，所进曰御。其命令一曰策书，二曰制书，三曰诏书，四曰戒书"。

2. 中央机构

第 1 步——汉初沿袭秦制，实行三公九卿制。

1）三公：丞相（辅佐皇帝，总理百政）+太尉（最高武官）+御史大夫（监察官之首）。

2）九卿：丞相之下设置，太常+光禄勋+卫尉+太仆+廷尉+宗正+大鸿胪+大司农+少府。

第 2 步——西汉中期，汉武帝加强皇权，分散和削弱了相权。

1）丞相改为大司徒（掌管民政、财政和教育）；太尉改为大司马（掌管军事）；御史大夫改为大司空（掌管土木营造）。

2）九卿改为由三公分管，"分职授政，以考功效"，便于发挥政权组织的统治效能，是汉代政权机构不断完善的标志。

第 3 步——西汉后期，皇帝侍从机构开始参政，原来只在内廷掌管图书、秘籍、奏章的尚书等中朝官，逐渐被皇帝委以处理军国大事的职权，有时更予宦官以中书令之称号。

第 4 步——东汉初期，尚书台的组织和职权进一步扩大，成为国家中枢机构，三公的职权显著削弱，尚书台的建立和完善是古代行政管理体制的重要发展。

3. 地方机构

第 1 步——汉初郡国并行：不同于秦代，汉初分封诸王，但是封国拥兵自重，对中央政权形成了严重威胁，自高祖、文帝、景帝至武帝，不得不采取多重手段进行削藩。

第 2 步——西汉地方政权为郡、县两级，县以下设乡、里、亭。

第 3 步——东汉末期形成州、郡、县三级的地方政权机构。

> **超链接**

秦				汉			
皇帝				皇帝			
	行政	军事	监察		行政	军事	监察
中央	丞相	太尉	御史大夫	中央	丞相	太尉	御史大夫
—	—	—	—	州	—	—	刺史
郡	郡守	郡尉	监御史	郡	太守	都尉	丞相史
县	县令	县尉		县	县令	县尉	督邮
乡				乡			

（二）汉代监察制度

1. 中央监察机关

第 1 步——西汉初期，中央设御史府，长官为御史大夫，下设御史中丞和侍御史等属官。

第 2 步——西汉末年，设置御史台为最高监察机关，长官为御史中丞。

第 3 步——东汉时期，御史台的地位不断加强，御史中丞主管监督百官。

2. 地方监察机关

第 1 步——汉高祖时期，废除了秦代在各郡设置的监御史。

第 2 步——汉惠帝时期，在中央直辖郡内（京兆尹、左冯翊、右扶风）重设监御史，颁行监察法规《监御史九条》。

第 3 步——汉文帝时期，设丞相史（由丞相派出）监督数郡。

第 4 步——汉武帝时期，把全国分为 13 个监察区，每区派遣刺史 1 人，刺史在御史中丞的领导下，行使监察权的标准是《六条问事》。

> **超链接**

六条问事	一条，强宗豪右田宅逾制，以强凌弱，以众暴寡	第一条，势家豪族土地数量和住宅规模超过制度规定，依仗财大势强，恃强凌弱，以多欺少
	二条，二千石不奉诏书遵承典制，倍公向私，旁诏守利，侵渔百姓，聚敛为奸	第二条，二千石不按皇帝命令办事，不遵守法律制度，背公向私，假借诏令以牟私利，损害百姓利益，掠夺民脂民膏，聚敛财富，为非作歹
	三条，二千石不恤疑狱，风厉杀人，怒则任刑，喜则淫赏，烦扰刻暴，剥截黎元，为百姓所疾，山崩石裂，祅祥讹言	第三条，二千石不认真查明疑难案情，草率定案，胡乱杀人，喜则乱赏，怒则乱罚，烦扰苛暴，残民以逞，为百姓所痛恨，弄得天怒人怨，山崩石裂，灾异妖言并出
	四条，二千石选署不平，苟阿所爱，蔽贤宠顽	第四条，二千石选人用人不公，任人唯亲，嫉贤妒能，压制人才，亲近信用顽劣奸诈之徒
	五条，二千石子弟恃怙荣势，请托所监	第五条，二千石子弟仗势逞威摆阔，干预公务，染指司法，向主管人员请托
	六条，二千石违公下比，阿附豪强，通行货赂，割损正令也	第六条，二千石不讲公德，不顾体统，低三下四地巴结豪强，贿赂公行，破坏政令

第 5 步——<u>东汉三独坐</u>：<u>司隶校尉</u>＋<u>尚书令</u>＋<u>御史中丞</u>，其中司隶校尉是<u>汉武帝</u>时设置，可纠举包括丞相在内的百官，并可直接弹劾三公。

[安口诀] 上中校。

> **超链接**
>
> 司隶校尉：本为《周礼》秋官司寇的属官，汉武帝时设置，负责纠察京师百官及所辖附近各郡，西汉时期司隶校尉受御史大夫节制，御史大夫改为大司空后仍属大司空，秩比两千石，位在司直下，东汉时位列三独坐。司隶校尉的属官有：①都官从事，主察百官犯法者；②功曹从事，主州选署及众事；③别驾从事，校尉行部则奉引，录众事；④簿曹从事，主财谷簿书；⑤兵曹从事，主兵事；⑥郡国从事，每郡国各一人，主都督文书，察举非法。由于司隶校尉率有武装，在外戚与宦官的斗争中，皇帝常借重司隶校尉的力量挫败对方，东汉末年外戚何进授袁绍此职，尽诛杀宦官，董卓称之为"雄职"，曹操夺权后亦以司隶校尉自重。魏晋初仍保留司隶校尉，与御史中丞共同分督百僚，职权重复，渐向行政方面转化，至东晋其行政权并于扬州刺史，遂废。

品题

汉武帝时期颁布的"六条问事"，就其性质而言属于（　　）。①（2013年单选35）
A.民事法律　　　　　　　　　B.监察法律

---

① B

| | C. 经济法律 | D. 诉讼法律 |

（三）汉代官吏管理制度

1. 官吏选任

汉代选拔和任用官吏以荐举和考试为主要方法，国家对于在官吏荐举中弄虚作假、朋比为奸者，严厉治罪。

察举	背景：察举制度始于西汉而盛于东汉，郡国地方官自下而上向朝廷推荐本地人才为官，是汉代最主要的选拔方式 内容：由皇帝下诏责成中央和地方各级长官每年向朝廷推荐贤能之士为官，被举荐人的条件和选拔科目，往往因时因事的需要而定，主要有孝廉、秀才、贤良方正、孝悌力田、明经、明法、文学等	
征召	一是皇帝诏令各郡推举"贤良方正能直言极谏者"，经过皇帝对策后任用为官，称为诏举，也叫举贤良文学 二是皇帝特诏征用有特殊才能或德高望重之士，由皇帝派遣专使以特诏辟书聘请，这是选拔特殊人才任官的制度	征召和辟举合称为征辟，皆为自上而下直接选拔官吏的制度
辟举/辟除	高级主管官吏或地方郡守以上官吏对其辖内有名望和才德之士，向中央举荐或自选为属吏的制度	
任子	高级官吏可以保任其子弟为官，一般两千石以上官吏，任满三年可保举子孙宗室一人为郎	
太学补官	汉武帝以后中央设立太学，招收贤俊好学子弟学习儒家经典，经考试成绩优良者可以补官	

习题

1. 下列选项中，属于汉代选拔和任用官吏方法的有（   ）。① （2015年多选59）
A. 征召　　　　　　　　　　B. 察举
C. 辟举　　　　　　　　　　D. 科举

2. 下列关于察举制度的表述，不正确的是（   ）。② （2014年法学单选16）
A. 察举制度首创于魏晋时期
B. 察举是中国古代的一种官员选拔制度
C. 察举在科举制度产生以后，退居次要地位
D. 察举的科目包括贤良方正、孝廉、明经、明法等

2. 官吏考课

1）背景：汉承秦制，通过上计的方式进行考课。
2）内容：根据《上计律》规定，年终由郡国上计史携带上计簿到京师上计，汇报工作，上计的范围包括户口、赋税、盗贼、狱讼、农桑、灾害、道议等，根据政绩的殿最，

---

① ABC

② A

决定迁降赏罚。

品题

汉朝颁布《上计律》其适用的主要事项是（　　）。①（2023 年单选 33）
A. 地方官吏考核　　　　　　B. 田租赋税征收
C. 盗贼缉捕审判　　　　　　D. 强宗豪右监察

3. 官吏管理

1）任官限制：商人子弟、赘婿以及因贪赃被免官者不得为官；宗室子弟不得任公位高官。

2）任职回避："三互法"即"婚姻之家及两州人士，不得对相监临（交互为官）"。

3）致仕：随着官僚制的发展产生了官吏的休假和退休制度。对有功之臣给予省亲的假期，对有病官吏令其回家养病；退休年龄为 70 岁，退休后的待遇，一般是给予一次性的较高赏赐，以示养老尊贤。

品题

1. 以下属于任官回避制度的是（　　）。②（2023 年单选 31）
A. 汉朝三互法　　　　　　　B. 曹魏的九品官人法
C. 宋朝差遣制　　　　　　　D. 元朝行省制

2. 汉代的《三互法》规定的主要制度是（　　）。③（2020 年单选 28）
A. 司法管辖　　　　　　　　B. 任官回避
C. 犯罪株连　　　　　　　　D. 外贸管理

考点 9：汉代司法制度

1. 起诉阶段

1）起诉方式：当事人或其亲属直接到官府控告称告（告诉），即自诉；官吏代表国家纠举犯罪称劾（举劾），即公诉。

2）严禁越诉：应按照司法管辖逐级告劾，除非有冤狱才得越级上书皇帝。

3）告诉限制：根据"亲亲得相首匿"原则，除谋反、大逆外，一般卑幼不得控告尊长，否则以不孝罪处刑。

4）诬告反坐。

5）见知故纵：治安官吏负有纠举犯罪的责任，"见知而故不举劾，各与同罪；失不举劾，各以赎论"。

2. 审判阶段

1）审讯制度：对被告的审讯称鞠狱，沿用西周以来的五听之法，被告的口供称辞服，

---

① A
② A
③ B

是定罪量刑的主要依据。

2）刑讯制度：为了获取口供，审讯中可以使用刑讯。

3）上诉制度：经过审判的各项程序，事无可疑后，宣读判决书称读鞫；如被告及其亲属不服，申请重审称乞鞫，乞鞫期限为三个月，期外不听。

第三节　魏晋南北朝法律制度

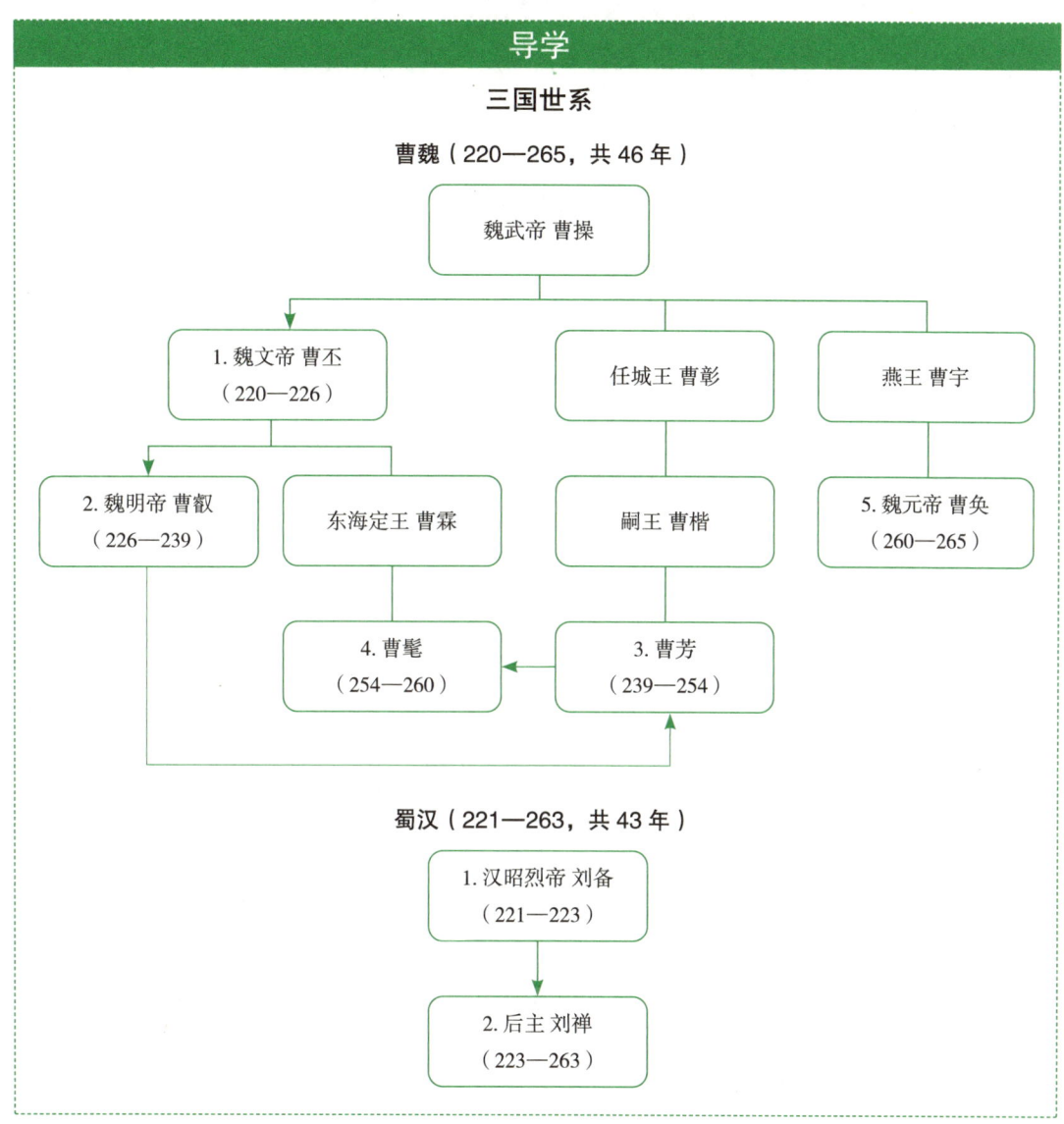

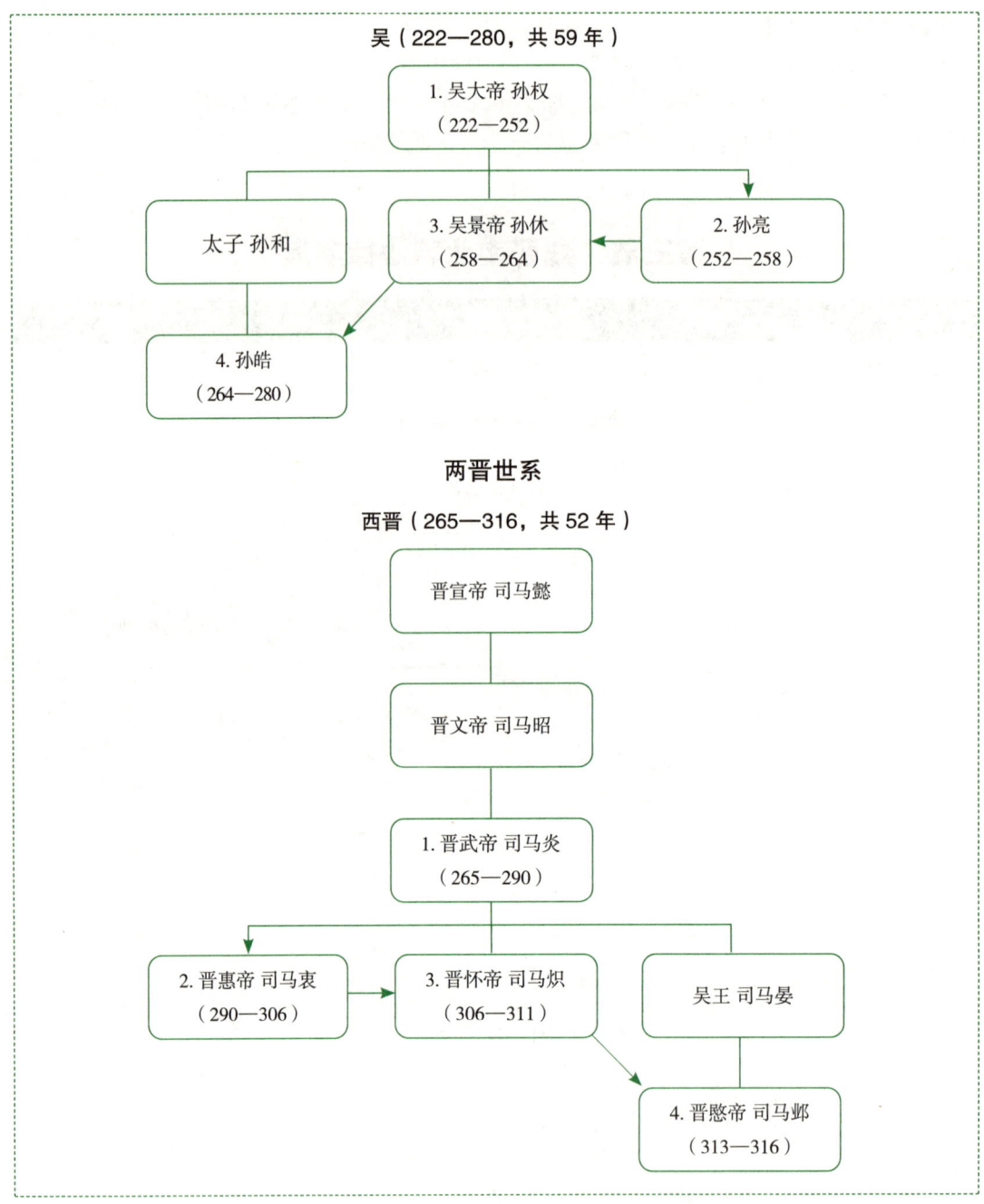

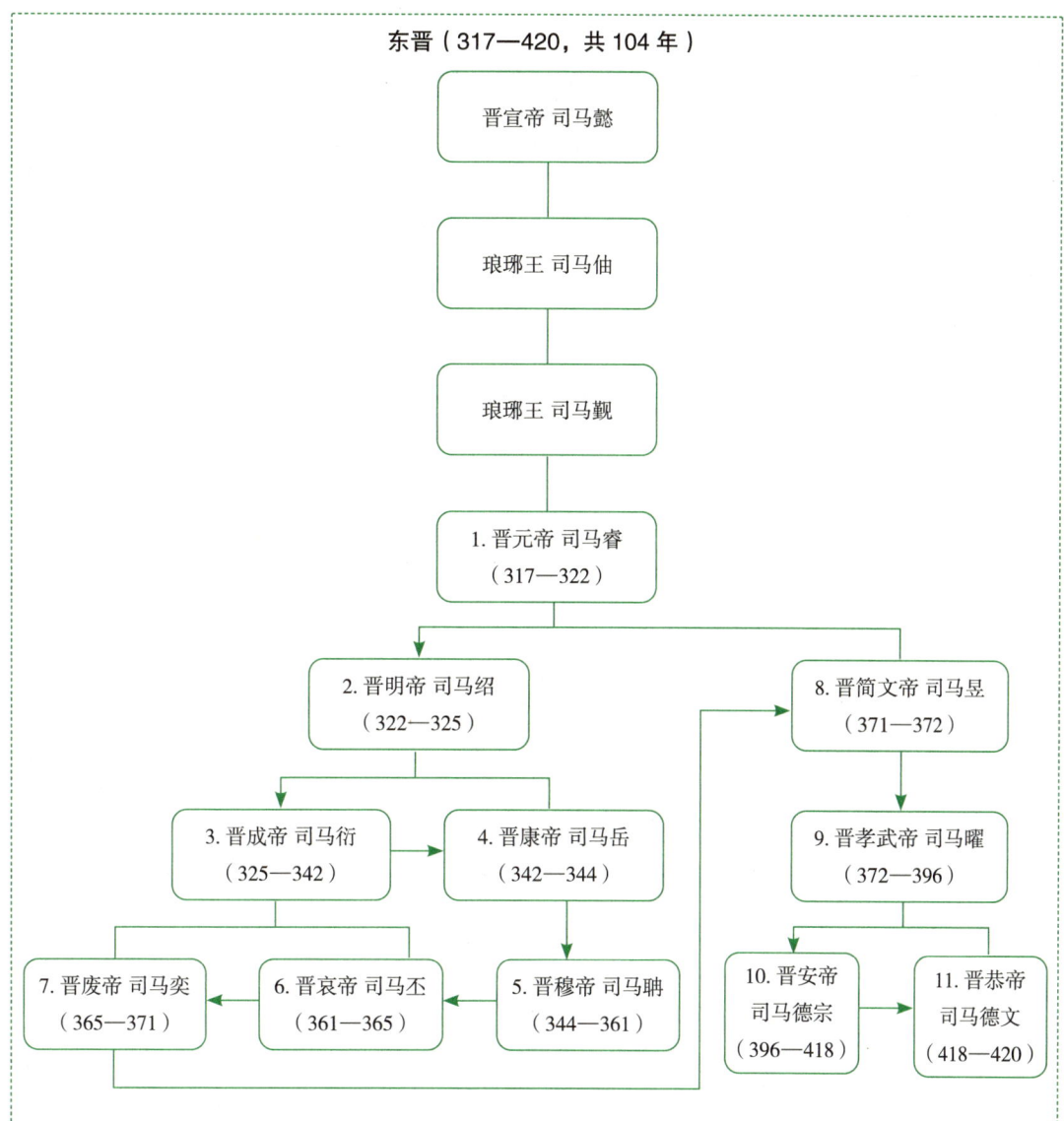

民族大融合时期

起始	国号	开国君主	民族	结局
304—347（共 44 年）	成汉	李雄	氐族	亡于晋
304—329（共 26 年）	汉赵	刘渊	匈奴	亡于后赵
319—351（共 33 年）	后赵	石勒	羯族	亡于冉魏
320—376（共 57 年）	前凉	张茂	汉族	亡于前秦
337—370（共 34 年）	前燕	慕容皝	鲜卑	亡于前秦
350—352（共 3 年）	冉魏	冉闵	汉族	亡于前燕
351—394（共 44 年）	前秦	苻健	氐族	亡于西秦

续表

起始	国号	开国君主	民族	结局
384—407（共24年）	后燕	慕容垂	鲜卑	亡于北燕
384—394（共11年）	西燕	慕容泓	鲜卑	亡于后燕
384—417（共34年）	后秦	姚苌	羌族	亡于晋
385—400（共16年）	西秦	乞伏国仁	鲜卑	亡于后秦
409—431（共23年）	西秦	乞伏国仁	鲜卑	亡于胡夏
386—403（共18年）	后凉	吕光	氐族	亡于后秦
397—414（共18年）	南凉	秃发乌孤	鲜卑	亡于西秦
397—439（共43年）	北凉	段业	汉族	亡于北魏
397—439（共43年）	北凉	沮渠蒙逊	匈奴	亡于北魏
398—410（共13年）	南燕	慕容德	鲜卑	亡于晋
400—421（共22年）	西凉	李暠	汉族	亡于北凉
405—413（共9年）	西蜀	谯纵	汉族	亡于晋
407—431（共25年）	胡夏	赫连勃勃	匈奴	亡于吐谷浑
407—436（共30年）	北燕	高云	朝鲜	亡于北魏
407—436（共30年）	北燕	冯跋	汉族	亡于北魏

南北朝时期

北朝	北魏（386—534，共149年）：开国君主——道武帝拓跋珪；代表人物——太武帝拓跋焘；法典——《北魏律》	东魏（534—550，共17年）：开国君主——孝静帝元善见；法典——《麟趾格》	北齐（550—577，共28年）：代表人物——高欢；开国君主——文宣帝高洋；法典——《北齐律》	隋
北朝	北魏（386—534，共149年）：开国君主——道武帝拓跋珪；代表人物——太武帝拓跋焘；法典——《北魏律》	西魏（535—556，共22年）：开国君主——文帝元宝炬；法典——《大统式》	北周（557—581，共25年）：代表人物——宇文泰；开国君主——孝闵帝宇文觉；法典——《大律》	隋
南朝	宋（420—479，共60年）：开国君主——武帝刘裕	齐（479—502，共24年）：开国君主——高帝萧道成；法典——《永明律》	梁（502—587，共86年）：开国君主——武帝萧衍；法典——《南梁律》	陈（557—589，共33年）：开国君主——武帝陈霸先；法典——《南陈律》

考点 10：魏晋南北朝主要立法

（一）魏晋南北朝的立法特点

程树德在《九朝律考》中指出："自晋氏失驭，海内分裂，江左以清谈相尚，不崇名法。故其时中原律学，衰于南而盛于北。"总的来看，南北朝时北方律典兼容并蓄，日臻成熟，它克服了南朝律的繁芜，避免了北周律的刻意复古，注意了礼律并举，又在罪名和刑制上有所创新，因而为隋朝所取法。

> **超链接**
> 程树德创作的《九朝律考》是 20 世纪 20 年代的一部重要的法律史作品，在唐朝以前并无法典留存，针对这种状况，该书分 8 卷，分别对唐以前的汉、魏、晋、梁、陈、后魏、北齐、北周、隋九个朝代浩如烟海的各种文献进行了考证、梳理和甄别。程树德先生认为："南北朝之律，北优于南，而北朝尤以北齐律为最，隋氏代周，其律独采齐制而不沿周制。"

品 题

程树德在《九朝律考》中指出："自晋氏失驭，海内分裂，江左以清谈相尚，不崇名法，故其时中原律学，衰于南而盛于北。"这一时期中原律学的发展推动了北朝立法的创新。下列选项中，代表了北朝立法最高成就的法典是（　　）。① （2023 年单选 34）

A. 北魏律　　　　　　　　　B. 麟趾格
C. 北齐律　　　　　　　　　D. 大统式

（二）魏晋南北朝主要立法

1.《曹魏律》

1）背景：魏明帝太和三年制定，又称《新律》，后人称为《曹魏律》。

2）体例。①"篇目"：增加篇目至 18 篇，扩充了法典的内容，又删削了条文；②"总则"：《法经》中《具法》改为《刑名》，置于律首。

3）内容。①"罪名"：八议入律，使礼与律进一步融合；②"刑罚"：改革刑罚，使刑罚制度进一步规范化。

2.《晋律》

1）背景：曹魏末年，晋王司马昭即命贾充、羊祜、杜预、裴楷等人以汉、魏律为基础修定律令，历时四年，至晋武帝泰始三年完成，次年诏颁全国，又称《泰始律》。

> **超链接**
> 贾充（217—282），平阳襄陵人（今山西临汾），曹魏后期任司马氏属下右长史，指使成济杀死魏帝高贵乡公曹髦，从而深得司马氏的信任，司马炎称帝后，历任司空、侍

---

① C

中、尚书令、太尉等职，其女贾南风为太子司马衷妃，后成为贾皇后。

羊祜（221—278），出身泰山羊氏，羊衜（dào）和蔡贞姬之子，蔡文姬的外甥，蔡邕的外孙，泰始年间出任车骑将军、开府仪同三司、都督荆州诸军事，扩充军备准备灭吴战争。

杜预（222—284），京兆杜陵人（今陕西西安），司马懿之婿，晋初出任镇南大将军，从事征伐东吴之事，全国统一后在江南负责农业水利事务，平生精通各门学问，人称"杜武库"。

2）体例。①"篇目"：共 20 篇；②"总则"：《刑名》分为《刑名》《法例》，完善了刑律总则的内容。

3）内容。

➤ "加"：准五服以制罪，第一次将礼中的"服制"列入律典，作为定罪量刑的原则。

➤ "减"：精简律令，律文和字数均较汉律大为精简。

➤ "分"：将律和令明确分开，"律以正罪名，令以存事制"，解决了汉以来律令混杂、矛盾的局面。

[安口诀] 秦汉时期律"国家大典"令"皇帝敕令"—晋唐时期律"刑事法典"令"行政敕令"。

➤ "合"：张斐、杜预作注与法典本文合为一体，释文与律文具有同等的法律效力，史称《张杜律》。

> **超链接**
>
> 张斐，魏末晋初人，晋武帝时曾任明法掾。其一，张斐运用《周易》原理，提出法并非一成不变的思想；其二，张斐提出"礼法结合"，强调礼和法的关系是道和器的关系；其三，张斐提出了审判心理学的思想；其四，张斐认为司法官执法，如同把持刀刃、掌握墨绳一样，不能有一丝一毫的偏差；其五，张斐对法律条文和法律名词作了精密的注释和解答。

4）影响：《泰始律》为南朝沿用，影响深远。

品题

1. 中国刑律中最早规定"准五服以制罪"，使法律成为"峻礼教之防"的法典是（   ）。① （2015 年单选 36）

A. 北齐律　　　　　　　　B. 开皇律
C. 贞观律　　　　　　　　D. 泰始律

2. 首次明确区分律和令，从而解决了秦汉以来律令混杂问题的古代律典是（   ）。②

---

① D

② A

（2013 年单选 37）

A. 晋律　　　　　　　　　　B. 新律
C. 北齐律　　　　　　　　　D. 北魏律

3.《北魏律》

1）背景：北魏孝文帝太和年间颁行。

2）体例：共 20 篇。

3）内容：根据汉律、参酌魏律、晋律，经过"综合比较、取精用宏"而制定，在刑名、罪名和刑罚原则诸方面皆有新的发展。

4）影响：其修纂集当时律典之大成，为隋唐律典之渊源。

4.《麟趾格》

东魏政权制定法典《麟趾格》，因其议定于麟趾殿而得名。

第 1 步——"格"源于汉代的"科"。

第 2 步——北魏始以"格"代"科"。

第 3 步——东魏制定《麟趾格》，始为独立法典。

第 4 步——隋唐时"格"成为重要的法律形式之一。

［安口诀］东临碣石。

5.《大统式》

西魏编定《大统式》。

第 1 步——"式"源于秦，如《封诊式》。

第 2 步——汉代有"品式章程"。

第 3 步——西魏《大统式》成为历史上最早以"式"为形式的法典。

第 4 步——隋唐时"式"成为重要的法律形式之一。

［安口诀］西方大总统。

品题

中国历史上最早以"式"为法律形式的法典是（　　）。[①]（2018 年单选 35）

A. 武德式　　　　　　　　　B. 贞观式
C. 大统式　　　　　　　　　D. 永徽式

6.《北齐律》

1）背景：北齐武成帝河清三年完成。

2）体例。

"篇目"：形成 12 篇的法典体例。

［安口诀］《法经》6 篇—《九章律》9 篇—《曹魏律》18 篇—《晋律》20 篇—《北魏律》20 篇—《北齐律》12 篇—《开皇律》12 篇—《大业律》18 篇—《唐律》12 篇—《宋

[①] C

刑统》12 篇—《大明律》7 篇—《大清律例》7 篇。

"总则"：首创《名例律》的法典篇目。

[安口诀] 总则五步法：

第 1 步——《法经》"具法"；

第 2 步——《九章律》"具律"；

第 3 步——《曹魏律》"刑名"；

第 4 步——《晋律》"刑名"+"法例"；

第 5 步——《北齐律》"名例律"。

3）内容。

➢ "罪名"：确立"重罪十条"，为后世之"十恶"所本。

[安口诀] 北齐重罪十条—隋朝开皇十恶。

➢ "刑罚"：确立死、流、徒、鞭、杖五刑，为隋唐新五刑体系的最终建立奠定了基础。

[安口诀] 北齐"120 名例，大理"。

4）影响：《北齐律》以"法令明审，科条简要"著称，在古代法典发展史上起着承前启后的重要作用，对隋唐立法尤具影响。

品题

1. 首创《名例律》并形成十二篇体例的古代法典是（　　）。① （2020 年单选 36）

A.《开皇律》　　　　　　B.《贞观律》

C.《北齐律》　　　　　　D.《永徽律》

2. 下列关于《北齐律》的表述，不正确的是（　　）。② （2019 年单选 34）

A. 形成 12 篇的法典体例

B. 首创《名例律》的法典篇目

C. 创设"重罪十条"

D. 确立笞、杖、徒、流、死五刑制度

3. 中国古代最早将法典的篇数简化为十二篇的是（　　）。③ （2016 年单选 36）

A.《魏律》　　　　　　　B.《晋律》

C.《大业律》　　　　　　D.《北齐律》

（三）律　学

1. 背　景

第 1 步——汉代引经注律，章句众多，并未摆脱对于经学的附庸地位。

第 2 步——魏晋时期，律学开始从经学的束缚中解脱出来，发展成独立的学科，研究的对象也不再仅仅是对古代法律的起源、本质与作用的一般论述，而是侧重于立法技术、

---

① C

② D

③ D

法律运用、刑名原理、定罪量刑原则以及法律术语的规范化解释，律学研究趋于规范化、科学化。

第3步——这一时期先后出现了一批著名的律学家，如陈群、刘劭、钟繇、张斐、杜预等。张斐著《律解》《汉晋律序注》，杜预著《律本》，贾充、杜预合著《刑法律本》，是这一时期律学成就的代表。

> **超链接**
>
> 陈群（？—236），三国魏颍川许昌人（今河南省许昌），陈寔（shí）之孙，陈纪之子，陈泰之父，少时与孔融交，由是显名，刘备辟为别驾，后来归附曹操，任御史中丞，历经文帝、明帝多所陈殊，制定"九品中正"制，太和三年又奉诏制定律令，官至司空、录尚书事，主张恢复肉刑，后与曹真、司马懿共受文帝遗诏辅政，进封颍阴侯。
>
> 九品中正制，公元220年陈群立九品官人法，曹丕采纳了这个建议，中正由现任中央官员兼任，将当地士人评定为九等，即上上、上中、上下、中上、中中、中下、下上、下中、下下，政府按等选用，到司马懿当政时州称大中正，郡称小中正。
>
> 钟繇（151—230），颍川长社人（今河南省长葛），钟会之父，东汉末出任廷尉正、黄门侍郎，曹操掌权时为侍中、守司隶校尉，曹丕称帝后出任廷尉、太尉，魏明帝即位后又迁太傅，钟繇是魏晋时期著名的书法家，与王羲之齐名，对法律的发展也有许多研究和贡献，《三国志·魏书》载"王朗务在宽恕，罪疑从轻，钟繇明察当法，俱以治狱见称"，钟繇主张恢复肉刑，因其他大臣反对未能实现。
>
> 刘劭，生卒年月不详，广平邯郸人（今河北省邯郸），建安中叶为计吏，后历任太子舍人、秘书郎、尚书郎、散骑侍郎，魏明帝即位后，出任陈留太守、拜骑都尉，迁散骑常侍。

2. 内　容

1）张斐晋律注称"律始于《刑名》者，所以定罪制也；《刑名》所以经略罪法之轻重，正加减之等差，明发众篇之多义，补其章条之不足，较举上下纲领"，意思是说：《晋律》以《刑名》为首篇，用来规定定罪量刑的原则，《刑名》用来规定罪法轻重，订正加罪、减罪的等差，阐明各篇的多种义理，补充条文的不足，大略地举出上下纲领。这说明律学家对于《刑名》作为法典总则的性质、内容与地位，已经有了明确的认识和清晰的阐释。

2）张斐对20个法律概念作了精要表述

其知而犯之谓之故	意以为然谓之失	违忠欺上谓之谩	背信藏巧谓之诈
亏礼废节谓之不敬	两讼相趣谓之斗	两和相害谓之戏	无变斩击谓之贼
不意误犯谓之过失	逆节绝理谓之不道	陵上僭贵谓之恶逆	将害未发谓之戕
唱首先言谓之造意	二人对议谓之谋	制众建计谓之率	不和谓之强
攻恶谓之略	三人谓之群	取非其物谓之盗	货财之利谓之赃

这些罪名概念的界定，基本符合各项罪名的主要构成要件，反映出犯罪学理论取得了较高水平，对后世注律产生了深远影响。

> **超链接**
>
> ①"故"即故意，西周时期有非眚和眚的区分，秦代有端和不端的区分，汉代也有故和误的区分，张斐从理论上对故作了解释；②"失"相当于现代刑法上的过于自信的过失；③"谩"在先秦时期就表示一种欺骗行为，张斐界定的这种欺骗行为的对象应当是君主；④"诈"即诈伪，也是一种欺骗行为，张斐界定的诈仅仅是普通民众之间的欺骗行为；⑤"不敬"之罪在汉代即已存在，但是由于对不敬没有确切的解释，故在实际适用中往往引起许多混乱，有些严酷之吏随意以不敬罪置人于死地，张斐对不敬进行定义，给当时司法实践指明了适用此罪的标准；⑥"斗"即斗杀伤，"两讼相趣"的讼为争辩，趣与趋同义，合起来就是争辩的双方相互趋前殴打而杀伤对方；⑦"戏"原本指嬉戏，在嬉戏时误将对方杀伤称为戏杀伤；⑧"贼"是"无变斩击"，也就是无端杀伤他人；⑨"过失"相当于现代刑法上的疏忽大意的过失；⑩"不道"是"逆节绝理"，节是礼节法度，理是人性，不道就是违反封建纲常伦理、违反君主礼制法度的犯罪行为；⑪"恶逆"是"陵上僭贵"，陵是欺凌侵犯，僭是超越名分，恶逆就是欺凌上司、僭越名分的犯罪行为；⑫"戕"原意是杀害、残害，张斐定义为已经准备犯罪但尚未实行的行为，即犯罪预备；⑬"造意"是"唱首先言"，即最先提出犯罪意图，秦代就已经对共同犯罪中的首犯和从犯作了区分，至汉代进一步出现了造意的概念，张斐对造意进行了定义；⑭"谋"是指共谋、通谋，唐律中的谋有四种，即谋反、谋大逆、谋逆、谋杀；⑮"率"即率领，是指犯罪集团中的首领；⑯"强"是指违反当事人的意愿；⑰"略"同掠，即掠夺；⑱"群"在汉代就有"群饮酒"的罪名；⑲"盗"既可以指公开抢劫，也可以指偷偷窃取；⑳"赃"包括盗窃、抢劫、贪污、受贿等方式的所得。

3）晋代<u>刘颂</u>还提出"律法断罪，皆当以法律令正文，若无正文，依附名例断之，其正文名例所不及，皆勿论"。这种援法断罪的思想，近于现代罪刑法定原则，为中国古代律学理论和法律思想的一大进步。

> **超链接**
>
> 刘颂（？—约301），广陵人（今江苏扬州），出身世家大族，年轻时曾在晋王司马昭手下作相府掾，司马炎称帝后，出任尚书三公郎，后又任廷尉，晋惠帝时任三公尚书，后转吏部尚书，都兼领刑狱。

> **品题**
>
> 《晋书·刑法志》记载，律学家张斐对二十个法律概念作了精确解释。其中，他将"戏"解释为（　　）。① （2020年单选30）

---

① B

A."两讼相趣" B."两和相害"
C."不意误犯" D."知而犯之"

考点 11：魏晋南北朝刑事制度

（一）魏晋南北朝法律儒家化

1. 八 议

1）概念：八种位高权重的人犯罪后，普通司法机构无权审理，在大臣"议其所犯"后由皇帝减免其刑罚。

2）背景：源于西周"八辟制度"，确立于《曹魏律》。

[安口诀] 八议变迁：

第 1 步——源于西周"八辟制度"；

第 2 步——《曹魏律》确立"八议"；

第 3 步——隋《开皇律》将议、请、减、赎、当进行全面规定；

第 4 步——《大清新刑律》删除。

3）内容：议亲（皇亲国戚）+议故（皇帝故旧）+议贤（有大德行与影响的人）+议能（有大才能的人）+议功（有大功勋的人）+议贵（贵族官僚）+议勤（为国家勤劳服务的人）+议宾（前朝皇室宗亲）。

4）影响：自曹魏以后"八议"遂成为古代法律的重要原则。

品 题

"八议"是中国古代优遇官僚贵族的法律制度，即指八种人犯罪可经议罪减免刑罚。"八议"中"议宾"的对象是指（　　）。①（2015 年单选 39）

A. 皇亲国戚 B. 贤人能臣
C. 前朝皇室宗亲 D. 三品以上职事官

2. 准五服以制罪

1）概念：是指亲属间的犯罪，据五等丧服所规定的亲等来定罪量刑。

2）背景：《晋律》确立。

[安口诀] 准五服以制罪变迁：

第 1 步——周礼五服，包括斩衰、齐衰、大功、小功以及缌麻；

第 2 步——《晋律》确立准五服以制罪；

第 3 步——《元典章》《大明律》将服制图列于律首；

第 4 步——《大清新刑律》附录《暂行章程》，卑幼伤害尊长加重，尊长伤害卑幼减轻；

第 5 步——《中华民国刑法》继续卑幼伤害尊长加重，尊长伤害卑幼减轻。

3）内容：在刑法适用上，凡以尊犯卑，服制愈近，处罚愈轻，服制愈远，处罚愈重；凡以卑犯尊，服制愈近，处罚愈重，服制愈远，处罚愈轻。对于家族内的财产侵犯，则服

---

① C

制愈近，处罚愈轻，服制愈远，处罚愈重。

4）影响：体现法律儒家化，使法律成为<u>峻礼教之防</u>的工具，影响极为深远。

品 题

1. 西晋《泰始律》确立了"准五服以制罪"原则，根据该原则，下列行为中应予从轻处罚的有（　　）。① （2021年多选48）

A. 子盗父母　　　　　　　B. 兄殴伤弟

C. 子骂詈父母　　　　　　D. 叔殴杀侄

2. 晋律确立了"准五服以制罪"的原则，下列选项中属于"五服"之亲的有（　　）。② （2013年法学多选29）

A. 斩衰　　　　　　　　　B. 大功

C. 小功　　　　　　　　　D. 缌麻

3. 存留养亲

1）背景：<u>北魏</u>出现存留养亲制度，也称留养。

2）内容："诸犯死罪，若祖父母、父母年七十已上，无成人子孙，旁无期亲者，具状上请。流者鞭笞，留养其亲，终则从流，不在原赦之例。"意思是说：犯死罪的人，如果祖父母、父母年龄已经70岁以上，且除了犯人外再无成人子孙，也没有别的旁亲，把具体情况上奏请示（后另处理）；若是判处流刑的，可以处鞭笞，留下为亲人养老，老人走后则继续流放，不在原来赦免的范畴之内。

3）影响：该制度是古代法律家族化、伦常化的具体体现，也是服制影响法律的显著标志。

4. 官　当

1）概念：官当是指官员犯罪后，允许以官爵抵罪的制度。

2）背景：正式规定在<u>《北魏律》</u>与<u>《陈律》</u>中。

第1步——西晋时虽无官当之名，但已存在以官职抵罪之规定，如"除名比三岁刑""免比三岁刑"，即以削除官籍或免除官职折抵三年劳役刑。

第2步——《北魏律》载："五等列爵及在官品令从第五，以阶当刑二岁；免官者，三载之后听仕，降先阶一等。"意思是说：公、侯、伯、子、男五等爵的每一等级，从五品以上官员的每一官阶，都可以折抵二年徒刑；因此而被免官者，三年之后还可以按原官阶降一级叙用。

第3步——南朝《陈律》：如官吏犯罪应判四年至五年徒刑，准许当徒两年，余刑或者采取赎刑，或者服劳役；若判三年徒刑，亦许以官当徒两年，剩余一年可以赎。区分公罪、私罪，并规定不同的处罚原则。

[安口诀] 魏陈都有，北魏先有。

3）影响：官当制度的形成，表明特权法的进一步发展。

---

① ABD

② ABCD

品题

1. 关于三国两晋南北朝时期的法律，下列表述正确的是（　　）。① （2021年单选34）
A.《曹魏律》将《刑名》篇置于律首，突出了律典总则的地位
B.《北魏律》经律学家张斐、杜预作注，故又称"张杜律"
C.《北齐律》首立"十恶重罪"，促进了礼法的结合
D.《梁律》正式创立官当制度，允许官员以官爵抵罪

2. 正式规定"官当"制度的法典有（　　）。② （2017年多选60）
A.《九章律》　　　　　　　　B.《新律》
C.《北魏律》　　　　　　　　D.《陈律》

（二）魏晋南北朝主要罪名

重罪十条	概念	是直接危害国家根本利益的十种重大犯罪的总称
	背景	正式确立于《北齐律》
	内容	包括反逆、大逆、叛、降、恶逆、不道、不敬、不孝、不义、内乱，"犯此十者，不在八议论赎之限"，意思是说：触犯了重罪十条所规定的刑罚的人，不在八议赎刑的范围之内
	影响	"重罪十条"将儒家纲常礼教内容引入刑律，促进了礼与法的结合

[安口诀] 重罪十条 VS. 十恶

重罪十条	反逆	大逆	叛	降	恶逆	不道	不敬	不孝	—	不义	内乱	《北齐律》
十恶	谋反	谋大逆	谋叛	—	恶逆	不道	大不敬	不孝	不睦	不义	内乱	《开皇律》

品题

"重罪十条"罪名正式确立于（　　）。③ （2012年单选37）
A.《北齐律》　　　　　　　　B.《北周律》
C.《开皇律》　　　　　　　　D.《贞观律》

（三）魏晋南北朝主要刑罚

1. 刑罚制度日趋规范文明
1）限制族刑，逐步缩小缘坐范围。
2）废除宫刑。
3）酷刑逐渐减少。

---

① A

② CD

③ A

4）定流刑为减死之刑。
5）新五刑体系初步形成。

2. 新五刑形成

第 1 步——文景刑制改革，旧五刑体系解体。

第 2 步——曹魏恢复五刑之名，其刑罚体系为："死刑有三，髡刑有四，完刑、作刑各三，赎刑十一，罚金六，杂抵罪七，凡三十七名，以为律首。"

第 3 步——晋：死、徒、笞、罚金、赎刑，为南朝各国所沿用。

第 4 步——北魏：死、流、徒、鞭、杖，初步形成以劳役刑为中心的五刑体系。

第 5 步——北周：杖、鞭、徒、流、死，首创按道里远近划分流刑为五等。

［安口诀］慰劳很周到。

第 6 步——北齐：死、流、徒、鞭、杖。

第 7 步——隋：死、流、徒、杖、笞，新五刑体系形成。

考点 12：魏晋南北朝司法制度

（一）司法机关

1. 最高司法机关

第 1 步——魏晋仍为廷尉，在廷尉之下设律博士，以教授法律、培养司法官吏为职责。

第 2 步——北周曾将廷尉改称为秋官大司寇，以崇尚复古。

第 3 步——北齐改廷尉为大理寺，以大理寺卿和少卿为正副长官，扩大了机构的编制。

［安口诀］最高司法机关变迁：

西周	大司寇
秦汉魏晋	廷尉
北周	秋官大司寇
北齐	大理寺
隋唐宋	大理寺
元	大宗正府＋刑部
明清	刑部
清末	大理院
南京临时政府	临时中央审判所
北洋政府	大理院
南京国民政府	司法院——最高法院

2. 尚书台

魏晋南北朝时期尚书台（省）内负责司法审判的机构有三公曹、二千石曹、都官曹、比部等，尚书台（省）的司法审判权力逐步扩大。

品题

根据现有史料考证,将廷尉改为大理寺,以大理寺卿为官名的朝代是( )。①(2017年单选37)

A. 西晋　　　　　　　　　B. 北齐
C. 隋朝　　　　　　　　　D. 唐朝

(二) 司法制度

1. 起诉阶段——登闻鼓

1)概念:在朝堂外悬设登闻鼓,允许有重大枉屈者击鼓鸣冤,直诉于中央甚至皇帝。
2)背景:西晋设置,北魏以及南朝都有这项制度,后经改革一直沿用至清朝。
3)影响:上诉直诉制度加强了司法机关的内部检查监督,有利于发现和纠正冤假错案。

2. 审判阶段——刑讯制度

魏晋南北朝时期的刑讯残酷,反映了当时司法的腐败。
1)北魏以重枷、大杖逼供。
2)南梁创立测罚,对不招供者断绝饮食,三日后才许进食少量的粥,循环使用。
[安口诀]难得粮食。
3)南陈设立测立,对受审者先鞭打二十,答捶三十,再迫其负枷械刑具,站立于顶部尖圆、仅容两足的一尺高之土垛上,折磨逼供。
[安口诀]又难走又沉。

品题

1. 三国两晋南北朝时期的刑讯野蛮残酷。南陈创立了一种名为"测立"的刑讯方式。下列对该刑讯方式的描述,正确的是( )。②(2016年单选37)

A. 用车辐粗杖来压受审者的脚踝
B. 将铁犁烧红,令受审者立其上
C. 对受审者断绝粮食,三日后才允许进食少量粥,循环使用
D. 对受审者先鞭答,再令其负枷械刑具站立于顶部尖圆且仅容两足的一尺土垛上

2. 南梁创立了一种名为"测罚"的刑讯方式。下列关于该刑讯方式的描述,正确的是( )。③(2014年单选37)

A. 墨面文身,挑筋去指
B. 以利刃零割碎剐肌肤,残损肢体
C. 对拒不招供者断绝饮食,三日后才许进食少量粥
D. 对受审者先鞭答,再令其负枷械刑具站立于顶部尖圆且仅容两足的一尺土垛上

---

① B
② D
③ C

3. 执行阶段——死刑复奏

1）概念：为了体现恤刑和加强皇帝对司法审判的控制，魏晋南北朝时期确立了死刑复奏制度，即死刑须报告朝廷，经皇帝批准方准执行。

2）背景。

第1步——曹魏明帝时规定，除谋反、杀人罪外，其余死刑案件必须上奏皇帝。

第2步——北魏太武帝时规定，各地死刑案件一律上报奏谳，由皇帝亲自过问，须无疑问或无冤屈时才可执行。

第3步——南朝宋武帝时规定，"其罪应重辟者，皆如旧先须上报，有司严加听察，犯者以杀人论"，意思是说：犯重罪应当判处死刑的人，都依旧必须先向上奏请，有关官员应严格加以考察，违背此条者以杀人罪论处。

[安口诀] 秦汉无，南北出，唐分一三五。

3）影响：死刑复奏制度的确立，一方面标榜慎刑，另一方面使皇帝更牢固地掌握最高审判权。

03 第三章
隋唐宋法律制度

第一节　隋唐法律制度

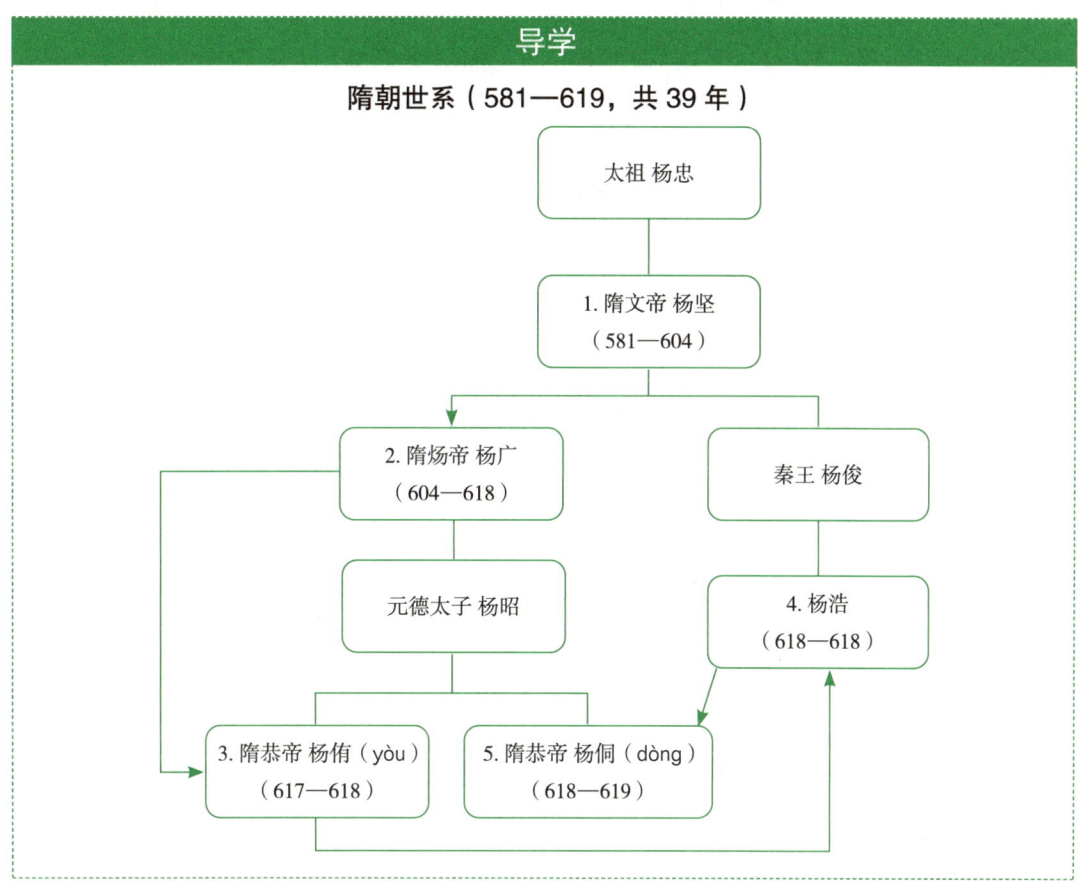

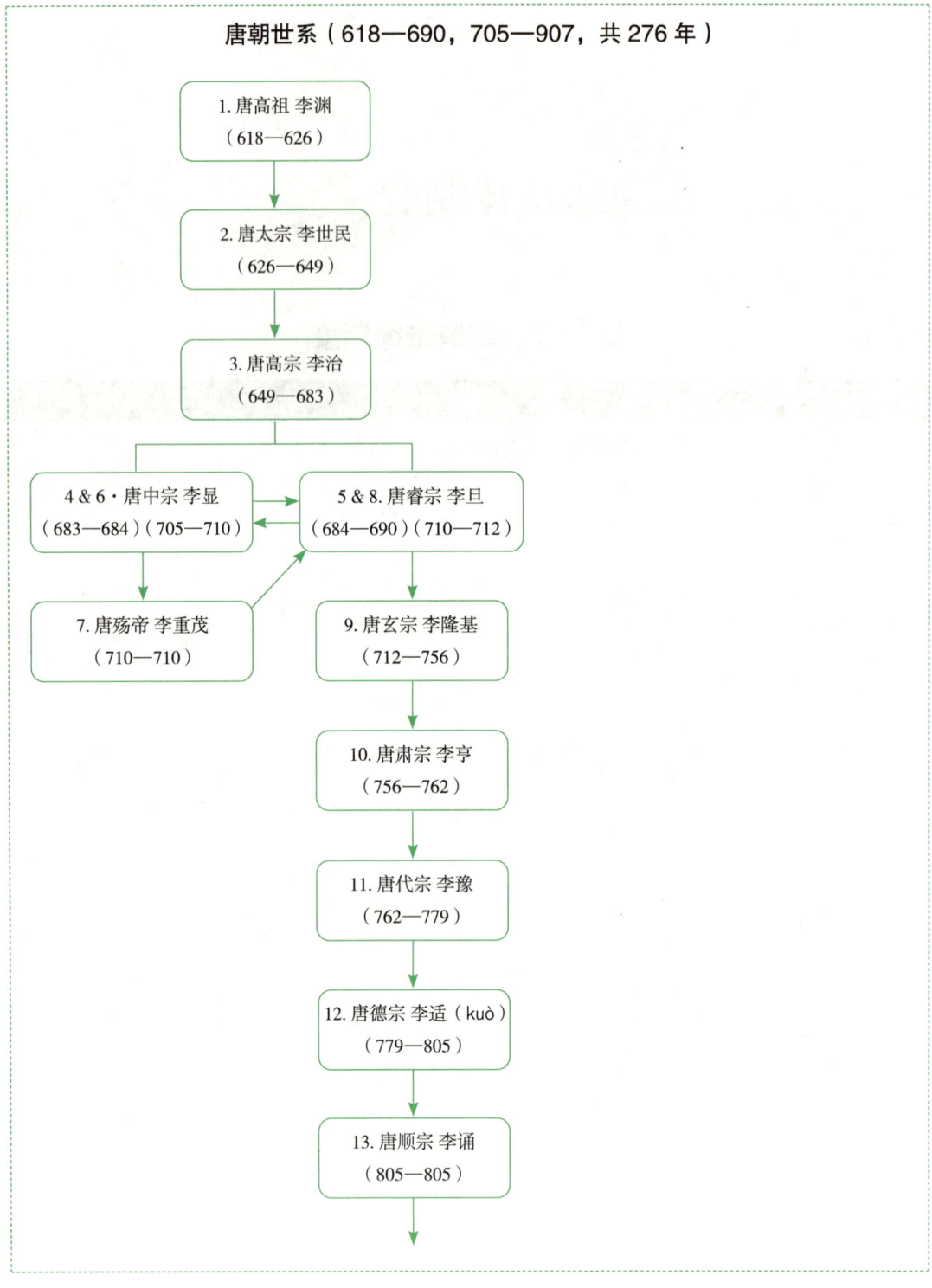

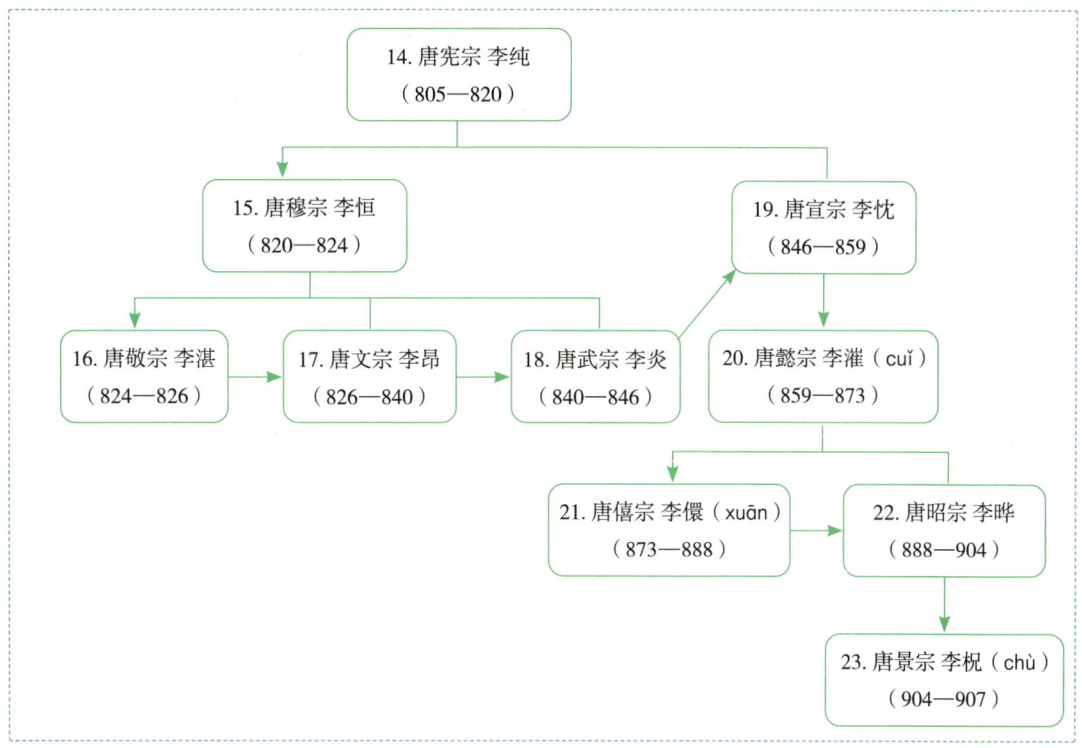

考点1：隋唐主要立法

(一) 隋代主要立法

1.《开皇律》

1) 背景：《开皇律》由 隋文帝 杨坚制定，是唐律的直接蓝本。

2) 体例：《开皇律》以《北齐律》为基础，调整了篇目内容，共12篇500条，标志着古代法典体例由繁到简过程的完成，显示了立法技术的进步与成熟。

3) 内容。① "刑罚"：确立新五刑；② "罪名"：十恶入律；③ "刑法原则"：通过 "议、减、赎、当" 制度使贵族官僚特权扩大化。

4) 影响：该法代表了隋朝立法的最高成就；继承了秦汉以来的历代立法经验，删繁就简，补充完善；其篇目、体例、概念术语及具体制度变革内容多为唐代立法继承，成为后世立法的模板。

2.《大业律》

1) 背景：《大业律》由 隋炀帝 杨广修订，改革了隋文帝时的苛法酷刑。

2) 体例：由12篇增至18篇。

3) 内容：删除十恶，减轻某些犯罪的处刑，但该律并未认真实施，反而 "轻刑其名，酷刑其实"。

(二) 唐代立法思想

1. 德礼为政教之本，刑罚为政教之用

1) 背景：唐初统治者吸取隋朝灭亡的教训，认识到 "为君之道，必先存百姓" 的道理，确定了"安人宁国"的总方针，同时十分重视法律和制度的创制，对立法指导思想进行了深刻反思。

2）内容："德礼为政教之本，刑罚为政教之用，犹昏晓阳秋相须而成者也"，即治理国家必须兼有德礼和刑罚，以德礼为主，以刑罚作为辅佐，如同一天之中有早、晚，一年之中有四季，缺一不可。

3）影响：表现了贞观君臣明法慎刑、以宽仁治天下的民本主义思想，形成了融礼、法为一体，相互为用的治国指导方针，对后代历朝产生了重大影响。

> **超链接**
>
> 《新唐书·刑法志》："太宗以英武定天下，然其天姿仁恕。初即位，有劝以威刑肃天下者，魏徵以为不可，因为上言王政本于仁恩，所以爱民厚俗之意，太宗欣然纳之，遂以宽仁治天下，而于刑法尤慎。四年，天下断死罪二十九人。六年，亲录囚徒，闵死罪者三百九十人，纵之还家，期以明年秋即刑；及期，囚皆诣朝堂，无后者，太宗嘉其诚信，悉原之。"
>
> 翻译：太宗凭借英武平定天下，但天性仁恕。他刚即位时，有人劝他用严刑峻法来整肃天下，魏徵认为不可，于是给唐太宗上言王政本于仁恩，所以要爱民厚俗的道理，太宗很高兴地接受了，就用宽仁治理天下，而在刑法上尤其谨慎。贞观四年，全国处断死罪的只有 29 人。贞观六年，太宗亲自查看囚徒的罪状，可怜被处死罪的 390 人，放他们回家，规定他们明年秋天来受刑；到了时间，囚徒都来到朝堂，没有迟到的，太宗赞许他们诚信，将他们都宽恕了。

2. 立法宽简、稳定、划一

1）背景：唐高祖提出"立法务求宽简，取便于时"，唐太宗提出"国家法令，惟须简约，不可一罪作数种条"，以防"官人不能尽记，更生奸诈"。

2）内容。

▷ 宽是指立法在内容上要做到轻刑省罚。

▷ 简是指立法在形式上要做到条文简明，如贞观修律时，删除旧律中死罪 90 余条，改重为轻的条款不可胜纪，使《贞观律》比《开皇律》大为宽简。

▷ 稳定强调"法令不可数变，数变则烦，官长不能尽记，又前后差违，吏得以为奸"，要求修改法律须严格依照法定程序进行，《唐律疏议·职制》规定："诸称律、令、式，不便于事者，皆须申尚书省议定奏闻。若不申议，辄奏改行者，徒二年。"

> **超链接**
>
> "法令不可数变，数变则烦，官长不能尽记，又前后差违，吏得以为奸。自今变法，皆宜详慎而行之。"
>
> 翻译：法令不可多次变更，多变则法令烦苛，官员们难以记全，同时又会出现前后不一致，官吏可以钻法律空子。今后变更法令，均需谨慎行事。
>
> "诸称律、令、式，不便于事者，皆须申尚书省议定奏闻。若不申议，辄奏改行者，

徒二年。即诣阙上表者，不坐。"

翻译：凡声称律、令、式内容对公事处置有不适用的，都必须申报尚书省议定后奏知圣上。若不申报请议，擅自奏请皇帝修改法律行用的，处徒刑二年。如属到朝堂上表奏请的，不处罚。

▶ 划一要求立法者"宜令审细，毋使互文"，否则导致"若欲出罪，即引轻条；若欲入罪，即引重条"之弊。

超链接

"贞观十年，太宗谓侍臣曰：国家法令，惟须简约，不可一罪作数种条。格式既多，官人不能尽记，更生奸诈，若欲出罪即引轻条，若欲入罪即引重条。数变法者，实不益道理，宜令审细，毋使互文。"

翻译：贞观十年，唐太宗对侍臣说：国家的法令，一定要简约，不可以一个罪名定很多种处罚令条。条款太繁琐，官员不能完全记住，反而会生出许多奸诈的事端来，如果要开脱犯人的罪名，有人就会援引从轻处罚的条款，如果要加重犯人的罪名，有人就会用从重处罚的条款。这对国家的治安非常不利，应当仔细审定条款，不能让各条款之间相互牵连。

品题

历史上明确提出"德礼为政教之本，刑罚为政教之用"立法指导思想的法典是（　　）。① （2019年单选35）

A. 泰始律　　　　　　　　　B. 开皇律
C. 唐律疏议　　　　　　　　D. 大清律例

（三）唐代法律形式

1. 律以正刑定罪
律是关于定罪量刑的基本法典。

2. 令以设范立制
令是有关国家政权组织体制、尊卑贵贱等级制度与行政管理活动方面的法规，涉及的范围较为广泛。

3. 格以禁违止邪
皇帝针对百官有司之所常行之事临时颁发的各种敕令，经过汇编后上升为普遍适用的法律，称为永格。

4. 式以轨物程式
式是中央政府内部各机构关于行政管理、行政程序及具体办事规则的规定，包括国家机关的公文程式和活动细则，具有行政法规性质。

---

① C

[安口诀] 汉代律令科比，唐代律令格式。

5. 总　结

令、格、式是从积极方面规定国家机关和官民人等应当遵行的制度、准则和规范；律则从消极方面规定违反令、格、式以及其他一切犯罪的刑罚制裁，即一断于律。各种法律形式并用，使法律的运用既有相对稳定性，又有一定灵活性，形成一个周密的法律体系。

> **超链接**
>
> 《唐律疏议·杂律》："诸违令者，笞五十；谓令有禁制而律无罪名者。别式，减一等。"
>
> 【疏】议曰："令有禁制"，谓《仪制令》"行路，贱避贵，去避来"之类，此是"令有禁制，律无罪名"，违者，得笞五十。"别式减一等"，谓《礼部式》"五品以上服紫，六品以下服朱"之类，违式文而著服色者，笞四十，是名"别式减一等"。物仍没官。
>
> 翻译：凡违犯令的，笞五十；指令文有禁止或要求性的内容而律中无其罪名的情况。违式的，减一等处罚。
>
> 疏议："令有禁制"，比如《仪制令》规定"行路，低贱者避让高贵者，离去者避让来到者"之类，就属于"令有禁制，律无罪名"，违犯的笞五十。"别式减一等"，指如《礼部式》规定"五品以上穿紫色，六品以下穿红色"之类，违犯式所规定的颜色著服的，笞四十。别式之物同时没收归官。

品题

1. 下列选项中，属于唐朝法律形式的有（　　）。① （2012年多选62）

A. 律　　　　　　　　　B. 令
C. 格　　　　　　　　　D. 比

2. 唐朝集中设立罪名与刑罚的法律形式是（　　）。② （2012年法学单选16）

A. 律　　　　　　　　　B. 令
C. 格　　　　　　　　　D. 式

（四）唐代主要立法

1.《武德律》

1）背景：《武德律》于唐高祖李渊武德年间制定。

2）体例：《武德律》以《开皇律》为基础，增加53条新格，其篇目"一准隋开皇之律"分为12篇。

3）内容：《武德律》以《开皇律》为基础，除对流刑和居作的刑制作了一些修改外，没有太多变化。

4）影响：《武德律》是唐朝立法的开端；武德年间还制有《武德令》和《武德式》。

---

① ABC

② A

2.《贞观律》

1）背景：《贞观律》由唐太宗李世民命长孙无忌、房玄龄等人修订，经过 11 年完成。

2）体例：《贞观律》以《开皇律》为基础，篇目一仍其旧，共 12 篇 500 条。

3）内容：《贞观律》增设加役流为死刑减等后的刑罚，并缩小了因缘坐而处以死刑的范围，大幅度减少了适用死刑的条文。

> **超链接**
>
> 杜佑《通典·刑法三》载"比古死刑，殆除其半"；《旧唐书·刑法志》载"凡削烦去蠹（dù），变重为轻者，不可胜纪"。

4）影响：《贞观律》标志着唐代基本法典定型。贞观年间还编订了《贞观令》《贞观格》《贞观式》，奠定了唐朝法制的基本格局。

3.《永徽律疏》

1）背景：唐高宗李治永徽元年命长孙无忌等人以《武德律》《贞观律》为蓝本，再度修订法律，并于次年制定颁布《永徽律》。《永徽律》实际上是《贞观律》的翻版，仅对一些字词做了改动，永徽三年长孙无忌等人又奉命制定律疏，对律文进行逐条逐句的疏证解释，赋予与律文同等的法律效力，并将疏议附于律条之后合编，称为《永徽律疏》，元代以后称为《唐律疏议》。

2）体例：《名例》《卫禁》《职制》《户婚》《厩库》《擅兴》《贼盗》《斗讼》《诈伪》《杂律》《捕亡》《断狱》共 12 篇 502 条。

3）内容。

名例	总则，适用刑罚的各种罪名和定罪量刑的通例
卫禁	对皇帝、宫殿、太庙、陵墓等的警卫，及关津要塞和边防的保卫
职制	职官及其职责、程序、公文递送等方面的职务犯罪和一些非职务犯罪
户婚	户口、家庭、婚姻、赋役、土地管理等方面的犯罪内容
厩库	马牛的供养使用以及兵甲、财帛、仓库的保护
擅兴	军队的征调指挥、行军出征、军需供给和工程兴造方面的法律
贼盗	谋反、谋大逆、恶逆等十恶方面的犯罪和杀人、强盗、窃盗等重大刑事犯罪及相应的刑事责任
斗讼	斗殴犯罪和告讼犯罪
诈伪	惩治诈欺和伪造的法律
杂律	涉及面较宽，为不便于列入其他篇目的犯罪规定，在唐律中主要起到拾遗补缺的作用，主要规定市场管理、债权债务、犯奸失火以及其他一些轻微危害社会秩序和经济关系的犯罪和刑罚
捕亡	追捕逃犯、逃丁、逃兵和逃奴婢的法律
断狱	审讯、判决、执行和监狱管理方面的法律

[安口诀] 123312——1 个总则；2 个官；3 个户兴厩；3 贼盗、斗讼、诈伪；1 杂律；2 诉讼。

4）影响：《永徽律疏》是<u>现存最早最完整的古代法典</u>，也是<u>中国古代最具社会影响力的法典</u>，集中体现了唐朝法律空前发达的盛况。

品题

在唐律中，规定"负债违契不偿"的篇目是（　　）。①（2018年单选34）
A. 名例律　　　　　　　　B. 户婚律
C. 斗讼律　　　　　　　　D. 杂律

4.《开元律》

1）背景：<u>唐玄宗</u>开元年间，由<u>李林甫</u>等人主持修订《永徽律疏》，删除不合时宜的条款与称谓，颁行刊定天下。

2）内容：《开元律》对前代律典所作的兴革，现尚难定论。

5.《唐六典》

1）背景：<u>唐玄宗</u>开元年间修订的系统规定唐朝官制的政书。

2）体例：《唐六典》<u>以《周礼》</u>为指导和模式，采取了"<u>官领其属，事归于职</u>"的修订方法，分为<u>理职</u>、<u>教职</u>、<u>礼职</u>、<u>政职</u>、<u>刑职</u>和<u>事职</u>六部分，共30卷。

[安口诀] 注意不是"吏户礼兵刑工"。

3）内容：《唐六典》涉及三师、三公、三省、六部、各寺、监直至州县等40余个国家机关的设置、人员编制以及官员的选拔、任用、考核、奖惩、俸禄、休致、执掌等方面，有关的历史沿革，分别作注附于正文之下。

4）影响：《唐六典》是记载唐朝官制的重要文献，对于后世王朝的行政立法产生了重大影响。

6.《大中刑律统类》

1）背景：《大中刑律统类》于<u>唐宣宗</u>大中年间制定。

2）内容：《大中刑律统类》将《唐律》按性质分为121门，并将"条件相类"的令、格、式及敕附于律条之后，共1 250条。

> **超链接**
>
> 《新唐书》："宣宗时，左卫率府仓曹参军张戣（kuí）以刑律分类为门，附以格敕，为《大中刑律统类》，诏刑部颁行之。"

3）影响：《大中刑律统类》改变了秦汉以来编修刑律的传统体例，形成<u>刑统</u>这种新的法典编纂形式，对宋朝产生重要影响。

（五）唐律的特点和历史地位

1. 唐律的特点

1）<u>一准乎礼</u>：唐律真正实现了礼与法的统一，"<u>失礼之禁，著在刑书</u>"（唐太宗语）。

---

① D

无论是其律条,还是对律条的注疏,唐律都集中体现了儒家的礼治精神,全面贯彻礼的核心内容,即三纲五常。

2)科条简要,繁简适中:秦汉法律以繁杂著称,西晋、北齐修律得以精简,唐朝进一步精简,既凝练概括又严密周详,"乘之则过,除之则不及,过与不及,其失均矣"(元代柳贯语)。

3)用刑持平:唐律规定的刑罚比以往各代更加轻省,死刑、流刑减少,除涉及礼教的犯罪外,较后世明清律的处刑为轻。

[安口诀]对应明朝"轻其所轻,重其所重"(清代薛允升语)。

4)立法技术空前完善:唐律的篇章结构井然有序,法律形式相得益彰,概念精练明确,用语确切简要,逻辑严谨缜密,疏议得当精深,显示出立法技术的高度成熟与发达。

2. 唐律的历史地位

1)目前保存下来最早、最完整的中国古代法典:唐律产生于经济、政治和文化鼎盛发展的唐朝,承袭秦汉的立法成果,吸取汉晋律学的成就,表现出高度的成熟性,因而成为传统法典的楷模,在法制史上具继往开来、承前启后的重要地位,对宋、元、明、清的法律产生了深刻影响。

2)对亚洲特别是东亚各国产生了重大影响:如朝鲜高丽王朝10世纪初颁行的《高丽律》,其篇章和内容皆取法于唐律;日本8世纪初制定的《大宝律》《养老律》也以唐律为蓝本;越南李朝太尊时期的《刑书》和陈朝颁布的《国朝刑律》,其原则和内容也大都参用唐律。

[安口诀]没有泰国(暹罗)+印度(天竺)+波斯。

品题

下列国家或地区中,属于中华法系的是( )。① (2019年单选37)
A. 朝鲜　　　　　　　　　　B. 暹罗
C. 印度　　　　　　　　　　D. 波斯

考点2:唐代刑事制度

(一)唐律刑法原则

1. 区分公罪与私罪

1)公罪是指"缘公事致罪,而无私曲者"。
2)私罪是指"不缘公事,私自犯者"或"虽缘公事,意涉阿曲"。

[安口诀]区分公罪和私罪,关键看主观上是否为"私利"。

3)公罪处刑从轻,私罪处刑从重。

[安口诀]比如南陈的官当,如果是公罪就可以比私罪多当一年。

2. 共同犯罪

1)原则:区分首犯与从犯,以造意者(倡首先言)为首,随从者减一等处罚。

---

① A

2）例外：在家庭成员的共同犯罪中，以家长为首犯；在职官参与的共同犯罪中，以长官为首犯。

3）例外之例外：谋反、谋大逆、谋叛者，不分首从一律严惩。

[安口诀] 共同犯罪例外之例外＞例外＞原则：

第1步：先看是否有三谋，如果是的话，直接都选死罪；

第2步：不是三谋的话，看犯罪人之间是否有亲属关系或官署关系，如果有的话，推定家长或长官为首犯；

第3步：如果也没有家属、官署关系，那么看谁倡首先言就是首犯，其余人减一等处罚。

> **超链接**
>
> 咱们看一道例题：
>
> 依照唐律规定，对家长参与的家庭成员共同犯罪的处理原则是（　　）。
>
> A. 以造意者为首犯，随从者减一等
>
> B. 以尊长为首犯，他人减一等
>
> C. 只坐尊长，卑幼无罪
>
> D. 不分首从，一体论罪
>
> 依笔者个人观点，这道题存在争议。一方面《唐律》第四十二条"……若家人共犯，止坐尊长"就是说如属家人共同犯罪，只处罚家中尊长。这样看来，C选项"只坐尊长，卑幼无罪"有道理。但《唐律》该条紧接着说"侵损于人者，以凡人首从论"，疏议解释说"侵是指盗窃财物，损是指斗殴杀伤之类，假使父子合家共犯这些罪，都依一般非家人共犯分首从之法论处，因为对人造成损伤，所以不只处罚尊长一人"。这样看来，B选项"以尊长为首犯，他人减一等"也有道理，故B选项当选。

3. 合并论罪从重

1）原则："二罪以上俱发，以重者论"。

[安口诀] 相当于今天刑法的"吸收原则"。

2）处理：如两罪轻重不等，只科重罪；二罪相等，从一罪处刑；一罪先发而且判决，后又发现犯有其他罪，若二罪相等则维持原判，若后罪重于前罪则通计前罪以充后数。

4. 自首减免刑罚

1）区分自首和自新："犯罪未发为自首"，即犯罪未被举发而能到官府交代罪行的称自首，不追究刑事责任；"犯罪已发为自新"，即犯罪被揭发，或者被官府查知逃亡后再投案者称自新，减轻刑事处罚。值得注意的是，自首必须要求赃物按规定如数偿还，"正赃犹征如法"。

[安口诀] 不要和秦代的"自出"和"自告"混淆。

2）不能自首："于人损伤，于物不可备偿，若越度关及奸，并私习天文者，并不在自首之列"，即对于侵害人身、毁坏贵重物品、偷渡关卡、私习天文等的犯罪，即便投案也不能按自首处理，因为这些犯罪的后果已不能挽回。

[安口诀] 不能恢复原状就不能构成自首。

3）自首不实和自首不尽：交代犯罪性质不彻底的为自首不实，犯罪情节交代不彻底的为自首不尽，依"不实不尽之罪罪之，至死者听减一等"。此外，轻罪已发，能首重罪者，免其重罪；审问他罪而能自首余罪者，免其余罪。

[安口诀] 撒谎多少罚多少，自首多少免多少。

4）自首方式。

方式一：原则上罪犯本人向官府坦白其犯罪行为。

方式二：罪犯可委托他人代自己向官府自首，他人代首在法律上与自己亲首一样，免予处罚。

方式三：即使未受罪犯委托，在法定相容隐的范围内，亲属可代为自首，唐律称为首。

方式四：在一些与财产相关的犯罪中，罪犯还可向受害的财主坦白其罪，称为首露，视同向官府自首。

品题

唐天宝年间，有民某甲盗布二十匹，后畏罪自首，供述并交出赃物十五匹，匿赃五匹，根据唐律规定，某甲应承担的法律责任是（　　）。①（2022年单选30）

A. 因自首不论罪 　　B. 以盗五匹论罪
C. 以盗十五匹论罪 　　D. 以盗二十匹论罪

5. 类推原则

"诸断罪而无正条，其应出罪者，则举重以明轻；其应入罪者，则举轻以明重"。就是说对法无明文规定的犯罪，凡应减轻处罚的，则列举重罚处刑的规定，比照从轻处断；凡应加重处刑的犯罪，则列举轻罚处刑的规定，比照从重处断。

[安口诀] 相当于刑法中的"当然解释"。

> **超链接**
>
> 疏议曰："断罪无正条"，一部律内，犯无罪名。"其应出罪者"，依贼盗律"夜无故入人家，主人登时杀者，勿论"。假有折伤，灼然不坐。案贼盗律"谋杀期亲尊长，皆斩"。无已杀、已伤之文，如有杀、伤者，举始谋是轻，尚得死罪，杀及谋而已伤是重，明从皆斩之坐。又例云"殴告大功尊长、小功尊属，不得以荫论"。若有殴告期亲尊长，举大功是轻，期亲是重，亦不得用荫。是"举轻明重"之类。
>
> 翻译：疏议说"判决无正条可依"，是说整部《唐律》中，无该项犯罪之罪名。"其中应作出罪处置的"，如依照《贼盗律》已有之规定"入夜后无故侵入别人家中，主人立即杀死的，无罪"。那么假设主人致其折伤，就明显无罪。按《贼盗律》"谋杀期亲以上尊长，皆处斩"。但律中未有关于对期以上亲已杀、已伤如何处置之规定，如果有了杀死、杀伤之情节的，类举预谋之轻情尚且处死，杀死及已致伤之重情，即可明确都处斩刑之正确。又如《名例律》"殴打及告罪大功服长辈及年长者、小功服长辈亲属，

---

① B

不得以官荫论处"。假设有殴打告罪期亲以上之尊长的,那么举律中犯大功亲之轻情,就说明犯期亲之重情,理当不得用荫。这就是"举轻以明重"。

品题

1.《唐律疏议·名例》规定:"盗缌麻以上财物,节级减凡盗之罪。若犯诈欺及坐赃之类,在律虽无减文,盗罪尚得减科,余犯明从减法。"其中反映出的刑法原则有（　　）。① (2022年多选49)

A. 合并论罪从重　　　　　　B. 轻重相举
C. 依服制定罪　　　　　　　D. 老幼恤刑

2. 下列选项中,依唐律可以适用自首减免刑罚原则的犯罪行为是（　　）。② (2016年单选38、2016年法学单选17)

A. 私习天文　　　　　　　　B. 偷渡关卡
C. 侵害人身　　　　　　　　D. 脱漏户籍

6. 老幼废疾减刑

1) 70岁以上、15岁以下及<u>废疾</u>者,流罪以下<u>收赎</u>。
2) 80岁以上、10岁以下及<u>笃疾</u>者,反逆及杀人应处死刑的<u>上请</u>,盗窃及伤人的<u>收赎</u>。
3) 90岁以上、7岁以下者<u>免除刑罚</u>。

超链接

《唐律疏议·名例》:"诸年七十以上、十五以下及废疾,犯流罪以下,收赎。八十以上、十岁以下及笃疾,犯反、逆、杀人应死者,上请;盗及伤人者,亦收赎;余皆勿论。九十以上、七岁以下,虽有死罪,不加刑;即有人教令,坐其教令者。若有赃应备（赔）,受赃者备之。诸犯罪时虽未老、疾,而事发时老、疾者,依老、疾论。若在徒年限内老、疾,亦如之。犯罪时幼小,事发时长大,依幼小论。"

翻译:凡年龄70岁以上、15岁以下及废疾者,犯流刑以下之罪,作收赎处置。80岁以上、10岁以下及笃疾者,犯谋反、大逆、杀人应处死刑之罪的,奏请皇帝处置;这些人犯盗罪及杀伤人罪的,也用赎法;其他犯罪都不论处。90岁以上、7岁以下,即使有死罪,也不处刑;如果有人教唆这些人犯罪,处罚教唆者。如果有赃应征偿,由赃之收受者偿退。凡犯罪时虽未进入老年或病残状态,而案发时进入老年、病残状态的,依老年及病残状态人论处。如犯人在徒刑期内进入老年或致病残的,也依照此法处置。犯罪时属于幼小,案发时候已经长大的,依照幼小论处。

---

① BC
② D

7. 累犯加重

"诸盗经断后，仍更行盗，前后三犯徒者，流二千里；三犯流者，绞。"

［安口诀］这里的"三"指的是三次，而非多次。

8. 贵族官员犯罪减免刑罚

八议	犯死罪者，先由司法官将其罪行和符合议的条件奏上，再由大臣们集议并提出处理意见，最后由皇帝裁决；犯流罪以下罪，依律减一等处刑
上请	皇太子妃大功以上亲，八议者期亲以上亲属和五品以上官员，犯死罪者上请皇帝裁决；犯流罪以下，例减一等
例减	七品以上官员，上请者之祖父母、父母、兄弟、姊妹、妻、子孙等，犯流罪以下，例减一等
赎刑	诸应议、请、减及九品以上之官，若官品得减者之祖父母、父母、妻、子孙，犯流罪以下，听赎
官当	以官品抵罪，特指抵当徒罪

［安口诀］公罪比私罪加当徒刑一年。

> **超链接**
>
> 《新唐书·刑法志》："广州都督党仁弘尝率乡兵二千助高祖起，封长沙郡公。仁弘交通豪酋，纳金宝，没降獠为奴婢，又擅赋夷人。既还，有舟七十。或告其赃，法当死。帝（太宗）哀其老且有功，因贷为庶人，乃召五品以上，谓曰：'赏罚所以代天行法，今朕宽仁弘死，是自弄法以负天也。人臣有过，请罪于君，君有过，宜请罪于天……'房玄龄等曰：'宽仁弘不以私而以功，何罪之请？'百僚顿首三请，乃止。"
>
> 翻译：广州都督党仁弘曾率领乡兵2000人帮助唐高祖起事，封为长沙郡公。他和酋长往来，收受金宝，把降服的獠人没为奴婢，又擅自向夷人征赋。回来时，装了70艘船。有人控告他贪赃，依法当处死。唐太宗可怜他年老并有功劳，就宽恕他贬为庶人，于是就召集五品以上官员，对他们说："赏罚是代天行法，如今我宽恕仁弘的死罪，是自己违背法律辜负上天。大臣有了过错，要向君主请罪，君主有了过错，要向天请罪……"房玄龄等人说："党仁弘不是因私而是因功，有什么罪可请呢？"百官叩头再三请求，才作罢。

品题

唐朝永徽年间，曾任广州都督的萧龄之，受贿当死。高宗召群臣集议，萧龄之终因系齐高帝五世孙得免死，流于岭外，其免死所依据的法律制度是（　　）。①（2021年单选30）

　　A. 上请　　　　　　　　　B. 八议
　　C. 例减　　　　　　　　　D. 官当

---

① B

9. 同居相隐不为罪

"凡同财共居者，以及大功以上亲属、外祖父、外孙、孙媳妇、夫之兄弟及兄弟妻，皆可相互容隐犯罪；部曲、奴婢须为主人隐罪（但主人不为其隐）；通风报信者亦可不追究其刑事责任；非同居小功以下亲属相隐，其罪减凡人三等处理；谋反、谋大逆、谋叛者不用此律。"

[安口诀] 与亲亲得相首匿的区别：
1）亲亲得相首匿仅限父子、爷孙、夫妻；同居相隐只要同居共财都可。
2）同居相隐增加部曲和奴婢。
3）同居相隐大功以上免刑，小功以下减三等处罚。
4）同居相隐谋反谋叛谋大逆不适用。

10. 良贱相犯依身份论处

1）以良犯贱依法可减轻，或不予处刑。
2）以贱犯良则较常人加重处刑，奴婢的法律地位低，即"奴婢贱人，律比畜产"，卑幼对尊长，奴婢对主人，即使预备犯罪也按真罪处理。

[安口诀] 卑幼对尊长，卑贱对尊贵，即使谋而未杀，也按谋而已杀处理，判处斩刑。

11. 化外人有犯

"诸化外人，同类自相犯者，各依本俗法，异类相犯者，以法律论"，就是说同一国家侨民在中国犯罪，按其本国法律处断；不同国家侨民相犯或唐朝人与外国人相犯，则按照唐律处断；如外国人非法入境，与中国人从事货物交易活动，比照中国人非法出境从事货物交易活动治罪，外国人因出使进入中国境内而从事货物交易活动，计赃准盗论。

[安口诀] 唐代"AA用A，AB用唐"—宋代"AA用A，AB用宋"—明代"AA用明，AB用明"—清代"AA用A，AB用清，领事裁判权"。

12. 疑罪从赎

"诸疑罪，各依所犯，以赎论。即疑狱，法官执见不同者，得为异议，议不得过三。"也就是说：案情有疑的，审理时应依所疑之罪，令其依法收赎。法官对于疑罪可以各持己见，展开异议不得超过三次或异议不能超过三种。

品 题

1. 唐开元年间，一高丽人与一百济人因琐事在京畿地区发生殴斗，两人被政府羁押。依唐律，该案应适用的法律是（　　）。① （2018年单选39）
A. 唐律　　　　　　　　　B. 朝鲜法律
C. 高丽法律　　　　　　　D. 百济法律

2. 据某著名武侠小说：北宋年间，有人向官府告发称，丐帮帮主乔某杀害其师父。经官府审理，控告属实。又查明乔某系辽国人，其师傅系北宋人。根据宋朝法律，对乔某的

---

① A

行为应适用的法律是（　　）。① （2015 年单选 37）

A. 宋刑统
B. 辽国法律
C. 宋刑统或辽国法律
D. 被告人可选择的第三国法律

（二）主要刑罚——新五刑

1. 背　景

隋律确立新五刑后，唐律沿袭之，只是在流刑上有所改变。

2. 内　容

笞刑	10	20	30	40	50
杖刑	60	70	80	90	100
徒刑	1年	1.5年	2年	2.5年	3年
流刑	2000里+劳役1年	2500里+劳役1年	3000里+劳役1年		
加役流	3000里+劳役3年				
死刑	绞刑	斩刑			

3. 加刑减刑

律文称加、减若干等，指从某一刑等起上下推算。但"二死、三流各同为一减"，也就是说斩、绞两等死刑和三等流刑在递减量刑时都作为一等计算；一般递加不加至死刑，加入绞者，不加至斩。

[安口诀] 小刑小减等（笞杖徒），大刑大减等（流死）。

品题

1. 唐中朝某部尚书受所监临财物，赃值抵八匹，依律应判徒一年。但由于其为正三品职事官，享有"八议"资格，据律可减一等处罚，则对其量刑为（　　）。② （2023 年单选 35）

A. 笞五十
B. 杖九十
C. 杖一百
D. 徒半年

2. 唐朝开元年间，洛阳民人甲、乙共谋盗窃。两人被抓获后，经官府审理认定，甲为"造意者"，属首犯，乙为从犯。依唐律，甲应处徒二年，对乙应处的刑罚是（　　）。③ （2019 年单选 36）

A. 徒二年
B. 徒一年半
C. 徒一年
D. 杖一百

---

① A
② C
③ B

(三) 主要罪名

1. 十 恶

1) 背景:"十恶"是包括直接危害皇权统治秩序以及严重破坏家庭伦常关系的重大犯罪行为,在《北齐律》"重罪十条"基础上,<u>《开皇律》正式确立十恶制度</u>,唐律沿袭之,犯十恶者<u>"为常赦所不原"</u>。

2) 内容。

谋反	图谋反对皇帝,推翻君主政权
谋大逆	<u>图谋毁坏宗庙、陵寝及宫阙</u> [安口诀] 文字狱适用谋大逆;"侮辱皇帝"区别于大不敬"惹皇帝不开心"
谋叛	图谋背叛朝廷,投奔外国
恶逆	<u>殴打</u>或<u>谋杀祖父母、父母</u>、伯叔父母等尊长 [安口诀] 殴打谋杀是恶逆,其他侵害是不孝
不道	<u>杀一家非死罪者三人和肢解人,造畜蛊毒、厌魅</u>
大不敬	盗大祀神御之物、乘舆服御物;盗及伪造御宝;合和御药,误不如本方及封题误;若造御膳,误犯食禁;御幸舟船,误不牢固;指斥乘舆,情理切害及对捍制使而无人臣之礼
不孝	告发或咒骂祖父母、父母,祖父母、父母在世而别籍异财,若供养有阙。居父母丧,身自嫁娶,若作乐,释服从吉;闻祖父母、父母丧,匿不举哀。诈称祖父母、父母死
不睦	谋杀或卖缌麻以上亲,<u>殴打或告发丈夫</u>及大功以上尊长等
不义	<u>闻夫丧匿不举哀</u>、作乐、释服从吉、改嫁,以及杀本属府主、刺史、县令、现授业师等方面的犯罪 [安口诀] 注意区分,如果是"殴打或告发丈夫"就是不睦,如果是"闻夫丧匿不举哀"就是不义
内乱	奸小功以上亲或父、祖妾,及亲属内的通奸

3) 特点:十恶大多处以死刑或其他重刑,<u>谋反、谋大逆、谋叛一般实行连坐</u>;<u>谋反、谋大逆、谋叛不分首从,一律严惩</u>;贯彻纲常伦理原则,以违礼为刑事责任的依据,并依尊卑而同罪异罚。<u>犯十恶者,不享有议请减赎当特权。</u>

[安口诀] 三谋总结:三谋连坐;三谋不分首从;三谋不适用容隐;三谋没有告诉限制;三谋决不待时。

品题

1.《唐律疏议·贼盗》规定:"诸杀一家非死罪三人,及支解人者,皆斩;妻、子流二千里。"此罪属于"十恶"之一,即( )。①(2020年单选38)
  A. 不睦　　　　　　　　　B. 不道
  C. 不义　　　　　　　　　D. 不孝

2. 京兆府民人张三与邻人李四因琐事发生口角,进而发展成为殴斗,张三被李四打

---

① B

伤。当夜，张三持利刃潜入李四家，将李四及其家人共五口全部杀死。三天后，张三被官府缉捕归案。若此案发生于唐玄宗天宝年间，依照唐律关于"十恶"的规定，张三的行为构成的罪名是（　　）。① （2015年单选34）

A. 恶逆　　　　　　　　B. 不道
C. 不义　　　　　　　　D. 谋大逆

3. 下列关于"十恶"的表述，正确的是（　　）。② （2014年单选38）
A. "十恶"制度首立于唐朝
B. "十恶"是由"重罪十条"发展而来的
C. 官僚贵族犯"十恶"者可以官品折抵刑罚
D. "十恶"中的"谋大逆"是指图谋反对皇帝，推翻君主政权

4. 依照唐律的规定，殴打或者谋杀祖父母的行为属于"十恶"罪中的（　　）。③ （2014年法学单选17）

A. 恶逆　　　　　　　　B. 不孝
C. 大不敬　　　　　　　D. 谋大逆

2. 唐六杀

1）背景：对于杀人罪，唐律在《斗讼律》中区分了"六杀"。

[安口诀] 注意，"唐六杀"这个词出现在《斗讼律》中，但不代表这六个罪名都规定在《斗讼律》中。

2）内容。

谋杀	概念	有预谋杀人；
	处理	一般减故杀罪数等处罚，但奴婢谋杀家主，子孙谋杀尊亲属则处以死刑
故杀	概念	无预谋，但情急杀人时已有杀人的意念；
	处理	一般处以斩刑
斗杀	概念	斗殴中出于激愤失手将人杀死；
	处理	一般处以绞刑
误杀	概念	由于种种原因杀错了对象；
	处理	减故杀罪一等处罚
过失杀	概念	"耳目所不及，思虑所不至"而杀人；
	处理	一般以赎论
戏杀	概念	"以力共戏"而导致杀人；
	处理	减斗杀罪二等处罚

3）影响：反映了唐代刑法的完备与立法技术的提高。

---

① B
② B
③ A

习题

1. 唐玄宗开元年间，河南道徐州村民张某外出打猎，发现丛林中有一只山鸡，遂引弓射箭，不幸射中采药的郎中李某，致其头部中箭而亡。依照唐朝法律，张某的行为构成的罪名是（　　）。① （2020 年单选 29）

  A. 故杀　　　　　　　　　　B. 误杀
  C. 谋杀　　　　　　　　　　D. 过失杀

2. 依照唐律的规定，因"耳目所不及，思虑所不至"而杀人是（　　）。② （2013 年单选 38）

  A. 误杀　　　　　　　　　　B. 过失杀
  C. 斗杀　　　　　　　　　　D. 戏杀

3. 唐六赃

1）背景：唐律中《杂律》篇首次就坐赃致罪设"六赃"专条，称一切不法所得为赃。六赃涵盖了侵犯官私财产的所有犯罪行为。

2）内容。

强盗	概念	"以威若力而取其财"，即以暴力或暴力威胁而取他人财物，不论先强后盗，还是先盗后强，俱为强盗
	主体	一般主体
窃盗	概念	"潜行隐面而取"，即秘密占有不属于自己的官私财物
	主体	一般主体
受财枉法	概念	"受有事人财而曲法处断"，即收受当事人贿赂而利用职权曲法枉断，为其牟取不正当利益，或为其开脱罪责
	主体	官员
受财不枉法	概念	"虽受有事人财，判断不为曲法"的行为
	主体	官员
受所监临	概念	"监临之官不因公事而受监临内财物"的行为，一般是主管官员私下接受所监管的吏民的财物
	主体	官员
坐赃	概念	监临主司以外的其他官员"因事受财"构成的犯罪，前五种外所有赃罪
	主体	官员

3）处罚原则：以赃值定罪量刑标准；受刑之外，还必须退还赃款赃物；官吏犯赃，还要"官除名，吏罢役"。

---

① D

② B

[安口诀] 受财+枉法，选受财枉法；受财+不枉法，选受财不枉法；只说受财没说枉法，选坐赃。

品题

1. 根据《唐律·杂律》的规定，监临主司以外的其他官员"因事受财"构成的犯罪是（　　）。① （2017年单选38、2017年法学单选17）

A. 坐赃　　　　　　　　　　B. 受财枉法
C. 受财不枉法　　　　　　　D. 受所监临财物

2. 唐开元年间，某县令收受在押人亲属绢二十匹，为该在押人开脱罪责。依照唐律规定，该县令的行为构成（　　）。② （2013年法学单选17）

A. 坐赃罪　　　　　　　　　B. 受财枉法罪
C. 受所监临财物罪　　　　　D. 受财不枉法罪

4. 保 辜

1）背景：为准确区分伤害罪和伤害致死的杀人罪，明确因斗殴而导致的法律责任，唐律规定了保辜制度。

2）处理：伤害行为发生后，确定一定期限，限满之日根据被害人的死伤情况决定加害人所应承担的刑事责任，在法定的期限内加害人可积极救助被害人，在挽救被害人生命的同时减轻自己的罪责；保辜的期限根据伤害的方式和程度而定，辜限内被害人死亡的，以杀人罪论处；在限外死亡或虽在限内而以他因死者，以伤害罪论。

3）影响：保辜制度力求准确认定加害人的法律责任，使之罪刑相应，同时要求行为人在法定的期限内积极对被害人施救，以减轻自身的法律责任，这对减轻犯罪后果、缓和社会矛盾起到了良好作用。

品题

唐朝天宝年间，长安城商贩张三、李四因争抢生意殴斗，李四持刀将张三刺伤，在辜限内张三因伤死亡。依唐律，李四应论处的罪名是（　　）。（2019年单选29）③

A. 斗殴　　　　　　　　　　B. 伤害
C. 杀人　　　　　　　　　　D. 强盗

考点3：唐代民事经济制度

（一）唐代民事制度

1. 民事行为能力

唐朝没有明确规定民事行为能力的年龄，大体上与为国家服徭役和交纳赋税的法定年龄（丁年）相当，"凡男女始生为黄，四岁为小，十六为中，二十有一为丁（后改二十二、

---

① A
② B
③ C

二十三），六十为老（后改五十八）"。

2. 所有权

1）唐律严格保护根据均田制而取得的土地所有权；对其他动产所有权的保护，法律也规定得相当详细。

2）唐律关于规定遗失物（阑遗物）、宿藏物（埋藏物）、漂流物、山林矿山的所有权归属，都有明确的规定

① 阑遗物："诸得阑遗物，满五日不送官者，各以亡失罪论；赃重者，坐赃论。私物，坐赃论减二等。"意思是说：凡拾得遗失物，满五日不送交官府的，都依丢失该物之罪罚论处；计赃物价值依坐赃论罪罚重于丢失罪的，就依坐赃罪论处。属于私有之物的，依坐赃罪减二等论处。

② 宿藏物："诸于他人地内得宿藏物，隐而不送者，计合还主之分，坐赃论减三等。若得古器形制异，而不送官者，罪亦如之。"意思是说：凡在别人的土地内得到先前的埋藏物，隐瞒不送还的，计算当送还之份额，依坐赃罪减三等处罚。如得到形状规制特异的古器物，而不送交官府的，也照此法处置。

3）唐律对山间野外的自生无主之物，规定了"加功所有"的原则，即对山野之中无主的草、木、药、石之类，由首先对其实施收集性劳动者所有，"诸山野之物，已加功力刈伐积聚，而辄取者，各以盗论"，意思是说：各山间和原野的动植物，已经加工、收割、砍伐、聚集等归加工者所有，而擅自拿取的人，以盗窃罪论处

3. 契约关系

唐朝财产关系非常活跃，契约的种类也大为增加，出现了买卖、租赁、雇佣、借贷、寄托、承揽等各种形式的契约，但律文中少有关于契约的规定，"官有政法，人从私契"，契约关系主要依靠民间习惯调整。

（1）买卖契约

不动产买卖	登记生效	唐律规定，土地买卖一般属于禁止性行为，但符合法定条件者，不在禁限，土地交易"皆须经所部官司申牒，否则财没不追，地还本主"，意思是说：（土地交易）都需要经过所属主管部门用公文向上呈报，（没有经过主管部门呈报的）钱财没收不予追还，土地交还原所有人
	要式合同	田宅、奴婢及大牲畜的买卖，须签订契约，并经官府部门公验，"无私契之文，不准私券之限"，意思是说：法令没有明确规定可以使用私人契约的，禁止使用私契
动产买卖		唐律专设"器用绢布行滥短狭而卖者"条，规定了出卖器用在质量和数量上的产品责任

> **超链接**
> 《唐律疏议·杂律》："诸买奴婢、马牛驼骡驴，已过价……立券之后，有旧病者三日内听悔，无病欺者市如法。"
> 【疏】议曰："若立券之后，有旧病，而买时不知，立券后始知者，三日内听悔。三日

外无疾病，故相欺罔而欲悔者，市如法，违者笞四十；若有病欺，不受悔者，亦笞四十。"

翻译：凡买奴婢、马牛驼骡驴等，已经付价款……立券之后，所买口畜原先有病的三天内允许悔退，无病情隐瞒的买卖依法成立。

疏议：如签订契券后，口畜原先有病，而买时不知，立契券后才知道的，三日内允许悔退。三日之外无疾病，故意无端欺赖而想悔退的，认定买卖合法，违法的处笞刑四十；若所卖口畜有病欺瞒，不接受悔退的，也处笞刑四十。

（2）借贷契约

区分借和贷	借指使用借贷，贷指消费借贷，前者是特定物（如奴婢、畜产、车船等），后者属非特定物（如银、钱、粮食、绢丝等）。
区分出举和负债	借贷分有息和无息两种，前者称出举，后者称负债。为担保债务人履行债务，无论公私借贷都要有质押或其他担保方式。
保护债权人	▶ 违契不偿："诸负债违契不偿，一匹以上，违二十日笞二十，二十日加一等，罪止杖六十。三十匹加二等，百匹又加三等。各令备偿。"意思是说：负债违约不偿还的，价值达到一匹以上，逾期20天，处以20笞刑，此后每多20天便加重一等，最多可处以60笞刑。若是价值达到30匹则罪加二等，价值达到百匹的，再加三等。 ▶ 牵掣：唐律还允许债权人在债务人不能清偿债务时扣押债务人的财产，称为牵掣，但须向官府报告并经批准。 ▶ 役身折酬：债务人确无财产可供扣押，则可役身折酬，即驱使债务人及其家属以劳役抵偿债务。 [安口诀] 注意对比，唐代允许役身折酬，清代不允许役身折酬。
保护债务人	《杂令》规定了禁止私人高利贷 ▶ 财物出举："诸公私以财物出举者，任依私契，官不为理。每月取利不得过六分，积日虽多不得过一倍……又不得回利为本。"意思是说：用钱财和物品作有息借贷的人，听凭私下契约，官府不予干涉。每个月份取得的利息不得超过60%，积累的日子再多，也不许超过（本金的）一倍……又不能将利息加入财物中再次当出贷的本钱。 ▶ 粟麦出举："诸以粟麦出举，还为粟麦者，任依私契，官不为理。仍以一年为断，不得因旧本更令生利，又不得回利为本。"意思是说：用粟、麦当作有息借贷的，同时以粟麦偿还的人，也依照私下的契约，官府不介入。仍旧是以一年为期限，不能用原来的本钱再次计算利息，也不能将回利重新入为本钱。 ▶ 唐后期进一步降低法定利率，并对违法取利者加重处罚，如唐文宗时敕有规定私人出举"不得五分以上生利……其利止于一倍……如有违越，一任取钱人经府县陈论，追勘得实，其放钱人请决脊杖二十，枷项令众一月日"，意思是说：个人有息放贷的，不得获取50%以上的利息……其利息最多为一倍……如果有违反此规定的，一旦借贷人到官府陈述论证，追究查问后确有其实，责罚放贷人20脊杖，脖子上带枷栲示众一个月的时日。

4.婚姻制度

结婚制度	主婚权	关于婚姻的成立，尊长对卑幼的主婚权得到了法律的确认和强化，其法律责任也相应加大，"诸嫁娶违律，祖父母、父母主婚者，独坐主婚"；即使卑幼在外地，已自行订婚，只要尚未结婚，就须服从尊长安排，"违反尊长意志者，杖一百"
	婚书聘财	婚书、聘财为婚姻成立的要件，"诸许嫁女，已报婚书及有私约而辄悔者，杖六十"，或者"虽无许婚之书"，但女家已接受男家的聘财，亦不得悔婚，否则亦处杖六十，男家自悔者，不坐
	禁止结婚	同姓不婚；非同姓但有血缘关系的尊卑间不得为婚，违者"以奸论"；严禁与逃亡女子为婚；监临官不得娶监临之女为婚；良贱不婚
离婚制度	七出变化	以无子休妻者，必须是妻年五十以上；妻若犯恶疾及奸罪者，虽有三不去之理由，仍可休之；妻无七出之状而休弃者，丈夫徒一年半，妻有三不去之由而休弃者，丈夫杖一百
	义绝制度	不同于汉朝，义绝被规定为强制离婚的条件，所谓义绝是指夫妻情义已绝，唐律规定"夫殴妻之祖父母、父母及杀害外祖父母、伯叔父母、兄弟、姑、姊妹；妻殴詈夫之祖父母、父母，杀伤夫外祖父母、伯叔父母、兄弟、姑、姊妹及与夫之缌麻以上亲，若妻母奸及欲害夫者；夫妻祖父母、父母、外祖父母、伯叔父母、兄弟、姑、姊妹自相杀者"，均为义绝，须强制离婚，"违者，徒一年"，因为"夫妻义合，义则离"。 [安口诀]男方打女家，女方打男家，男女两家打
	和离制度	承认夫妻双方自愿离婚的效力，"如夫妻不相安谐，谓彼此情不相得，两愿离者，不坐"

5.家庭继承

家长权	维护家长权威	唐律注重维护家长的统治地位与权威，"凡是同居之内，必有尊长"，家长成为家庭的代表，子孙须无条件服从其权威，否则就是"不孝"，子孙违犯教令、供养有缺以及自主婚姻者，均要受罚
	家长支配财产	财产由家长统一支配和控制，"诸祖父母、父母在，而子孙别籍异财者，徒三年"，子孙私自动用家庭财物，处以笞十至杖一百的刑罚
继承制度	宗祧继承	采取嫡长子继承，"诸立嫡违法者，徒一年"，若无子孙者"听养同宗于昭穆合者"，即在同宗子辈中收纳养子
	财产继承	采取诸子均分制，兄弟中先亡者，其子继父份，即代位继承；但生前立有遗嘱者，则不按法定顺序继承，采用遗嘱优先的原则；一般情况下，女子出嫁后，不享有本家财产的继承权，但在室女可分得相当于未婚兄弟聘财的一半之财，作为置办妆奁之用，但在户绝之家，女儿的继承权则很大

> **超链接**
>
> 唐《户令》："诸应分田宅者，及财物，兄弟均。妻家所得之财，不在分限。兄弟亡者，子承父。兄弟俱亡，则诸子均。其未娶妻者，别与聘财。姑姊妹在室者，减聘财之半。寡妻妾无男者，承夫。"

唐《丧葬令》："诸身丧户绝者，所有部曲、客女、奴婢、店宅、资财，并令近亲转易货卖，将营葬事及量营功德之外，余财并与女。"

翻译：田宅财物实行诸子均分制，由兄弟平均分配家庭内所有财产。妻家的陪嫁不属于夫妻共同财产，不能够分配。若兄弟之中有已经死亡且留有儿子的，则由其儿子继承其父应得之份。如果享有继承权的兄弟已全部死亡，则将财产在各兄弟所有的儿子之间平均分配。若兄弟尚未娶妻，则在得平均份额之外，另加一定数量的聘财，专门作娶妻之用。姑姊妹尚未出嫁，则可比照未娶妻之兄弟应得聘财的数额，减半继承。

关于户绝家庭的继承，所有的部曲、客女、奴婢、店宅以及其他资财，一并交由近亲属变卖，户绝资产除丧葬费外，全部由在室女继承。

品 题

1. 出于敦煌的唐代《放妻书》写道，"既以二心不同，难归一意，快会及诸亲，以求一别，物色书之，各还本道……解怨释结，更莫相憎；一别两宽，各生欢喜"，该《放妻书》所反映的是（　　）。①（2023 年单选 29）

　　A. 义绝　　　　　　　　　　B. 和离
　　C. 七出　　　　　　　　　　D. 三不去

2. 下列关于唐朝借贷契约的表述，不正确的是（　　）。②（2022 年单选 36）

　　A. 负债违契不偿者应承担法律责任
　　B. 法律对借贷利率任依私契，官不为理
　　C. 债权人在债务人不能清偿债务时，可扣押债务人的财产
　　D. 债权人可令无偿还能力的债务人及其家属以劳役抵偿债务

3. 义绝是指夫妻情义已绝，是唐代强制离婚的条件。下列选项中，构成义绝的有（　　）。③（2016 年多选 60）

　　A. 夫妻不相安谐　　　　　　B. 夫殴妻之祖父母、父母
　　C. 妻殴夫之祖父母、父母　　D. 夫妻祖父母、父母自相杀

4. 下列关于唐朝继承制度的表述，正确的是（　　）。④（2012 年单选 38）

　　A. 女子不享有财产继承权
　　B. 只有法定继承，不承认遗嘱的效力
　　C. 无论宗祧继承还是财产继承，皆采用嫡长子继承原则
　　D. 财产继承沿袭两汉以来的"诸子均分"原则

5. 按照唐律的规定，下列情形的婚姻不为法律所禁止的是（　　）。⑤（2012 年法学单选 20）

---

① B
② B
③ BCD
④ D
⑤ C

A. 县令甲娶其部属之女为妻　　B. 士绅乙娶部曲之女为妻
C. 刺史丙娶其原籍民女为妻　　D. 民人丁娶同姓民女为妻

（二）唐代经济制度

1. 均田制度

唐朝形成均田制，法律严格保护根据均田制而取得的土地所有权，严禁占田过限，严格控制口分田的买卖，盗耕种公私田、妄认和盗买盗卖公私田、在官侵夺公私田等侵犯土地所有权的行为，法律予以严惩。

> **超链接**
>
> 均田法是北魏至唐中叶推行的计口授田制度，北魏初，华北及中原长期兵乱，土地荒芜，地籍散乱，影响赋役征收。太和九年，北魏孝文帝采纳给事中李安世的建议，确立均田之制，在实行课农的基础上，下诏计口分配荒地。凡男年十五以上受露田四十亩、女二十亩，奴婢依良，丁牛一头受田三十亩，限四头，所受之田，不许买卖，年老身死须还田；初受田男子另给桑田二十亩，终身不还，只可传给子孙，不准买卖，超二十亩余数可卖，不足可买；需缴纳麻布为调者另给麻田，男十亩、女五亩，奴婢依良，年老身死须还田；新附民户加给宅地，每三口一亩、奴婢五口一亩。北魏均田制仅分配无主荒地，原地主土地不变，其用意不在均贫富，而在使贫者亦有地可耕，负担国家课税。随后，北齐、北周、隋唐均沿此制略有变更，至唐中叶，丁口滋长，国无闲田，不复给授，均田制废。

国有土地	口分田	被授者死亡后，由政府收回
	职分田	为官吏提供俸禄的用地，按职官品级分得
	公廨田	为各级国家机关提供办公经费的用地，也严禁私自买卖
私有土地	永业田	被授者永远执业，子孙可继承，经特别批准可买卖交易
	部分宅地	—
占田过限	原则	为控制土地占有的两极分化，唐律<u>禁止占田过限，最重可处徒一年</u>，"王者制法，农田百亩，其官人永业准品，及老、小、寡妻受田各有等级，非宽闲之乡不得限外更占。若占田过限者，一亩笞十，十亩加一等；过杖六十，二十亩加一等，一顷五十一亩，罪止徒一年"，意思是说：君王制定法律规定，农田每丁百亩，其中官员之永业田依品级受田，以及老、小、寡妇家庭受田都有规定的限额，不是土地宽闲之地区不得在限额之外再占有田地。如占田超过限额的，一亩处笞十，每增占十亩加重一等；超过杖六十之刑罚，每增二十亩加重一等，至一顷五十一亩最高处徒刑一年
	例外	<u>人少地多的宽乡除外</u>，目的是鼓励开垦荒地，不过仍须<u>申牒立案</u>，防止隐瞒不报者脱逃赋税

96

2. 赋役制度

租庸调	背景	唐朝前期沿用隋制,以均田制为基础,实行租庸调法
	内容	租是田赋,每丁每年纳粟二斛或稻二斛;调随乡土所产,蚕乡每丁每年纳绫或绢二丈、绵三两,非蚕乡纳布二丈五尺、麻三斤;庸是按人丁摊派的徭役,每丁每年服役二十天,逢闰月加二日;不服役者可输庸代役,每丁每日折绢三尺或布三尺七寸五分,国家有事加役,可视加役时间予以减免租调
	影响	均田制与租庸调法相互依存,唐中期以后,均田制被破坏殆尽,租庸调法亦难以实施
两税法	背景	唐德宗建中元年(780年)采纳宰相杨炎的建议,实行两税法,过去的租庸调以及杂税一律废除,所有主户客户,不论定居行商,均须纳税,税额由资产和田亩数确定
	内容	两税法的基本原则是量出制入,即以大历十四年(779年)之垦田数为准,总计当时各种开支总数以定两税总数;按每户的土地面积征收地税,按财产多寡确定的户等征收户税;每年分夏秋两季征收
	影响	两税法的推行,有利于国家赋税收入;有利于削弱了大户的特权;有利于简化税制,将当时各种捐税加以合并;有利于户籍整理,以现居为定籍的办法;有利于社会安定

> **超链接**
>
> 唐代的租庸调可以上溯至北魏,北魏孝文帝太和九年(485年)二月颁布均田令,受田者有租有役有调。唐之租庸调法比起汉之赋役制度,较为整齐规范,但汉代于正税之外,别加口赋、算赋和户赋,三赋均为收钱,因而汉代之地租形式由先秦之劳役和实物,发展为劳役、实物和货币三者齐备。唐初承隋末战乱,社会经济遭到严重破坏,实行均田制与租庸调法之后,尤其太宗朝执行较为认真,经济得以恢复和发展,及至玄宗时期,臻于鼎盛,但安史之乱后,由于均田制和租庸调法的破坏,唐代由盛转衰,至德宗时演为两税法。

> **超链接**
>
> 唐玄宗开元以前为租庸调,有田则有租、有身则有庸、有户则有调,玄宗安史之乱后,版籍渐坏,多非其实,丁户田产无可考,兹后赋敛,无复常准,至德宗相杨炎,遂作两税法:夏输无过六月,秋输无过十一月;置两税使以总之,量出为入;户无主、客,以居者为簿;人无丁中,以贫富为差;商贾税三十之一。

3. 禁榷制度

盐	背景	第1步——唐代前期对盐业放任不税，不实行专卖。 第2步——唐代中期财政开支日繁，于唐玄宗开元九年开始征收盐税。 第3步——安史之乱后，军费支出益巨，<u>唐肃宗</u>至德元年实行<u>盐的专卖</u>。 第4步——<u>唐代宗</u>时改革<u>榷盐法</u>，实行<u>民制、官收、商运、商销</u>
	内容	官府以控制盐的生产为主，在全国主要产盐地设<u>四场、十监</u>，负责盐的生产和统购；商人可向官府场监批发官盐，自由运销各地，除向沿江河诸ου交纳榷盐钱外，不再征税；为防止偏远地区盐商牟取暴利，设<u>常平盐</u>即以必要的官运官销控制盐价；同时严禁私盐运销，设置<u>十三巡院厉行缉私</u>
	影响	盐业税收大大增加了国家的财政收入，最多时竟占全国财政收入的一半
茶	背景	隋唐时期，饮茶普及，茶业经营获利甚厚，<u>唐德宗</u>建中年间令<u>征茶税</u>，之后茶税法全面推行
	内容	官府在产茶州县山林以及茶叶贩运要道设关卡征茶税，税率为茶价的1/10，国家严禁私茶贩运，罪重至死
	影响	国家茶税每年可获40万缗，其利相当丰厚
酒	背景	第1步——隋和唐初放任酿酒，不予干预。 第2步——<u>安史之乱</u>中开始实行<u>榷酤制度</u>，此后或禁或弛，多有反复
	内容	禁榷之时，为保证酒利，政府严刑处罚私酿私卖酒者，违者没其家产，而且往往实行<u>责任上的株连</u>，"一人违犯，连累数家"

4. 外贸制度

唐代对陆上贸易严格限制。唐代对海路贸易颇为开放，允许外商来华自由贸易，"<u>任其往来自为交易，不得重加率税</u>"。

陆上贸易	互市监	在边境定点设置若干互市监，监控中外商人以物易物的互市贸易，而禁止其他形式的贸易
	越度交易	国境多置关塞，<u>严禁化内人绕道关卡，越度交易</u>，亦禁止外商私自入境，违者同等治罪；<u>政府往来之使者，均不得顺带进行贸易</u>，违者"<u>各计赃准盗论，罪止流三千里</u>"，意思是说：以盗窃罪论处，其所携带赃物的价值算定盗窃额度，最多可以判处流刑3 000里
海路贸易	藩坊	唐代在海路通商城市划定特定区域，名为藩坊，供外商居住和营业。
	市舶税	唐太宗贞观时期开始征收市舶税，<u>分舶脚</u>（船舶入口税）；<u>抽分</u>（又称进奉，外国商船贩至中国<u>龙香、沉香、丁香、白豆蔻</u>，政府抽1/10 实物税，是<u>中国历史上第一项外贸征税</u>）；<u>收市</u>（蕃货在市场上与中国商人贸易时征收的市税）
	市舶使	<u>武则天</u>时期在<u>广州</u>设置，是为国家<u>首置外贸专职官署</u>，对外贸易活跃地区的地方官也有一定管理外贸的权力

		续表
海路贸易	赍禁物	唐律严格限制某些商品出口，"诸赍禁物私度关者，坐赃论，赃轻者，从私造、私有法；若已度关及越度被人纠获，三分其物，<u>二分赏捉人，一分入官</u>"，意思是说：携带违禁物品偷渡关卡的人，以坐赃论罪处理，情节轻微的人，按私造私有定罪处理；假如已经过了关卡或偷渡进才被人检举抓获，其走私物品应三等分，两分奖赏给检举捉拿的人，一分充公上缴

品 题

唐初创建了市舶制度，制定了中国历史上第一项外贸征税法令。对外商贩至中国的部分货物，官府抽取十分之一的实物税。下列属于应抽取实物税的货物有（　　）。①（2017年多选61、2017年法学多选29）

A．丝绸　　　B．瓷器　　　C．龙香　　　D．沉香

考点4：唐代行政制度

（一）唐代行政制度

1. 三省六部制

（1）背　景

唐朝中央政府的体制沿用隋朝的<u>三省六部制</u>，表明古代<u>行政体制走向成熟化与定型化</u>。

（2）组　成

三省	六部	二十四司	主要职责
中书省	—	—	—
门下省	—	—	—
尚书省	吏部	吏部司＋司封司＋司勋司＋考功司	职官的任命、考课、管理
	户部	户部司＋度支司＋金部司＋仓部司	户籍与财政收入管理
	礼部	礼部司＋祠部司＋膳部司＋主客郎司	祭祀、礼仪、教育、科举
	兵部	兵部司＋职方司＋驾部司＋库部司	六品以下武官的选授、考课、武举、军事行政
	刑部	刑部司＋都官司＋比部司＋司门郎中	大理寺审理案件的复核以及京师百官的案件会审
	工部	工部司＋屯田司＋虞部司＋水部司	土木、水利工程及农、林、牧（军马除外）、渔业

2. 政事堂

三省的长官集体出任宰相，在<u>政事堂</u>议事，其职权明确划分，互相制约。

1）<u>中书省</u>传承皇帝的命令，草拟诏书。

---

① CD

2）经门下省审核驳正后，交皇帝批准。

3）尚书省负责执行皇帝的诏敕和经皇帝批准的各项政令。

（二）唐代官吏管理制度

1. 官员选任

1）背景：官吏的主要来源有科举和门荫，以前者为正途，唐朝将隋朝开创的科举选官制度进一步系统化、完备化。

2）主体：参加科举的考生是各级官学考试选拔的生徒和经地方州县审核身份并初试合格的乡贡。

3）初试：初试科目主要有秀才、明经、进士、明法、明字、明算等，以明经、进士二科最受重视。

4）复试：真正入仕还须通过吏部的考试，通过释褐试后才得正式任命为官。吏部择人之法有身、言、书、判。

2. 官吏考课

1）概念：考课制度是按一定标准考核官员的品质、才能、勤劳、功过，分别等第据以升降赏罚，唐朝职官的考课从程序到内容皆已制度化和法律化。

2）程序：每年一小考，由本司或州县长官主持；每四年一大考，四品以下官皆由吏部考功司负责，三品以上官报皇帝裁决。

3）标准：考课的标准是四善二十七最。

四善	标准	国家对各级官吏的品行操守提出的四项共同要求，德义有闻＋清慎明著＋公平可称＋恪勤匪懈
	结果	有一项合格者为一善，四项合格者为四善，皆不合格则无善
27最	标准	根据不同的部分职掌、不同的业务性质，分别提出的27条具体专业要求
	结果	综合被考课者的善、最，定上、中、下三等九级。小考优者赏之以加禄，劣者罚以夺禄；大考优者赏以晋升，劣者罚以降职，甚劣者免官或依律惩治 ［安口诀］小考关乎钱，大考关乎饭碗

3. 官吏管理

关于职官致仕，唐朝官员的致仕年龄为70岁，并依照官品级别分别报皇帝批准或吏部备案；实践中官员致仕除年龄外，身体状况也是决定性因素；退休以后，五品以上官仍给半禄，其他官也有永业田可养老；若过70岁仍不主动申请致仕，则将为时议所讥，为提倡惜贤敬老的社会风尚，唐朝对致仕官员往往给予一定特殊的政治礼遇和经济礼遇。

> ［超链接］
> 《选举令》："诸职事官，年七十以上，听致仕。五品以上上表，六品以下申省奏闻。"

考点 5：唐代司法制度

（一）司法机关

1. 三法司

大理寺	大理寺以正卿和少卿为正副长官，下设正、丞、司直等，职掌中央司法审判权
	主要职权：审理中央百官与京师徒刑以上案件，对刑部移送的地方死刑案件有重审权；对徒、流重罪的判决，须送刑部复核；死刑案件须奏请皇帝批准
刑部	中央司法行政机关，其正副长官为尚书和侍郎，职掌案件复核权
	主要职权：负责复核大理寺判决的徒、流刑案件，以及州县判决的徒刑以上案件；在审核中如有可疑，可驳令原机关重审，也可直接改判，死刑案件移交大理寺重审。
御史台	以御史大夫为长官，御史中丞二人为副，其下设台院、殿院、察院，分别由侍御史、殿中侍御史、监察御史若干人组成。 1）台院的侍御史：地位较高，负责纠察百官，弹劾违法失职者，并负责或参与皇帝交审案件。 2）殿院的殿中侍御史：负责纠察朝仪和其他朝会，也参与案件审理。 3）察院的监察御史：品级较低，主要负责监察地方官吏。 4）玄宗时监察六部称"大察官"，明朝六科给事中源于此。 [安口诀] 台院察大官，察院察小官，殿院查纪律
	主要职权："掌持邦国刑宪典章，以肃正朝廷"，纠察弹劾百官违法之事，同时负责监督大理寺和刑部的司法审判活动，也参与对重大案件的审判

2. 三司推事

1）三司推事：中央或地方发生重大疑难案件时，皇帝特诏大理寺、刑部、御史台长官共同审理；必要时皇帝还命令刑部会同中书、门下二省集议，以示慎重。

2）三司使：次要的案件或地方上的大案不便解送京城，则派遣大理寺评事、刑部员外郎、监察御史前往审理。

品题

唐朝"掌持邦国刑宪典章，以肃正朝廷""纠正百官之罪恶"的国家机构是（　　）。①（2021 年单选 35）

A. 刑部　　　B. 御史台　　　C. 大理寺　　　D. 中书省

（二）司法制度

1. 起诉阶段

1）禁止越诉：须由下而上从县、州至中央告诉，一般禁止越诉，对越级告诉和受理者，处以笞刑；但在特殊情况下允许越诉，甚至可以通过邀车驾、击登闻鼓、上表等形式向皇帝告诉，但由此而冲撞皇帝仪仗和控告不实者，皆要受到处罚。

---

① B

2）告诉限制：除谋反、谋大逆、谋叛外，卑幼不得控告尊长，卑贱不得控告尊贵；在押犯人只准告狱官虐待事，80岁以上、10岁以下以及笃疾者只准告子孙不孝或同居之内受人侵害事；禁止投匿名信控告。

3）提交诉状：提起诉讼时"诸告人罪皆注明年月，指陈实事，不得称疑"，告诉人应向政府提交辞牒，即诉状，可由官吏代为书写，也可由当事人雇请他人书写。

品题

根据唐代关于"告诉"的法律规定，下列选项中官府应予受理的案件有（　　）。①（2018年多选48、2018年法学多选28）

A. 张某控告其祖父谋反
B. 李某控告其主人杀人
C. 八十岁的王某控告其子孙不孝
D. 在押囚犯刘某控告狱卒虐待

2. 审判阶段

1）换推：换推即审判回避制度，凡主审官员与当事人系五服内的亲属或其大功以上亲之间有婚姻关系，或师生关系，或曾为本部都督、刺史、县令者以及此前有仇嫌者，同署连判官员如属大功以上亲属，都应换推。

2）死刑制度。

三复奏	地方各州死刑必须经过三复奏，决前一天两复奏，决日一复奏，"不待复奏报下而决者，流两千里"
五复奏	京城死刑案件五复奏，决前一天两复奏，决日三复奏
一复奏	恶逆以上罪及部曲、奴婢杀主人罪者，则一复奏后，就可执行死刑
死刑执行	每年的立春以后、秋分以前，不得奏决死刑；在每月的朔、望日，上下弦、二十四节气等，均不得奏决死刑；但谋反、谋大逆、谋叛等重大犯罪，不受此限

超链接

死刑三复奏最早始于隋朝，《旧唐书·刑法志》记载，唐太宗在一怒之下杀死大理丞张蕴古和交州都督卢祖尚，事后追悔莫及，遂"下制，凡决死刑，虽令即杀，仍三复奏"，后为慎重起见，又规定了死刑五复奏。《唐律疏议》规定，复奏后须待核准的奏书下达，方可行决，如"不待复奏报下而决之，流二千里"，即使皇帝已奏决，也要待三日后才能执行死刑，"若限未满而行刑者，徒一年；即过限，违一日，杖一百,二日加一等"。后世明代死刑皆三复奏，清初三复奏仅适用于朝审的案件，雍正时秋审的案件也三复奏，乾隆时由于各地死刑案件太多，皇帝没有时间审核，又改为朝审三复奏、秋审一复奏。

---

① ACD

《新唐书·刑法志》:"贞观五年,河内人李好德坐妖言下狱,大理丞张蕴古以为好德病狂瞀,法不当坐。治书侍御史权万纪劾蕴古相州人,好德兄厚德方为相州刺史,故蕴古奏不以实。太宗怒,遽斩蕴古,既而大悔,因诏'死刑虽令即决,皆三覆(复)奏'。久之,谓群臣曰:'死者不可复生。昔王世充杀郑颋而犹能悔,近有府史取赇不多,朕杀之,是思之不审也。决囚虽三覆奏,而顷刻之间,何暇思虑?自今宜二日五覆奏。'"

翻译:贞观五年,河内李好德因妖言下狱,大理丞张蕴古认为好德只是犯了癫狂,于法不应坐罪。治书侍御史权万纪弹劾张蕴古说,张蕴古是相州人,而李好德的哥哥李厚德正在做相州刺史,所以张蕴古所奏不是事实。太宗发怒,立即将张蕴古处斩,很快大为懊悔,于是下诏说"死刑虽然称立决,也要三次复奏"。过了好久,太宗对大臣们说:"死者不能复生,从前王世充杀掉郑颋还能悔悟,近来有府史受贿不多,我把他杀掉,是欠考虑了。处决囚犯三次复奏,但在顷刻之间,仍顾不上思虑,从今以后应在两天中五次复奏。"

品题

唐高宗永徽年间,某地有婢女不堪主人欺凌,将主人毒杀。后该婢女被官府缉捕归案,判处斩刑。根据唐律死刑复奏制度的规定,该案应复奏的次数是(　　)。① (2015年法学单选17)

A. 无需复奏　　B. 一复奏　　C. 三复奏　　D. 五复奏

3. 法官责任

1) 依法裁判:法官必须严格依据律、令、格、式正文定罪,"诸断罪皆须具引律令格式正文,违者笞三十"。

[安口诀] 格只能适用于一时一事,如果没有上升为永格者,不得引用以为后比。

2) 出入人罪:如果任意引用而致断罪有出入者,属故意,以故意出入人罪论处,即采取反坐原则;属过失,以过失出入人罪论,即减故意者三至五等处罚。

超链接

《唐律疏议·断狱》中关于"官司出入人罪"条的记述:"诸官司入人罪者,若入全罪,以全罪论。从轻入重,以所剩论。刑名易者,从笞入杖,从徒入流,亦以所剩论。从笞杖入徒流,从徒流入死罪,亦以全罪论。其出罪者各如之。即断罪失于入者,各减三等;失于出者,各减五等。"

翻译:凡官员判决入罪的,如属增加计全额罪的,以全额之罪罚论处。从轻罪加至重罪,以轻重之差额论处。刑罚种类被改换的,从笞刑进入杖刑,从徒刑进入流刑,也以差额论处。从笞杖刑加重进入徒流刑,从徒流刑加重进入死刑,也以计全额的罪罚论处。如属于出罪的,都照此入罪之法处置。如判决刑罚过失入罪的,都减三等处罚;过失出罪的,都减五等处罚。

---

① B

3）<u>同职连署</u>：有关官员共同审案判决，共同承担错判的责任，以利于互相监督、避免错判，大理寺卿、少卿、丞、府、史等均在同职连署的范围内，若因公错判案件，承办人承担主要责任，其他人则逐级降等处罚，若因私错判，其他人也有失察之责。

第二节　宋辽夏金法律制度

导学

宋辽夏金法律年表

北宋（960—1127，共167年）		辽、西夏、金
1. 宋太祖 赵匡胤（960—976）	太祖建隆四年（963年）颁布《宋建隆重详定刑统》，简称《宋刑统》，共12篇502条，成为中国历史上第一部刊版印行的法典； 太祖建隆四年（963年）创立折杖法 太祖颁行《建隆新编敕》，开始了宋代编敕活动	—
2. 宋太宗 赵光义（976—997）	太宗淳化二年（991年）创设审刑院 太宗颁行编敕称《太平兴国编敕》	—
3. 宋真宗 赵恒（997—1022）	真宗颁行编敕称《咸平编敕》	—
4. 宋仁宗 赵祯（1022—1063）	仁宗首立《窝藏重法》，严惩窝藏贼盗的犯罪，清除贼盗的社会基础	辽兴宗耶律宗真重熙五年（1036年）编成《新定条例》，是辽朝第一部比较完整的法典，史称《重熙条例》
5. 宋英宗 赵曙（1063—1067）	继承了重法地法政策并重制重法，既强调法的追溯力，又株连罪犯亲属并籍没其家产，以反逆罪惩治盗贼	—
6. 宋神宗 赵顼（xū） （1067—1085）	神宗熙宁四年（1071年）颁行《重法地法》，也称《盗贼重法》，扩大了重法的适用地区，由京畿地区发展到全国三分之二以上的地区； 神宗首颁《熙宁法寺断例》，开始了宋代编例活动； 神宗元丰三年（1080年）裁撤审刑院，职权复归大理寺与刑部； 神宗元丰年间（1078—1085年）官制改革，裁汰三司归并户部，恢复了三省原有的权力	辽道宗耶律洪基咸雍六年（1070年）又增补成789条，称为《咸雍条例》

续表

北宋（960—1127，共167年）		辽、西夏、金
7. 宋哲宗 赵煦（1085—1100）	哲宗颁行编例称《元符刑名断例》 哲宗元符三年（1100年）废除重法地制度	—
8. 宋徽宗 赵佶（1100—1125）	—	西夏崇宗李乾顺贞观年间（1101—1113年）即有综合性"律令"行用，并有军法典《贞观玉镜统》
9. 宋钦宗 赵桓（1125—1127）		

南宋（1127—1279，共152年）		辽、西夏、金
1. 宋高宗 赵构（1127—1162）	高宗颁行编例称《绍兴刑名断例》	金熙宗完颜亶皇统三年（1143年）"以本朝旧制，兼采隋唐之制。参辽宋之法"，制定了金朝第一部成文法典《皇统制》
		西夏仁宗李仁孝天盛年间（1149—1169年）正式制定《天盛改旧新定律令》，其详细程度为中古法令之最
2. 宋孝宗 赵昚（shèn） （1162—1189）	孝宗淳熙年间把相关的敕、令、格、式及指挥、申明（法律解释）等，依事分门别类加以汇编，称《淳熙条法事类》	—
3. 宋光宗 赵惇（1189—1194）	—	—
4. 宋宁宗 赵扩（1197—1224）	宁宗朝编订《庆元条法事类》，目前保留残本	金章宗完颜璟泰和二年（1202年）颁行《泰和律令敕条格式》，包括《泰和律义》12篇、《律令》20卷、《新定敕条》3卷及《六部格式》30卷，至此从形式到内容实现了全面汉化
		西夏神宗李遵顼光定年间（1211—1223年）编订《亥年新法》
5. 宋理宗 赵昀（yún） （1224—1264）	理宗时期，湖南提点刑狱宋慈总结历代法医检验技术，结合自己的办案实践，编著了世界上第一部比较系统的法医学专著《洗冤集录》。 《名公书判清明集》是一部"名公"所作的诉讼判词和官府公文的分类汇编，其中绝大部分为民事诉讼判词，辑录了南宋宁宗、理宗时期包括朱熹、真德秀、胡石壁等28位"名公"任官期间所作的部分判词	—

续表

南宋（1127—1279，共152年）		辽、西夏、金
6. 宋度宗 赵禥（qí） （1264—1274）	—	—
7. 赵㬎（xiǎn） （1274—1276）	—	—
8. 宋端宗 赵昰（shì） （1276—1278）	—	—
9. 赵昺（bǐng） （1278—1279）	—	—

考点6：宋辽夏金主要立法

（一）宋代主要立法

1. 《宋刑统》

1）背景：宋朝建立后不久，宋太祖颁布《宋建隆重详定刑统》（简称《宋刑统》），成为中国历史上第一部刊版印行的法典。

2）体例：取法于唐末《大中刑律统类》和《大周刑统》，分213门，每篇少则有5门，多则有26门。

3）内容：沿袭《唐律疏议》，律后附有唐中期以后至宋初的敕、令、格、式，新增臣等起请32条（修律者为适应当时形势发展的需要，对前朝行用的敕令格式经过审核详虑后，向朝廷提出的变动建议，实际上是新增条款）和余条准此44条（具有类推适用性质的条文）。

4）影响：宋朝后期法律形式和内容虽有变化，但《宋刑统》作为国家的基本法典，终宋之世，用之不改。

品 题

《宋刑统》共十二篇，其首篇的篇名是（　　）。①（2015年法学单选18）

A. 具律　　　　　　　　B. 刑名
C. 名例　　　　　　　　D. 法例

2. 编　敕

1）背景：重要的编敕有宋太祖《建隆新编敕》、宋太宗《太平兴国编敕》、宋真宗《咸平编敕》等。

2）内容：敕是皇帝对特定的人和事或特定的区域颁发的诏令，为一时之权制，不具

---

① C

有普遍和长久的效力。宋朝设有专门的编敕机构，把众多的散敕整理后加以分类汇编，经皇帝批准颁行后，便具有普遍的法律效力，成为编敕。

3）影响：编敕是宋代最重要、经常的立法活动，律、敕并行既保持了法律的稳定性，又发挥了法律的灵活性；但编敕地位高于《宋刑统》，造成以敕代律，导致法令不一、相互矛盾。

3. 编　例

1）背景：编例始于北宋中期，盛于南宋，包含宋神宗《熙宁法寺断例》、宋哲宗《元符刑名断例》、南宋高宗《绍兴刑名断例》。

2）内容：宋朝的例有三种形式，一是条例（皇帝发布的特旨）；二是指挥（中央官署对下级官署下达的命令）；三是断例（中央司法机关或皇帝审断的案例，被相继沿用成为审判案件的成例）。

3）影响：宋朝颁例之多前所未有，至南宋宁宗庆元年间仅条例（指挥）前后已达数万件，其地位也日趋重要，甚至"引例破法"造成司法的混乱，对明清立法影响甚大。

品题

下列选项中，属于中国古代成例的有（　　）。① （2022年多选48）

A. 廷行事　　　　　　　　　B. 决事比
C. 断例　　　　　　　　　　D. 指挥

4. 条法事类

1）背景：南宋孝宗《淳熙条法事类》，但至今仅保留宋宁宗《庆元条法事类》残本。

2）内容：为适应司法实践需要，把相关的敕、令、格、式及指挥、申明（法律解释）等，分门别类加以汇编。

品题

宋朝为弥补律典之不足进行的立法活动有（　　）。② （2016年多选61）

A. 编敕　　　　　　　　　　B. 编例
C. 编修会典　　　　　　　　D. 编纂条法事类

（二）辽朝主要立法

> **超链接**
>
> 辽朝（916—1125）：916年，契丹族领袖耶律阿保机称帝，建国号契丹（契丹一词意为"镔铁"或"刀剑"，947年改国号为辽，983年复称契丹，1066年再改为辽。辽疆域东北到今日本海黑龙江口，西北到今蒙古国中部，南以今天津市海河、河北霸州、山西雁门关一线与宋接界。辽与北宋对峙，1125年，辽天祚帝为金人所俘，辽亡，共历9帝210年。

---

① ABC
② ABD

1. 立法思想

辽朝因袭唐政治法律制度，又保持民族特色，法制注重"因俗而治，官分南北，以国制治契丹，以汉制待汉人"；对汉人、渤海人依唐朝律令治理，对契丹及其他游牧民族依契丹习惯法治理，这种因族而异的法制常致民族歧视，"辽之世，同罪异论者盖多"。

> **超链接**
> 各族"衣服言语，各从其俗"，但"凡四姓相犯，皆用汉法"，而契丹"自相犯者，用本国法"，为此辽"别立契丹司以掌其狱"。

2. 主要立法

1）辽兴宗重熙年间编成《新定条例》，是辽朝第一部比较完整的法典，史称《重熙条例》。

2）辽道宗咸雍年间又增补为《咸雍条例》。

[安口诀] 稀饭咸菜。

（三）西夏主要立法

> **超链接**
> 西夏（1038—1227）：我国古代党项族（原属羌族一支）建立的封建王朝，都城兴庆府（后改称中兴府，即今银川市），西夏先后与北宋、辽、南宋、金鼎足而立，在宝义二年（1227年）为蒙古所灭，共历10帝190年。其文献、文物多被毁损湮灭，元朝在修前代史书时，只修宋、辽、金三史，而未修西夏史，其他汉文文献所存史料亦不多，致使后世对西夏法制研究存在困难。

1. 立法思想

西夏政制借鉴唐宋制度，又保留党项习惯，兼有佛教特色。

2. 主要立法

西夏建国初期，开始模仿唐宋律令制定成文法。

1）夏崇宗贞观年间即有综合性"律令"行用，并有军法典《贞观玉镜统》。

2）夏仁宗天盛年间制定《天盛改旧新定律令》，共20卷150门1461条，该法典无注释、附例，仅律令条文达20余万言，其详细程度为中古法令之最，内容涵盖刑事法、行政法、经济法、民事法、诉讼法、军事法等。

[安口诀] 盛夏夏天最长。

3）夏神宗光定年间又编订《亥年新法》。

（四）金朝主要立法

> **超链接**
> 金朝（1115—1234）：金国是女真族于公元1115年在东北部会宁府（今黑龙江阿城县南的白城）建立的一个王朝。女真统治者很注意吸收汉族的法制经验，金国比辽国统治时间少100多年，但其在法制建设方面的成就超过辽国，共历9帝12年。

1. 立法思想

金朝法制采取<u>因地因族制宜</u>方针，坚持<u>多制并存</u>，保持女真旧制，兼采宋辽制度，对原女真部族依习惯法，对新征服契丹地区及燕云十六州仍行杂糅契丹习惯的辽朝旧制，对原北宋地区则沿用宋法，其法制汉化程度远超辽和西夏。

2. 主要立法

1）<u>金熙宗</u>皇统年间，"以本朝旧制，兼采隋唐之制，参辽宋之法"，制定了<u>金朝第一部成文法典《皇统制》</u>。

2）<u>金章宗</u>泰和二年颁行<u>《泰和律令敕条格式》</u>，包括《泰和律义》12篇（篇目与唐宋雷同）、《律令》20卷、《新定敕条》3卷及《六部格式》30卷，至此金朝形成了如宋朝一样的律令格式、编敕体系，<u>从形式到内容实现了全面汉化</u>。

[安口诀]"黄金"+"钛合金"。

考点 7：宋代刑事制度

1. <u>折杖法</u>

1）背景：<u>折杖法于宋太祖</u>建隆四年创立。

2）内容：将<u>笞刑、杖刑折为臀杖</u>；<u>徒刑折为脊杖，杖后释放</u>；<u>流刑折为脊杖，并于本地配役一年</u>；<u>加役流折为脊杖后就地配役三年</u>；<u>死刑、反逆、强盗等重罪不适用折杖</u>。

3）影响：使"<u>流罪得免远徙，徒罪得免役年，笞杖得减决数</u>"（沈家本语），是宋初慎刑思想在刑罚制度上的体现。

[安口诀]笞杖折为臀，徒流折为脊，笞杖徒流都能折，死刑不能折。

品题

下列关于宋朝折杖法的表述正确的是（　　）。① （2021年单选31）
A. 徒刑折为臀杖　　　　　　B. 流刑折杖后释放
C. 折杖法不适用于死刑案件　　D. 折杖法可适用于反逆犯罪

2. <u>刺　配</u>

1）背景：宋初设立本意是宽贷死刑，宋神宗到南宋孝宗时逐渐滥用。

2）内容："<u>既杖其脊，又配其人，而且刺其面，是一人之身，一事之犯而兼受三刑</u>"。

3）影响：刺配既复活肉刑，又没有配地远近之限，成为影响恶劣的酷刑，实际上随着治安形势的恶化，凡是犯贼盗罪被流放的罪犯，都要决杖、刺面、流配，刺配成为加重惩治盗贼的刑罚。

[安口诀]宋代刺配，三刑合一；明代充军，终身永远；清代发遣，文武官员。

品题

1.水浒中宋江、林冲、武松等人都曾受过一种酷刑——被骂"贼配军"。这种酷刑将三种刑罚施于一人，这三种刑罚是（　　）。② （2023年单选30）

---

① C

② D

A. 鞭刑 枷号 配役　　　B. 鞭刑 刺面 流刑
C. 枷号 徒刑 充军　　　D. 杖刑 刺面 配役

2. 中国古代对一种刑罚有如下的描述："既杖其脊，又配其人而刺其面，是一人之身，一事之犯，而兼受三刑也。"该材料所描述的刑罚是（　　）。① （2016年单选39）
A. 刺配　　　　　　　　B. 折杖
C. 廷杖　　　　　　　　D. 发遣

3. 凌　迟

1）背景：凌迟<u>首用于五代</u>，至<u>宋代（一说辽）为法定刑</u>，宋仁宗时在绞、斩之外增施凌迟，用以惩治以妖术杀人祭鬼的犯罪，南宋时凌迟的适用范围越来越广。

2）内容：凌迟也称陵迟，是以利刃零割碎剐残损肢体，使受刑人在极端痛苦中缓慢死去的酷刑。

3）影响：凌迟是古代死刑中最为残酷的行刑方式，<u>1910年《大清现行刑律》时废除</u>。

[安口诀] 凌迟流变：出现于五代，宋辽成为法定刑，1910年《大清现行刑律》废除。

4. <u>重法地法</u>

1）背景：北宋中期，重法地法用于面对盗贼纵横治安混乱的局面。

第1步——<u>宋仁宗</u>时首立<u>《窝藏重法》</u>，严惩窝藏贼盗的犯罪，清除贼盗的社会基础。

第2步——宋英宗继承了重法地法政策并重制重法，既强调法的追溯力，又株连罪犯亲属并籍没其家产，以反逆罪惩治盗贼。

第3步——<u>宋神宗</u>时颁行<u>《重法地法》</u>，也称<u>《盗贼重法》</u>，扩大了重法的适用地区，由京畿地区发展到全国2/3以上的地区。

第4步——<u>宋哲宗时废除</u>重法地制度。

2）内容：对某些特定地区的特定犯罪判处重刑的法律制度，该特定地区称重法地。

考点8：宋代民事制度

1. 不动产买卖和典当契约

1）概念：法律往往对典当与买卖连同作出规定，合称<u>典卖</u>，民间也因此往往将两者混用，为将典当与买卖区别开来，一般称典当为<u>活卖</u>，称买卖为<u>绝卖、永卖、断卖</u>等。

2）程序。

第1步——<u>先问亲邻</u>：房亲和邻人对不动产有优先购买权，"<u>凡典卖物业，先问房亲；不买，次问四邻。其邻以东南为上，西北次之，上邻不买，递问次邻。四邻俱不买，乃外召钱主</u>"。

第2步——<u>输钱印契</u>：不动产买卖必须缴纳契税（输钱），官府在契约上加盖官印（印契），加盖了官印的称<u>赤契、红契</u>，未缴纳契税、加盖官印的称<u>白契</u>。

第3步——<u>过割赋税</u>：买卖田宅的同时，必须将附着其上的赋税义务转移给新业主。

第4步——<u>原主离业</u>：转移标的实际占有，卖方须脱离产业，不动产买卖契约才最终

---

① A

成立。

[安口诀] 区别于元代：经官给据＋先问亲邻＋签押文契＋印契税契＋过割赋税。

2. 动产和不动产典卖契约

1）概念：典卖契约是一种附有回赎条件的特殊类型的买卖契约，称为质卷、解贴。典卖行为须采用加画骑缝记号的复本书面契约形式。

2）业主权利：得到钱主给付的典价；在约定的回赎期限内，或没有约定回赎期限及约定不清的，在30年内可以原价赎回标的物。

> **超链接**
> 宋建隆三年规定："典、当限外，经三十年后，并无文契，及虽执文契，难辨真虚者，不在论理收赎之限，见佃主一任典卖。"

3）钱主（典权人/当铺）权利：契约期限内标的物的使用收益权；对于标的物的优先购买权；待赎期中的转典权；待赎期中业主不行使回赎权时，取得标的物的所有权。

4）限制：为保护典权人的权利，严禁一物两典，如有重复典卖者，业主、中人、邻人并契上署名人，"各计所欺入已钱数准盗论"，并须将钱退还典主；凡典买卖产业，须家长和买主当面署押契帖，卑幼不得专擅典卖，或伪署尊长姓名，否则依法重断。

> **品题**
> 下列对于宋代典卖制度的表述，不正确的是（　　）。①（2023年单选36）
> A. 一物可以两典
> B. 典权可以转让
> C. 钱主对标的物享有优先购买权
> D. 业主可在回赎期内以原价赎回标的物

3. 财产继承

1）背景：宋朝沿用唐朝的继承规定，由于商品经济和私有财产权观念的发展，财产继承的规定也更加完备，形成了一般财产继承、遗嘱继承、户绝财产继承、死亡客商财产继承制度。

2）北宋：除沿袭家产兄弟均分制外，允许在室女享受兄弟继承财产权的一半，同时承认遗腹子与亲生子享有同样的继承权。

3）南宋：增加户绝家庭（无男性继承人）财产继承办法，如夫亡而妻在，立继从妻；夫妻俱亡，命继从其尊长，继子与户绝之女同享继承权。

> **超链接**
> 只有在室女的，在室女享有3/4的财产继承权，继子享有1/4的财产继承权；只有出嫁女的，出嫁女享有1/3的财产继承权，继子享有1/3，另外的1/3收为官府所有。

---

① A

真题

1. 典卖契约是一种附有回赎条件的特殊类型的买卖契约。宋朝法律规定，以原价赎回标的物的最长期限是（　　）。① (2017年单选39、2017年法学单选18)
   A. 10年　　　　　　　　B. 20年
   C. 30年　　　　　　　　D. 40年

2. 根据宋朝的法律规定，享有继承家庭财产权利的民事主体包括（　　）。② (2014年法学多选30)
   A. 庶子　　　　　　　　B. 命继子
   C. 在室女　　　　　　　D. 出嫁女

3. 宋代把未缴纳契税未加盖官印的契约称为（　　）。③ (2012年单选39)
   A. 红契　　　　　　　　B. 白契
   C. 质剂　　　　　　　　D. 傅别

考点9：宋代行政制度

（一）宋代行政制度

1. 中央机关

（1）背　景

宋初政治制度的侧重点在于厉行中央集权，尤其是通过机构间的分权和牵制，强化皇帝对政权机构的操控权和对国家事务的决定权。

（2）行政机构

宋初虽保留隋唐以来的三省制，但不使之有实任，而以二府、三司共治国事。

二府	中书门下：宋朝最高行政机关，其长官中书门下平章事通常由两三人担任，实际行使宰相的权力，为防范相权过重，又设副相参知政事
	枢密院：宋朝最高军事行政机关，其长官枢密使与宰相同品级
三司	背景：宋朝中央理财机关，宋朝不使地方留税，全国财赋尽出三司，故三司长官权任甚重，称计相，宋神宗时期裁汰三司归并户部，恢复了三省原有的权力
	盐铁司：掌工商收入、兵器制造；
	度支司：掌财政收支、粮食漕运；
	户部司：掌户口、赋税和榷酒
	影响：机构重叠、职权分散、冗官充斥、效率低下

---

① C
② ABCD
③ B

（3）监察机构

御史台	组成	宋朝中央监察机关，以御史中丞为长官，下设三院，即台院、殿院、察院。御史由皇帝任命，从曾两任知县的官员中选任，宰相不得荐举御史人选，宰相的亲故也不得担任御史职事
	职权	御史每月必须奏事一次，是为月课，可以风闻弹人，不必皆有实据，上任百日内无所纠弹者，贬为外官
谏院	组成	在御史台之外，将分属中书、门下两省的谏官（如谏议大夫、司谏、正言等）组成谏院，与御史台合称台谏
	职权	负责对中枢决策、行政措施和官员任免等事提出意见，宋朝以前谏官专门负责监督皇帝，向皇帝规谏讽谕，宋朝谏官和台官职能趋于一致
	影响	谏官由代天下谏议君主，转变为代君主监察百官，使君主的权力更无羁绊，同时宋朝台谏官在政治斗争中起到了重要作用，往往成为皇帝独裁或权臣排斥异己的工具

> **超链接**
>
> 《宋史·职官志》："凡朝政阙失、大臣至百官任非其人、三省至百官司事有违失，皆得谏正。国初虽置谏院，知院官凡六人，以司谏、正言充职；而他官领者，谓之知谏院。正言、司谏亦有领他职而不预谏诤者。官制行，始皆正名。"
>
> 唐代武则天时期，置补阙、拾遗二官，负责对皇帝进行规谏，并举荐人才，分左、右各二人，从八品上。唐代宣政殿前两廊，各有门，东门为日华门，西门为月华门；日华门东边为门下省，在廊的左边，月华门西边为中书省，在廊的右边，因此门下省又称左省，中书省又称右省。在门下省的谏官称左补阙、左拾遗；在中书省的谏官称右补阙、右拾遗。宋太宗时期改左右补阙为左右司谏，改左右拾遗为左右正言，分属门下、中书两省。

2. 地方机关
（1）行政机构和监察机构

	行政机构	监察机构
路	宋朝地方新设路，实际上是中央派出机构，长官为经略安抚使（帅司，掌军政）+转运使（漕司，掌财赋）+提点刑狱使（宪司，掌司法）+提举常平使（仓司，掌盐铁），称为四司。四司互不统属而互相监督，皆听命于皇帝	设于各路的监司（转运使和提点刑狱使等）负有对地方官员的监察职责，负责巡按州县
府州军监	路下设府、州、军、监，是同级行政机关，州级长官由朝廷任命文官担任，职衔冠以"权知"字样，以示权且而非久任之意，朝廷任命知州，实行三年一换和籍贯回避制；另置通判，与之联署公文，以分知州之权	通判官号称"监州"，职责是监察州县官员
县	州以下仍为县，皇帝任命文官为知县	—

[安口诀] 宋代地方"4-2-1"结构：

路	经略安抚使	转运使	提点刑狱使	提举常平使
州	知州		通判（监州）	
县	知县			

（2）中央集权

宋代地方行政权力高度集中于中央，为前代前所未有，其结果是唐末以来形成的藩镇割据消灭殆尽，但是地方上独立处置和应付事变的能力也随之削弱，以致"靖康之祸"。

> **超链接**
>
> "收乡长、镇将之权悉归于县，收县之权悉归于州，收州之权系归于监司，收监司之权悉归于朝廷。"
>
> 翻译：将乡镇的权力收归于县，将县的权力收归于州，将州的权力收归于路，将地方的权力收归于中央。

（二）宋代官吏管理制度

1. 官吏选任

1）科举主体：录取和任用的范围较宽，一经录用便可任官，僧道也可参加考试。

2）科举形式：殿试成为常制，考生一律成为天子门生，避免了考生和主考官之间以师生之名结为同党。

3）科举内容：考试内容为诗赋、经义+国家实际治理的策论。

4）防止作弊：糊名（弥封）+誊录+回避，以防科场舞弊。

2. 官吏考课

1）程序：京朝官由审官院掌考，州县官由考课院掌考；考课每年一次，三年为一任，根据考课的治绩来定赏罚。

2）标准：以四善三最为考核标准。四善包括德义有闻+清谨明著+公平可称+恪勤非懈；三最包括治事之最+劝课之最+抚养之最。

3）方法：一是磨勘制，即定期勘验官员的政绩以定其升迁，实际上是凭资历升官；二是历纸制，类似于现代的考勤登记，官员按日自计功过，并上交给主管官吏，或由长官平时记录其属下官员的善恶。

3. 官吏管理——差遣制

1）概念：宋代区分官、职、遣。官只代表其品级和俸禄高低；职是文官的荣誉虚衔；差遣才是其实际的职事。

2）内容：差遣制的要旨在于使官职名称与实际职务相脱离。官员担任的实际职务由皇帝灵活授予，同其正官名称不符，故称差遣，又称职事；职事官所担任的职务之前通常有判、知、权、管勾（管句）、提举、提点之类的限制词，以示其临时性，可随时撤换，除非有特旨，三省六部等机构的正官并不管本机关的事务，而由皇帝派遣他官管理。

3）影响：如果未获差遣，正官就是只领俸禄、不理实务的闲官。这种"<u>官与职殊、名与实分</u>"的差遣制着眼于巩固君主中央集权，但也酿成了宋代的冗官之弊。

[安口诀] 注意区分：唐代《唐六典》"官领其属，事归于职"，宋代差遣制"官与职殊，名与实分"。

考点 10：宋代司法制度

（一）司法机关

1. 御笔断罪

宋代皇帝经常亲自审理案件。

> **超链接**
>
> 《宋史·刑法三》："苏州民张朝之从兄以枪戳死朝父，逃去，朝执而杀之。审刑、大理当朝十恶不睦，罪死。案既上，参知政事王安石言：'朝父为从兄所杀，而朝报杀之，罪止加役流，会赦，应原。'帝从安石议，特释朝不问。"
>
> 翻译：苏州百姓张朝的堂兄用枪戳死张朝的父亲，逃走了，张朝把他抓住并杀了。审刑院、大理寺判决张朝十恶中的不睦之罪，应当判处死刑。案件上报，参知政事王安石说："张朝父亲为堂兄所杀，而张朝报仇杀人，罪最高到加役流，适逢大赦，应赦免。"皇帝听从王安石的意见，释放张朝不予追究。
>
> 《宋史·刑法三》："初，登州奏有妇阿云，母服中聘于韦，恶韦丑陋，谋杀不死。按问欲举，自首。审刑院、大理寺论死，用违律为婚奏裁，敕贷其死。知登州许遵奏，引律'因犯杀伤而自首，得免所因之罪，仍从故杀伤法'，以谋为所因，当用按问欲举条减二等。刑部定如审刑、大理。时遵方召判大理，御史台劾遵，而遵不伏，请下两制议。乃令翰林学士司马光、王安石同议，二人议不同，遂各为奏。光议是刑部，安石议是遵，诏从安石所议。而御史中丞滕甫犹请再选官定议，御史钱顗（yǐ）请罢遵大理，诏送翰林学士吕公著韩维、知制诰钱公辅重定。公著等议如安石，制曰'可'。于是法官齐恢、王师元、蔡冠卿等皆论奏公著等所议为不当。又诏安石与法官集议，反覆论难。"
>
> 翻译：起先，登州报奏有一个叫阿云的女子，在母亡服丧期间许聘给姓韦的男子，她厌恶韦丑陋，谋杀他而没有杀死。在审案将要检举她的时候，她自首了。审刑院、大理寺判定她为死罪，用违律为婚的理由奏报皇帝裁决，皇帝赦免了她死罪。登州知州许遵上奏，引用《宋刑统》律文中关于"有所因犯伤罪而自首的人，可以免所因的罪，依旧按照故意杀伤法处断"的规定，以谋杀为原因，认为应当依"按问欲举"自首的敕条予以减刑二等论处。刑部核定的意见与审刑院、大理寺相同。当时许遵刚刚被召判大理寺，御史台奏劾许遵判决得不当，而许遵不服，请求将案件发下内外两制讨论。于是皇帝命令翰林学士司马光、王安石共同讨论，两人意见不同，于是分别上奏。司马光认为刑部的判决是对的，王安石则支持许遵的判处，皇帝诏命采纳了王安石所议。而御史中丞滕甫仍要求再推选官吏评议，御史钱顗（yǐ）奏请罢免许遵判大理的官职，皇帝又下

> 诏将此案交予翰林学士吕公著、韩维、知制诰钱公辅重新审定。吕公著等人的意见与王安石一致，于是皇帝诏命说："可以。"可是法官齐恢、王师元、蔡冠卿等都评论并奏告吕公著等人的意见是不当的。于是皇帝又命王安石和法官等人共同讨论，反复辩论。

2. 三法司（宋承唐制）

大理寺	掌管中央司法审判权 主要职权：负责审理地方上报的刑事案件以及京师与中央百官犯罪的案件，并参与审判皇帝直接交办的重大刑事案件
刑部	掌管全国的刑狱政令 主要职权：复核大理寺详断的全国死刑案件，以及官员犯罪除免、经赦叙用、定夺昭雪等事
御史台	最高监察机关，也有部分司法审判职能 主要职权：主要参与处理命官犯罪大案、司法官受贿案、地方官府不能决断的疑难案件以及地方重大案件等

3. 审刑院

1）背景：审刑院是宋初加强中央集权的产物，为强化对中央司法机关的控制，宋太宗创设审刑院，宋神宗裁撤；宋初还增设制勘院和推勘院等临时性机构。

2）内容：凡须奏报皇帝的各种案件，经大理寺断谳后，报审刑院复核，由知院事和详议官拟出定案文稿，经中书省奏报皇帝论决。

3）影响：司法机构多元化倾向有利于分散司法权力，形成各机构间的相互监督，便于皇权操控审判权力，但机构重叠、职权重复、权责不明，严重影响国家正常司法职能的发挥。

品题

宋初为强化皇帝对司法权的控制，增设的机构包括（　　）。① （2014年多选62）
A. 审刑院　　　　　　　　B. 制勘院
C. 都察院　　　　　　　　D. 推勘院

（二）司法制度

1. 鞫谳分司

1）概念：宋代从州到大理寺，都实行鞫谳分司制，即审与判分离，分别由不同的官员担当，二者相互牵制。

2）内容：审问案情的官员无权量刑，检法量刑之事别由其他官员负责，前者称鞫司、推司、狱司，后者称谳司、法司。

3）影响：鞫谳分司是宋代审判制度的特色，在一定程度上有利于防止司法官因缘为奸，保证审判质量。

---

① ABD

[安口诀] 审的不判，判的不审。

品题

1. 《历代名臣奏议》中记载，宋高宗时"狱司推鞫，法司检断，各有司存，所以防奸也"。材料反映的司法制度是（　　）。①（2016年法学单选18）

A. 翻异别推　　　　　　　　B. 鞫谳分司
C. 三司会审　　　　　　　　D. 死刑复奏

2. 宋朝曾实行的"审"与"判"分离的制度称为（　　）。②（2012年单选40）

A. 翻异别推　　　　　　　　B. 鞫谳分司
C. 三司推事　　　　　　　　D. 九卿会审

2. 翻异别推 / 翻异别勘

1）概念：翻异别推是为防止冤假错案而建立的复审制度，即在犯人推翻原有口供，而且"所翻情节，实碍重罪"时，案件须重新审理。

2）内容：改换法官审理称别推，改换司法机关审理称别移，犯人翻异次数不得过三，但实际执行中较宽，有多达七八次者，若故意诬告、称冤，经查证属实罪加一等。

[安口诀] 一次换法官"别推"；二次换机关"别移"；三次换地方。

超链接

《宋会要辑稿》记载："州狱翻异，则提刑司差官推勘；提刑司复翻异，则以次至转运、提举、安抚司。本路所差既遍，则又差邻路。"

翻译：州一级的衙门中，有犯人翻供，则换由路一级的提点刑狱司审理；在提点刑狱司再次翻供，则依次到转运使、提举常平使、经略安抚使审理。本路各个衙门都审理过，再次翻供的交邻路审理。

品题

1. 南宋庆元年间，某州有一妇人被杀。死者丈夫甲被当地州衙拘捕，受尽拷刑，招认"杀妻事实"，该案提交本路提刑司审核，甲推翻原口供，断然否认杀妻指控。对此，符合宋代翻异别推制度规定的是（　　）。③（2018年单选32、2018年法学单选20）

A. 发回原州衙由原审官员重审
B. 上报中央御史台审理
C. 上报中央大理寺审理
D. 指定本路另一州衙官员审理

2. 下列关于宋代"翻异别推"制度的表述，正确的是（　　）。④（2014年单选39）

---

① B
② B
③ D
④ D

A. 实行"审"与"判"相分离

B. 农务繁忙季节停止民事诉讼审判

C. 皇帝特诏大理寺、刑部、御史台的长官会同审理

D. 犯人翻供且"实碍重罪"时，须交由另外司法官或司法机构重新审理

3. 为防止冤错案件，宋朝规定在犯人翻供且所翻情节关系重大时，案件改由另一司法机关重新审理。该制度是（　　）。① （2013年单选39）

A. 翻异别推　　　　　　　　B. 鞫谳分司

C. 三司推事　　　　　　　　D. 覆冤理雪

3. 务限法

1）概念：务限法即规定在农务繁忙季节中停止民事诉讼审判的法律制度。"务"指农务，《宋刑统》有"婚田入务"专条。

2）内容：每年农历<u>二月初一入务</u>，直到九月三十日止，州县官停止受理有关田宅、婚姻、债负、地租等民事案件，限满之日即<u>十月初一日称务开</u>，方可受理；但若原已受理的民事诉讼尚未结案，可以延长至三月底结案。

3）影响：务限法体现了以农为本的传统立法的价值取向。

[安口诀] 正二三为春，四五六为夏，七八九为秋，十十一腊为冬。

品题

宋朝元丰年间，开封府民人钱某与赵某因相邻土地的田界问题发生纠纷，钱某欲告官解决。按照《宋刑统》的相关规定，官府可以受理钱某词状的时间是（　　）。② （2019年单选30）

A. 四月初一　　　　　　　　B. 六月十八

C. 八月十八　　　　　　　　D. 十月初一

（三）宋代法律著作

1.《洗冤集录》

1）背景：《洗冤集录》是<u>南宋理宗</u>时期湖南提点刑狱<u>宋慈</u>编著的世界上<u>第一部比较系统的法医学专著</u>。

2）内容：宋慈总结历代法医检验技术，结合自己的办案实践进行编著，并获准颁行全国，成为司法检验活动的指南。《洗冤集录》选定官府历年颁定的条例格目，吸取民间医学药学知识，编成检复总说、验尸、自缢、溺死、杀伤、服毒等内容。

3）影响：该书对世界各国产生了重大影响，数百年来被译成朝鲜、日本、英、法、德等国文字，被奉为中外法医学经典。

---

① A

② D

2.《名公书判清明集》(《清明集》)

1）背景：《名公书判清明集》是南宋宁宗、宋理宗时期"名公"所作的诉讼判词和官府公文的分类汇编，其中包括朱熹、真德秀、胡石壁等多位名公。

2）内容：其中绝大部分为民事诉讼判词，包括官吏、赋役、文事、户婚、人伦、人品、惩恶计七门。

3）影响：该书集中反映了当时的法律实践以及理学思想对立法和司法审判的渗透。

品题

南宋时期辑录的一部著名的判词汇编是（　　）。①（2020年单选37）

A.《折狱龟鉴》　　　　　　　　B.《龙筋凤髓判》

C.《庆元条法事类》　　　　　　D.《名公书判清明集》

---

① D

04 第四章
元明清法律制度

第一节　元朝法律制度

导学

元朝法律年表

蒙古帝国						
成吉思汗 铁木真						
1211年，成吉思汗接受金朝降将郭宝玉的建议，颁布《条画五章》，这是蒙古政权第一次汉化的立法；1225年制定的《大札撒》是用以统一蒙古汗国的法律，史称《札撒大全》						
长子 术赤	次子 察合台	三子 窝阔台	四子 托雷			
拔都	—	贵由	蒙哥	忽必烈	旭烈兀	阿里不哥
金帐/钦察汗国	察合台汗国	窝阔台汗国	—	—	伊利汗国	—
元（1271—1368，共98年）						
1. 元世祖 忽必烈（1260—1294）	元世祖继位后采用金朝的《泰和律》，至元元年（1264年）颁行《新立条格》，至元八年（1271年）禁行《泰和律》。 至元二十八年（1291年）令中书右丞相何荣祖等制定《至元新格》，是元朝统一中国后颁布的第一部比较系统的成文法典					
2. 元成宗 铁穆尔（1294—1307）	—					
3. 元武宗 海山（1307—1311）	—					
4. 元仁宗 爱育黎拔力八达 （1311—1320）	元仁宗编纂的《风宪宏纲》，是元朝监察法律的集大成者。 元朝建立以后，科举考试制度长期停废，直至1314年，元仁宗延祐元年才恢复。元朝的科举每三年举行一次，分为乡试、会试和殿试三级。元朝结束了以诗赋取士的历史，首创以程朱理学为内容的经义取士制度，对明清科举制度影响很大（教材中写为元英宗）					

续表

蒙古帝国	
5. 元英宗 硕德八剌（1320—1323）	江西地方官府将元世祖至元英宗至治二年（1322年）颁行之条画、诏令、条格、断例汇编刻印，后由中书省批准在全国颁行，名为《大元圣政国朝典章》，简称《元典章》，共60卷，分诏令、圣政、朝纲、台纲、吏部、户部、礼部、兵部、刑部、工部共十类。《元典章》以六部划分法规体例，并附载五服图。 元英宗至治三年（1323年）颁行的《大元通制》，共2 539条，分诏制、条格、断例、别类四部分，是成文法与判例法的结合，标志着元建立以来法典编纂已基本完成，元代法典至此定型
6. 泰定帝 也孙铁木尔（1323—1328）	—
7. 元少帝 阿速吉八（1328）	—
8 & 10. 元文宗 图铁木尔 （1328—1329） （1329—1332）	元文宗至顺二年（1331年）编成《经世大典》，这是一部仿效《唐六典》而编订的典章汇编，共880卷
9. 元明宗 和世㻋（1329）	—
11. 元宁宗 懿璘质班（1332）	—
12. 元顺帝 脱欢贴睦尔（1333—1370）	元顺帝至正六年（1346年）又颁布《至正条格》，是对《大元通制》的修订补充

考点1：元代主要立法

（一）元代立法思想

1. <u>祖述变通，附会汉法</u>

一方面考稽成吉思汗以来蒙古汗国的制度，另一方面参用汉法对法律制度进行变通，因此而形成的元代法律是蒙古旧制与汉法的混合物，即"以国朝之成法，援唐宋之典故，参辽金之遗制"。

2. <u>因俗而治，蒙汉异制</u>

元代仿照辽代"因俗而治"的办法，在婚姻立法等方面明确规定蒙古人不适用汉法规范，在政治法律上贯彻"分而治之"的国策，元初在法律上把境内居民<u>分四等制度</u>，即<u>蒙古人</u>、<u>色目人</u>、<u>汉人</u>、<u>南人</u>，有利于保护蒙古人的各项特权。

（二）元代主要立法

1. **《大札撒》**（《札撒大全》）

1）背景：札撒在蒙古语中是"大法令"之义，是古代蒙古部落首领对部众发布的命令，是蒙古人早期初创性的法律规范和生活习惯。蒙古建国之后，成吉思汗于1225年下令编纂札撒和训令。

2）内容：札撒内容庞杂，包括刑事、民事、军事、宗教、审判、治安等各个方面，旨在保护蒙古人的游牧经济和社会秩序，也反映出当时蒙古民族生活习惯和迷信禁忌。

3）影响：《大札撒》以原始性和刑罚之残酷性而著称，对元朝的立法产生了很大影响。

2. **《条画五章》**

成吉思汗时期，下令郭宝玉制定新令，这是蒙古政权第一次汉化立法。

3. **《至元新格》**

1）背景：元世祖继位后采用金朝的《泰和律义》，至元元年（1264年）颁行《新立条格》，其内容涉及官制及官吏待遇、赋役科敛、军纪、诉讼刑狱等方面。至元八年禁行《泰和律义》。元世祖于至元二十八年令中书右丞相何荣祖等制定《至元新格》。

2）内容：除刑事外，《至元新格》还包括行政、财政、民事等方面。

3）影响：《至元新格》是元朝统一中国后颁布的第一部比较系统的成文法典。

4. **《大元通制》**

1）背景：《大元通制》于元英宗至治三年颁布。

2）内容：分诏制、条格、断例和别类四部分，共2 539条，其篇目仿唐、宋旧律，分为名例、卫禁、职制、祭令、学规、军律、户婚、食货、大恶、奸非、贼盗、诈伪、诉讼、斗殴、杀伤、禁令、杂犯、捕亡、恤刑、平反等20篇，较为全面地反映了元朝法制的基本状况。

3）影响：《大元通制》是一部由法规和判例组成的汇编，是成文法与判例法的结合。它的编成标志着元建立以来法典编纂已基本完成，元代法典至此定型。

5. **《至正条格》**

1）背景：《至正条格》于元顺帝至正六年颁布。

2）内容：《至正条格》是对《大元通制》的修订补充。

6. **《元典章》**

1）背景：《元典章》全称《大元圣政国朝典章》，是地方官员对元世祖以来有关政治、经济、军事、法律等方面圣旨条例的汇编。

2）内容：《元典章》共60卷，分诏令、圣政、朝纲、台纲、吏部、户部、礼部、兵部、刑部、工部共10类，按六部划分法规体例，其中附载五服图。

［安口诀］首次按六部分篇的行政法典是《元典章》，首次按六部分篇的律典是《大明律》。

3）影响：该法虽非中央政府所颁法典，但系统地保存了元朝法律的内容，成为研究元朝社会及法律的珍贵材料。

7.《经世大典》

1）背景：《经世大典》于元文宗至顺年间编成。
2）内容：该法是仿效《唐六典》而编订的典章汇编，共880卷。

品 题

1.成吉思汗时期公布的第一部蒙古部族的习惯法汇编是（　　）。①（2020年单选35）
A.《大札撒》　　　　　　　　B.《条画五章》
C.《至元新格》　　　　　　　D.《至正条格》

2.下列关于《元典章》的表述，不正确的是（　　）。②（2016年单选40）
A.《元典章》附载了五服图
B.《元典章》为元朝第一部成文法典
C.《元典章》开创了六部分篇的编纂体例
D.《元典章》是元朝地方官府自行汇编的法规大全

（三）元代法律形式

元朝立国之始排斥汉族原有法律体系，没有沿袭唐宋时期传统的立法形式，只是以符合蒙古习惯的令、条格、制、敕、断例等庞杂的法律形式，替代国家统一律典的编纂，在法律内容上"暗用而明不用，名废而实不废"，将唐宋法律化为条格、断例等形式。

考点2：元代刑事制度

（一）元代主要罪名

1.加重处罚
1）元代确立强奸幼女罪，"诸强奸幼女者，处死；虽和同强，女不坐"，强奸幼女（10岁以下）罪比一般强奸罪要重，一般不适用赎法。
2）元代改十恶为诸恶，尤以谋反罪为打击之重点。
3）元代对盗贼犯罪明显加重："强盗皆死。盗牛马者劓。盗驴骡者黥额，再犯劓。盗羊豕者墨项，再犯黥，三犯劓，劓后再犯者死"。
4）元代由于吏治败坏，法外酷刑比较普遍。

品 题

强奸幼女者处死，虽和同强，女不坐。这条关于强奸幼女罪的法律规定最早出现于（　　）。③（2018年单选30、2018年法学单选18）
A.唐朝　　B.宋朝　　C.元朝　　D.明朝

---

① A
② B
③ C

2. 减轻处罚

元代量刑有减轻的趋势，形成元代轻刑的风习。

例1：对于谋反，其他各朝都有规定亲属连坐的原则，元代则是"诸父谋反，子异籍不坐"。

例2：对于"居父母丧而忘哀拜灵成婚者"，唐律规定强制离婚并徒三年，元代只是离婚加杖87。

3. 蒙汉异法同罪异罚

例1：蒙古人殴打汉人致死，只需断罚出征，全征烧埋银；汉人打死蒙古人，则要处死，且烧埋银照付。

例2：汉人犯盗窃罪，附加刺字，蒙古人则不受刺字之刑。

例3：蒙古犯人在监可以享有诸多汉人不能享有的待遇。

例4：僧侣除犯奸盗、诈伪、杀伤人命等重罪案件外，不受法律制裁。

例5：禁止汉人藏有兵器、盔甲、弹弓，汉人不许养马，以防汉人反抗。

（二）元代主要刑罚

1. 沿袭前朝

第1步——成吉思汗时期，斩决、流放和柳条责打是主要刑罚。

第2步——忽必烈即位后，向笞、杖、徒、流、死五刑转变，死刑分凌迟和斩两种，五刑之外又有刺字、劓刑、黥刑、醢刑、剥皮等。

第3步——元初还仿效宋朝施行折杖法，但折杖法并未维持很久，徒刑恢复后还附加杖刑，"本减而变为加矣"。

2. 特色制度

1）笞杖刑改为以7为尾数，笞刑从7到57共六等，杖刑从67到107共五等。

2）元朝还公开允许私刑的合法存在。

3）警迹人：强盗、窃盗罪犯在服刑完毕后，发付原籍充警迹人，在其家门首立红泥粉壁，其上开具姓名、犯事情由，由邻居监督其行止，且每半个月需面见官府接受督察，五年不犯者除籍，再犯者终身拘籍，通过昭示盗贼犯人之劣迹，以彰其过，达到"自警亦警人"目的，类似现代社区矫正制度。

考点3：元代民事制度

（一）财产制度

1. 阑遗物

"阑遗物"是蒙语中的牲口和奴婢，因为蒙古人长期游牧，牲口对于征战、运输、生存具有重要意义。阑遗的牲口和奴婢如果公告十天仍无人领取，官府应收管；有主人前来认领的，仍要归还本主。

2. 不动产买卖典当

必须经过经官给据+先问亲邻+签押文契+印契税契+过割赋税五个程序才能生效。

3.损害赔偿

1）如造成对他人的人身伤害，加害人除承担相应的刑事责任外，还需要承担民事赔偿责任，包括养济之资、养赡之资和医药之资。

2）烧埋银主要适用于杀人或伤人致死的犯罪，对于各种杀人罪，向罪犯家属征"烧埋银"白银50两给苦主。烧埋银具有一定的损害赔偿性质，但蒙古人往往以此逃避刑事追究。

（二）婚姻制度

1.婚姻原则变化

1）"诸色人同类自相婚姻者，各从本俗法"，汉族禁止有妻更娶，蒙古人允许一夫多妻制。

2）蒙古人还实行收继婚，"父死则妻其母，兄弟死则收其妻"，即未婚男子收娶家族中的寡妇为妻，子可收父妾，弟可收兄妻，兄可收弟妻，但汉人除弟收亡兄妻外，上述亲属乱伦或重婚均为法律所严禁。

2.婚姻程序变化

1）元代建立婚姻关系必须订立嫁娶礼书，婚书上写明议定的聘财数额，如果是招赘女婿，须写明养老或出舍的年限，主婚人、保亲人、媒人须在婚书上签字画押，然后依礼成亲，婚姻关系方才有效。

[安口诀] 明清虽然一般也要求有婚书，但不再是必要形式要件。

2）元朝还对媒妁进行规范化管理，只有经基层官员、地方长老等保举推荐的信实妇人才能充任媒妁，并由官府登记在册，媒妁职业化倾向明显。

（三）继承制度

1.男性继承

蒙古习惯法由幼子继承父业，后因接受汉法影响，实行诸子均分制，但实际份额仍不相同。

2.女性继承

户绝之家的女儿和寡妇享有继承权或有条件的继承权。

第1步——元代以前，改嫁的寡妇可以带走妆奁，不能带走亡夫遗产。

第2步——元代以后，离婚妇女或寡妇如果再婚，丧失原先从父母处得来的妆奁物及其他继承得来的财产，夫家财产更是不得带走。

第3步——明清时期，"寡妇改嫁者，夫家财产及原有妆奁，一并听前夫之家为主"，意思是说，亡夫之女另嫁他人时，前夫家财产及结婚时的嫁妆，一并听从前夫家处置。

考点4：元代行政司法制度

（一）行政制度

1.中央机关

1）行政：中书省取代隋唐的三省，下设吏、户、礼、兵、刑、工六部，中书省设中书令为长官，由皇太子兼领，皇太子一般不到职视事，由左右丞相及其他副职实际负责政务，统称宰相。

2）军事：枢密院掌理军事，地位低于中书省，皇太子兼领枢密使。

3）宗教：宣政院掌理全国佛教及吐蕃地区军民政教事务，以国师（帝师）总领，机构庞大，职官僧俗并用，遇重大军事须会同枢密院商定。由于蒙古贵族崇信喇嘛教，并且以国师或帝师教旨和皇帝敕令并行于西部藏族地区，因此宣政院的权力很大。

4）监察：御史台为监察机构。

品题

1. 元朝统领吏、户、礼、兵、刑、工六部的中央国家机构是（　　）。① （2017年单选40）
A. 尚书省　　　　　　　　B. 中书省
C. 门下省　　　　　　　　D. 宣政院

2. 元朝在中央设立的最高行政机关为（　　）。② （2014年单选40）
A. 尚书省　　　　　　　　B. 中书省
C. 门下省　　　　　　　　D. 行省

2. 地方机关

元世祖时置行中书省，作为中书省的临时派出机构，后来即以行省作为地方固定的行政区域，形成行省、路、府（州）、县四级地方制度。行省和路以丞相和总管为长官，府（州）、县以尹为长官，各级行政机构设蒙古管事官达鲁花赤一人，掌握实权。

［安口诀］

中央	地方
中书省	行中书省
枢密院	—
宣政院	行宣政院
御史台	行御史台

3. 科举制度

1）背景：元朝建立以后，科举考试制度长期停废，元仁宗恢复科举。

2）科举形式：每三年举行一次，分为乡试、会试和殿试。

3）科举内容：结束诗赋取士的历史，首创程朱理学经义取士。

4）影响：元代的科举制度对明清科举制度影响很大。

（二）监察制度

1. 加强监察立法，使监察有法可依、有章可循

1）元世祖时有《宪台格例》《察司体察等例》《行台体察等例》《禁治察司等例》《察

---

① B
② B

司合察事例》《廉访司合行条例》。

2）元仁宗时《风宪宏纲》是元朝监察法律的集大成者。

2. 监察体制设置严密，赋予其较大的权限

1）中央设御史台（中台），与中书省互不隶属，地位相同。

2）地方设两个行御史台（行台），即江南（南台）和陕西（西台）。南台负责监临东南诸省，西台负责监临陕西诸道。行御史台虽为区域性监察机构，但设官品秩与职权皆与御史台相同。

3）在中台和行台之下，分二十二道监察区，每道设肃政廉访司，肃政廉访使常驻地方，主要是纠察地方官员的政绩得失，巡复、按复各路已结案件。

3. 重视加强对监察官本身的监督

1）元代肃政廉访司对所辖各地的冤滞如果举劾失当，则并坐之。

2）对监察官员的犯赃行为加等治罪，即使并未枉法，也予以除名的处罚。

4. 体现民族歧视政策

如御史大夫只能由蒙古贵族担任，汉人连担任地方监察机关书吏的资格都不具备。

（三）司法制度

1. 司法机关

1）大宗正府审理蒙古、色目人和宗室案件，大宗正府从札鲁忽赤（断事官）演变而来，既是管理蒙古贵族事务的机构，又是具有独立管辖范围的中央司法机关。

> **超链接**
>
> 《元史·刑法志》："诸四怯薛及诸王、驸马、蒙古、色目之人犯奸盗、诈伪，从大宗正府治之。"
>
> 翻译：各位禁卫军、诸侯王、驸马爷、蒙古人以及各色名目的人，犯为非作歹、劫盗财物、弄虚作假、伪装假冒之事时，由大宗正府处理。
>
> 怯薛是成吉思汗组建的禁卫军，四怯薛即博尔忽、博尔术、木华黎、赤老温。

2）刑部属中书省，掌司法行政与审判，原属大理寺的职能，部分归于刑部，但在实践中其审判权常被大宗正府、诸王和驸马侵夺。

> **超链接**
>
> 《元史·百官志一》："掌天下刑名法律之政令。凡大辟之按覆，系囚之详谳，孥收产没之籍，捕获功赏之式，冤讼疑罪之辨，狱具之制度，律令之拟议，悉以任之。"
>
> 翻译：主管所有与刑事案件有关的政策和法令。凡是死刑案件的审查核实、在押的囚犯的审判、家人连坐和财产没收的登记、抓捕犯人功劳赏赐的标准、有冤情的诉讼和存疑案情的辨别、监狱刑具使用的制度、法律命令的拟订和商议，都委任于此职。

3）宣政院是全国最高宗教审判机关，负责审理重大的僧侣案件和僧俗纠纷案件，有

时在江南设行宣政院，在诸路、府、州、县则设僧录司。僧人除犯奸盗、诈伪、殴伤人命等罪归司法机关审问外，其自相争告及其他一般案件都由寺院主持审理。由地方官审理的涉及僧侣案件，须上报宣政院。

4）元代没有大理寺，但有御史台。

[安口诀] 元代没有大理寺，审判交给刑部 → 刑部属于中书省，没有尚书省门下省 → 刑部只能审后两等人，前两等人大宗正府审 → 宗教审判机关叫宣政院 → 元代有御史台，明代改为都察院。

2. 司法制度

1）元代法典《诉讼》独立成篇，在《元史·刑法志》《元典章》中，诉讼已经独立出现，对诉讼的程序、步骤、诉状的格式等都作了详细规定，这反映出实体法与程序法开始逐步分离。

2）元代开始出现诉讼代理，只适用于两种人，一种是年老和疾病、行动不便者；另一类是退休或暂时离任的官员。

> **超链接**
>
> 《元史·刑法志》："诸老废笃疾，事须争诉，止令同居亲属深知本末者代之。若谋反大逆，子孙不孝，为同居所侵侮，必须自陈者听。诸致仕得代官，不得已与齐民讼，许其亲属家人代诉，所司毋侵挠之。诸妇人辄代男子告辨争讼者，禁之。若果寡居，及虽有子男，为他故所妨，事须争讼者，不在禁例。"
>
> 翻译：凡年老、残疾、病重的人，有事需要争讼，只让共同居住、深知事情原委的亲属代替。如果是谋反大逆、子孙不孝、被共同居住者所欺辱，必须自己陈诉的，可以审理。凡退休离任官员，不得已与百姓争讼，允许其亲属家人代诉，主管部门不要侵犯阻挠。禁止妇女擅自代替男子首告、争辩、诉讼。如果是寡居，及虽有儿子，被其他缘故所妨碍，事情必须争讼的，不在禁止的范围。

3）元代诉讼管辖出现"约会"制度，当遇到不同户籍、不同民族及僧侣之间发生刑名诉讼时，政府要出面将相关户籍的直属上司请来共同审理。

[安口诀] 元代"约会"制度，明代"原告就被告。"

品题

元朝上都、大都所属蒙古人、色目人与汉人相犯的案件，普通司法机关无权管辖，须由专门机构审理裁决。该专门机构是（　　）。①（2013年单选40）

A. 理藩院　　　　　　　B. 大理寺
C. 宣政院　　　　　　　D. 大宗正府

---

① D

第二节　明朝法律制度

导学	
明朝法律年表	

明（1368—1644，共276年）	
1. 明太祖 洪武 朱元璋（1368—1398）	洪武元年颁行《大明令》，按六部分篇，条文简略，只有145条，是帝制中国最后一部令典。 洪武三年，明太祖采纳刘基的意见，规定各级考试专用四书五经命题，考生只能按照程朱理学的注解答题，不得言及时事、自由发挥。 洪武五年始设申明亭于各州县乡间，由本里百姓推举正直乡里耆老、里长主持。亭内树立板榜，定期张贴榜文，公布本地有过错者的姓名和过错行为，并受理和调处有关婚姻、田土、斗殴等民事纠纷和轻微的刑事案件。 洪武六年设立六科给事中。 洪武九年，地方废除元代行中书省，改为三司，即承宣布政使司、提刑按察使司和都指挥使司。 洪武十年设通政使司，统一收发各部门与皇帝之间的奏章文件。 洪武十三年废除丞相制度，由皇帝直接控制中央六部。 洪武十四年，朱元璋将工部尚书薛祥杖杀于朝堂之上，后廷杖遂成定制，成为常刑。 洪武十五年，朱元璋从翰林院等机构中选调官员加殿阁大学士衔，负责草拟诏谕，并充当皇帝的顾问，但是"不得平章国事"。 洪武十五年设锦衣卫。 洪武十八年颁布《明大诰》；十九年颁布《大诰续编》《大诰三编》；二十年颁布《大诰武臣》。 洪武三十年颁行《大明律》，分名例，吏、户、礼、兵、刑、工六律，共7篇30卷460条。 洪武三十一年颁行《教民榜文》，巩固和扩大了里老的司法审判权，力图普及政教法令于民间。 洪武年间，令五军都督府、六部、都察院、六科给事中、通政司、詹事府以及驸马都尉等共同审理大狱，死罪及冤案奏闻皇帝，其他依律判决，即朝审雏形
2. 建文 朱允炆（wén） （1398—1402）	—
3. 明成祖 永乐 朱棣（1402—1424）	永乐二年出现热审。 成祖时命翰林院侍读、编修、检讨等文学侍从官员入值文渊阁，正式称为内阁，参与机要。 永乐十八年设东厂
4. 明仁宗 洪熙 朱高炽（1424—1425）	—

续表

明（1368—1644，共276年）	
5. 明宣宗 宣德 朱瞻基（1425—1435）	—
6 & 8. 明英宗 正统 天顺 朱祁镇 （1435—1449） （1457—1464）	英宗时开始修纂《大明会典》。 英宗正统年间出现大审。 英宗时命每年霜降之后，三法司会同公、侯、伯，在吏部或户部尚书主持下会审重案囚犯，形成朝审制度
7. 明代宗 景泰 朱祁钰（1449—1457）	—
9. 明宪宗 成化 朱见深（1464—1487）	宪宗创立"八股"格式，使考生文章完全脱离社会实际。 成化十三年设西厂。 成化十七年，大审成为定例，每五年举行一次
10. 明孝宗 弘治 朱祐樘（chēng） （1487—1505）	弘治十三年，刑部删定《问刑条例》，与律并行。 弘治十五年完成《大明会典》
11. 明武宗 正德 朱厚照（1505—1521）	正德三年设内行厂。 武宗时重加校刊增补《大明会典》，《正德会典》颁行天下，流传至今。 正德十四年，武宗廷杖谏止南巡的群臣146人，死11人
12. 明世宗 嘉靖 朱厚熜（cōng） （1521—1566）	嘉靖三年，世宗廷杖谏争大礼的大臣134人，死17人。 世宗时重加校刊增补《大明会典》。 嘉靖九年完成"一条鞭法"，嘉靖十年至崇祯十年，朝廷向各地推行
13. 明穆宗 隆庆 朱载垕（jì） （1566—1572）	隆庆年间，私人海外贸易变为合法，但须在官方控制下进行
14. 明神宗 万历 朱翊钧（1572—1620）	万历年间将重新辑修的《问刑条例》附于《大明律》，律为正文，例为附注，称《大明律集解附例》，从而开律例合编的先例并影响了清朝。 神宗时重加校刊增补《大明会典》，《万历会典》颁行天下，流传至今
15. 明光宗 泰昌 朱常洛（1620）	—
16. 明熹宗 天启 朱由校（1620—1627）	—
17. 明思宗 崇祯 朱由检（1627—1644）	—

考点 5：明代主要立法

（一）立法思想

1. 刑乱国用重典

明太祖朱元璋在总结元亡历史教训的基础上，确立了"刑乱国用重典"的立法指导思想，目的在于最大限度地发挥刑罚的威慑力，表现在重典治吏和重典治民两个方面。

> **超链接**
>
> 《大明律·御制大明律序》："朕有天下，仿古为治，明礼以导民，定律以绳顽，刊著为令，行之已久。奈何犯者相继，由是出五刑酷法以治之，欲民畏而不犯。"
>
> 翻译：明朝建立之后，效法古代的治理方法，规定礼来引导百姓向善，规定法律来惩治罪犯伏法，法律施行很久。可是犯罪的人还是很多，故在法定刑之外，增加罪名刑罚治理国家，目的是让百姓出于畏惧而不敢犯罪。

2. 明刑弼教

第 1 步——最早出自《尚书》"明于五刑，以弼五教"。

第 2 步——宋代以降，朱熹首先对"明刑弼教"作了新的阐释，有意提高了礼、刑关系中刑的地位，这意味着法制指导原则沿着德主刑辅—礼法合一—明刑弼教的发展轨道，进入了一个新的阶段。

第 3 步——经朱熹阐发的"明刑弼教"思想，实质上是借"弼教"之口实，为推行重典治国政策提供理论依据；朱元璋将伦理道德的预防犯罪职能与法律的镇压犯罪职能相结合，以实现明王朝的长治久安。

[安口诀] 唐朝立法思想 VS 明朝立法思想：

唐朝	德礼为政教之本，刑罚为政教之用	立法宽简、稳定、划一
明朝	明刑弼教	刑乱国用重典

品题

有文献评价某朝的法治状况："杀人至惨，而不丽于法。踵而行之，至未造而极。举朝野命，一听之武夫宦竖之手，良可叹也！"这段话所评价的朝代是（   ）。① （2021 年单选 36）

A. 宋朝　　　　　　　　　　B. 元朝
C. 明朝　　　　　　　　　　D. 清朝

（二）主要立法

1.《大明律》

1）背景：《大明律》从起草到最后颁布，前后历经 30 年，"刊布中外，令天下知所遵

---

① C

守",并要求官吏讲读律令。

2)体例:《大明律》改变了唐宋旧律的传统体例,按六部官制分 名例律,吏、户、礼、兵、刑、工六律,共7篇 30卷460条,《大明律》在编制体例上以名例及六部分篇,为古代法典体例的一大变化,这一变化是与 取消宰相制度、强化六部职能的体制变革相适应的。

3)内容:《大明律》的门类划分较细,便于 寻检条文,文字浅显简明通俗易懂;律首附有《服制图》《六赃图》; 奸党罪入律。

4)影响:《大明律》条文简于唐律,精神严于宋律,无论形式还是内容都有所发展,是终明之世通行不改的基本大法。

5)《大明令》:《大明令》于洪武元年颁行,按 六部分篇,条文简略,共145条,是 帝制中国最后一部令典。

[安口诀] 首次按六部分篇的行政法典是《元典章》,首次按六部分篇的律典是《大明律》。

品 题

1. 下列选项中,以六部官制作为分篇体例的国家律典有(　　)。① (2013年多选61)
A.《宋刑统》　　B.《大明律》　　C.《大清律例》　　D.《大清现行刑律》

2. 首次按中央六部分设篇目的中国古代法典是(　　)。② (2012年法学单选17)
A. 宋刑统　　B. 大元通制　　C. 大明律　　D. 大清律例

2.《明大诰》

1)背景:为贯彻 刑乱国用重典的方针,防止法外遗奸,朱元璋御制大诰作为 刑事特别法。《大诰》之名来自周公东征殷遗民时对臣民训诫的记录《尚书·大诰》。

[安口诀] 注意结合商朝法律形式"誓、诰、命"。

2)体例:分《御制大诰》《大诰续编》《大诰三编》《大诰武臣》四篇。

3)内容。

➢ "判得重":朱元璋 亲自审理的案例、朱元璋对臣民的 训导以及新颁布的 重刑法令。

> **超链接**
> 《明大诰》大行法外之刑,滥用酷刑,诸如"墨面文身挑筋去指""墨面文身挑筋去膝盖""剁指""断手""刖足""阉割为奴"等

➢ "判得重" 效力在律之上,对于律中原有的罪名,一般都加重处罚。其打击锋芒主要指向 贪官污吏。

➢ "用得广":一切官民诸色人等,户户有此一本。若犯笞、杖、徒、流罪名,每减一等;无者,每加一等。

[安口诀] 宋折杖,笞杖徒流可以折,死刑不能折;明大诰,笞杖徒流可以减,死刑不能减。

---

① BC

② C

> "用得广"成为各级学校的必修科目,科举考试中也列入大诰的内容。
4)影响:朱元璋死后不久,《大诰》便被束之高阁。

3.《问刑条例》
1)背景:条例是明律以外的单行法规,简称为"例",通常由司法机关根据典型案例拟定条文,经皇帝批准颁布,可以普遍适用。
第1步——《大明律》编成以后,明太祖曾令子孙守之,大臣不得稍议更改,然而随着时代的发展和社会的变迁,《大明律》已远远不能满足统治者的要求,于是条例被广泛地运用于司法实践。明初的例还仅是对律文的补充,明宪宗成化(朱见深)以后用例之风日盛。
第2步——明孝宗弘治(朱祐樘)十三年,刑部删定《问刑条例》,与律并行,并且"通行天下永为常法"。
第3步——明世宗嘉靖(朱厚熜)、明神宗万历(朱翊钧)年间多次修订,条文不断增加。
第4步——明神宗万历(朱翊钧)年间将重新辑修的《问刑条例》附于《大明律》,律为正文,例为附注,称《大明律集解附例》,开律例合编的先例并影响了清朝。
2)影响:律与例的关系,"律者万世之常法,例者一时之旨意",意思是说:律是万世不变的法律,例是随时发布的旨意。例比律更具灵活性。
[安口诀]律例合编:《问刑条例》开"律例合编"模式—《大清新刑律》结束"律例合编"模式。

4.《大明会典》
1)背景:《大明会典》是明朝官修的一部行政法规汇编。
第1步——修纂始于明英宗(朱祁镇)朝,至明孝宗弘治(朱祐樘)十五年成书。
第2步——明武宗正德(朱厚照)、明世宗嘉靖(朱厚熜)、明神宗万历(朱翊钧)三朝重加校勘增补,其中《正德会典》和《万历会典》曾颁行天下。
2)体例:《大明会典》仿照《唐六典》而作,体例以六部官制为纲,分述各行政机关的职掌、建制、沿革、管理制度以及礼仪、礼制等,在每一官职之下,先载律令,次载事例。
3)内容:《大明会典》内容丰富,记述详备,汇集了明朝的典章制度和行政法令。
4)影响:《大明会典》对调整国家行政法律关系具有重要作用,为清"五朝会典"的制定奠定了基础。

考点6:明代刑事制度

(一)明代刑法原则

1.轻其所轻,重其所重
1)背景:清人薛允升在《唐明律合编》中比较唐、明律后指出,明律多承袭唐律的内容,但轻其所轻,重其所重,突出刑法的打击对象,加大刑罚的力度。

> **超链接**
>
> 薛允升（1820—1901），字云阶，陕西长安人，咸丰六年进士，授刑部主事，累迁郎中，出知江西饶州府，光绪三年授四川成县龙茂道，调署建昌，四年迁山西按察使，五年晋山东布政使，六年召为刑部侍郎，十九年授刑部尚书。

2）内容："大抵事关典礼及风俗教化等事，唐律均较明律为重，贼盗及有关帑项钱粮等事，明律则又较唐律为重。"意思是说：大多关于仪式及风俗习惯与教化等事情，唐律的处罚都比明律的更重；偷窃、劫夺财物以及关系到国库里的钱财粮食等的事情，明律规定的处罚又比唐律更重。

<u>一方面，明朝加重了对一些贼盗类犯罪的镇压</u>：如唐律对谋反大逆者处以斩刑，连坐处绞只限父与子（16岁以上），其他都处以流刑或没为官奴；而明律对犯谋反大逆者，凌迟处死，连坐处斩并扩大到祖父、父、子、孙及伯叔父等。

<u>另一方面，对一些轻微触犯礼教、典礼的罪名，较唐律处罚有所减轻</u>：如列入不孝的父母在<u>子孙别籍异财</u>者，唐律处徒刑三年，明律仅杖八十；<u>子孙违犯教令</u>，唐律处徒刑二年，明律杖一百。

[安口诀]"轻其所轻，重其所重"的原因在于唐代和明代的立法思想不同：唐代"德礼为政教之本，刑罚为政教之用"，明代"明刑弼教"。

> **品题**

1. 清人薛允升比较唐律与明律后指出，明律相对于唐律在内容上"重其所重，轻其所轻"。下列选项中，属于明朝"轻其所轻"的犯罪是（　　）。① （2020年单选34）
   A. 官吏贪赃受贿　　　　　　B. 谋毁宗庙山陵
   C. 子孙违犯教令　　　　　　D. 监守自盗钱粮

2. 较之于唐律，明律中处罚有所减轻的罪名是（　　）。② （2014年法学单选18）
   A. 谋反　　　　　　　　　　B. 强盗
   C. 官吏受财　　　　　　　　D. 子孙违犯教令

2. 比附类推

1）内容：明律规定"<u>凡律令该载不尽事理，若断罪而无正条者，引律比附。应加、应减，定拟罪名，转达刑部议定奏闻</u>"，意思是说：律令都无法完备地穷尽事理，断案定罪时，如果某种犯罪行为在律例的正式条文中没有明文规定，可以引用比照近似的法律条文和过去的判例来定罪量刑，应该加刑或者减刑，确定案情和罪名，转送给刑部，刑部商定决议后上奏于皇帝。

2）影响：与唐律中"举重以明轻，举轻以明重"的原则相比，比附类推使法官的自由裁量权更大，助长了司法擅断的弊端。

---

① C

② D

[安口诀] 比附类推总结：

西周	罪无正律，则以上下刑而比附其罪也。上刑适轻，下服；下刑适重，上服，轻重诸罚有权
唐朝	举重以明轻，举轻以明重
宋朝	余条准此44条，即具有类推适用性质的条文
明朝	凡律令该载不尽事理，若断罪而无正条者，引律比附。应加、应减，定拟罪名，转达刑部议定奏闻

3.属地主义

"凡化外人犯罪者，并依律拟断"，即涉外案件采取属地主义原则。

[安口诀] 唐代"AA用A，AB用唐"—宋代"AA用A，AB用宋"—明代"AA用明，AB用明"—清代"AA用A，AB用清，领事裁判权"。

品题

1.相较于唐宋而言，明清时期刑律对于化外人犯罪的规定发生了重大变化。这种变化主要是（　　）。① （2023年单选37）

A. 规定化外人犯罪不再科刑
B. 确立完全的属人主义原则
C. 确立完全的属地主义原则
D. 采用属人主义与属地主义相结合选择

2.明朝成化年间，一日本留学生与一威尼斯商人在泉州因琐事发生殴斗，日本留学生受重伤。按《大明律》的规定，审理此案应依据的法律是（　　）。② （2019年单选38）

A. 明朝法律　　　　　　　　B. 日本国法律
C. 威尼斯法律　　　　　　　D. 当事人选定的法律

（二）明代主要罪名

奸党罪	背景	鉴于历代臣下结党造成皇权削弱，统治集团内部矛盾导致国亡民乱的教训，明朝严禁臣下结党，在《大明律》中增设"奸党"罪
	内容	1）凡奸邪进谗者，左使杀人者。 2）若犯罪，律该处死，其大臣小官巧言减免，暗邀人心者。 3）若在朝官员，交接朋党，紊乱朝纲者。 4）若刑部及大小衙门官吏，为不职法律，听从上司官主使出入人罪者。 5）若有上言宰执大臣美政才德者
	影响	设"奸党罪"目的是打击臣下"朋比结党"的行为，消除对皇权的威胁，仅洪武年间以奸党罪被诛杀的文武官吏就达几万人，这反映了皇权专制的极端发展

---

① C

② A

品题

1. 《大明律·吏律·职制》规定："若刑部及大小衙门官吏，为不职法律，听从上司官主使出入人罪者，罪亦如之"，该罪是指（　　）。① （2022年单选37）
   A. 见知故纵　　　　　　　B. 不直
   C. 奸党　　　　　　　　　D. 纵囚枉法

2. 明太祖朱元璋为"防臣下之揽权专擅，交结党援"而增设的一项新罪名是（　　）。② （2017年单选41、2017年法学单选19）
   A. 阿党罪　　　　　　　　B. 左官罪
   C. 腹诽罪　　　　　　　　D. 奸党罪

3. 明洪武三十一年，某省布政使上书皇帝，嘉言宰执大臣"美政才德"，依照《大明律》的规定，该上书行为构成的罪名是（　　）。③ （2013年单选41）
   A. 内乱　　　　　　　　　B. 左官
   C. 奸党　　　　　　　　　D. 谋大逆

（三）明代主要刑罚

1. 充　军

1）背　景

充军在<u>宋、元时已经存在，明朝广泛适用</u>，是强迫罪犯至边远地区充当军户的刑罚。明初由于边境卫所需要充实士兵，于是将罪人发配充军，后来逐渐成为经常适用的刑罚。

2）内　容

▶刑罚等级：充军原无里程规定，后逐渐形成<u>极边</u>、<u>烟瘴</u>、<u>边远</u>、<u>沿海</u>、<u>口外</u>、<u>近卫</u>和<u>附近</u>七种不同里程等级。

[安口诀] 两边两烟两近一口外。

▶适用对象：从犯罪的军人扩大到普通百姓，贩卖私盐、搅扰商税者，甚至放牧牲畜践踏庄园者也以充军发落。

▶充军期限：分为<u>终身</u>（本人身死为止）和<u>永远</u>（罪犯本人死亡后子孙亲属仍须继续充军，直到勾补尽绝方能开豁），远比一般流刑为重。

2. 廷　杖

1）概　念

廷杖是皇帝处罚大臣的非常之刑，于殿廷之上由司礼监监刑，锦衣卫行刑，杖责冒犯皇帝的大臣。

2）背　景

第1步——明律中并无廷杖的刑罚，自朱元璋将工部尚书薛祥杖杀于朝堂之上，后遂

---

① C
② D
③ C

成定制成为常刑。

第 2 步——明武宗正德（朱厚照）十四年廷杖谏止南巡的群臣 146 人，死 11 人。

第 3 步——明世宗嘉靖（朱厚熜）三年廷杖谏争大礼的大臣 134 人，死 17 人。

3）影　响

被杖者轻者血肉模糊，重者力毙杖下，以如此残忍的手段刑责羞辱朝臣，在中国历史上前所未闻。

考点 7：明代民事经济制度

（一）家庭制度

1. 婚姻制度

1）沿袭前朝：明代婚姻制度基本沿袭唐宋旧律，如主婚权属于祖父母、父母；婚姻缔结要有婚书和聘礼；同姓、同宗无服亲及良贱不得为婚；婚姻的解除以七出、义绝为条件等。

2）结婚制度（新增）。如强调婚姻礼俗，"男女婚姻，各有其时"，即适龄者方许结婚；双方家长的意愿是婚姻订立的首要前提。再如从大量的婚姻纠纷中总结出符合情理、避免争讼的规定：《大明律·户律》规定，"凡男女定婚之初，若有疾残、老幼、庶出、过房、乞养者，务要两家明白通知，各从所愿，写立婚书，依礼聘嫁。"

3）离婚制度（新增）。如义绝变化，"义绝之状，谓如身在远方，妻父母将妻改嫁，或赶逐出外，重别招婚，及容止外人通奸"。又如本身殴妻至折伤，"抑妻通奸，有妻诈称无妻，欺妄更娶妻，以妻为妾，受财将妻典雇，妄作姊妹人之类"。这种认定侧重于婚姻关系本身的状况，与唐代不同。

2. 家长权

家长的权力进一步明确与扩大，主要包括教令权和主婚权。

1）教令权：家长对违犯教令的子孙有权直接进行肉体惩罚，家长还可将违法的家庭成员送交官府请求予以惩罚，则遂其意而将其子孙杖一百。

2）主婚权："嫁娶皆由祖父母、父母主婚"，但是家长的责任也更大，"凡嫁娶违律，若由祖父母、父母……主婚者，独坐主婚"，家长的主婚权实际上就是父母的包办婚姻权。

3. 继承制度

1）沿袭前朝：明朝仍坚持身份继承的嫡长子继承制和财产继承的诸子均分制。

2）继承制度新增：户绝财产由所有亲女继承，无女者入官；奸生子继承地位上升，可见明代继承法律重在保护直系亲属的继承优先地位，排除旁系亲属的财产继承权。

> **超链接**
>
> 《大明令·户令》："凡嫡庶子男，除有官荫袭，先尽嫡长子孙，其分析家财田产，不问妻、妾、婢生，止依子数均分；奸生之子，依子数量与半分；如别无子，立应继之人为嗣，与奸生子均分；无应继之人，方许承继全分。"
>
> 翻译：无论是嫡出、庶出的男子，除有官荫继承的，应先全部由嫡长子孙继承，然后家财田产的分割，无论出身是妻子生的，还是妾侍生的，或者是家中的奴婢所生（服

侍的没有名分的人），都要以家中男子的数目来进行均分；非婚生的男子，依照婚生子的一半来分；如果没有别的子嗣，立应继承的人为子孙，与非婚生子平分；没有应当继承的人，才可以继承全部财产。

（二）财产制度

1. 先占制度

1）背景：为发展农业、鼓励开垦荒地，对无主土地，明初强调先占原则。

2）内容：凡逃弃荒田一律归先占开垦者所有，旧主即使回归也丧失土地所有权，只可请求返还房屋、坟墓。

[安口诀]"三还一不还"：房屋、动产、祖坟要还，土地不还。

2. 遗失物和埋藏物

1）遗失物在30日公告期内即使被主人领回时，拾得人仍可获得一半；公告期满无人认领，则由拾得者获得遗失物的全部所有权。

2）埋藏物完全归发现人所有，只是古器、钟鼎、符印、异常之物必须送官。

> **超链接**
>
> 《大明律·刑律》："若于官私地内掘得埋藏之物者，并听收用。若有古器、钟鼎、符印异常之物，限三十日内送官，违者，杖八十，其物入官。"
>
> 翻译：若是在国有土地或自己的土地内发掘得到的埋藏物，均归发现人所有。如果是古器、钟鼎、符印等特殊物品，要求三十日内送交官府，违反的杖八十并没收埋藏物。

品题

明成化年间，应天府某佃民在官地内耕种时，掘得古器一件和银锭数枚。根据《大明律·户律·钱债》"得遗失物"条的规定，掘得埋藏之物的归属是（　　）。① （2022年单选31）

A. 古器和银锭均归国家所有

B. 古器和银锭均归发现人所有

C. 古器归国家所有，银锭归发现人所有

D. 古器归发现人所有，银锭归国家所有

（三）经济制度

1. 一条鞭法

1）背景：嘉靖十年（明世宗）至崇祯十年（明思宗），朝廷向各地推行一条鞭法的赋役改革方案。

2）内容：将各种类型的赋役并为统一的货币予以征收的赋税制度，将各州县的田赋、杂税和差役合并，统一征收，各项杂税和差役等统一折算成白银，平摊入土地，按照土地

---

① C

和人丁的多少征收，征收赋税实行官收官解制，即由官府自行负责征收和解运。

3）影响：中国赋役制度史上的重大变革，结束了历代以征收实物为主的国家税收方式，从实物税转向货币税；废除了古老的直接役使农民人身的徭役制度，传统的人身依附、强制关系得以松弛；税收制度开始转向以资产（土地）计征，将过去的对人税改为以对物税为主，有利于赋税负担的合理化。

2. 外贸制度

（1）海　禁

第1步——朱元璋时期推行"片板不许下海"的海禁政策，严禁一般商民私自与外国通商往来。

第2步——明穆宗隆庆（朱载垕）年间私人海外贸易变为合法，但须在官方控制下进行。

［安口诀］明代海禁始于朱元璋，结束于隆庆开海；清代海禁始于顺治，结束于鸦片战争。

（2）朝贡贸易

海外诸国与明贸易必须以朝贡为先决条件，并设市舶提举司主管朝贡贸易事务。

［安口诀］"市舶"：一是武则天在广州设置市舶使，二是唐代市舶税，三是明代市舶提举司。

品题

明朝中叶以后，改革赋役制度，推行"一条鞭法"，将各类赋役合并折算，统一征收（　　）。①（2021年单选29）

A. 布帛　　　B. 铜钱　　　C. 银两　　　D. 粮食

考点8：明代行政制度

（一）行政机构

1. 中央机关

行政	明太祖废除宰相制度，皇帝直接控制六部
	特设通政使司统一收发各部门与皇帝之间的奏章文件，六部尚书与通政使、左都御史、大理寺卿合称九卿
	内阁。 第1步——洪武十五年，朱元璋从翰林院等机构中选调官员加殿阁大学士衔，负责草拟诏谕，并充当皇帝的顾问，但是"不得平章国事"。 第2步——成祖时命翰林院侍读、编修、检讨等文学侍从官员入值文渊阁，正式称为内阁，并参与机要，但内阁大学士职权仅是遵命办事而已，不同于原来的中枢机关中书省。 第3步——明仁宗、明宣宗开始，六部尚书入阁兼领殿阁大学士衔，内阁的职权渐重，尤其是首席大学士称为首辅，实际上掌握了丞相的权力。 第4步——明中后期由于宦官专权和政治腐败，内阁权力受到限制，始终处于辅臣地位

---

① C

续表

军事	军事指挥权分由<u>前、后、左、右、中五军都督府</u>掌握
监察	明朝建立了空前庞大的监察机构，中央监察机关都察院由御史台改名而来，<u>长官为左都御史、右都御史辅之</u>，所有御史必须科举出身，职权颇重，对任何官员都可进行监督弹劾，并可对刑部的审判和大理寺的复核及地方审判进行监督。 （1）都察院设<u>十三道监察御史</u>：每年轮换出京至各省巡查，称为"<u>巡按御史</u>"，官阶不高，但拥有"大事奏裁，小事立断"的权力，御史犯罪加重二等处罚。 （2）中央六部设<u>六科给事中</u>：每部设给事中、左右给事中各一人，负责监察六部日常政务活动，核查奏章和奉旨执行政务的情况，与都察院并列，直接向皇帝负责

品题

明代负责全国行政监察工作，参与重大或疑难案件审理的中央机关是（　　）。① （2016年单选41）

A. 御史台　　　　　　　　B. 大理寺
C. 都察院　　　　　　　　D. 锦衣卫

2. 地方行政机构

	行政	监察
督抚	—	朝廷时常派出部尚书、侍郎一级的官员<u>巡抚</u>各省，明中期以后渐成惯例，由巡抚统管一省行政，如遇战事则派出<u>总督</u>统掌军政，后来巡抚和总督逐步发展成为地方长官
省	各省设<u>布政使司</u>掌行政，<u>按察使司</u>掌司法和监察，<u>指挥使司</u>掌军事，合称<u>三司</u>，同为一省长官，均直属于中央，彼此地位平等、互不统属、互相牵制	提刑按察使也享有监察权，被称为<u>行在都察院、外台</u>
府	府设<u>知府</u>，统掌所辖地方行政和司法	—
县	县设<u>知县</u>，统掌所辖地方行政和司法	—

（二）官吏管理制度

1. 官吏选任

1）科举主体

<u>只有官学的学生才可参加科举考试</u>，中央设<u>国子监</u>为最高学府，学生称<u>监生</u>，由各地官学选送；各府州县均设<u>官学</u>，学生称<u>生员</u>或<u>秀才</u>；士人考取生员就有<u>免役特权</u>，并不受答杖刑和刑讯。

---

① C

2）科举形式

形式1——生员可经考试推荐为<u>监生</u>，监生可被选为官，但一般只能担任教官或辅助性官职。

形式2——生员可参加每三年一次的省级乡试，考取即为<u>举人</u>。

形式3——举人经六年一次的<u>大挑</u>可直接任官。

形式4——举人可参加每三年一次的全国性会试，考中再经殿试合格成为<u>进士</u>，进士可以直接出任正七品的知县，前几名还会被选入<u>翰林院</u>任职。

3）科举内容

第1步——<u>明太祖</u>规定专用<u>四书五经</u>命题，考生只能按<u>程朱理学</u>注解答题，<u>不得言及时事</u>，自由发挥。

第2步——<u>明宪宗</u>成化（朱见深）创立了<u>八股</u>的格式，使考生文章完全脱离社会实际。

[安口诀] 唐科举：明经＋进士；宋科举：经义＋诗赋＋策论；元科举：经义＋策论；明科举：经义。

4）影 响

科举变化更适应了加强思想专制统治的需要。

品 题

下列关于明朝官员选任制度的表述，正确的有（　　）。① （2016年法学多选30）

A. 科举制是明朝官员选任的基本途径，辅之以荐举制

B. 科举考试以四书五经为命题内容，且要求考生论及时事

C. 地方官任命严格执行"北人官南，南人官北"的籍贯回避

D. 明朝建立了完整的科举选官制度，只有官学的学生才可以参加科举考试

2. 官吏管理

1）<u>每三年轮换一次</u>，地方官严格实行<u>北人官南、南人官北</u>的籍贯回避制度，明中期吏部开始采用<u>抽签</u>方式决定官员的任职地方。

2）官员年满<u>60岁</u>致仕，回乡官员称为<u>乡宦</u>，仍享有免役和司法特权。

考点9：明代司法制度

（一）司法机关

1. 三法司

刑部受天下刑名，都察院纠察，大理寺驳正。

刑部	刑部是中央司法行政机关，主司审判
	主要职权：下设<u>十三清吏司</u>，分掌各省上诉案件，审核地方上的重案和审理中央百官及京师地区的案件，刑部有权处决流刑以下的案件，但定罪以后须将人犯连同案卷送大理寺复核，死刑案件复核后须奏请皇帝批准

---

① ACD

续表

大理寺	大理寺是复核机关，"掌审谳平反刑狱之政令"
	主要职权：对于判决不当的案件则驳令改判，判决得当者才允准具奏行刑
都察院	都察院是最高监察机关，号称"风宪衙门"，为天子之耳目
	主要职权：负责纠举弹劾全国上下官吏的违法行为，并且参与重大疑难案件的审判工作，监督法律的执行。都察院附设监狱，关押皇帝直接交办的重要案犯。都察院的监察御史还定期巡按地方，对地方司法审判进行监督

[安口诀]

```
唐    大理寺（审判）   刑部（复核）   御史台（监察）
宋    大理寺（审判）   刑部（复核）   御史台（监察）
              元没有大理寺
明    大理寺（复核）   刑部（审判）   都察院（监察）
清    大理寺（复核）   刑部（审判）   都察院（监察）

清末  大理院（审判）   法部（复核）   审检合署
```

2. 三司会审

为加强司法审判，重大疑难案件实行三法司共同审理。

3. 地方司法机关

1) 提刑按察使司是专职的司法机构，长官为按察使，主管全省司法审判及监察官吏事务。

2) 承宣布政使司设有理问所，负责以民事诉讼案件为主的审判事务。

3) 都指挥使司设断事司，负责审理本省驻军军人之间的诉讼。

4) 府、县仍实行行政司法合一制度，由知府、知县统揽行政、司法权力。

[安口诀]

	宋代					明代		
路	经略安抚使	转运使	提点刑狱使	提举常平使	省	承宣布政使司（理问所）	都指挥使司（断事司）	提刑按察使司
州	知州		通判（监州）		府	知府		
县			知县		县	知县		

品题

明清时期被称为"风宪衙门"的中央机构是（　　）。① （2015年单选33）

A. 都察院　　　　　　　　　　B. 大理寺

C. 尚书省　　　　　　　　　　D. 刑部

---

① A

（二）司法制度

1. 厂卫

1）背景：厂卫干预司法活动，是明朝一大弊政。

第1步——明太祖洪武（朱元璋）十五年设锦衣卫。

第2步——明成祖永乐（朱棣）十八年设东厂。

第3步——明宪宗成化（朱见深）十三年设西厂。

第4步——明武宗正德（朱厚照）三年设内行厂。

2）内容：厂是直属皇帝的特务机关，包括东厂、西厂、内行厂。卫是皇帝亲军十二卫中的锦衣卫，掌管皇帝出入仪仗和警卫事宜，从太祖开始，锦衣卫以兵兼刑，掌有缉捕、刑狱之权，锦衣卫设南北镇抚司，其中北镇抚司专管诏狱，又称锦衣卫狱。

3）影响：厂卫并非国家正式司法机关，但在皇帝的纵容之下，由宦官操纵，凌驾于司法机关之上，享有侦查缉捕、监督审判、法外施刑等司法特权。厂卫滥施法外酷刑，"杀人至惨而不丽于法"，是皇权高度集中和恶性发展的产物。

> **超链接**
>
> 《明史·刑法志》："刑法有创之自明不衷古制者：廷杖、东西厂、锦衣卫、镇抚司狱是也。是数者，杀人至惨而不丽于法。踵而行之，至末造而极。举朝野命，一听武夫、宦竖之后，良可叹也。"
>
> 翻译：有的刑法是明代新创制的，不合古制，廷杖、东厂西厂、锦衣卫、镇抚司狱就是。这几种刑法杀人方式极惨，而不依据法律。继位君主都跟着实行，到明末达到登峰造极的地步。所有朝野政令，完全操纵在武夫或宦官手中，确实可叹。

2. 申明亭

1）背景：明初创建了申明亭，洪武年间设置于各州县乡间，由本里百姓推举正直乡里耆老、里长主持。

2）功能。

功能1——施行教化：亭内树立板榜，定期张贴榜文，公布本地有过错者的姓名和过错行为，"以示惩戒，而发其羞恶之心，能改过自新则去之"。

功能2——调处纠纷：受理和调处有关婚姻、田土、斗殴等民事纠纷和轻微的刑事案件，若经申明亭调解仍不愿和息，始可向官府起诉，可见申明亭具有地方基层司法组织的性质。

[安口诀] 民事案件都可调，轻微刑事也可调。

3）《教民榜文》：《教民榜文》于洪武三十一年颁行，巩固和扩大了里老的司法审判权，力图普及政教法令于民间。榜文是太祖、成祖时期一种文告形式的单行法规，即把皇帝的谕旨或经皇帝批准的官府告示、法令、案例等在榜上公示，悬挂于各衙门门前和申明亭内。明成祖后榜文逐渐流于形式直至消亡。

> **超链接**
>
> 《教民榜文》："民间户婚、田土、斗殴相争，一切小事，不许辄便告官，务要经由本管里甲、老人理断。若不经由者，不问虚实，先将告人杖断六十，仍发回里甲、老人理断。"
>
> 翻译：百姓间户婚、田宅、斗殴等一切小事，不允许擅自状告到官府，必须要经过当地里甲或老人审理决断。若是没有经过前述流程，无论状告之事虚实真假，先将状告之人处六十杖刑，再发回里甲或老人审理判决。
>
> 《大明律集解附例》："凡民间应有词状，许耆老里长准受于本亭剖理。"
>
> 《太祖实录》："洪武二十七年，命有司择民间高年人，公正可任者，理其乡之词讼，若户婚、田宅、斗殴者，则会里胥决之。事涉重者，始白于官，若不由里老处分，而径诉县官，此之谓越诉也。"

品题

明朝初年在乡间创设的申明亭，具有基层司法组织的功能。通常可以由申明亭受理和调处的案件包括（　　）。① （2015年多选60）

A. 贼盗　　　　　　　　B. 婚姻
C. 田土　　　　　　　　D. 斗殴

3. 诉讼制度特点

起诉阶段	（1）严厉制裁诬告行为：历朝的法律都视诬告为严重犯罪，诬告者反坐，明律进一步加重处罚，规定<u>诬告加等反坐</u>
	（2）<u>严禁越诉</u>："凡军民词讼，皆须自下而上陈告。若越本管官司辄赴上司称诉者，笞五十"，意思是说：凡是军民陈词讼，都需要自下级而向上级告状。如果逾越了本级管辖就向上级报告的，处鞭笞五十
管辖问题	（3）<u>军官、军人诉讼一般不受普通司法机构管辖</u>
	（4）明确地域管辖的原则：被告不在同一州县，或被告分居数州县诉讼案件的管辖，明律规定了"<u>原告就被告、轻囚就重囚、少囚就多囚、后发就先发</u>"的原则
主管问题	（5）强调以<u>民间半官方组织调解息讼</u>

（三）会审制度

1. 背　景

明朝审判制度较前朝有较大发展，表现在创设了一套对疑难、重大以及死刑复核案件进行会官审录的会审制度。

---

① BCD

2. 内 容

三司会审	三法司长官共同审理重大疑难案件，最后由皇帝裁决
九卿会审（圆审）	对于特别重大的案件或已判决但囚犯仍翻供不服之案，则由皇帝令六部尚书及通政使司的通政使、都察院左都御史、大理寺卿会审，但判决仍须奏请皇帝批准 [安口诀] 朕不作死
朝审	对已决在押囚犯的会官审理，是古代录囚制度的延续和发展 第1步——明太祖洪武年间令五军都督、六部尚书、都御史、六科给事中、通政使、詹事府以及驸马等共同审理大狱，死罪及冤案奏闻皇帝，其他依律判决 第2步——明英宗（朱祁镇）时命每年霜降之后，三法司会同公、侯、伯、爵，在吏部或户部尚书主持下会审重案囚犯，从此形成制度 第3步——清代秋审、朝审即渊源于此
大审	定期由皇帝委派宦官会同三法司官员审录囚徒的制度 第1步——始于明英宗正统（朱祁镇）年间 第2步——明宪宗成化（朱见深）十七年成为定例，每五年举行一次，在京师由大理寺主持，在地方则由布政使和巡按御史主持，审录范围很广，凡监押囚犯及诉冤者均在大审之列，是一次全面的狱案清理工作 第3步——此制为明朝独有
热审	热审是在暑热天气来临前决遣和清理在押未决犯及对现监囚犯减等发落的制度，每年暑天小满后十余天，由宦官、锦衣卫会同三法司会审囚犯，一般轻罪决罚后立即释放，徒流罪减等发落，重囚可疑及枷号者则请旨定夺 第1步——始于明成祖永乐（朱棣）二年 第2步——清代沿袭

3. 影 响

会审制度是慎刑思想的反映，有利于皇帝控制和监督司法活动，纠正冤假错案，但是明朝的会审往往由宦官操控，不免流于形式。

品 题

明朝独有的由皇帝委派宦官会同三法司官员定期录囚的制度是（　　）。[①]（2013年法学单选20）

A. 大审　　　　　　　　　　B. 朝审
C. 圆审　　　　　　　　　　D. 热审

[①] A

第三节 清朝法律制度

导学
清朝法律年表

清（1616—1911，共296年）	
1. 努尔哈赤 （1616—1626）	—
2. 皇太极 （1627—1643）	皇太极时奉行"参汉酌金"的基本国策
3. 顺治帝 福临 （1643—1661）	入关后提出"详译明律，参以国制"的立法指导思想。 顺治四年（1647年）颁行《大清律集解附例》。 顺治时颁布"禁海令"，规定"寸板不得下海"，随后又三度颁行"迁海令"
4. 康熙帝 玄烨 （1661—1722）	康熙二十九年（1690年）颁行《康熙会典》。 康熙朝开始制定则例。 康熙五十三年（1714年）规定："凡于康熙四十三年以后所买奴婢，若给原价，仍准赎出为民。" 康熙五十六年（1717年），再度严申海禁，一直延续到鸦片战争前
5. 雍正帝 胤禛 （1722—1735）	雍正元年下令，将名列贱籍的陕西、山西的"乐户"，河南的"丐户"，浙江的"惰户"，广东的"疍户"，豁除贱籍，除贱为良，一同编入甲户。 雍正朝颁布过《大清律集解》。 雍正十一年（1733年）颁行《雍正会典》
6. 乾隆帝 弘历 （1735—1795）	乾隆五年（1740年）颁行《大清律例》。 乾隆十二年（1747年）定例，明确房屋出典后的风险责任。 乾隆十八年（1753年）的条例规定："嗣后民间置买产业，如系典契，务于契内注明回赎字样；如系卖契，亦于契内注明永不回赎字样。" 乾隆二十四年（1759年）制定的《八旗家人赎身律》规定："凡八旗户下家人，不分年代，只要本主情愿放出为民，即可呈明本旗，经过官府，而后收入民籍。但本人不准应考出仕，其子孙则无所限制。" 乾隆二十八年（1763年）颁行《乾隆会典》。 乾隆时期三次定例禁止典买旗地。 乾隆四十一年《户部则例》规定："民人典当田房，契载统以十年为率，限满听赎。" 乾隆四十三年（1778年）定例列入《大清律例·户律》"立嫡子违法"门："如可继之人亦系独子，而情属同父周亲，两相情愿者，取具阖族甘结，亦准其承继两房宗祧。" 乾隆五十三年（1788年）定例："若农民佃户雇请耕种工作之人，并店铺小郎之类，平日共坐共食，彼此平等相称，不为使唤服役，素无主仆名分者，亦无论其有无文契年限，俱依凡人科断。"

续表

清（1616—1911，共296年）	
7. 嘉庆帝 颙琰 （1796—1820）	嘉庆二十三年（1818年）颁行《嘉庆会典》。 嘉庆十九年（1814年）定例"旗地旗房概不准民人典买"，违者治罪
8. 道光帝 绵宁 （1820—1850）	—
9. 咸丰帝 奕詝 （1850—1861）	—
10. 同治帝 载淳 （1861—1874）	—
11. 光绪帝 载湉 （1874—1908）	光绪二十五年（1899年）颁行《光绪会典》
12. 宣统帝 溥仪 （1908—1911）	—

考点 10：清代主要立法

（一）立法思想

1. 入关前<u>参汉酌金</u>

清政权处于由习惯法向成文法过渡的过程中，皇太极统治时期奉行"参汉酌金"的基本国策。

2. 入关后<u>详译明律，参以国制</u>

清政权采取"以汉治汉"的策略，提出"详译明律，参以国制"，即一方面以代表着汉族法制的明朝法律为蓝本，另一方面又根据时代需要，斟酌吸收满族固有的习惯法，开创一代法制。

（二）主要立法

1. <u>《大清律例》</u>

1）背景：《大清律例》于<u>乾隆</u>五年正式颁行，是清朝的基本法典，前承<u>顺治《大清律集解附例》</u>、<u>雍正《大清律集解》</u>。

2）体例：《大清律例》与《大明律》基本相同，共分名例律、吏律、户律、礼律、兵律、刑律、工律 7 篇，律文 436 条，附例 1000 余条。

3）内容：《大清律例》在内容上沿袭《大明律》。

4）影响：清朝律典由清初简单地袭用明律，经过近百年的修订，终至完备成熟，律文极少修订，后世只对律文后的<u>附例</u>予以增修。

[安口诀] 法典历史流变。

朝代	代表法典	篇目	总则	要　点
战国	法经	6	具法	魏文侯；李悝；盗贼囚捕杂具；王者之政莫急于盗贼
汉	九章律	9	具律	汉高祖；盗贼囚捕杂具户兴厩；萧何
汉	傍章律	18	—	汉高祖；朝堂礼仪；叔孙通
汉	越宫律	27	—	汉武帝；宫廷卫禁；张汤
汉	朝律	6	—	汉武帝；朝贺制度；赵禹
曹魏	曹魏新律	18	刑名	魏明帝；删减条文；具律改为刑名；八议入律；改革刑罚
西晋	晋律	20	刑名 法例	晋武帝；贾充、羊祜、杜预、裴楷；泰始律；准五服以制罪；律文精简；明确区分律令"律以正罪名，令以存事制"；张杜律（张斐、杜预）
北魏	北魏律	20	—	北魏孝文帝；"综合比较，取精用宏"
东魏	麟趾格	—	—	—
西魏	大统式	—	—	
北齐	北齐律	12	名例	北齐武成帝；重罪十条；"法令明审，科条简要"
隋	开皇律	12	名例	隋文帝；以北齐律为蓝本；由繁到简过程的完成；十恶入律；确立新五刑；完善"议请减赎当"
隋	大业律	18	名例	隋炀帝；删除十恶；"轻刑其名，酷刑其实"
唐	武德律	12	名例	唐高祖；唐朝立法开端
唐	贞观律	12	名例	唐太宗；创设加役流；标志着唐代基本法典定型
唐	永徽律	12	名例	唐高宗；长孙无忌主持；首次官方纂定注解；名例/卫禁/职制/户婚/厩库/擅兴/贼盗/斗讼/诈伪/杂/捕亡/断狱
唐	开元律	12	名例	唐玄宗；李林甫
唐	大中刑律统类	—	—	唐宣宗；影响宋朝
唐	唐六典	6	—	唐玄宗；以《周礼》为指导和模式；"官领其属，事归于职"；理教理政刑事
宋	宋刑统	12	名例	宋太祖；第一部刊版印行；213门；新增臣等起请32条十余条准此44条
辽	重熙条例	—	—	辽兴宗；辽朝第一部成文法典
辽	咸雍条例	—	—	辽道宗

续表

朝　代	代表法典	篇　目	总　则	要　点
夏	贞观玉镜统	—	—	夏崇宗；军法典
	天盛改旧新定律令	—	—	夏仁宗；中古法令之最
	亥年新法	—	—	夏神宗
金	皇统制	—	—	金熙宗；金朝第一部成文法典
	泰和律令敕条格式	—	—	金章宗；泰和律义＋律令＋新定敕条＋六部格式
元	条画五章	—	—	成吉思汗；郭宝玉；第一次汉化立法
	至元新格	—	—	元世祖；元朝第一部成文法典
	大元通制	—	—	元英宗；诏制＋条格＋断例＋别类；成文法与判例法的结合；标志着元法典定型
	至正条格	—	—	元顺帝；对《大元通制》的修订补充
	元典章	—	—	地方颁布；首次以六部划分的行政法典；首次附载五服图
	经世大典	—	—	元文宗；仿效《唐六典》
明	大明律	7	名例	明太祖；首次以六部划分的刑法典；取消宰相制度；规定奸党罪
	明大诰	—	—	朱元璋亲自审理的案例；要求户户有此一本，犯笞杖徒流罪名每减一等，无者每加一等；成为考试科目；锋芒主要指向贪官污吏；御制大诰／大诰续编／大诰三编／大诰武臣；朱元璋死后大诰被束之高阁
明	大明令	—	—	明太祖；帝制中国最后一部令典
	大明会典	—	—	《正德会典》和《万历会典》颁行天下；以六部官制为纲；仿照《唐六典》而作
清	大清律集解附例	7	名例	顺治；清朝第一部成文法典
	大清律集解	—	—	雍正
	大清律例	7	名例	乾隆；清朝最重要的成文法典
	大清会典	—	—	《康熙会典》《雍正会典》《乾隆会典》《嘉庆会典》《光绪会典》合称五朝会典；"以典为纲，以则例为目"；最后一部《光绪会典》增设总理各国事务衙门

品题

下列选项中，篇目名称完全相同的律典是（　　）。① （2021年单选37）
A.《九章律》与《开皇律》
B.《大业律》与《宋刑统》
C.《泰和律义》与《大元通制》
D.《大明律》与《大清律例》

2.《大清会典》

1）背景：为了规范国家机关的组织活动，加强行政管理，提高统治效能，清朝效仿明朝，先后编制<u>《康熙会典》《雍正会典》《乾隆会典》《嘉庆会典》《光绪会典》</u>，合称<u>五朝会典</u>。

2）体例：《大清会典》在编纂上遵循"<u>以典为纲，以则例为目</u>"的原则，典、例分别编辑遂成固定体例，会典所载一般为国家基本制度，少有变动，具体的变更在增修则例中完成。

3）内容：《大清会典》详细记载清朝各级国家机关的职掌、事例、活动规则与有关的制度，<u>最后一部《光绪会典》增设了总理各国事务衙门的机构和权限</u>。

4）影响：清朝行政立法的总汇，是古代行政立法的完备形态。

[安口诀] 行政法典《唐六典》《元典章》《大明会典》《大清会典》，唯独没有《宋会典》。

品题

1. 规定总理各国事务衙门的机构及其权限的清代会典是（　　）。② （2019年单选39）
A. 雍正会典　　　　　　　B. 乾隆会典
C. 嘉庆会典　　　　　　　D. 光绪会典

2. 为了规范国家机关的组织活动，加强行政管理，清政府仿效明朝，将各级国家机关的职掌、事例、活动规则等有关制度编撰成集，称为（　　）。③ （2014年单选43）
A.《大清律集解附例》　　　B.《大清律集解》
C.《大清会典》　　　　　　D.《大清律例》

3. 则 例

1）概念：则例是清朝针对中央各部门的职责、办事规程而制定的基本规则，是规范各部院政务活动、保障其正常运转的行政规则。则例为数众多，可视为清政府的行政法规，是法律体系的重要组成部分。则例自康熙朝开始制定，包括一般则例和特别则例。

2）一般则例：一般则例针对部院一般行政事项而定，如《刑部现行则例》《钦定吏部则例》《钦定户部则例》《钦定礼部则例》《理藩院则例》《钦定台规》等。

---

① D
② D
③ C

> **超链接**
>
> 《理藩院则例》最初由《蒙古律书》演变而来，早在嘉庆年间已有《理藩院则例》的正式名称，道光、光绪年间曾有三次修订，主要内容包括：
> 1）关于理藩院的机构职掌及编制；
> 2）关于蒙古地区的行政区划、职官和各项社会管理制度，确认了蒙古地区活佛转世制度；
> 3）确立蒙古地区的刑法制度；
> 4）规定蒙古地区的司法制度；
> 5）规定西藏、青海和新疆地区的职官制度、社会管理制度。

3）特别则例：特别则例是各部所管辖的特定事项制订的行政规章，如《兵部八旗则例》《钦定督捕则例》《钦定六部处分则例》《吏部处分则例》等。

4）影响：则例是清朝重要的法律形式之一，属于清朝的一项创造，在国家行政管理方面起着重要作用。

4. 少数民族聚居区法规

1）背景：清朝是一个统一的多民族国家，为了巩固辽阔疆域，以理藩院作为少数民族事务的管理机构，加强对少数民族聚居区的管辖，并制定了一系列适用于少数民族聚居区的专门法规。

2）内容：如《蒙古律例》《理藩院则例》《回疆则例》《苗汉杂居章程》《湘苗事宜》《西宁青海番夷成例》《钦定西藏章程》《西藏禁约十二事》《台湾善后事宜》等。

[安口诀] 三大锦囊：少数民族（包括台湾）都选，理藩院必选，八旗不选。

3）影响：少数民族聚居区法规体现了少数民族的风俗民情，具有因族、因俗、因地制宜的特点，有些法律开始带有临时性质，在实行中因其有利于清朝统治，遂成定律。

品题

清朝中央政府除制定全国统一的基本法典之外，还制定了一系列适用于少数民族聚居区的专门法规，其中包括（　　）。① （2015年多选61）

A. 回疆则例　　　　　　　　B. 蒙古律例
C. 理藩院则例　　　　　　　D. 钦定西藏章程

考点11：清代刑事制度

（一）清代刑法原则——<u>维护满族特权</u>

1. 确保满洲贵族在政权中的优越地位

1）<u>满汉复职</u>：清官制标榜满汉一体，中央六部长官设满汉复职，但实权操于满官之手，汉官"相随画诺，不复可否"。

---

① ABCD

2）分族官缺：清在任官制度上创制分族官缺制度，不同的官缺只能由不同民族的人出任或补授，凡满官缺不许汉人补任，而汉官缺却允许满官补任。

2.旗人犯罪享有特权和优待

（1）减刑特权

斩立决	旗人可减为斩监候
杂犯死罪	旗人可以折易枷号（真犯死罪不能折枷）
充军刑	旗人可以带重枷示众几十天来替代
流、徒刑	旗人可免于发配、劳役和坐牢
刺字刑	旗人只刺臂而不刺面

（2）特殊机关

京师	一般旗人由步军统领衙门和内务府慎刑司审理，宗室贵族由宗人府审理，民事案由户部现审处审理
地方	地方涉讼，虽可由州县审理，但州县无权对满人作出判决，只能将证据和审判意见转送满人审判机关处理
监狱	满人不入普通监所，贵族宗室入宗人府空房，一般旗人入内务府监所

3.法律保护旗地旗产，禁止旗民交产

1）清入关初，放任满洲贵族及八旗兵丁圈占汉人土地作为私产，之后防止旗地旗产散失，禁止汉人典买。

2）乾隆时期三次定例并进行清查，在清查中自首者，由官府给价回赎；隐匿不首者，一旦查处，业主、售主均照隐匿官田律治罪，失察长官也严加议处。

3）嘉庆十九年定例："旗地旗房概不准民人典买"，违者治罪。

品题

1.清朝创立的发遣刑，其适用对象是（　　）。①（2017年单选42）

A.犯强盗罪的民人　　　　　　B.犯杀伤罪的军人

C.犯徒罪以上的文武官员　　　D.犯徒罪以下的旗人

2.清时屡兴文字狱，但律例中并无关于惩治思想犯罪的规定，审理此类案件，一般比附的罪名是（　　）。②（2016年单选42）

A.妖书妖言　　　　　　　　　B.谋大逆

C.大不敬　　　　　　　　　　D.谋叛

3.清朝光绪年间，某官员甲因犯罪而被发配新疆，给驻防八旗官兵当差为奴。甲被判

---

① C
② B

处的刑罚是（　　）。① （2013 年单选 42）

A. 发遣　　　　　　　　　B. 刺配
C. 充军　　　　　　　　　D. 流刑

（二）清代主要刑罚

1. 区分正刑和附加刑

1）正刑：五刑体系即笞、杖、徒、流、死，与唐宋并无二致。

2）附加刑（派生刑）：律例有文但未列五刑，包括死刑类的凌迟、枭首、戮尸，流徙类的充军和发遣，附加刑类的枷号和刺字。

2. 死　刑

1）区分立决和监候：立决分为斩立决与绞立决，对社会危害性极大的犯罪的惩罚决不待时，监候分为斩监候和绞监候，可以先行拘押，待秋审复核后再决定是否执行死刑，罪犯可有免死减刑的机会。

2）死刑残酷化趋势：凌迟、枭首、戮尸等酷刑被运用于罪大恶极的犯罪，在适用范围上较明代有所发展。

凌迟	比明代增加劫囚、发冢、谋杀人等罪，行刑方式也更加残酷
枭首	最初只适用于凌迟重犯，后扩大到江洋大盗、爬城行劫、粮船水手行劫等犯罪
戮尸	凡被判处凌迟和枭首的罪犯在执行前已经死亡的，对罪犯的尸体施以此刑

3. 充　军

清朝将明朝充军定为重于流刑的刑罚种类，分为附近（2 000 里）、近边（2 500 里）、边远（3 000 里）、极边（4 000 里）、烟瘴（5 000 里）五等，号为五军，并编制了五军道里表详细规定该府罪犯应充军的地方。

［安口诀］

明充军	清充军
极边、烟瘴、边远、沿海、口外、近卫、附近七种	附近（2 000 里）、近边（2 500 里）、边远（3 000 里）、极边（4 000 里）、烟瘴（5 000 里）五等
两边两烟两近一口外	三边一烟一附近

4. 发　遣

发遣是清朝创立的仅次于死刑的重刑，即将罪犯发配到边疆地区给驻防八旗官兵当差为奴的刑罚，重于充军，对象主要是犯徒罪以上的文武官员，一般只限本人，情节轻微的还有机会放还。《大清律例》规定的发遣罪名有 134 项之多。

［安口诀］宋代刺配，三刑合一 three in one；明代充军，终身永远 forever；清代发遣，文武官员 officer。

---

① A

5. 枷号和刺字

清朝将枷号和刺字作为附加刑,并扩充了刺字的适用范围,如发冢(盗墓)、逃犯等罪也附加刺字,受刺字的罪犯刑满释放后必须充当巡警之役三年。

(三) 清代罪名

文字狱	背景	压制汉族士大夫的反清意识和明末以来萌发的反专制思潮
	内容	绝大多数比照谋大逆判罪,一案构成往往全家遭诛甚至灭族,顺治、康熙、雍正、乾隆四朝文字狱迭兴百余起,导致考据之学兴起
	影响	古代以言罪人传统的恶性发展,君主专制主义膨胀的结果,遏制了思想文化学术的发展

考点 12:清代民事经济制度

(一) 民事主体变化

1. 废除匠籍制度

第 1 步——明代:将手工业工人列为"匠籍",子孙相继强制服役,匠户没有人身自由,脱籍者将受严惩。

第 2 步——清初:废除了该制度,以雇募工匠代之,手工业工人的人身权利得到一定保障。

2. 雇工人的地位有所改善

第 1 步——清初:雇工人不列贱籍,但对雇主有很强的人身依附关系,法律地位与雇主显著不平等,雇工人侵犯雇主及其期亲要加等处罚,而雇主侵犯雇工人则比照"凡人相犯"减罪三等。

第 2 步——乾隆五十三年:雇工人的人身隶属关系获得解放。

> **超链接**
> "若农民佃户雇请工作之人,并店铺小郎之类,平日共坐共食,彼此平等相称,不为使唤服役,素无主仆名分者,亦无论其有无文契年限,俱依凡人科断。"
> 翻译:倘若是农民佃户雇用聘请的工作人员,以及商铺员工一类的,平时一起休息、一起吃饭,相互间使用平等的称谓,而不是使唤仆役,向来没有主仆身份区别的,无论其有没有契约以及(卖身或劳役的)年限约定,都依照平民论处。

3. 部分贱籍豁免为良

雍正元年将陕西、山西的乐户、河南的丐户、浙江的惰户、广东的疍户豁除贱籍,除贱为良,一同编入甲户,不得借端欺凌;此外还陆续将江南的丐户、徽州的伴当、宁国府的世仆等,开豁为良,三代以后子孙准许应试科考。

4. 奴婢可以开户为民

第 1 步——康熙五十三年:允许奴婢被赎出,法令溯及既往 10 年。

> **超链接**
>
> "凡于康熙四十三年以后所买奴婢,若给原价,仍准赎出为民。"(康熙五十三年)
>
> 翻译:凡是在康熙四十三年以后所买的奴婢,允许以原价赎回民籍。

第2步——乾隆二十四年:《八旗家人赎身令》允许旗人释放奴婢。

> **超链接**
>
> "凡八旗户下家人,不分年代,只要本主情愿放出为民,即可呈明本旗,经过官府,而后收入民籍。本人不准应考出仕,其子孙则无所限制。"
>
> 翻译:凡是在八旗户籍上的奴婢,不分(入户)年代,只要是主人愿意放奴婢为民,就可以上报本旗,经过官府,然后收入民籍。但是本人不允许参加科举和做官,其子孙则没有限制。

[安口诀] 注意区分:贱籍豁免为良,三代以后才允许科考;奴婢开户为民,子孙都允许科考。

5. 禁止将佃户欺压为奴、随田买卖,<u>禁止债权人强迫债务人役身折酬</u>

[安口诀] 唐代允许役身折酬,清代禁止。

品题

1. 清乾隆十八年,有雇主将其雇工人折伤,该雇主应承担的法律责任是( )。①(2022年单选38)

   A. 不论罪
   B. 依凡人论罪
   C. 比照凡人相犯加三等
   D. 比照凡人相犯减三等

2. 清朝民事立法中,民事主体地位发生了一定变化,人身依附关系有所削弱,表现为( )。②(2017年多选62)

   A. 允许良贱通婚
   B. 废除匠籍制度
   C. 雇工人的地位有所改善
   D. 部分贱籍豁免为良

(二)典卖制度

1. 明确典、卖两种契约的区别

第1步——乾隆十八年:确定以是否允许回赎为典当与买卖契约的重要区别标准。

---

① D

② BCD

乾隆十八年以后	典卖契约必须注明"回赎"，买卖契约必须注明"永不回赎"
乾隆十八年以前	如果没有明确注明是否可以回赎，30年内的可以回赎，或由典权人再向原业主支付一次"找价"，即将典价与典物的实际差价找回，该典契即为卖契，典物的所有权随之转移给典权人
	30年以上的，尽管没有写明是绝卖或注明回赎，仍不得再请求找价或回赎

> **超链接**
> "嗣后民间置买产业，如系典契，务于契内注明回赎字样；如系卖契，亦于契内注明永不回赎字样。"
> 翻译：以后民间置办采买土地房产，如果是典当契约，必须在契约内注明"回赎"；如果是买卖契约，也应当在契约内写明"永不回赎"。

第2步——乾隆二十四年：典当契约<u>无须经过官府加盖官印和缴纳契税</u>，也<u>无须到官府过割赋税</u>。

> **超链接**
> "凡民间活契典当田房，一概免其纳税。"
> 翻译：凡是民间典当田地和房产契约，无须经过官府加盖官印和缴纳契税，也无须到官府过割赋税。

2. 明确<u>典当回赎权的年限</u>

第1步——宋元典卖回赎期30年。

第2步——明律对此没有规定。

第3步——<u>乾隆四十一年《户部则例》</u>：<u>回赎期10年</u>，若约定年限超过10年，即认定为买卖契约，必须缴纳契税；若10年后出典人无力回赎，听典主执业转典。

[安口诀] 宋三清十，乾隆年轻时还是30年，乾隆老年变成了10年。

> **超链接**
> "民人典当田房，契载统以十年为率，限满听赎。"
> 翻译：百姓典当田地房屋时，契约上一律以10年为标准，限期届满允许赎回。

3. 明确<u>房屋出典后的风险责任</u>

第1步——宋元法律未作规定。

第2步——乾隆十二年定例对此作了详细规定。

（三）继承制度

1. 沿袭前朝

1）清朝继承仍分为身份继承和财产继承，宗祧继承沿袭唐以来的规定，嫡长子＞嫡长孙＞嫡次子＞嫡次孙＞庶长子＞庶长孙＞庶次子＞庶次孙，若立嫡违法，杖八十。

2）对于绝户之家，允许找辈分相同（昭穆相当）的子侄承继。

> **超链接**
>
> "无子者许令同宗昭穆相当之侄承继，先尽同父同宗，次及大功、小功、缌麻；如俱无，方许择立远房及通信为嗣。"
>
> 翻译：没有子嗣的人，可以令其辈分相同的侄子继承，同父同宗的优先，其后依次是大功、小功、缌麻；如果都没有，才可以立远房或同姓的人为继承人。

2. 清朝独有

1）异姓义子：由于继承重血缘，法律禁止乞养异姓义子，以免乱宗族，否则杖八十；八旗无嗣之人虽可过继异姓亲属，但须双方生父、族长以及该管参佐领出甘结，送户部备案。

2）独子兼祧：乾隆四十三年定例列入《大清律例》，是清朝的独创，"两房合一子"即一人可以继承两房的香火和财产，独子出继的两房应该为同父兄弟，而且须双方同意，并有全族的书面见证，才可一人承两房宗祧。

> **超链接**
>
> "如可继之人亦系独子，而情属同父周亲，两相情愿者，取具阖族甘结，亦准其承继两房宗祧。"
>
> 翻译：独子兼祧一是要求继承人是独子，二是要求同父周亲，三是双方自愿并有甘结。

品题

1.《大清律例·户律》"立嫡子违法"规定了兼祧制度，兼祧成立的要件有（　　）。① （2021年多选49）

A. 可继之人为独子　　　　B. 两房为同父兄弟
C. 两厢情愿　　　　　　　D. 取具阖族甘结

2. 下列关于清朝民事法律制度的表述，正确的有（　　）。② （2020年多选49）

A. 禁止乞养异姓义子　　　B. 改善雇工人的法律地位
C. 承认独子兼祧的合法性　D. 明确房屋出典后的风险责任

（四）经济制度

1. 海禁制度

（1）背　景

第1步——顺治时颁布"禁海令"，规定"寸板不得下海"，这是出于政治和军事目的，镇压沿海抗清力量。

---

① ABCD
② ABCD

第2步——随后三度颁行迁海令，强制闽、粤、苏、浙沿海居民内迁50里，致使4000里海岸线人烟绝迹。

第3步——收复台湾后，海禁一度有所放宽，沿海对外贸易也一度蓬勃兴盛起来。

第4步——康熙五十六年，再度严申海禁，一直延续到鸦片战争前。

（2）内　容

清朝廷陆续在《大清律例》中增订了30余条条例，对海上各种贸易实施严厉的监控。

禁止出海贸易	凡将金银、车马、牛只、军需、铁器、绸缎、铜钱等物品私自下海货卖者，均杖一百；将船只卖与外国，造船与卖船之人皆立斩
允许出海程序	船只出洋，须十船编为一甲，取具连环保结，一船为非，余船并坐，初出口时，必于汛口挂号，将所有船照呈送地方官检验，填注日月，盖印放行，入口时，呈验亦如之
商渔船只出海	商渔船只出海：商渔船只，分别书刻字样，舵工水手人等，俱给予腰牌，刊明姓名、年貌、籍贯，如船无字号，人有可疑，即严加究治
樵采船只出海	出海樵采船只，每船准带食锅一口外，每名许携斧一把，在船人数不得过10人，俱注明照内，出入检查，若有夹带出口及进口缺少，即行严究治罪

（3）影　响

海禁措施使沿海对外贸易被完全禁绝，沉重打击了刚刚兴起的对外贸易和沿海工商业。

2.重农抑商

1）禁榷制度：对盐、茶、矾等高利润的民生物资实行官府垄断经营，《大清律例》还规定有"盐法""阻坏盐法""私茶""私矾"等专门条款，推行严厉的禁榷制度，极大地限制了民间工商业的发展。

[安口诀]汉代盐铁酒—唐代盐茶酒—清代盐茶矾。

2）商税繁重：商匠入关门，必先取官置号单，备开货物，凭其吊引，照货起税，入门不吊引者同匿税法，《户部则例》甚至规定"关税短缺令现任官赔缴"，除正常的关税以外，还有诸如牙税、落地税、盐税、矿税、茶税、酒税等名目繁多的商税、附加税，商税的加重加上贪官胥役的无度勒索，使得许多民众视经商为畏途，纷纷将商业资本转而经营土地。

品题

"民人典当田房，契载统以十年为率，限满听赎"，作出这一法律规定的朝代是（　　）。①（2015年单选38）

A.汉朝　　　　　　　　B.唐朝
C.明朝　　　　　　　　D.清朝

---

① D

考点 13：清代司法制度

（一）司法机关

1. 三法司

清承明制，仍以刑部、大理寺、都察院为三法司，三者既相互分工又相互制约。

刑部	清代最高司法审判机关，有"刑名总汇"之称，下设十七省清吏司掌各省审判事务，另设有追捕逃人的督捕司、办理秋审的秋审处、专掌律例修订的修订法律馆，刑部是清朝最重要的中央机构，在处理全国司法事务方面起着主导作用
	主要职权：审理中央百官的犯罪案件，批结全国军流遣案件，审理发生在京师的笞杖刑以上案件，处理地方上诉案及秋审事宜，主持司法行政与律例修订
大理寺	负责案件复核的慎刑机构
	主要职权：复核死刑案件，平反冤狱，同时参与秋审、热审等会审，如发现刑部定罪量刑有误，可提出封驳
都察院	全国最高监察机关
	主要职权：督察百官风纪、纠弹不法，同时负有监督刑部、大理寺之责，可对其错误提出纠弹，亦可参与重大案件的会审

2. 审级制度

（1）刑事案件审级

笞杖刑案件：由<u>州县自行审结</u>。

徒刑案件：由州县初审，依次经府、按察司、督抚逐级审核，最后由<u>督抚</u>作出判决。

流刑、充军案件：由各省督抚审结后咨报刑部，由<u>刑部</u>有关<u>清吏司</u>核拟批复，交各省执行。

死刑案件：由<u>州县初审</u>然后逐级审转复核，经督抚向皇帝具题，最终<u>由"三法司"核拟具奏</u>；发生在<u>京师的死刑案件则由刑部直接审理</u>，题奏于皇帝，再经三法司拟核，所有死刑案件最终须经皇帝勾决才能执行。

[安口诀]

笞杖刑	州县	—	—	—	—	—
徒刑	州县	府	按察司	督抚	—	—
流刑、充军	州县	府	按察司	督抚	刑部清吏司	—
地方死刑	州县	府	按察司	督抚	—	皇帝 三法司
京城死刑	—	—	—	—	刑部	皇帝 三法司

（2）民事案件审级

民事案件一般均由州县或同级机关自行审理和作出判决，无须逐级审转；<u>农忙期间（四月初一至七月三十）不得控告民事和轻微刑事案件</u>，其他季节也只能在<u>放告日（每月逢三、六、九或三、五等）</u>起诉。

[安口诀]

宋朝	1	2	3	4	5	6	7	8	9	10	11	12
	√	×	×	×	×	×	×	×	×	√	√	√
清朝	1	2	3	4	5	6	7	8	9	10	11	12
	放告	放告	放告	×	×	×	×	放告	放告	放告	放告	放告

品题

按照清代司法审级和诉讼管辖的规定，死刑案件的初审机构是（　　）。① （2023年单选38）

A. 州县　　　　　　　　　　B. 府
C. 省按察司　　　　　　　　D. 总督、巡抚

3. 特殊司法机构

1）内务府管辖满人诉讼，由内务府慎刑司审理，徒刑以上移送刑部，有时也承审奉旨交办的案件。

2）宗人府管辖皇族宗室诉讼。

3）步军统领衙门也是京师地区的满族司法机构。

4）理藩院是管辖少数民族事务的中央机关，也是蒙古、青海、回疆地区的上诉机关。理藩院设理刑司，专掌司法审判，但如罪至发遣，须报理藩院会同刑部裁决，死罪也须经三法司会审定案。

品题

1. 《大清会典》规定，内外蒙古地区"刑狱不决，则报于院"，这里的院是指（　　）。② （2022年单选39）

A. 大理院　　　　　　　　　B. 都察院
C. 宣政院　　　　　　　　　D. 理藩院

2. 清代被称为"天下刑名之总汇"的中央司法机关是（　　）。③ （2018年单选37）

A. 军机处　　　　　　　　　B. 大理寺
C. 都察院　　　　　　　　　D. 刑部

3. 清朝负责受理蒙古、西藏、新疆等少数民族地区上诉案件的中央机关是（　　）。④ （2016年法学单选19）

A. 宣政院　　　　　　　　　B. 大宗正府

---

① A
② D
③ D
④ C

C. 理藩院　　　　　　　　　D. 宗人府

4. 清朝的最高司法审判机关是（　　）。①（2012年单选41）
A. 刑部　　　　　　　　　　B. 大理寺
C. 都察院　　　　　　　　　D. 宗人府

（二）司法制度

1. 起诉阶段

1）告诉限制：依律应容隐之人，一律不得赴官陈控，奴婢、雇工不得控告家长；狱中罪犯不得告举他事。

2）禁止越诉：诉讼当事人若不服判决，可逐级上诉申控，不得越过本管机关径赴上司申诉，违者即使所控属实亦应笞五十，或将本人并同代书诉状之人一体按"光棍"例治罪。

3）禁止诬告：禁止诬告和匿名告人罪。

2. 审判阶段

1）审判回避：清承明制实行审判回避，凡主审官吏若与诉讼当事人有亲属、仇嫌关系，均应移交回避，违者笞四十。

2）处分原则：官府审判案件时应依所告本状推问，不得于状外别求他事定人罪。

3. 秋审

1）背景：秋审是清朝最重要的死刑复审制度，发源于明朝审制度，因在每年秋天举行而得名，审理的对象是各省上报的斩监候、绞监候案件，每年秋八月在天安门金水桥西由九卿、詹事、科道以及军机大臣、内阁大学士等重要官员会同审理。

2）内容：秋审的判决虽然依据法律，但亦参考犯罪时间及地区的实际情况，灵活适用。

情实	罪情属实、罪名恰当者，奏请执行死刑	在实践中情实和缓决最常见
缓决	案情虽属实，但危害性不大者，可再押监候办，留待下年秋审；凡三经秋审定为缓决，可免死减为流3 000里，或减发烟瘴极边充军	
可矜	案情属实，但情有可原，予以免死减等发落	
可疑	案情尚未完全确证清楚，则驳回原省再审	
留养承祀	案情属实，罪名恰当，但罪犯为独子而祖父母、父母年老无人奉养，或符合嫡妇独子等条件的，则经皇帝批准，可改判重杖，枷号示众三个月	

［安口诀］北魏开始，礼法之争讨论

> **超链接**
> 《清史稿·刑法三》："朝审原于明天顺三年，令每岁霜降后，但有该决重囚，三法司会同公、侯、伯从实审录。秋审亦原于明之奏决单，冬至前会审决之。顺治元年，刑部左

---

① A

> 侍郎党崇雅奏言：'旧制凡刑狱重犯，自大逆、大盗决不待时外，余俱监候处决。在京有热审、朝审之便，每至霜降后方请旨处决。在外直省，亦有三司秋审之例，未尝一丽死刑辄弃于市。望照例区别，以昭钦恤。'此有清言秋、朝审之始。嗣后逐渐举行，而法益加密。初制分情实、缓决、矜、疑，然疑狱不经见。雍正以后，加入留养承祀，区为五类。"
>
> 翻译：朝审源于明英宗天顺三年，皇帝诏令每年霜降之后，凡是有该处决的重刑犯，三法司会同公、侯、伯会审重犯。秋审也源于明朝的奏决单，冬至前会审重犯。顺治元年，刑部左侍郎党崇雅上奏："明制凡判决重刑犯，除大逆、大盗决不待时之外，其余的重罪都监候处决。在京城有热审和朝审，每年到霜降后上奏皇帝处决。在地方上也有三法司秋审的制度，没有一个触犯死刑的犯人直接弃市的。希望按照旧制区别秋审和朝审，以体现仁政慎刑。"自此清朝秋审和朝审开始设立，之后逐渐举行，最初分为情实、缓决、可矜、可疑，但是可疑不常见。雍正以后，增加了留养承祀，区分为五种。

3）影响：秋审被视为国家大典，专门制定了《秋审条款》作为进行秋谳大典的法律依据。秋审是刑事审判制度臻于完备的重要标志，既保证了皇帝对最高司法权的控制，又宣扬了统治者的仁政德治。

[安口诀] 明无秋（圆大朝热），清无大（圆秋朝热）。

明朝	清朝
圆审/九卿会审（通政使、六部尚书、都察院左都御史、大理寺卿）	
朝审（霜降，京城死刑案）	
—	秋审（秋八月，地方死刑案）
	情实　缓决　可矜　可疑　留养承祀
大审（宦官）	—
热审（小满后）	

品题

清乾隆年间，山东省济南府人王某因与邻居赵某发生纠纷，怒而杀之。地方官府拟判王某绞监候，山东巡抚审转复核后，上报朝廷。该案经秋审查实，王某系家中独子，有年老父母需要赡养。王某可能面临的处罚结果是（　　）。① （2020年单选32）

A. 执行死刑　　　　　　　　B. 留待下年秋审
C. 减刑为流三千里　　　　　D. 重杖枷号示众三个月

4. 幕友胥吏

1）背景：明清时期官员大多科举出身，不熟悉律例，故在清朝司法实践中，幕友和胥吏起着重要作用。

---

① D

2）内容：幕友是由官员私人聘请的政法顾问，俗称师爷；胥吏是各级政府衙门中从事文书工作的人员。他们熟悉本地情况及当地审判惯例，幕友以"刑名幕友"地位最高，刑名幕友帮助官员对民间诉状作出批词，确定审理的时间及审理方法，草拟判词。

3）影响：各级地方官及中央司法部门长官都有幕友帮助，但幕友、胥吏往往勾结作弊，敲诈勒索，贪赃枉法，使法制受到很大破坏。

品题

在清朝司法实践中，幕友发挥着重要作用，下列关于幕友的表述正确的有（　　）。①（2019年多选49）

A. 幕友须精通复杂的律例
B. 幕友由各级官府衙门任命
C. 以专办刑事审判实务的刑名幕友地位最高
D. 幕友是各级地方官及中央司法部门长官的政法顾问

---

① ACD

05 第五章 清末民初法律制度

第一节 清末法律制度

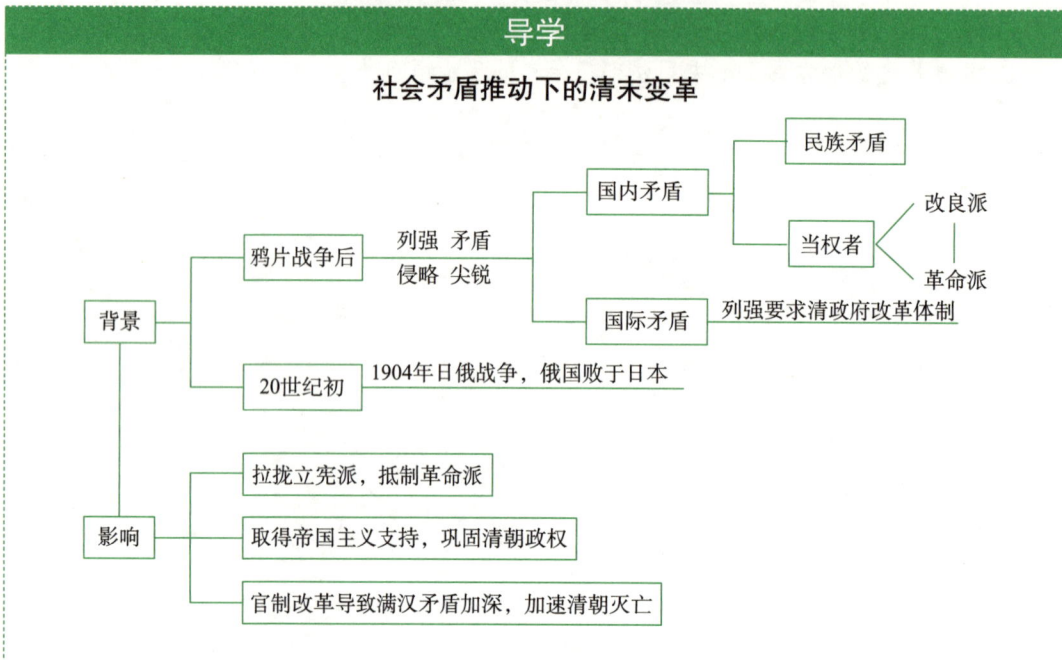

清末知识体系表

预备立宪		1908年《钦定宪法大纲》；1911年《十九信条》
		1909年谘议局；1910年资政院
变法修律	刑法	1910年《大清现行刑律》；1911年《大清新刑律》；礼法之争
	民法	1911年《大清民律草案》
	商法	1904年《钦定大清商律》；1909年《大清商律草案》
	法院组织法	1906年《大理院审判编制法》；1910年《法院编制法》
	诉讼法	1906年《大清刑事民事诉讼法草案》；1909年《大清刑事诉讼律草案》；1909年《大清民事诉讼律草案》
	清末修律的特点和意义	

官制改革	领事裁判权和会审公廨
	清末司法机构改革
	清末诉讼审判制度改革

考点1：清末预备立宪

（一）立宪背景

1. 1905年，清政府打出"仿行宪政"的旗号，派遣五大臣赴日本等国考察宪政。五大臣回国后，上书建议进行立宪之预备，认为立宪有三大利：一曰皇位永固，二曰外患渐轻，三曰内乱可弭。

2. 1906年，清政府发布《宣示预备立宪先行厘定官制谕》，确定了"大权统于朝廷，庶政公诸舆论"的立宪指导原则。

3. 1908年，清政府颁布《钦定逐年筹备事宜清单》，规定预备立宪期为9年，至1916年正式实行君主立宪。

> **超链接**
>
> 日俄战争后，日本战胜俄国，清廷中主张立宪的一派官员呼声愈高。1905年7月16日，清政府发布上谕，派镇国公载泽、户部侍郎戴鸿慈、兵部侍郎徐世昌、湖南巡抚端方分赴东西洋各国考察；7月27日，又补派商部右丞绍英随同出洋，即是五大臣出洋考察。
>
> 清政府这一举动引发了革命党的不满，他们认为通过立宪改良并不能救国，革命推翻清政府才是唯一的方法，革命党人吴樾决定刺杀五大臣。1905年9月24日，五大臣准备从北京正阳门车站启程，现场发生了爆炸，载泽、绍英受伤，绍英伤势较重，便由李盛铎代替。此事后，清政府为加强京师戒备，设立巡警部，以徐世昌为尚书，毓朗、赵秉钧为左右侍郎，徐世昌便由山东布政使尚其亨代替出洋。
>
> 这样就形成了新的五大臣名单。五大臣分为两路，一路前往日本、英国、法国、比利时等国，由载泽、李盛铎、尚其亨带领；另一路前往美国、德国、意大利和奥地利等国，由戴鸿慈和端方带领。考察后，戴鸿慈、端方组织编译了《欧美政治要义》《列国政要》，载泽也有《考察政治日记》。出洋考察的结果是采用日本立宪模式。

品题

1906年9月，清廷发布《宣示预备立宪谕》，将立宪指导原则确定为（　　）。① （2016年单选43）

---

① C

A. "道德与法律为一体"
B. "中外通行，有禅治理"
C. "大权统于朝廷，庶政公诸舆论"
D. "折中世界各国大同之良规，兼采近世最新之学说"

（二）《钦定宪法大纲》

1. 背 景

清政府于 1908 年由宪政编查馆编订，是清政府"预备立宪"的一个步骤，也是中国历史上第一个宪法性文件。

2. 体 例

该法共 23 条，分为正文"君上大权"14 条和附录"臣民权利义务"9 条，基本上以 1889 年日本《明治宪法》的前两章为蓝本。

3. 内 容

1）正文君上大权，规定了皇帝至高无上的地位，"大清皇帝统治大清帝国，万世一系，永永尊戴""君上神圣尊严，不可侵犯"，君主在立法、行政、司法、统率军队、宣布战争与媾和、宣布戒严等方面拥有绝对权力，并在许多条文之后加上"议院不得干预""皆非议院所得干预"等词语，以保障皇权、限制议会的权力。

2）附录臣民权利义务，规定了臣民纳税、服兵役、遵守法律诸项义务以及一些臣民权利，但对于每项臣民权利，均以"于法律范围内"作为限制语，并规定"皇帝得以诏令限制臣民之自由"。

4. 影 响

1）积极影响：《钦定宪法大纲》是对于皇权的法定和关于臣民权利与义务的第一次明确规定，对于启发民智、培养近代法律意识具有一定的意义。

2）消极影响：无论在结构形式上还是条文内容上，《钦定宪法大纲》都体现了大权统于朝廷的精神。

（三）谘议局

1. 背 景

谘议局是清政府于预备立宪时期设立的地方咨询机关，筹建始于 1907 年，宪政编查馆于 1908 年颁布《谘议局章程》和《谘议局议员选举章程》，1909 年开始在各省设立。

2. 内 容

1）宗旨："指陈通省利病，筹计地方治安。"
2）权限：讨论本省兴革事宜；决算预算、税收、公债；选举资政院议员；申复资政院或本省督抚的咨询等。
3）限制：督抚对谘议局不仅有监督、裁夺之权，而且有令其停会及奏请解散之权。

3. 影 响

1）积极影响：谘议局具有地方议会的性质，是君主专制对资产阶级作出的让步和妥协，也是立宪迈开的第一步。

2）消极影响：谘议局所议定事项可决权全在本省督抚；谘议局议员选举条件也极为苛刻。

（四）资政院

1. 背 景

资政院是清政府于预备立宪时期设立的中央咨询机关，1907年筹建并制定《资政院院章》，1910年正式设立。

2. 内 容

1）组成：资政院议员分钦选与民选两部分。钦选议员由皇帝指定，多为宗室贵族和高官显贵；民选议员由各省谘议局议员互选产生，但须各省督抚圈定。

2）权限：资政院可以"议决"国家的年度预决算，税法与公债；法典的修订、修改；其余奉"特旨"交议事项。

3）限制：一切决议均须报请皇帝定夺，皇帝还有权谕令资政院停会或解散。

3. 影 响

1）积极影响：资政院形式上具有近现代国家议会的性质。

2）消极影响：资政院决议须受到皇权限制；资政院议员仍由皇帝指定。

品题

清末为"预备立宪"，仿照近代西方国家的议会制度设立了中央咨询机关，该机关是（　　）。①（2015年单选42）

A. 参议会 B. 参议院
C. 谘议局 D. 资政院

（五）《十九信条》

1. 背 景

《十九信条》全称《宪法重大信条十九条》，是清政府于辛亥革命爆发后制定的又一个宪法性文件。1911年，武昌起义爆发，风暴很快席卷大半个中国，南方各省纷纷宣布独立，清政府的统治处于土崩瓦解之中，资政院用三天时间拟定，并于11月3日公布这部临时宪法。

2. 内 容

1）采行君主立宪政体，规定皇帝的权力限于宪法所规定。

2）资政院起草宪法由皇帝颁布。

---

① D

3）不得以命令代法律。

4）军队对内使用时应依国会议决之特别条件。

5）内阁对国会负责，总理大臣由国会公举，皇帝任命，其他国务大臣由总理大臣推荐，皇帝任命。

6）皇族不得为总理大臣及其他国务大臣并各省行政长官。

7）预决算由国会审核批准。

[安口诀] 宪法军人钱。

3. 影 响

1）积极影响：《十九信条》对皇帝权力进行了限缩。

2）消极影响：《十九信条》仍然强调"大清帝国皇统万世不易""皇帝神圣不可侵犯"，但对于人民的权利只字未提，作为一种应急的政治策略，显然并不可能挽回清王朝大厦将倾的败局。

[安口诀] 扩大国会总理权力，缩小皇帝权力，没提人民权利。

品题

清政府于辛亥革命爆发后制定的宪法性文件是（　　）。①（2012 年单选 42）

A.《谘议局章程》　　　　　　　B.《钦定宪法大纲》

C.《资政院院章》　　　　　　　D.《宪法重大信条十九条》

考点 2：清末刑事立法

（一）《大清现行刑律》

1. 背 景

《大清现行刑律》是清政府于 1910 年 5 月 15 日颁行的过渡性法典，是在《大清律例》的基础上局部调整删改而成。

2. 体 例

共 36 卷 389 条，另有附例 1327 条，并附《禁烟条例》12 条和《秋审条例》165 条于其后。

3. 内 容

1）取消了《大清律例》中按吏、户、礼、兵、刑、工六部名称而分的六律总目，将法典各条按其性质分 30 门。

2）关于继承、分产、婚姻、田宅、钱债等纯民事性质条款不再科刑。

3）设置了新的刑罚体系，删除了凌迟、枭首、戮尸、刺字等残酷刑罚和缘坐制度，将主体刑罚确定为死刑（斩＋绞）、遣刑、流刑、徒刑、罚金等五种。

[安口诀]《大清现行刑律》死刑包括斩和绞，《大清新刑律》死刑只有绞。

4）增加一些新罪名，如妨害国交罪、妨害选举罪、私铸银元罪、破坏交通、电讯的

---

① D

犯罪等。

5）对于律例合编模式和十恶制度等内容未作更改。

[安口诀]"取消六部分民刑，禁烟秋审四罪名，律例合编新新五刑。"

4. 影 响

1）积极影响：废除残酷刑罚，将民事条款剥离开来。

2）消极影响：《大清现行刑律》只是在局部和形式上对《大清律例》进行修改，无论在表现形式、法典结构以及具体内容上都仍是一部传统性质的法典。

（二）《大清新刑律》

1. 背 景

《大清新刑律》原称《钦定大清刑律》，是清政府于1911年1月公布的专门刑法典。

2. 体 例

法典分为总则与分则两编，其中总则17章，规定了犯罪和刑罚的一般原则及法的适用范围；分则36章，以罪名为章名，规定了犯罪的构成和法定量刑幅度，共53章411条，另附《暂行章程》5条于其后。

3. 内 容

1）取消了诸法合体编纂形式，采用近代西方刑法典的体例。

2）采用近代刑罚体系，规定刑罚分为主刑和从刑：主刑包括罚金、拘役、有期徒刑、无期徒刑、绞刑；从刑包括褫夺公权和没收。

3）引入西方刑法原则和法律术语，如罪刑法定原则、法律面前人人平等、既遂未遂、缓刑假释、时效、正当防卫等；取消十恶、八议、官当以及按官秩、良贱、服制定罪量刑等原则。

4）设立感化院，对少年犯惩治教育。

5）将谋反罪改为内乱罪，新增有关国交、外患、电讯、交通、卫生等的罪名。

[安口诀] 罚金拘役有无绞，暂行章程共五条，引入西方总分编，设立感化院，谋反改内乱。

4. 影 响

1）积极影响：《大清新刑律》是中国历史上第一部近代意义上的专门刑法典，是清末修律的代表。

2）消极影响：《大清新刑律》公布后不久清政府即灭亡，该律并未正式施行。此外其附录《暂行章程》是"礼法之争"妥协的产物，具有礼教色彩。

品 题

1. 与《大清现行刑律》相比，《大清新刑律》的主要变化包括（　　）。[①]（2015年多选63）

---

① ABCD

A. 采用了罪刑法定原则
B. 删除了"十恶"重罪等内容
C. 改变了律例合编的法典编纂体例
D. 采用了西方国家通行的缓刑、假释等制度

2. 中国历史上首部确认罪刑法定原则的刑法典是（　　）。① （2014年法学单选20）

A.《大清律例》　　　　　　　　B.《暂行新刑律》
C.《大清新刑律》　　　　　　　D.《大清现行刑律》

3. 下列选项中，属于《大清新刑律》规定的刑罚种类的有（　　）。② （2013年多选62）

A. 流刑　　　　　　　　　　　B. 管制
C. 有期徒刑　　　　　　　　　D. 无期徒刑

（三）礼法之争与《暂行章程》

1. 背　景

1）辩题：《大清新刑律》如何对待中国数千年相传的纲常名教。

[安口诀] 关键不在于要不要修律，而是修律的尺度。

2）礼教派：<u>张之洞、劳乃宣</u>，认为修订新律应"浑道德与法律于一体"。

3）法理派：<u>沈家本、杨度</u>。

2. 内　容

1）<u>子孙卑幼能否向尊亲长行使正当防卫</u>的问题。

2）<u>子孙违犯教令</u>问题。

3）<u>无夫奸和亲属相奸</u>问题。

4）<u>干名犯义条的存废</u>问题，干名犯义是指子孙控告祖父母、父母的行为。

5）<u>存留养亲制度</u>问题。

[安口诀] 卫子夫议亲。

> **超链接**

问题	法理派	礼教派
子孙卑幼能否向尊亲长行使正当防卫	国家刑法，是君主对于全国人民的一种限制。父杀其子，君主治以不慈之罪；子杀其父，则治以不孝之罪，唯有如此方为平允	"天下无不是之父母"
子孙违犯教令	"此全是教育上事，应别设感化院之类，以宏教育之方，此无关于刑事，不必规定于刑律之中也"	"子孙治罪之权，全在祖父母、父母，实为教孝之盛轨"

---

① C

② CD

续表

问题	法理派	礼教派
无夫奸和亲属相奸	无夫妇女犯奸"有关风化,当于教育上别筹办法,不必编入刑律之中";亲属相奸"行同禽兽,固大乖礼教,然究为个人之过恶,未害及社会,旧律重至立决,未免过严"	"奸非"严重违反传统道德,故传统刑律予以严厉处罚;亲属相奸更是"大犯礼教之事,故旧律定罪极重"
干名犯义条的存废	干名犯义属"告诉之事,应于编纂判决录时,于诬告罪中详叙办法……不必另立专条"	"中国素重纲常,故于干名犯义之条,立法特为严重"
存留养亲制度	"古无罪人留养之法",存留养亲不编入新刑律草案,"似尚无悖于礼教"	存留养亲是宣扬仁政、鼓励孝道的重要方式

3. 影　响

礼法之争在客观上对传播近代法律思想和理论起到了一定的积极作用。新刑律后附加《暂行章程》:

1)无夫妇女通奸罪。
2)对尊亲属有犯不得适用正当防卫。
3)加重卑幼对尊长、妻对夫杀伤害等罪的刑罚。
4)减轻尊长对卑幼、夫对妻杀伤等罪的刑罚。

[安口诀] 通奸罪,不防卫,准五服以制罪。

品题

1. 在清末变法修律中,法理派和礼教派围绕《大清新刑律》等法典的修订原则产生了激烈争论,学界称之为"礼法之争"。下列选项中,法理派的主要代表人物是（　　）。① （2017年单选43、2017年法学单选20）

　　A. 张之洞　　　　　　　　B. 劳乃宣
　　C. 刘坤一　　　　　　　　D. 沈家本

2. 清末礼教派与法理派围绕新式法典的制定产生了理论争执,所涉及的主要问题有（　　）。② （2016年多选62）

　　A. "干名犯义"条的存废
　　B. "无夫奸"和"亲属相奸"
　　C. 子孙违犯教令是否为罪
　　D. 关于"存留养亲"是否应编入刑律

---

① D
② ABCD

考点3：清末民商立法

（一）《大清民律草案》

1. 背 景

清末采取民商分立的原则；前三编为总则、债权、物权，修订法律馆委托松冈义正起草；后两编为亲属与继承，修订法律馆会同礼学馆制订，于1911年10月完成。

[安口诀] 总则、物权、债权：单选日本人，多选日本人＋修订法律馆；亲属、继承：单选礼学馆，多选修订法律馆＋礼学馆。

2. 体 例

草案全文共五编，36章1569条。

3. 原 则

1）采纳各国通行的民法原则。

[安口诀] 近代民法三原则变迁：

"旧"民法三原则	"新"民法三原则
私权神圣／所有权绝对	私有财产权受法律保护
契约自由	契约需受法律约束
过错责任	过错责任＋无过错责任
个人本位	社会本位
大清民律草案	中华民国民法

2）以最新、最合理的法律理论为指导。

3）充分考虑中国特定的国情民风，确定最适合中国风俗习惯的法则，并适应社会演进的需要。

4. 特 点

1）前三编以模范列强为主，体例结构取自德国民法典，采取了私有财产所有权不可侵犯、契约自由、过失致人损害应予赔偿等基本原则。

2）后两编以固守国粹为主，所有涉及亲属关系以及与亲属关系相关联的财产关系，均以中国传统为主。

[超链接]

总则编	采取了私有财产所有权不可侵犯、契约自由、过失致人损害应予赔偿等基本原则
债权编	规定了债权的标的、效力、让与、承认、消灭以及各种形式债的意义和有关当事人的权利义务等
物权编	规定了对各种形式的财产权的法律保护及财产使用内容等

亲属编	对亲属关系的种类和范围、家庭制度、婚姻制度、未成年人和成年人的监护、亲属间的抚养等作了规定
继承编	规定了自然继承的范围及顺位、遗嘱继承的办法和效力以及对债权人和受遗人利益的法律保护

5. 影　响

1）积极影响：《大清民律草案》作为<u>中国历史上第一部民法典草案</u>，对以后的民事立法产生了重要影响。

2）消极影响：因武昌起义爆发，该草案未及正式颁布；而且前三编与后两编风格迥异，与当时中国实际严重脱节。

品题

清末变法修律中，清廷制定了中国历史上第一部民法草案。该草案共分五编，其中由修订法律馆会同礼学馆起草的部分是（　　）。① （2013年单选43）

A. 总则　　　　　　　　　B. 债权
C. 物权　　　　　　　　　D. 继承

（二）清末商事立法

1. 背　景

1）第一阶段（1903—1907年）由<u>商部</u>主持：1903年清政府派载振、伍廷芳和袁世凯拟订商律，如1904年的《钦定大清商律》《公司注册试办章程》《商标注册试办章程》《商标注册试办章程细目》和1905年的《破产律》。由于时间仓促，这一时期所订商法大都比较简单，而且门类不全，不能满足实际需要。

2）第二阶段（1907—1911年）由<u>修订法律馆</u>主持：如1909年的《大清商律草案》，以及《破产律草案》《保险规则草案》《改订大清商律草案》《银行则例》《银行注册章程》《大小轮船公司注册给照章程》等，这一时期所订商事法律渐趋成熟。

2. 特　点

1）<u>模范列强，博稽中外</u>：商事法典的制定从体例到内容。皆模仿西方资本主义国家的商法，同时在内容上注意吸收和反映中国传统的商事习惯。

2）<u>照顾商事活动简便性及敏捷性，以宽为主</u>：在吸收各国商法和中国商事习惯的基础上，采取了与商为便的一系列规定，在客观上有利于鼓励私人投资近代企业。

3）<u>带有半殖民地法律的烙印</u>：清政府企图利用法律发展买办经济，把民族工商业纳入官办或半官办的轨道。

3. 影　响

1）积极影响：清末商法客观上基本适应了当时社会经济发展的要求，是中国近代商

---

① D

事立法的开端。

2）消极影响：清末商法仍有不足之处。

考点4：清末诉讼立法

（一）法院组织法

1. 背 景

1906年9月20日，清廷发布《裁定官制谕》："刑部著改为法部，专任司法。大理寺著改为大理院，专掌审判。"

2.《大理院审判编制法》

1）背景：《大理院审判编制法》于1906年由修订法律馆沈家本主持编订。

2）体例：《大理院审判编制法》分总纲、大理院、京师高等审判厅、城内外地方审判厅、城谳局五节，共45条。

3）内容：该法明确了民刑分理的体制，确认司法独立原则，并规定了不同审级的审判方式，引进西方审判监督机制；确立四级三审制的审级与权限，对各级审判机构设置、内部组织、人员配备等均作了明确规定。高等审判厅设于京师及各省省会，内设刑事、民事审判庭，审判庭实行合议制。地方审判厅于京师、直隶府、直隶州各设一所。

4）影响：《大理院审判编制法》是中国近代意义上的第一部法院编制法，标志着晚清司法制度改革进入了一个重要阶段。

3.《法院编制法》

1）背景：《法院编制法》是沈家本组织修订法律馆人员，在《大理院审判编制法》的基础上，以日本《裁判所构成法》为蓝本编订，经过宪政编查馆审核后，于1910年正式颁行。

2）体例：该法共十六章164条。

3）内容：该法引进如审判独立、公开审判、民刑分理、审检分立、合议制等西方原则。

4）影响：该法是对传统司法体制和审判制度的重大改革。

品 题

1. 清廷于1910年颁布的《法院编制法》对于中国传统司法体制和审判制度进行重大改革。该法所确立法律原则和制度包括（　　）。①（2018年多选50、2018年法学多选30）

A. 审判独立　　　　　　　　B. 合议制
C. 民刑分理　　　　　　　　D. 审检分立

2. 中国历史上第一部具有近代意义的法院组织法是（　　）。②（2015年单选43）

A. 裁定官制谕　　　　　　　B. 大理院审判编制法
C. 法院编制法　　　　　　　D. 暂行法院编制法

---

① ABCD

② B

（二）诉讼法

1. 背景

沈家本等从西学和中外诉讼的案例中认识到，各国法制"大致以刑法为体，以诉讼法为用；体不全，无以标立法之宗旨；用不备，无以收行法之实功。二者相因，不容偏废"；必须变通诉讼之法，改革"诉讼断狱附见刑律"的旧律结构；提出在新刑律等相关新法尚未颁布的情况下，应先制定一个简明诉讼法规，与删修后的《大清律例》配套施行。这样既可以使裁判、诉讼咸得其宜，又有助于收回治外法权。

2. 《刑事民事诉讼法草案》

1）背景：《刑事民事诉讼法草案》于1906年由修订法律馆沈家本起草完成后上奏朝廷。

2）体例：共五章，260条。

3）内容：该法草案以区分民刑诉讼、建立陪审制度和实行律师制度为核心内容。

4）影响：草案吸收了诸多西方近代的诉讼原则，因而与中国传统的诉讼审判原则和制度格格不入，终因受到各地将军督抚的反对而被搁置。

3. 《大清刑事诉讼律草案》

1）背景：1909年修订法律馆以日本1890年《刑事诉讼法》为蓝本，并经日本法学家冈田朝太郎协助完成。

2）体例：共六编十四章515条。

3）内容：该法引进西方近代的诉讼原则和制度，如民刑分理、审判公开、陪审制度与辩护制度、废除刑讯逼供、采取据众证定罪等。

4）影响：《大清刑事诉讼律草案》是中国刑事诉讼法走向近代化的重要开端。

4. 《大清民事诉讼律草案》

1）背景：《大清民事诉讼律草案》是1909年修订法律馆以1890年日本《民事诉讼法》为原型起草的。

2）体例：共四编二十一章800条。

3）内容：该法采用近代西方国家民事诉讼通用的当事人主义、法院不干涉及辩论等原则，表现了对私权的重视。

4）影响：《大清民事诉讼律草案》是中国历史上第一部法典化的民事诉讼法草案。

考点5：清末修律总结

（一）修律背景

1. 修律原因

1）间接原因：进入20世纪以后，面对国内革命运动和西方列强侵略，以及官僚士大夫阶层收回领事裁判权的呼声，清政府不得不进行立法修律活动。

2）直接原因：1901年两江总督刘坤一、湖广总督张之洞联合上奏《江楚会奏变法三折》，系统地提出了兴学校、练新军、奖励工商业和裁减冗员等改革措施，成为清政府实施新政的蓝图。

2. 修律思想：中外通行，有裨治理，即一方面要吸收引进西方近现代法律形式和法律制度，又不能违背中国传统的伦理纲常，其最终目的还是要巩固君主专制统治。

3. 修律机关

1）背景：修订法律馆是清末负责修订法律的专门机关，1904年正式办公，任命沈家本、伍廷芳为修订法律大臣。

2）职权：拟订奉旨交议的各项法律，拟订各项法典草案，删订旧有律例及编纂各项章程。

［安口诀］法律，法典，删订，编纂。

3）影响：修订法律馆在沈家本等人的主持下，进行了大量的删定旧律、制定新法的活动，开启了中国传统法律近代化的道路。

（二）清末修律的特点

1. 立法指导思想上，一方面借用西方近现代法律制度的形式，另一方面坚持中国固有的制度内容，即成为清末变法修律的基本宗旨。

2. 内容上，一方面继续保持肯定和维护专制统治的传统，另一方面又大量引入西方法律理论、原则、制度和法律术语，使得保守的内容与先进的近代法律形式同时显现于新订法律法规之中。

3. 法典编纂上，改变了诸法合体的形式，分别制定、颁行或起草了有关宪法、刑法、民法、商法、诉讼法、法院组织法等，形成了近代法律体系的雏形。

4. 实质上，修律是在保持君主政体的前提下进行的，既不能反映人民群众的要求和愿望，也没有真正的民主形式。

［安口诀］立法指导思想"有东有西"＋内容"有东有西"＋法典编纂"有西无东"＋实质上"有东无西"。

（三）清末修律的影响

1. 直接导致了中华法系的解体：随着修律过程中一系列新的法典、法规的出现，不仅传统的诸法合体的形式被抛弃，中华法系"依伦理而轻重其刑"的特点也受到了极大的冲击。

2. 为中国法律的近代化奠定了基础：通过清末大规模的立法，参照西方资产阶级法律建立起来的一整套法律制度和司法体制，对后世特别是北洋政府和南京国民政府近代法律制度的发展提供了条件。

3. 在一定程度上引进和传播了西方近代法律学说和法律制度：修律第一次全面而系统地向国内介绍和传播了西方法律学说和资本主义法律制度，使得近现代法律知识在中国得到一定程度的普及，从而促进近代法治观念的逐步形成。

4. 在客观上推动了中国资本主义的发展和法学教育的近代化。

［安口诀］中华法系解体＋法律近代奠基＋传播西方学说＋教育资本主义。

品题

1. 下列关于清末修律的表述，正确的是（　　）。① （2012年单选44）
A. 清末修律进一步完善了中华法系
B. 通过修律，清政府收回了"治外法权"
C. 清末修律的成果随着清王朝的覆灭而失去影响
D. 清末修律改变了中国传统上的"诸法合体"，形成了近代法律体系的雏形

2. 下列关于晚清修律的表述，正确的有（　　）。② （2012年法学多选29）
A. 晚清修律确立了四级三审制的司法审级制度
B. 《大清现行刑律》是中国第一部近代意义上的刑法典
C. 《大清民律草案》的编纂体例主要仿效《法国民法典》
D. 晚清修律改变了中国"诸法合体"的立法传统，初步形成了近代法律体系

考点 6：清末官制改革

（一）领事裁判权

1. 概　念

领事裁判权是指一国通过其驻外领事等对在另一国领土之内的本国国民按照本国法律行使司法管辖权的制度，属于"治外法权"的一种。

2. 背　景

领事裁判权正式确立于 1843 年《中英五口通商章程》及随后签订的《虎门条约》中，并在其后签订的一系列不平等条约中得以扩充。

[安口诀]"345 口虎。"

3. 内　容

1）中国人与享有领事裁判权国家的侨民间的民事和刑事诉讼案件，均依被告主义原则适用法律和实行司法管辖。

2）享有领事裁判权国家的侨民之间在中国发生的诉讼案件，由所属国领事法院或相应机关审理，中国官员一律不得过问。

3）不同国家的侨民之间的争讼，一般均适用被告主义原则，由被告一方所属国的领事法院或相应机构审理，中国官员亦不得过问。

4）享有领事裁判权国家的侨民与非享有领事裁判权国家的侨民之间的争讼案件，如前者是被告，则适用被告主义原则，如后者是被告，则由中国地方官府或司法机关管辖。

4. 影　响

帝国主义列强干涉中国内政、操纵中国司法的重要手段，严重破坏了中国的司法主权。

---

① D

② AD

[安口诀] 领事裁判权，原告就被告。
大清 VS 英国，大清被告用大清，英国被告用英国。
英国 VS 英国，谁被告都用英国。
英国 VS 法国，英国被告用英国，法国被告用法国。
英国 VS 朝鲜，英国被告用英国，朝鲜被告用大清。

（二）会审公廨

1. 概 念

会审公廨又称会审公堂，是清政府在租界内设立的特殊审判机关，实际上是领事裁判权制度的延伸。

2. 背 景

1864 年清政府与英、法、美三国驻上海领事协议在租界内设立专门审判机构，按 1868 年《上海洋泾浜设官会审章程》的规定，会审公廨名义上是中国官府派驻租界的基层法庭。

3. 内 容

1）凡诉讼牵涉外国人，若被告系有约国人，由其本国领事裁判。

2）若被告是无约国人，仍须邀一名外国官员"陪审"。

3）甚至租界内纯粹中国人之间的诉讼，最终也须外国领事观审并操纵判决。

[安口诀] 被告有约国人，领事裁判；被告无约国人，外国陪审；中国人诉讼，外国观审。

品题

1903 年，上海英租界发生"苏报案"，革命党人邹容和章炳麟被捕入狱。清廷由谳员孙建臣、上海知县汪瑶庭，与英国副领事组成审判法庭，对该案进行审理并作出判决。该案的审判组织属于（　　）。① （2022 年单选 40）

A. 会审公廨　　　　　　B. 领事法庭
C. 城谳局　　　　　　　D. 地方审判厅

超链接

1903 年，章士钊被聘为《苏报》主笔，《苏报》刊登了不少宣扬革命的文章，如《革命军序》《驳康有为论革命书》，使清政府极为震惊，欲将章炳麟、邹容等治以重罪，6 月 30 日章炳麟被捕，7 月 1 日邹容主动到巡捕房投案，7 月 7 日《苏报》馆被封闭，财产被没收。由于这是在上海租界内发生的重大案件，在会审公廨审理，被告委托外国律师埃利与洛夫特斯·琼斯进行辩护，最终判决章炳麟监禁三年，邹容二年，罚做苦工。

---

① A

(三) 清末司法机关调整

```
唐    大理寺（审判）   刑部（复核）   御史台（监察）
宋    大理寺（审判）   刑部（复核）   御史台（监察）
              元没有大理寺
明    大理寺（复核）   刑部（审判）   都察院（监察）
清    大理寺（复核）   刑部（审判）   都察院（监察）

清末  大理院（审判）   法部（复核）    审检合署
```

1. 改刑部为法部，掌管全国司法行政事务，使行政与司法分立；并改省按察使司为提法使司，负责地方司法行政工作及司法监督。
2. 改大理寺为大理院，作为全国最高审判机关，在地方设立高级审判厅、地方审判厅和初级审判厅，形成新的司法系统。

[安口诀]

时期	审判机关	司法行政机关
清末	大理院	法部
南京临时政府	临时中央审判所	司法部
北洋政府	大理院	司法部
南京国民政府	司法院——最高法院	司法院——司法行政部
革命根据地	临时最高法庭/最高法院	司法人民委员部

3. 实行审检合署，检察厅对刑事案件进行侦查、提起公诉、实行审判监督，并可参与民事案件的审理，充当诉讼当事人或公益代表人。

[安口诀] 近代史以审检分立为原则，合一为例外，清末机构改革和革命根据地是合一。

（四）清末诉讼审判制度改革

1. 在诉讼程序上实行四级三审制度。

[安口诀] 四级法院：大理院—高等审判厅—地方审判厅—初级审判厅/城谳局。

2. 规定了刑事案件的公诉制度、附带民事诉讼制度、民事案件的自诉及代理制度、证据制度、保释制度等，并承认律师辩护的合法性。
3. 规定了辩论、回避、审判公开，明确了预审、合议、公判、复审等程序，吸收了司法独立、辩护等司法原则，但并未真正实施。
4. 初步规定了法官及检察官考试任用制度。
5. 改良监狱及狱政管理制度。

> **总结**
> 监狱考试刑事诉讼原则。

第二节 南京临时政府法律制度

> **导学**
>
> **民国知识体系表**
>
> | | 南京临时政府 | 北洋政府 | 南京国民政府 |
> |---|---|---|---|
> | 宪法 | 1911年中华民国临时政府组织大纲；
1912年中华民国临时约法 | 1913年中华民国宪法草案
1914年中华民国约法
1923年中华民国宪法 | 1928年训政纲领
1931年中华民国训政时期约法
1936年五五宪草
1946年中华民国宪法 |
> | 立法概况 | 孙中山法律思想
社会改革法令 | 北洋政府立法特点 | 南京国民政府立法原则
南京国民政府法律体系
南京国民政府法律制度特点 |
> | 刑法 | | 1912年暂行新刑律 | 1928年中华民国刑法
1935年中华民国刑法 |
> | 民法 | | | 1930年中华民国民法
南京国民政府商事立法 |
> | 司法 | 南京临时政府司法改革措施 | 北洋政府诉讼审判制度特点 | 南京国民政府诉讼审判制度 |

考点7：孙中山法律思想

1. <u>权能分治</u>

"权"即政权，是人民管理政府的力量，包括选举、罢免、创制、复决四项权力；"能"即治权，是政府管理国家事务的权能，包括行政、立法、司法、考试、监察五项权能。权能分治，就是国家一切重要事项由人民来决断，然后由政府在人民的监督下执行。

2. <u>五权分立</u>

人民选举的国民大会是全国最高政权机关；政府则由行政、立法、司法、考试、监察五院组成，各院依照宪法行使不同的权能，互相制衡。

> **超链接**
>
> | | |
> |---|---|
> | 立法院 | 最高立法机关，由人民选举的立法委员组成，代表人民行使立法权，立法院院长、副院长由立法委员从立法委员中选举产生 |
> | 行政院 | 最高行政机关，行政院院长由总统提名，经立法院同意任命，行政院有责任向立法院提出施政方针和施政报告 |
> | 司法院 | 最高司法机关，下设司法行政部（司法行政事务）、最高法院（最高审判权）、行政法院（行政诉讼案件）、官吏惩戒委员会（文官和法官的惩戒事宜）；司法院院长、副院长及大法官由总统提名，经监察院同意而后任命 |

考试院	最高考试机关，掌握考试、任用、铨叙、考绩、级俸、升迁、保障、褒奖、抚恤、退休、养老等事项，考试院院长、副院长及考试委员由总统提名，经监察院同意而后任命
监察院	最高监察机关，对行政院可提出纠正案，对各级公务人员可提出纠举案或弹劾案，对总统、副总统可提出弹劾案

3. 建国三时期

军政时期实行军法之治；训政时期制定自治之法；宪政时期按照五权宪法的方案组织政府，行使国家各项权力。

品 题

根据孙中山的权能分治理论，政府治权除立法权、行政权、司法权、监察权外，还包括（　　）。①（2020年单选39）

A. 考试权　　　B. 质询权　　　C. 检察权　　　D. 弹劾权

考点8：南京临时政府宪法性文件

（一）《中华民国临时政府组织大纲》

1. 背　景

《中华民国临时政府组织大纲》是辛亥革命胜利后各省都督府代表会议通过的关于筹建中华民国临时政府的纲领性文件，于1911年12月通过，1912年1月修订。

2. 体　例

该大纲共4章21条。

3. 内　容

第一次以法律形式宣告废除封建帝制，以美国国家制度为蓝本，确立了中华民国的基本政治体制，实行三权分立。

1）临时政府为总统制共和政体，临时大总统为国家元首和政府首脑，统率军队并行使行政权力。

2）立法权由参议院行使，参议院由各省都督府委派三名参议员组成，在参议院成立以前，暂时由各省都督府代表会议代行其职权。

3）临时中央审判所为最高司法机关，由临时大总统取得参议院同意后设立。

[安口诀] 一总三分：行政——总统，立法——参议院，司法——临时中央审判所。

4. 影　响

1）积极影响：《中华民国临时政府组织大纲》第一次以法律的形式确认共和政体的诞生，宣告废除帝制。

2）消极影响：《中华民国临时政府组织大纲》在形式上并不十分完备。

---

① A

（二）《中华民国临时约法》

1. 背景

《中华民国临时约法》在辛亥革命后南北议和过程中制定，1912 年 3 月《临时约法》在参议院三读通过，由孙中山正式公布。

2. 体例

共 7 章 56 条。

3. 内容

1）宣示中华民国为统一的民主共和国：《临时约法》规定"中华民国由中华人民组织之""中华民国之主权，属于国民全体"。

2）确立了资产阶级民主共和国的政治体制和国家制度，实行三权分立，采用责任内阁制，规定临时大总统、副总统和国务员行使行政权力，参议院是立法机关，法院（临时中央审判所）是司法机关，并规定了其他相应的组织与制度。

3）规定人民享有广泛的权利和应尽的义务：《临时约法》规定人民享有人身、财产、居住、迁徙、言论、出版、集会、结社、通信、信教等项的自由，和选举、被选举、考试、请愿、诉讼等权利。

4）确认保护私有财产的原则：以法律的形式破除清王朝束缚私人资本主义发展的各种桎梏。

［安口诀］国体，政体，财产，权利。

4. 特点

1）改总统制为责任内阁制，以限制袁世凯的权力。

2）扩大参议院权力，除拥有立法权外，还有重大事件同意权、弹劾权等，临时大总统对参议院议决事项复议时，如有 2/3 的参议员仍坚持原议，大总统必须公布施行。

3）规定特别严格修改程序，须由参议院议员 2/3 以上或临时大总统提议，经参议员 4/5 以上出席，出席议员 3/4 以上赞成方可进行，防止袁世凯擅自修改约法。

5. 影响

1）积极影响：《中华民国临时约法》作为近代第一部资产阶级共和国性质的宪法文件，肯定了辛亥革命的成果。

2）消极影响：《中华民国临时约法》存在明显的不足和严重的缺陷，既有立宪观念的问题，也有立法技术的问题，尤其是带有因人立法的局限性，体现了资产阶级革命派的宪政理想主义和现实软弱性。

品题

1.《中华民国临时约法》规定的政体是（　　）。[1]（2018 年单选 38）
A. 君主立宪制　　B. 总统制　　C. 半总统制　　D. 责任内阁制

---

[1] D

2. 下列关于《中华民国临时约法》内容与特点的表述，正确的有（   ）。① （2015年多选62）
   A. 实行三权分立的原则
   B. 确立责任内阁制的政权组织形式
   C. 立法权由参议院和众议院共同行使
   D. 规定中华民国之主权属于国民全体

3. 下列关于《中华民国临时约法》内容的表述，正确的有（   ）。② （2014年多选63）
   A. 采用责任内阁制
   B. 实行三权分立的原则
   C. 规定人民享有广泛的权利
   D. 确立了资产阶级民主共和国的政治体制和国家制度

4. 下列关于《中华民国临时约法》主要内容的表述，正确的是（   ）。③ （2012年单选43）
   A. 规定司法的党化
   B. 采用责任内阁制的政体
   C. 规定不得对《临时约法》进行修改
   D. 规定立法权由参议院和众议院共同行使

考点9：南京临时政府社会改革法令

1. 保障民权

1）《保护人民财产令》是孙中山督责内务部发布的重要法令，共5条。该法令以保护人民财产为急务，确认财产权为基本民权之一，是人民赖以生存的基础，同时对清政府及其官吏的财产规定了不同的处理办法，体现了分化瓦解清朝官吏的政策和策略。

2）颁布《大总统令内务部禁止买卖人口文》《大总统令广东都督严行禁止贩卖猪仔文》《大总统通令开放疍户惰民等许其一体享有公权私权文》《大总统令外交部妥筹禁绝贩卖猪仔及保护华侨办法文》等，禁止买卖人口，废除各种贱民身份，切实保护海外华侨的利益。

2. 发展经济

为适应民族资产阶级发展民族经济的迫切要求，颁布了一些保护人民营业权利和振兴实业、发展经济的法规和法令，鼓励兴办实业，奖励农垦，鼓励华侨在国内投资。

1）临时大总统发布《令内务部通饬各省慎重农事文》。
2）实业部曾拟定《商业注册章程》和《商业银行暂行则例》等法规。

3. 文化教育

以"启文明而速进化"作为拟定教育方案、颁布教育法规的指导方针，采取措施发展

---

① ABD
② ABCD
③ B

文化教育。

1）颁布《普通教育暂行办法及课程标准》《教育部禁用前清各书通告各省电文》等法令，规定奖励女学，实行男女同校，废止读经，禁用前清学部颁行的教科书，并要求各种教科书的内容"务合乎共和民国宗旨"。

2）高等学校虽可暂依旧章办理，但《大清会典》《大清律例》《皇朝掌故》《国朝事实》及其他有碍民国精神的书籍一律废止，前清御批等书亦一律禁止使用。

3）教育部通电各省，要求废除有碍民国精神的科目，还明令各省筹办"共和宣讲社"，宣传革新事实、共和国民之权利义务以及尚武、鼓励实业等新的社会风尚，注重公民道德。

4. 社会改革

主要内容涉及禁烟、禁赌、剪辫、劝禁缠足、改革称呼旧制等，旨在革除社会陋习，移风易俗，振奋民族精神，提倡近代文明，改进社会风尚。

5. 其 他

临时政府还颁布了诸多改革行政和整顿吏治的法令。

[安口诀] 积极向上全选，禁止纳妾不选。

【品题】

中华民国南京临时政府颁布了一系列社会改革法令，旨在革除社会陋习，改进社会风尚。下列选项中未被这些法令所涉及的内容是（　　）。①（2016年法学单选20）

A. 禁烟　　　B. 剪辫　　　C. 禁缠足　　　D. 禁纳妾

考点 10：南京临时政府司法制度

（一）司法机关

南京临时政府设立司法行政机关和审判机关。

1. 司法部是最高司法行政机关，设总长一人、次长一人，其职责是管理关于民事、刑事诉讼事件、户籍、监狱、保护出狱人事务，并其他一切司法行政事务，监督法官。

2. 临时中央审判所为最高审判机关，但未正式成立。

（二）司法改革措施

1. 确立司法独立的原则：如《临时约法》规定"法官独立审判，不受上级官厅之干涉""法官在任中不得减俸或转职。非依法律受刑罚宣告或应免职之惩戒处分，不得解职"。

2. 禁止刑讯：临时大总统于1912年3月初发布禁止刑讯令，在历数刑讯制度的种种罪恶后，严令"不论行政司法官署及何种案件，一概不准刑讯；鞠狱当视其证据之充实与否，不当偏重口供；其从前不法刑具，悉令焚毁"。

---

① D

3. 禁止体罚：临时政府颁布禁止体罚令，规定"不论司法、行政各官署审理及判决民刑案件，不准再用笞、杖、枷号及其他不法刑具。其罪当笞、杖、枷号者，悉改科罚金、拘留"，并申明俟日后制定法典时再订详制。

4. 试行公开审判及陪审制：如《临时约法》规定"法院之审判，须公开之。但有认为妨害安宁秩序者，得秘密之"。湖北军政府的《临时上诉审判所暂行条例》也规定"诉令之辩论及判断之宣告，均公开法庭行之。但有特别事件，可宣示理由，停止公开"。陪审员参与审判活动也开始出现。

5. 试行律师制度：辛亥革命之后，苏、沪、杭等地区纷纷成立律师组织，并向政府申请领证注册。1912年3月《内务部警务局长孙润宇建议施行律师制度呈孙大总统文》，强调制定律师法、实行辩护制的重要意义，并拟定《律师法草案》呈报临时大总统。孙中山在《大总统令法制局审核呈复律师法草案文》中肯定律师制度与司法独立相辅为用，为文明各国通行的制度。各地既已纷纷设立律师公会，就应及时制定法律，作为律师工作之依据。若非临时政府为政甚短，律师制度将几见成效。

[安口诀] 司法独立，保障人权，公开审判，保障诉权。

第三节　北洋政府法律制度

导学
民国初年大事年表

1911年	《中华民国临时政府组织大纲》各省都督府代表会议
1912年	《中华民国临时约法》参议院；清帝退位，共和建立
1913年	《中华民国宪法草案》国会
1914年	《中华民国约法》解散国会，设立法院负责立法，由参政院代行职权
1915年	袁世凯复辟，共和法统第一次破坏
1916年	袁世凯去世，段祺瑞恢复国会和《临时约法》，再造共和
1917年	黎元洪与段祺瑞府院之争，解散国会；张勋复辟，共和法统第二次破坏；段祺瑞与冯国璋赶走张勋，三造共和
1918年	冯国璋与段祺瑞第二次府院之争，二人约定共同下野，安福国会选举徐世昌为大总统，段祺瑞在幕后操纵政权
1920年	皖系段祺瑞与直系奉系联盟开战，段祺瑞战败，曹锟与吴佩孚掌握政权
1923年	曹锟贿选宪法、贿选国会
1924年	冯玉祥发动北京政变，推翻曹锟，段祺瑞重新掌握政权
1925年	段祺瑞废除贿选宪法也不再恢复《临时约法》，废除贿选国会以临时参政院代之

考点 11：北洋政府立法概况

（一）立法原则

北洋政府采取<u>隆礼</u>与<u>重刑</u>并重的立法指导原则。

1.隆礼：隆礼即通过倡导伦理纲常维护政权。袁世凯于 1913 年 6 月和 1914 年 9 月先后两次通电全国各学校一律尊孔读经，后来北洋政府制定的宪法草案也规定："国民教育，以孔子之道为修身之本""中华民国人民有尊崇孔子及宗教信仰之自由，非依法律不受限制"。

2.重刑：重刑即实行严刑峻法。袁世凯在 1914 年《惩治盗匪法施行法》的令文中说："慨自改革以来，盗匪充斥，民不聊生，将欲除暴安民，非峻法不足以资惩艾，故刑乱不嫌用重，纵恶适以长奸。"在乱世用重典思想的指导下，北洋政府刑事立法总的趋势是从重、从快地打击和惩治各类违法犯罪。

[安口诀] 战国至秦朝、明朝、北洋政府时期采取重刑主义。

（二）立法特点

1. <u>采用、删改清末新订之法律</u>：1912 年 3 月 10 日，袁世凯在就任临时大总统时即下令："现在民国法律未经议定颁布，所有从前施行之法律及《（大清）新刑律》，除与民国国体抵触各条应失效外，余均暂行采用，以资遵守。"此后北洋政府制定法律，多以清末新订的法律为蓝本。如北洋政府时期的民事制定法体系，即以《大清现行刑律》中有关民事规范——"<u>现行律民事有效部分</u>"与各种单行民事法令构成；再如北洋政府成立之初，即将《大清新刑律》略加修订，改称<u>《中华民国暂行新刑律》</u>，作为刑事基本法加以援用。

2. <u>采用西方资本主义国家的某些立法原则</u>：辛亥革命后，民主共和思想日渐深入人心，而且不可抗拒和逆转，发展资本主义日益成为社会的潮流。北洋军阀统治者为了求得自身的生存与发展，不得不采取民主共和制形式与西方国家近代法律的某些原则和内容。

3. 制定颁布众多单行法规：在沿用清末法律的同时，北洋政府制定颁布了一系列单行法规：刑事、治安方面如《戒严法》《惩治盗匪法》《治安警察条例》《陆军刑事条例》《海军刑事条例》等；民事、商事方面如《公司条例》《矿业条例》《商人通例》等。在这些单行法规中，有大量属于立法程序简单、针对性强、便于补充修改的特别法，其效力高于普通法。北洋政府大理院的判例中明确指出："<u>特别法应先于普通法，必特别法无规定者，始运用普通法</u>。"

4. 判例和解释例成为重要的法律渊源：<u>判例就是大理院判决的典型案例</u>（约 3 900 多件）；<u>解释例是大理院对法律的解释</u>（约 2 000 多件），或对各级法院提出的疑难问题的解释。判例与解释例成为审判案件的重要依据，既补充了成文法的未备，又便于发挥成文法所不易发挥的作用。

[安口诀] 大法典，小法条，司法解释和判例+1。

品题

1. 北洋政府时期的民事法律渊源中效力最高的是（　　）。①（2021年单选39）

A. 判例　　　　　　　　B. 民事习惯
C. 条理　　　　　　　　D. 现行律民事有效部分

2. 北洋政府广泛运用判例与解释例，补充了成文法之未备，使之成为案件判决的重要依据。有权作出解释例的机构是（　　）。②（2020年单选31）

A. 参议院　　　　　　　B. 法部
C. 大理院　　　　　　　D. 平政院

3. 下列关于北洋政府立法活动的特点表述不正确的是（　　）。③（2018年单选31、2018年法学单选19）

A. 采用、删改清末修订之法律
B. 制定众多的单行法规
C. 判例和解释例成为重要的法律渊源
D. 杜绝采用西方资本主义国家的立法原则

4. 下列关于北洋政府时期立法活动特点的表述，不正确的是（　　）。④（2013年法学单选19）

A. 颁布众多单行法规
B. 判例和解释例成为重要的法律渊源
C. 采用西方资本主义国家的某些立法原则
D. 废止清末新订法律，以新颁法典取而代之

5. 北洋政府时期立法活动的主要特点包括（　　）。⑤（2012年多选63）

A. 采用删改清末新订法律
B. 制定和颁布大量的单行法规
C. 判例和解释例成为重要的法律渊源
D. 采用"隆礼"和"重刑"并重，全面复活封建法制

考点12：北洋政府宪法性文件

（一）《中华民国宪法草案》

1. 背景

《中华民国宪法草案》是北洋政府第一部宪法草案，<u>1913年</u>10月由<u>国会宪法起草委员会三读</u>通过，主要是在天坛祈年殿起草，故称<u>天坛宪草</u>。

---

① D
② C
③ D
④ D
⑤ ABC

2. 体　例

共 11 章 113 条。

3. 内　容

《中华民国宪法草案》确立三权分立原则、民主共和制度，体现了国民党通过制宪限制袁世凯权力的意图。

1）政权体制实行<u>责任内阁制</u>，<u>国务总理的任命须经众议院同意</u>，国务员对众议院负责，而不对总统负责；<u>总统处于虚权国家元首</u>的地位。

2）<u>国会</u>不仅有立法权，而且有<u>弹劾权</u>和对被弹劾的大总统、副总统及国务员的审判权；为防止总统利用紧急处分权实行独裁，<u>国会增设常设机关国会委员会</u>。

3）严格限制总统任期，大总统<u>任期 5 年</u>，只能<u>连选连任一次</u>。

4）设立独立于行政机关的<u>审计院</u>，负责审核国家财政收入和支出的决算，核准国家岁出之支付命令。<u>审计员由参议院选举产生，总统无权任免</u>。

4. 影　响

袁世凯解散国民党，1914 年 1 月解散国会，天坛宪草被废弃。

（二）《中华民国约法》

1. 背　景

《中华民国约法》由北洋政府于 <u>1914 年</u> 5 月 1 日公布，又称<u>袁记约法</u>。

2. 体　例

共 10 章 68 条。

3. 内　容

1）彻底<u>否定《临时约法》</u>所确立的民主共和制度，代之以袁世凯的个人独裁，使辛亥革命的成果丧失殆尽，是对《临时约法》的全面反动。

2）否定责任内阁制，实行<u>总统制</u>，赋予总统专制帝王的地位和权力。

3）<u>取消国会制</u>，<u>设立有名无实的立法院</u>，立法院成立前，由总统咨询机关<u>参政院</u>代行立法院的职权。

4）规定了人民的<u>基本权利与义务</u>，但都设定了"于法律范围内"或"依法律规定"等前提条件。

4. 影　响

《中华民国约法》是军阀专制全面确立的标志。

[安口诀] 民初宪法性文件变迁：

临时政府组织大纲	1911年湖北军政府	各省都督府代表会议	总统制
中华民国临时约法	1912年南京临时政府	参议院	责任内阁制
中华民国宪法草案（天坛宪草）	1913年北洋政府	国会宪法起草委员会	责任内阁制

临时政府组织大纲	1911年湖北军政府	各省都督府代表会议	总统制
中华民国约法（袁记约法）	1914年北洋政府	国会	总统制

5. 特 点

1914 年 12 月，参政院公布《修正大总统选举法》，规定大总统的任期 10 年，可连选连任，现任大总统可以推荐继承人，不限制荐贤、荐子，实际上承认了总统可以世袭。这部法律的制定公布为袁世凯复辟提供了跳板。

> **超链接**
>
> 1)《中华民国宪法草案》：大总统任职五年，如再被选得连任一次。中华民国人民完全享有公权，年满四十岁以下并住居国内满十年以上者，得被选举为大总统。
>
> 2)《中华民国宪法》（1923 年）：大总统任期五年，如再被选，得连任一次。中华民国人民，完全享有公权，年满四十岁以上，并居住在国内满十年以上者，得被选举为大总统。
>
> 3)《中华民国宪法》（1946 年）：总统、副总统之任期为六年，连选得连任一次。中华民国国民年满四十岁者得被选为总统、副总统。
>
> 4)《1954 年宪法》：中华人民共和国主席任期四年，由全国人民代表大会选举，有选举权和被选举权的年满三十五岁的中华人民共和国公民可以被选为中华人民共和国主席。

（三）《中华民国宪法（1923）》

1. 背 景

《中华民国宪法》由北洋政府于 1923 年 10 月 10 日公布，又称贿选宪法，是中国近代宪法史上公布的第一部正式宪法。

2. 体 例

《中华民国宪法》分为国体、主权、国土、国民、国权、国会、大总统、国务院、法院、法律、会计、地方制度、宪法之修正解释及效力，共 13 章 141 条。

3. 特 点

1）条文完备，形式民主：以天坛宪草为底本，吸纳了宪法学者近十年以来的研讨成果，立法技术较为成熟。规定"中华民国永远为统一民主国""中华民国主权属于全体国民"，是对复辟帝制和各种专制政体的彻底否定；还规定了人民广泛的民主权利，以及代议制、责任内阁制、司法独立、财政审计制度等，这些条文对民主制度的建构，形式上已颇为完备。

2）名义上实行地方自治，实则确认国内军阀的势力范围：为了平衡各派军阀和大小军阀之间的关系，巩固曹锟、吴佩孚控制的中央大权，该法对国权和地方制度作了专门规定，实际成为各军阀实现利益分配的账单。

4. 影　响

段祺瑞驱逐曹锟，废除贿选宪法，也不再恢复《临时约法》。

品题

下列宪法或宪法性文件中，对"国权"和"地方制度"分别作出专章规定的是（　　）。① （2023 年单选 39）

A.《钦定宪法大纲》
B.《中华民国临时约法》
C.《中华民国约法》
D.1923 年《中华民国宪法》

考点 13：北洋政府刑事立法

1. 《暂行新刑律》

1）背景：北洋政府法部拟定《删修新刑律与国体抵触各章条等并删除暂行章程文》，同时附列删除各章条目，经呈袁世凯批准，并通令各司法衙门遵行，即《暂行新刑律》。

2）体例：《暂行新刑律》篇章体例与《大清新刑律》并无改变。

3）内容：其一，将有关帝制与皇室特权等与民国体制相违的条款一并删除，如删除"侵犯皇室罪""毁弃制书""伪造御玺"等条款并取消《暂行章程》；其二，部分文字、词语改动，如改帝国为中华民国，改臣民为国民；其三，《暂行新刑律》实施以后，北洋政府于 1912 年 8 月和 1914 年 12 月先后颁行《暂行新刑律施行细则》和《暂行新刑律补充条例》，对《暂行新刑律》作了部分修正。

4）影响：1915 年 2 月，北洋政府以《暂行新刑律》为基础，完成刑法修正案，将《暂行新刑律补充条例》纳入刑法草案正文，但刑法草案未及议决公布，袁世凯政府即告垮台；1920 年，段祺瑞政府草成《刑法第二次修正案》，对原刑法草案进行了较大的调整，成为南京国民政府《中华民国刑法（1928）》的基础。

2. 单行刑事法规

单行刑事法规具有优先适用的特别效力，如《戒严法》《治安警察条例》《惩治盗匪法》《陆军刑事条例》《海军刑事条例》《徒刑改遣条例》《易笞条例》《乱党自首条例》《边界禁匪章程》《私盐治罪法》等，这些单行刑事立法是为了强化社会治安而颁布，采取重刑方针，并恢复部分清朝旧刑罚如发遣刑和笞刑。

考点 14：北洋政府司法制度

（一）司法机关

1. 二元司法体制

普通法院负责民事、刑事案件，平政院职掌行政诉讼，公布《平政院编制令》《平政院处务规则》《行政诉讼法》《诉愿法》等，建立了中国最早的行政诉讼制度。

---

① D

> **超链接**
>
> 《平政院编制令》规定：平政院察理行政官吏之违法不正行为，就行政诉讼及纠弹事件行使审判权。平政院设院长1人，评事15人。平政院还设肃政厅，置都肃政史1人，肃政史16人，纠弹行政官吏之违宪违纪事件，并得提起行政诉讼，监视平政院裁决之执行，后南京国民政府改平政院为行政法院。

品题

民国十四年秋，教育部佥事周树人提起行政诉讼，要求撤销教育部对其的免职令。依据北洋政府时期的法律，受理该案的机构是（　　）。①（2019年单选31）

A. 大理院　　　　　　　　　B. 平政院
C. 高等审判厅　　　　　　　D. 法部

> **超链接**
>
> 1924年，杨荫榆被任命为国立女子师范大学校长，是中国第一位女性大学校长，后因教育理念的差异，遭该校学生抗议，学生要求教育部撤换校长。时任教育部部长的章士钊支持杨荫榆，杨荫榆开除了刘和珍、许广平等学生，而鲁迅也发文批评杨荫榆，因此鲁迅被章士钊免职。鲁迅不服，向平政院提起行政诉讼，最终法院判决鲁迅胜诉。1937年日军侵华，杨荫榆看到日军暴行，向日军司令部提出抗议，1938年惨遭日本侵略军杀害。

品题

北洋政府时期审判行政诉讼案件的机构是（　　）。②（2015年单选40、2014年法学单选19、2007年单选43）

A. 大理院　　　　　　　　　B. 参政院
C. 行政院　　　　　　　　　D. 平政院

2. 四级三审制

四级三审制是对清末颁行的《法院编制法》略加删改，更名为《暂行法院编制法》继续援用。

1）大理院：大理院是最高审判机关，下设民事庭和刑事庭，由推事五人组成合议庭。

2）省高等审判厅：下设民事庭和刑事庭，由推事三人组成合议庭。

3）城市地方审判厅：第一审案件由推事一人独任审理，第二审案件采用合议制。

4）县初级审判厅或县知事兼理司法：初级审判厅审理第一审轻微刑事案件及一般民事案件，实际上未及建立，仍由县知事兼理司法审判。

---

① B
② D

3. <u>审检分立制度</u>

将清末《法院编制法》略加删改为《暂行法院编制法》，实行审检分立制度，分总检察厅、高等检察厅、地方检察厅、初级检察厅，由检察长、检察官组成，独立行使职权。

（二）北洋政府诉讼审判制度的特点

1. <u>诉讼立法</u>：北洋政府建立之初暂行援用清末的民事刑事诉讼律草案的某些条文，后公布了《县知事审理诉讼暂行章程》《民事诉讼条例》《刑事诉讼条例》等条文，分别规定了有关管辖制度以及第一审、上诉审和执行等各环节的具体程序。

2. <u>诉讼制度</u>：实行四级三审制，标榜审判独立、公开审判、辩护原则、上诉制度以及检察官独立行使职权等。

3. <u>兼理司法</u>：北洋政府设立兼理司法法院，并公布《县知事兼理司法事务暂行条例》，恢复了传统社会基层行政官员兼理审判的制度，以后虽略有调整，但在县一级所设司法公署中，县知事掌握检举、缉捕、勘验、递解、刑事执行等权，地位举足轻重。

4. <u>军事审判</u>：北洋政府滥施军事审判，利用军法审判干预司法。

第六章 南京国民政府及中国共产党领导下的革命根据地法律制度

第一节 南京国民政府法律制度

导学

南京国民政府立法阶段

第一阶段 （1927—1936年）	国民党政权"法统"的形成时期： 1）建立起以基本法典为核心的"六法"体系，形成国民政府法律制度的基本框架； 2）制定一系列单行法规
第二阶段 （1937—1945年）	国民党政权"法统"的发展时期： 1）公开颁布关于开展抗日斗争、惩治汉奸、保护抗属等单行法规，如《国家总动员法》《惩治汉奸条例》《妨害兵役治罪条例》等； 2）秘密发布旨在"防共、限共、溶共"的法令，如《共产党问题处置办法》《防止异党活动办法》等
第三阶段 （1946—1949年）	国民党政权"法统"的完善和崩溃时期： 国民党力图用法律手段推行内战时期的基本政策，如《中华民国宪法》《兵役法》《戡乱总动员令》《戒严法》《戡乱时期危害国家紧急治罪条例》《特种刑事法庭组织条例》《改革币值令》等，其中《动员戡乱时期临时条款》以"戡乱"为由，无限扩大总统的"紧急处分权"，将宪法规定的紧急处分和宣告戒严的总统权力不再置于立法院的限制之下。至于"戡乱"何时结束，须由总统宣告

考点1：南京国民政府主要立法

（一）南京国民政府立法原则

1. 主要原则是坚持党治，即由国民党垄断立法权。由于南京国民政府延续了大革命时期广州、武汉国民政府确立的执政党指导与监督政府的原则，立法机关首推国民党全国代表大会及其中央执行委员会。

2. 中央政治会议实际上是国民党实行以党治国、以党训政的重要工具。中央政治会议即中央政治委员会（后改称国防最高委员会），是国民党中央执行委员会特设的政治指导机关，其主要职权包含：讨论、决议建国纲领，决定训政的根本大计；讨论、决议立法原则、施政方针、财政计划、政府重要官吏人选等。

3. 立法院是最高立法机关，但行使立法权时须遵循国民党中央政治会议所确立的立法原则；行政院、司法院、考试院、监察院均可提出法律案，也可根据法律发布命令；司法院统一行使解释法令及变更判例之权；地方立法权也为国民党所掌握。

［安口诀］宏观——党治；中观——中央政治会议；微观——五院制政府。

（二）南京国民政府法律体系

1. 背　景

国民政府采取"以法典为纲、以相关法规为目"的方式，将法典及相关法规汇编成《六法全书》，包括宪法、民法、民事诉讼法、刑法、刑事诉讼法、行政法。

［安口诀］注意与清代大清会典的区分。大清会典也称五朝会典，遵循"以典为纲，以则例为目"的原则。

2. 内　容

1）基本法典：构成六法体系核心的是宪法、民法、刑法和程序法等基本法典（行政法例外）。

2）相关法规：围绕基本法典而制定的低位阶法规，如条例、命令、细则、办法等。

3）判例、解释例：最高法院依照法定程序作成的判例和司法院大法官会议作出的解释例和决议。最高法院的判决经"采为判例，纳入判例要旨"，并报司法院核定者，具有法律效力；最高法院各庭之间就某一判例有争议，则由司法院之变更判例会议作出决定；司法院大法官会议则拥有解释宪法、法律的权力，其作出的解释例或决议，具有与宪法或法律同等的效力。

［安口诀］大法典，小法条，司法解释和判例+1。

3. 影　响

《六法全书》的编纂标志着国民政府六法体系的建构完成，实现了法律形式上的近代化。

4. 废　除

中共中央于1949年2月发布《关于废除国民党的〈六法全书〉与确定解放区的司法原则的指示》。

超链接

废除六法全书：

1）废除国民党颁布的全部法律制度，即废除国民党政府的法统和《六法全书》。

2）确立解放区的司法原则，即目前在新民主主义法律不完备的条件下，司法机关的办事原则是：有纲领、法律、命令、条例、决议规定者，从纲领、法律、命令、条例、决议之规定；无纲领、法律、命令、条例、决议之规定者，从新民主主义政策。

3）确定教育改造司法干部的指导思想，即要以批判蔑视旧法律，学习掌握新法律，提高司法干部的理论、政策、法律水平。

品题

下列选项中属于南京国民政府六法全书中法律部分的有（　　）。①（2021年多选50）
A. 刑事诉讼法　　　B. 经济法　　　C. 民事诉讼法　　　D. 行政法

（三）南京国民政府法律制度特点

1. 以孙中山的遗教为立法的根本原则：如《训政纲领》规定"实施总理三民主义，依照建国大纲"；《中华民国训政时期约法》规定"国民政府本革命之三民主义、五权宪法，以建设中华民国"；《中华民国宪法》规定"中华民国国民大会受全体国民之付托，依据孙中山先生创立中华民国之遗教，为巩固国权，保障民权，奠定社会安宁，增进人民福利，制定本宪法，颁行全国永矢咸遵"。

2. 特别法多于普通法，效力也往往高于普通法：国民政府鉴于制定特别法简单方便，因而大量颁行特别法，尤其是刑事特别法，破坏了国民党在普通成文法典立法中所树立的建设民主、法制国家的形象，使国家法律在实质和形式意义上产生强烈的反差与冲突。

3. 形成了以《六法全书》为标志的国家成文法律体系：国民政府立法是清末政府和北洋政府立法的继续和发展，采用大陆法系以成文法为主的法律体系，同时也是中国法律文化在继受外来法和保留固有法道路上寻求妥协和调和的进一步探索。六法体系的建立标志着中国法律近代化在形式上达到了顶点。

4. 不成文法在法律体系中占据重要地位：最高法院的判例、司法院的解释例、司法机关认可的习惯以及法理，都可作为司法机关行使审判权的依据。

[安口诀] 大法典，小法条，司法解释和判例+1。

品题

南京国民政府的成文法主要由六部法律及其相关单行法律构成，人们习惯将这一法律称为六法体系，下列关于六法体系的表述，正确的是（　　）。②（2016年多选63）
A. 六法体系的构建实现了中国法律形式的近代化
B. 《六法全书》的编纂标志着国民政府六法体系的构建完成
C. 六法体系采取"以法典为纲，以相关法规为目"的编纂方式
D. 六法体系是仿照大陆体系国家构建的以典为核心的法律体系

考点2：南京国民政府宪法性文件

（一）《训政纲领》

1. 背　景

《训政纲领》是《中国国民党训政纲领》的简称，经国民党中央常务会议于1928年10

---

① ACD
② ABCD

195

月通过,是国民党训政时期的纲领性文件。

2. 体　例
共6条。

3. 内　容
1)确立训政时期国民党"一党治国,以党训政"的施政方针。
2)训政时期由中国国民党全国代表大会代表国民大会领导国民行使政权,闭会期间由国民党中央执行委员会行使政权。
3)国民政府从属于国民党中央机关。
4)国民党与人民的关系体现了训政保姆论,即国民党是人民的政治保姆,训练国民行使政权。

4. 影　响
《训政纲领》确认国民党为最高训政者,把国民党全国代表大会及中央执行委员会规定为国家最高权力机关,把中央政治会议变为政府的直接领导机关,建立了国民党一党专政的政治制度。

(二)《训政时期约法》

1. 背　景
《训政时期约法》经国民会议于1931年通过,6月1日由南京国民政府公布施行。

2. 体　例
共八章89条。

3. 内　容
1)以根本法的形式确认党治原则,建立国民党一党专政的国家制度。
2)规定五院制的政府组织形式。
3)罗列一系列公民权利与自由,但又多加限制。
4)利用国家的名义,发展官僚资本。
[安口诀]"一头一尾两翅膀,都是国民党"+"公民权利自由,官僚资本主义"。

[品题]
依照《中华民国训政时期约法》的规定,训政时期中华民国最高的训政者

是（　　）。①（2015年单选44）

A. 国民全体　　B. 国民大会　　C. 国民党　　D. 立法院

(三)"五五宪草"

1. 背　景

1932年，国民党四届三中全会准备制宪；1933年，国民政府立法院组成宪法起草委员会负责宪法的起草工作；1936年5月5日，经国民党中央审查和蒋介石批准，由政府公布，故称"五五宪草"。

2. 体　例

共八章184条。

3. 内　容

草案继承了《训政时期约法》的精神，但也有变化，主要表现为确立总统制、国民大会制和五院制衡机制，实质上仍然集权于总统，无法真正实现还政于民。

4. 影　响

该草案因时局变化未付诸议决，但却成为后来《中华民国宪法（1946）》的蓝本。

(四)《中华民国宪法（1946）》

1. 背　景

《中华民国宪法》经国民大会于1946年12月25日通过，1947年1月1日公布，同年12月25日施行。

2. 体　例

《中华民国宪法》包括总纲、人民之权利义务、国民大会、总统、行政、立法、司法、考试、监察、中央与地方之权限、地方制度、选举罢免创制复决、基本国策、宪法之施行及修改，共十四章175条。

3. 内　容

《中华民国宪法》的基本精神与《训政时期约法》和"五五宪草"一脉相承，但基于政协通过的"宪法修改原则"12条（即实行国会制、内阁制、省自治、司法独立、保护人民权利等）的重大影响，又不得不在具体条文上有所变动：

1）依三民主义、五权宪法确定国体与政体。
2）规定国民大会为全国最高政权机关，但对其职权加以限制。
3）形式上采用总统制，但总统的权力受立法院、行政院、监察院的制约。
4）规定人民各项民主自由权利及必要的宪法义务。
5）采取中央与地方分权体制，形式上赋予省、县两级地方政府以自治权。

---

① C

[安口诀]

	孙中山法律思想	训政时期	宪政时期
国体	国民大会	国民党代表大会	国民大会
政体	五院制政府	国民党中央	五院制政府

4. 影 响

标志国民政府训政时期结束，宪政正式开始。这部宪法是在没有中国共产党和各民主党派参加的情况下制定的，因此在代表的广泛性和合法性方面存在着很大的问题。1948年国民政府颁布《动员戡乱时期临时条款》，以戡乱为由无限扩大总统的紧急处分权。

考点3：南京国民政府刑事立法

（一）《中华民国刑法》

1. 背 景

以北洋政府《暂行新刑律》（袁世凯）和改定的第二次刑法草案（段祺瑞）为基础，1928年公布了第一部《中华民国刑法》，1935年修订第二部中华民国新刑法。

[安口诀] 清末两部刑法典：1910年《大清现行刑律》+1911年《大清新刑律》；北洋政府两部刑法典：1912《暂行新刑律》+1920年《刑法第二次修正案》；南京国民政府两部刑法典：1928《中华民国刑法》+1935《中华民国刑法》。

2. 体 例

分总则12章（法例、刑事责任、未遂犯、共犯、刑名、累犯、数罪并罚、刑之酌科及加减、缓刑、假释、时效、保安处分）和分则35章共两编，共357条。

3. 内 容

1935新刑法改1928中华民国刑法：

1）由客观主义改为侧重于主观主义，由报应主义改为侧重于社会防卫主义。

2）继受西方国家通行的刑事法律原则，注重采纳与传统宗法伦理原则相适应的法律制度。

[安口诀] 除了准五服以制罪没有完全废除，《中华民国刑法》保留的制度还有以下三个：

其一，规定罪犯的配偶、五亲等内之血亲或姻亲犯便利犯人逃脱、藏匿犯人、湮灭证据等犯罪，可以减轻或免除处罚，这体现了同居相隐原则。

其二，亲族间犯盗可以免于处罚、适用亲告。

其三，纵容纳妾，纳妾不构成重婚罪。

3）时间效力上取"从新从轻主义"，但保安处分取"从新主义"和裁判后的"附条件从新主义"；空间效力以属地主义为主，属人主义为辅，兼取特定犯罪的保护主义和世界主义。

4）采取社会防卫主义，增设保安处分：刑罚分主刑和从刑，分别为死刑、无期徒刑、有期徒刑、拘役、罚金和褫夺公权、没收，保安处分适用对象是未成年的少年犯及有犯罪或妨碍社会秩序嫌疑之人，特别是那些有潜在犯罪危险，而不是已经构成犯罪的人员，包括拘禁（拘于一定场所实施感化教育）和非拘禁（监视、限制活动自由）两种方式。

[安口诀] 西方兼传统，从新兼从轻，报应改社会，客观改主观，刑罚加保安。

品题

1. 1935年南京国民政府颁布《中华民国刑法》，采取社会防卫主义，增设保安处分。保安处分的适用对象有（　　）。① （2022年多选50）

A. 未成年犯罪之人　　　　　　B. 已经构成犯罪之人
C. 有潜在犯罪危险之人　　　　D. 有犯罪或妨碍社会秩序嫌疑之人

2. 下列关于1935年《中华民国刑法》的表述，正确的有（　　）。② （2019年多选50）

A. 分总则和分则两编　　　　　B. 确定罪刑法定原则
C. 增设"保安处分"　　　　　　D. 侵害直系尊亲属犯罪加重处罚

3. 下列关于1935年《中华民国刑法》内容与特点的表述，不正确的是（　　）。③
（2015年单选41）

A. 在时间效力上取"从新从重主义"
B. 采取社会防卫主义，增设保安处分
C. 继受了西方国家通行的刑事法律原则
D. 对侵害直系尊亲属的犯罪行为采取加重处罚原则

（二）刑事特别法

1. 背　景

南京国民政府在刑法典之外，制定了一系列刑事特别法，如《惩治盗匪暂行条例》《暂行反革命治罪法》《危害民国紧急治罪法》《共产党问题处置办法》《戡乱时期危害国家紧急治罪条例》等。

2. 内　容

1）刑事特别法数量众多，且采用重刑主义，效力高于刑法典，量刑也多重于刑法典，如内乱、强盗、外患、妨害公务等犯罪都是如此。

2）刑事特别法打击对象广泛，涉及土豪乡绅、盗匪、烟毒、汉奸、妨害国币、妨害兵役、走私、叛乱等罪。

3. 影　响

刑事特别法主要针对共产党和民主进步人士。

---

① ACD

② ABCD

③ A

考点 4：南京国民政府民商立法

（一）民商合一

1. 北洋政府民商分立：1914 年，北洋政府法律编查会（后改称修订法律馆）以《大清民律草案》为基础，按民商分立的原则，进行编纂民法典的尝试；1926 年完成民事总则、债、物权、亲属、继承五编草案，称《民律第二次草案》，后因段祺瑞政府垮台，最终未能正式通过。

2. 南京国民政府民商合一：1929 年，国民党中央政治会议通过民商合一的制定原则，参酌瑞士、暹罗及苏俄诸国民法，这是中国近代民商事立法首次采用这一模式，与德国、法国、日本及清末有显著区别。时任立法院正副院长的胡汉民和林森认为，民商合一模式也是世界民法立法的潮流。

> **超链接**
>
> 胡汉民（1879—1936），原名衍鸿，字展堂，广东番禺人，21 岁参加乡试中了举人，1902 年赴日本，入东京弘文学院师范科学习，不久回国，在广州出任《岭海报》总编辑，1904 年冬再次赴日本东京，入法政大学速成法科学习，1905 年秋加入同盟会，并担任同年创刊的《民报》的编辑。1907 年之后，胡汉民追随孙中山、黄兴等多次参加武装起义，1911 年武昌起义爆发，广东宣布独立，胡汉民被推为都督，1912 年 1 月，中华民国南京临时政府成立，胡汉民被选为总统府秘书长，袁世凯篡夺政权后，胡汉民回到广东继续担任都督，同年 8 月，宋教仁将同盟会改组为中国国民党后，他任广东支部部长，1914 年，孙中山在东京成立中华革命党，他任政治部长，1917 年 9 月，孙中山在广东成立护法军政府，他任交通部长。1924 年 1 月，胡汉民在国民党第一次全国代表大会上被选为中执委员，1927 年 4 月，出任南京成立的国民政府主席，南京国民党中央政治会议主席，1928 年 10 月，出任国民政府立法院院长。1930 年，他与蒋介石发生了激烈冲突，1931 年 2 月被蒋介石扣留，至 10 月才被释放。回到广州之后，胡汉民结合两广军阀势力，与蒋介石对立，1936 年在广州因脑溢血去世。

品题

南京国民政府的民事立法采用民商合一的体例，即只编纂民法典，不单独编纂商法典。这种立法体例所参酌效仿的国家包括（　　）。① （2020 年多选 50）

A. 德国　　　B. 瑞士　　　C. 日本　　　D. 苏俄

（二）《中华民国民法》

1. 背　景

《中华民国民法》是分编草拟公布的，总则编于 1929 年公布，债及物权两编于同年 11 月公布，亲属和继承编于 1930 年公布，是中国历史上第一部正式颁行的民法典。

---

① BD

> **超链接**
>
> 总则编于 1929 年 5 月 23 日公布，1929 年 10 月 10 日施行。
> 债编于 1929 年 11 月 23 日公布，1930 年 5 月 5 日施行。
> 物权编于 1929 年 11 月 30 日公布，1930 年 5 月 5 日施行。
> 亲属编于 1930 年 12 月 6 日公布，1931 年 5 月 5 日施行。
> 继承编于 1930 年 12 月 26 日公布，1931 年 5 月 5 日施行。

2. 体 例

《中华民国民法》采德国民法典体例结构，包含总则、债、物权、亲属、继承共五编 29 章 1225 条。

> **超链接**

总则编	分法例、人、物、法律行为、期日及期间、消灭时效、权利之行使共7章
债编	分通则、各种之债共2章
物权编	分通则、所有权、地上权、永佃权、地役权、抵押权、质权、典权、留置权、占有共10章
亲属编	分通则、婚姻、父母子女、监护、扶养、家、亲属会议共7章
继承编	分遗产继承人、遗产之继承、遗嘱共3章

3. 内 容

1）采用社会本位的立法原则：在民法的基本价值方面摒弃个人主义，转而注重社会公共利益，对私人所有权、契约自由、遗产继承加以一定的限制，同时确立无过失损害赔偿责任。这种做法是仿效西方资产阶级最新立法原则的表现。

> **超链接**
>
> 民法起草委员会也在《民法总则编立法理由》中阐发了采取社会本位的原因："自个人主义之说兴，自由解放之潮流，奔腾澎湃，一日千里，立法政策，自不能不受其影响。驯至放任过甚，人自为谋，置社会公益于不顾，其为弊害，日益显著。且我国人民，本以自由过度，散漫不堪，尤须及早防范，籍障狂澜。本党既以谋全民幸福为目的，对于社会公益，自应特加注重，力图社会之安全。此编之所规定，辙孜孜致意于此点，如对于法人取干涉主义，对于禁治产之宣告，限制其范围，对于消灭时效，缩短其期间等皆是。"

[安口诀] 近代民法三原则变迁：

"旧"民法三原则	"新"民法三原则
私权神圣 / 所有权绝对	私有财产权受法律保护
契约自由	契约需受法律约束

续表

"旧"民法三原则	"新"民法三原则
过错责任	过错责任＋无过错责任
个人本位	社会本位
大清民律草案	中华民国民法

2）具体制度将<u>外国民法之最新学理</u>、最新立法例加以吸纳、整合、萃成本国民法：民法典以旧民律草案为基础对其做了大量修正，着力参照苏联、德国、日本、瑞士等国民法，表现出新的历史条件下继受法与固有法结合的特点。

> **超链接**
>
> 时任立法委员的吴经熊（1899—1986）评价说："就新民法第1条到第1225条仔细研究一遍，再和德意志民法，瑞士民法、瑞士债法对照一下，倒有百分之九十五是有来历的，不是照账誊录，便是改头换面。"
>
> 民法学家梅仲协（1900—1971）指出："现行民法采德国立法例者十之六七，瑞士立法例者十之三四，而法、日、苏联成规，亦尝撷取一二，集现代各国民法之精英，而弃其糟粕，诚巨制也。"

3）采取<u>民商合一</u>的编纂体例：即只编纂民法典，不单独编纂商法典。

> **超链接**
>
> 民法起草委员会在《民法债编立法理由》中指出："此编遵照中央政治会议民商合一之原则，参酌瑞士、暹罗及苏俄诸国民法，特将商法总则中之经理人及代办商、商行为中之交互计算、行纪、仓库、运送营业及承揽运送一并订入。并仿瑞士债务法，以出版契约定位专节。并仿瑞士债务法，将悬赏广告定于契约条文之后，另立一节，以免杂糅。"

4）重在维护<u>私有财产所有权</u>及<u>地主土地经营权</u>：尤以物权编规定最详，占法典全部29章中的10章，对所有权的取得、保护，土地所有权及经营权均详细规定。

5）婚姻家庭制度体现浓厚的固有法色彩，<u>肯定包办买卖婚姻及传统习惯，维护夫妻间不平等和家长制</u>，如夫妻财产由夫管理、子女从父姓、家置家长、双方合意的买卖婚姻有效等。

［安口诀］社会本位合一，外国最新学理，婚姻家庭传统，维护私有土地。

4. 影 响

1）积极影响：前三编引入先进条文，基本达到世界近代民法典的水准，是中国<u>实现民事立法近代化</u>的重要标志之一。

2）消极影响：后两编带有较多的传统色彩，且<u>从未切实推行过"耕者有其田"、"节制大资本"</u>的社会改革政策。

[安口诀] 近代法典立法不足汇总：

法　典	不　足
大清新刑律	准五服以制罪＋《暂行章程》
大清民律草案	一夫一妻多妾制、包办买卖婚姻、男女不平等＋嫡长子继承制
中华民国刑法	准五服以制罪
中华民国民法	一夫一妻多妾制、包办买卖婚姻、男女不平等

品题

1. 下列关于《大清民律草案》与《中华民国民法》共同点的表述正确的是（　　）。① （2021年单选32）

　　A. 均采用民商分立的编纂模式
　　B. 均采用德国民法典的编制体例
　　C. 均由修订法律馆与理学馆共同起草
　　D. 均采用个人本位的立法原则

2. 中国近代以来首次确认无过错责任的民事法律文件是（　　）。② （2017年单选44）

　　A.《钦定大清商律》　　　　B.《大清民律草案》
　　C.《民律第二次草案》　　　D.《中华民国民法》

（三）中华民国商事立法

1. 背　景

1929年1月，<u>立法院成立商法起草委员会</u>，在清末及北京政府商事立法的基础上，进一步采纳西方资本主义商法原则。

2. 内　容

1）<u>银行法</u>

如1927年《中央银行条例》《中国银行条例》《交通银行条例》；1931年《银行法》；1934年《储蓄银行法》；1935年《中央银行法》等。

2）<u>交易所法</u>

如1929年《交易所法》，立法目的是"尽其调剂供求，平准物价之功用"。

3）<u>票据法</u>

如1929年《票据法》，分为总则、汇票、本票、支票、附则五章共139条，是国民政府以北洋政府的票据法草案和国民党中央政治会议议决的19条票据法立法原则为依据，并参酌德、日、英、美、法等国和我国的商业习惯制定的。

4）<u>公司法</u>

如1929年第一部《公司法》，参照德、法两国的公司法制定，分为通则、无限公司、

---

① B

② D

两合公司、股份有限公司、股份两合公司、罚则，共六章 233 条；1946 年新修正《公司法》条文增至 361 条。

5）海商法

如 1929 年和 1930 年先后颁布了《海商法》及其施行法。

6）保险法

如 1929 年《保险法》，分为总则、损害保险、人身保险，共三章 82 条。

7）破产法

如 1934 年《商人债务清理暂行条例》；1935 年又颁布《破产法》和《破产法施行法》取而代之，规定破产宣告采声请主义原则。

［安口诀］二舅上海公交，卖票卖保险，三无银行要破产。

3. 影 响

既完善了近代法律体系，也是运用法律规范调整经济关系的进一步尝试。

考点 5：南京国民政府司法制度

（一）司法机关

1. 普通法院系统

1）审级：南京国民政府成立初期，沿用北洋政府的法院组织体系，实行四级三审制；1932 年 10 月公布、1935 年 7 月施行的《法院组织法》改为三级三审制，第三审为"法律审"。

［安口诀］四级三审三例外：第一个例外是"3233"，即 1932 年《法院组织法》三级三审制；第二个例外是工农民政权四级两审制；第三个例外是抗日战争时期革命根据地只有三级法院。

2）三级法院分别是最高法院、高等法院和地方法院。

> **超链接**
>
> 南京国民政府三级法院：
>
> | 最高法院 | 设于首都，审理不服高等法院之判决、裁定的上诉、抗告案件 |
> |---|---|
> | 高等法院 | 设于省、特别区和直辖市，审理一审上诉和抗告案件，以及内乱、外患、妨害国交等罪的第一审案件 |
> | 地方法院 | 一般县市设立，审理民事、刑事第一审案件及非诉事件，但多数县市仍以设于县政府的县司法处兼理司法 |

2. 司法院

司法院是国家最高司法机关，下设司法行政部（司法行政事务）、最高法院（最高审判权）、行政法院（行政诉讼案件）、官吏惩戒委员会（文官和法官的惩戒事宜）；大法官会议（行使解释宪法及统一解释法律命令之职权）包括大法官 17 人，以司法院院长为主席。

［安口诀］注意区分：司法院是最高司法机关，而最高法院在司法院之下，行使最高

第六章 南京国民政府及中国共产党领导下的革命根据地法律制度

审判权,最高司法机关＞最高审判权。除了审判权之外,最高司法机关还有发布司法解释、司法行政事务等职权。

品题

南京国民政府时期,负责审理行政诉讼案件的机构是(　　)。① (2023年单选40)
A. 司法院　　B. 地方法院　　C. 行政法院　　D. 最高法院

3. 特种刑事法庭

1)背景:特种刑事法庭始设于1927年,是受理特种刑事审判程序案件的法庭,1948年颁布《特种刑事案件诉讼条例》《特种刑事法庭组织条例》《特种刑事法庭审判条例》。

[安口诀] 南京国民政府特种刑事法庭 VS 革命根据地政治保卫局。

2)内容:包括中央特种刑事法庭和高等特种刑事法庭,分别设于南京和司法行政部指定的地方,特种刑事法庭依据特殊的程序审理案件,其裁判不得上诉或抗告。

3)影响:目的是迫害共产党人和爱国进步人士。

品题

1. 依据1947年《中华民国宪法》的规定,负责解释宪法、统一解释法律及命令的机构是(　　)。② (2019年单选40)
A. 立法院　　　B. 司法院　　　C. 行政院　　　D. 监察院

2. 1932年10月颁布的《中华民国法院组织法》规定,普通法院的审级是(　　)。③ (2016年单选44、2006年单选43)
A. 三级三审制　　B. 四级三审制　　C. 三级二审制　　D. 四级二审制

(二)司法制度

1. 诉讼立法

1)刑事诉讼法:南京国民政府于1928年和1935年颁布了两部刑事诉讼法典,第二部刑事诉讼法典增加了"保安处分"的实施办法,增为总则、第一审、上诉、抗告、再审、非常上诉、简易程序、执行、附带民事诉讼共9编516条。

2)民事诉讼法:南京国民政府于1930年和1935年颁布了两部民事诉讼法典。

3)单行诉讼法规:《监狱行刑法》《行刑累进处遇条例》《羁押法》《假释审查规则》《各省高级军事机关代核军法案件暂行办法》《特种刑事案件诉讼条例》《特种刑事法庭审判条例》《县长及地方行政长官兼理军法暂行办法》《反革命案件陪审暂行法》《法院组织法》《特种刑事临时法庭组织条例》《县司法处组织条例》《监狱组织法》《看守所组织条例》《特种刑事法庭组织条例》《军事法庭条例》等。

4)影响:南京国民政府的民事诉讼法和刑事诉讼法,从程序上保证了民法和刑法的

---

① C

② B

③ A

205

实施，补充了实体法的不足；但其诉讼审判实践中的武断专横与法律文本规定的民主法治精神明显矛盾，成为其突出的特点。

2. 诉讼制度的特点

1）采取<u>严密的侦查制度</u>：按照刑事诉讼法和有关法规的规定，国民政府中行使刑事侦查的机构很多，检察官、司法警察、宪兵、军士等都有刑事侦查权力，特别是检察官权力很大，几乎可以动用一切的人力物力，侦查或处分任何人或事。

2）实行<u>自由心证</u>的诉讼原则：在诉讼过程中，证据的证明力及其是否被采用，由法官的内心信念，即依"心证"来自由判断和取舍。

> **超链接**
> 南京国民政府将自由心证写入刑诉法和民诉法，如《刑事诉讼法》规定"证据之证明力，由法院自由判断之"，再如《民事诉讼法》规定"法院为判决时，应斟酌全辩论意旨及调查证据之结果，依自由心证判断事实之真伪"。

3）实行<u>秘密审判制度</u>和<u>陪审制度</u>。

> **超链接**
> 1932年《法院组织法》规定，对于所谓"妨害公共秩序"的案件即政治案件，实行秘密审判；对于违犯1947年《戡乱时期危害国家紧急治罪条例》的刑事案件，经秘密审理后作出的裁判，当事人不得上诉或抗告；1929年《反革命案件陪审暂行办法》规定在"反革命案件"的上诉过程中，可由国民党地方最高党部派出的国民党员所组成的陪审团陪审评议。

4）扩大并强化<u>军事和军法机关的审判</u>：国民政府通过颁布刑事特别法，在诉讼制度方面不断扩大和强化军事和军法机关的审判。

> **超链接**
> 在国共十年内战时期，《戒严法》规定：在接战地域内，与军事有关的民事和刑事案件由总司令部政务局军法处会同裁判；在无法院或与其管辖法院交通断绝时，也由总司令部政务局军法处会裁判。
> 在解放战争时期修正的《戒严法》规定：在戒严时期，在接战地域内，不但地方司法事务归该地最高司令官掌管，司法官受该地最高司令官指挥，而且刑法上的内乱罪、外患罪、妨害秩序罪、公共危险罪、抢夺强盗及海盗罪等以及违犯其特别刑法之罪者，军事机关得自行审判；在无法院或与管辖的法院交通断绝时，其他的刑事和民事案件，由该地的军事机关审判。

5）<u>维护帝国主义在华军队的特权</u>：如1946年下令延长适用在抗日战争时期颁行的《处理在华美军人员刑事案件条例》规定，在华美军人员在中国境内犯罪的刑事案件，归美军军事法庭及军事当局裁判。

[安口诀] 民国诉讼制度小人：

第二节　工农民主政权法律制度

导学

工农民主政权大事年表

中共一大	1921年7月在上海召开，参加者共13人，有上海代表李达、李汉俊，武汉代表董必武、陈潭秋，长沙代表毛泽东、何叔衡，济南代表王尽美、邓恩铭，北京代表张国焘、刘仁静，广州代表陈公博，旅日的周佛海，以及陈独秀指定的包惠僧。大会确定党的名称为"中国共产党"，通过了中国共产党第一个纲领和决议，选举陈独秀任书记。党的一大正式宣告中国共产党的成立
中共二大	1922年7月在上海召开，大会通过《中国共产党章程》，提出了最低纲领和最高纲领，并决定加入共产国际
工人运动	1922年1月，香港海员罢工是第一次工人运动高潮的起点。 1922年9月，安源路矿工人大罢工是中国共产党第一次独立领导并取得完全胜利的工人运动。 1923年2月，京汉铁路工人大罢工使第一次工人运动高潮达到顶点
中共三大	1923年6月在广州召开，大会的主要议题是讨论共产党员加入国民党问题；1924年1月，国民党一大召开，标志着第一次国共合作正式形成，孙中山重新解释了"三民主义"，提出"联俄、联共、扶助农工"。 1924年6月，黄埔军校正式开学，周恩来出任第三任政治部主任
中共四大	1925年1月在上海召开，大会对中国革命一些基本问题进行了比较系统的探讨，在党的历史上第一次明确提出无产阶级在民主革命中的领导权和工农联盟问题
著作	毛泽东于1927年3月发表《湖南农民运动考察报告》，阐明农民斗争同革命成败的密切关系
四一二事件	蒋介石于1927年4月举行秘密会议，提出以暴力手段"清党"，这是大革命从高潮走向失败的转折点
中共五大	1927年4月至5月在武汉召开，是在大革命生死存亡的紧要关头召开的一次会议

续表

七一五事件	汪精卫于1927年7月15日召开国民党中央常务委员会扩大会议，决定正式同共产党决裂，彻底背叛了孙中山制定的国共合作政策和反帝反封建纲领
南昌起义	1927年8月1日爆发，由周恩来、贺龙、叶挺、朱德等领导，标志着中国共产党独立地领导革命战争、创建人民军队和武装夺取政权的开始
八七会议	1927年8月7日在汉口秘密召开紧急会议，毛泽东在会上提出"须知政权是由枪杆子中取得的"。八七会议标志着中国革命开始由大革命失败到土地革命战争兴起的历史性转变，但八七会议后也出现了"左"倾盲动主义
秋收起义	1927年9月爆发，由毛泽东、卢德铭领导。 9月29日，秋收起义部队到达江西永新县三湾时，进行三湾改编，由原来的一个师缩编为一个团，党的支部建在连上，从组织上确立了党对军队的领导
井冈山革命根据地	1927年10月，毛泽东率领秋收起义的部队到达湘赣边界的井冈山，创建了中国共产党领导下的第一个农村革命根据地。 1928年4月，朱德、陈毅率部分南昌起义保留下来的部队和湘南起义农军向井冈山转移，同毛泽东会师，称"朱毛会师"。部队合编为工农革命军第四军，毛泽东任党代表和军委书记，朱德任军长
中共六大	1928年6月至7月在莫斯科召开，这次会议是党唯一一次在国外召开的大会。这次会议解决了两大问题：一是指出中国仍是半殖民地半封建社会，现阶段的中国革命依然是资产阶级性质的民主主义革命；二是明确了革命处于低潮。但这次会议也存在着过分强调服从共产国际领导的缺点
古田会议	1929年12月，中国工农红军第四军第九次党代表大会在福建上杭县古田村召开，会议通过了古田会议决议案，进一步确立了党对军队绝对领导的原则
著 作	毛泽东于1930年1月完成《星星之火，可以燎原》，提出了"农村包围城市、武装夺取政权"的思想。 毛泽东于1930年5月完成《反对本本主义》，提出了"没有调查，就没有发言权"的论断
中华苏维埃共和国	1930年冬到1931年秋，红军取得了三次反"围剿"斗争的胜利。 1931年11月在瑞金召开第一次全国苏维埃代表大会，制定了《中华苏维埃共和国宪法大纲》《中华苏维埃共和国土地法》《中华苏维埃共和国劳动法》等法律文件，选出63人组成的中央执行委员会，成立中华苏维埃共和国临时中央政府
遵义会议	1933年初，周恩来、朱德指挥第四次反"围剿"斗争并胜利，后因博古、李德错误指挥，导致第五次反"围剿"失败，被迫进行战略转移。 1934年11月至12月的湘江战役中，中央红军付出了极为惨重的代价。 1935年1月，中央政治局扩大会议在贵州遵义召开，会议指出了博古、李德军事指挥上的错误，选举毛泽东为中央政治局常委。遵义会议是党的历史上生死攸关的转折点，标志着中国共产党在政治上开始走向成熟。 此后毛泽东指挥四渡赤水，取得了战略转移中具有决定意义的胜利

八一宣言	1935年8月1日，中共驻共产国际代表团草拟了《中国苏维埃政府、中国共产党中央为抗日救国告全体同胞书》，即《八一宣言》，分析了由于日本的侵略和蒋介石的不抵抗政策所造成的紧迫形势，揭露了日本加紧侵吞华北和国民党政府对日妥协的面目，指出中华民族已处在生死存亡的关头，抗日救国是全体中国人面临的首要任务。文章结尾提出："同胞们起来：为祖国生命而战！为民族生存而战！为国家独立而战！为领土完整而战！为人权自由而战！大中华民族抗日救国大团结万岁！"
长征胜利结束	1935年10月，中央红军到达陕北吴起镇；1936年10月，红四、红二方面军先后同红一方面军在甘肃会宁、静宁将台堡会师，长征胜利结束
瓦窑堡会议	1935年12月，中共中央在陕西安定县（今子长）瓦窑堡召开政治局会议，确立了建立抗日民族统一战线
西安事变	1936年12月12日，张学良、杨虎城在西安发动"兵谏"，扣留了蒋介石。 中共中央确定了用和平方式解决西安事变的方针，经过谈判，迫使蒋介石作出停止"剿共"政策。 1937年9月22日，国民党中央通讯社发布《中共中央为公布国共合作宣言》，次日蒋介石发表谈话。国共合作宣言和蒋介石谈话标志着国共两党第二次合作的正式形成

考点6：工农民主政权宪法性文件

中华苏维埃共和国宪法大纲	背景	1931年11月召开的第一次全国工农兵代表大会通过了《中华苏维埃共和国宪法大纲》；1934年1月，第二次代表大会对其进行了修改，最重要的是增加"同中农巩固的联合"。《中华苏维埃共和国宪法大纲》包括序言和17条正文
	内容	1. 规定苏维埃国家性质是工人和农民的民主专政国家：政权属于以工人阶级为领导的劳苦大众，剥夺军阀、官僚、地主、资本家、豪绅、僧侣及一切剥削人的人和反革命分子的政治权利 2. 规定苏维埃国家政治制度是工农兵代表大会：全国工农兵代表大会及其中央执行委员会为保证工农大众参加国家管理，便于工人阶级及其政党的领导，实行民主集中制和议行合一原则 3. 规定并保障苏维埃国家公民的权利和义务：工农及一切劳苦民众享有广泛的民主权利及人身自由。各级政府采取切实有效的措施，提供力所能及的物质保障条件 4. 规定苏维埃国家的外交政策：宣布中华民族完全自主与独立，不承认帝国主义在中国的一切特权，废除一切不平等条约。对受迫害的世界革命者提供保护，对居住在苏区从事劳动的外国人给予法定的政治权利。 [安口诀] 国体，政体，权利，外交

中华苏维埃共和国宪法大纲	影响	1. 积极影响：《中华苏维埃共和国宪法大纲》是中国共产党领导人民反帝反封建的工农民主专政的纲领，确认了工农民众的各项基本权利，鼓舞了人民的革命斗志，是人民自己制宪的最初尝试，为以后革命政权的建设提供了宝贵经验，也为全国工农民众指明了革命的方向 2. 消极影响：由于缺乏制宪经验和受到"左"倾思想的影响，该法也存在一定的缺陷，如混淆民主革命与社会主义的界限、阶级路线上搞"左"倾关门主义、在国家结构问题上照搬苏联经验等

考点 7：工农民主政权民事制度

（一）土地制度

井冈山土地法	背景	《井冈山土地法》于 1928 年 12 月由湘赣边界工农民主政府颁行
	内容	共 9 条 1. 没收：没收一切土地归苏维埃所有 2. 分配：以乡为单位，以人口或劳动力为标准，男女老幼平均分配 3. 权属：土地所有权属于政府，农民只有使用权，禁止土地买卖
	影响	1. 积极影响：《井冈山土地法》是工农民主政权的第一部土地立法 2. 消极影响："左"的错误体现在没收一切土地而不是只没收地主土地
兴国土地法	背景	《兴国土地法》是 1929 年 4 月红四军到达兴国制定的。
	内容	1. 没收：没收一切公共土地及地主阶级的土地 2. 分配：以乡为单位，以人口或劳动力为标准，男女老幼平均分配 3. 权属：土地所有权属于政府，农民只有使用权，禁止土地买卖
	影响	1. 积极影响：《兴国土地法》纠正了《井冈山土地法》没收一切土地的错误 2. 消极影响：权属问题仍保留《井冈山土地法》的规定
中华苏维埃共和国土地法	背景	1931 年 11 月第一次全国工农兵代表大会通过了《中华苏维埃共和国土地法》。
	内容	1. 没收：没收一切地主、富农、反革命分子及农村公共土地，没收一切地主豪绅、军阀的所有财产，宣布废除一切债务契约 2. 分配：规定对于没收来的土地财产的分配，按照最有利于贫雇农、中农利益的原则进行。具体方法是以乡为单位，贫雇农、中农按人口平均分配，或按人口与劳动力的混合标准平均分配；富农如果不参加反革命活动，并且能够自食其力，可以分得较坏的田 3. 权属：规定土地所有权问题，现阶段不禁止土地的出租与买卖，同时规定在条件具备的时候实行土地国有制
	影响	1. 积极影响：《中华苏维埃共和国土地法》是工农民主政权最重要的土地法 2. 消极影响：仍存在地主不分田，富农分坏田的"左"的错误

第六章 南京国民政府及中国共产党领导下的革命根据地法律制度

品题

1. 在革命根据地时期，贯彻"地主不分田，富农分坏田"政策的土地立法是（　　）。① （2020年单选40）

   A.《兴国土地法》
   B.《井冈山土地法》
   C.《中国土地法大纲》
   D.《中华苏维埃共和国土地法》

2. 革命根据地时期，工农民主政权制定的最重要的土地法是（　　）。② （2015年单选45）

   A.《中国土地法大纲》
   B.《兴国土地法》
   C.《井冈山土地法》
   D.《中华苏维埃共和国土地法》

（二）劳动制度——《中华苏维埃共和国劳动法》

背景	第1步——1928年7月，中国共产党第六次全国代表大会通过的"十大政纲"中，确定了8小时工作制，增加工资、失业救济和社会保险的劳动立法原则，此后各苏区进行了一些劳动立法 第2步——1931年11月，第一次全国工农兵代表大会通过《中华苏维埃共和国劳动法》，主要规定了有关集体合同、工时、工资福利、劳动保护、休假、社会保险以及劳资纠纷的解决等方面的制度
内容	1. 政府招工 （1）废除包工制和工头、招工头。 （2）禁止私人开设失业劳动介绍所，开设苏维埃政府劳动介绍所。 2. 工会组织 （1）工会享有宣布及领导罢工，代表工人签订集体合同和成立特别机构监督私人企业的生产等权利。 （2）雇主对于工会机关的活动不得有任何阻碍，并负有支付工资总额3%的工会办事经费和文化教育经费的义务。 3. 工人福利 （1）实行8小时工作制和工人的各种法定休假制度。 （2）工人享有各种法定的劳动保护和社会保险。

---

① D

② D

影响	1. 积极影响：《中华苏维埃共和国劳动法》改善了苏区工人阶级的社会地位和生活状况，保障了劳动者的基本权利。 2. 消极影响：但也存在着极"左"的错误，脱离了国情和实际，片面地追求劳动者的福利目标，其结果不仅影响到根据地的生产供应，有碍红军的作战行动，也使工厂中的师徒关系紧张，影响到工农团结。该法 1933 年 10 月修订后重新公布，纠正了上述错误，但并不彻底

（三）婚姻制度——《中华苏维埃共和国婚姻法》

背景	中华苏维埃共和国 1931 年 12 月颁布《中华苏维埃共和国婚姻条例》，该条例于 1934 年 4 月被《中华苏维埃共和国婚姻法》取代。
内容	1. 婚姻自由 废除一切包办、强迫和买卖婚姻制度，禁止童养媳，实行一夫一妻制，禁止一夫多妻或一妻多夫。 2. 结婚要件（两个积极要件+两个消极要件）。 （1）积极要件：法定婚龄男 20，女 18；男女结婚须到苏维埃进行登记，领取结婚证。 （2）消极要件：禁止三代以内的血亲通婚；禁止患传染病、神经病及疯瘫者结婚。 3. 离婚自由 （1）双方同意：凡男女双方同意离婚，即行离婚。 （2）一方要求：男女一方坚决要求离婚的，即行离婚。 （3）推定死亡：在通信便利的地方经 2 年、通信困难地区经 4 年其夫无信回家者，其妻可以请求登记离婚。 （4）保护军婚：红军战士之妻要求离婚的，须得其夫同意。 4. 离婚处理 （1）财产处理：规定离婚后财产的处理办法。 （2）子女抚养：规定离婚后孩子的处理办法，私生子女得享受婚生子女的同等权利。
影响	着重保护妇女和儿童合法权益是工农民主政权婚姻立法的核心内容。

考点 8：工农民主政权刑事和司法制度

（一）刑事制度——《中华苏维埃共和国惩治反革命条例》

背景	该条例于 1934 年 4 月颁行，共 41 条。
内容	1. 凡一切图谋推翻或破坏苏维埃政府及工农民主革命所得到的权利、意图保持或恢复豪绅地主资产阶级的统治者，不论用何种方法都是反革命行为。 2. 列举了组织反革命武装侵犯苏维埃领土、组织反苏维埃暴动等 28 种反革命罪行。

原则	1. 区分首犯、主犯和附和参与者，区别对待。 2. 对自首、自新者减免刑罚。 3. 罪刑法定主义与类推原则相结合。 4. 废止肉刑，实行革命人道主义。 5. 按阶级成分及功绩定罪量刑。 ［安口诀］按阶级成分及功绩定罪量刑在抗日时期发生变化。
影响	1. 积极影响：《中华苏维埃共和国惩治反革命条例》是土地革命时期最具代表性的惩治反革命的刑事法律，在同反革命犯罪的斗争中起到了重大作用，对于巩固红色政权、保护工农权利具有重要的意义，该条例所规定的反革命罪的概念和犯罪构成，也为以后的刑事立法积累了经验。 2. 消极影响：存在着一些缺陷，诸如死刑适用面过宽、定罪量刑上有"唯成分论"的倾向。

（二）司法制度

		中华苏维埃临时中央政府成立后形成初具规模的司法机关，新的司法体制实行各级司法机构受同级政府领导的体制
司法机关	审判机关	（1）中央设临时最高法庭，受苏维埃共和国中央执行委员会的领导，负责受理不服省裁判部或高级军事裁判所一审的裁判，解释一般法律，监督各裁判部裁判 （2）地方省、县、区设各级裁判部，为地方各级法院建立之前的临时审判机关，负责管辖非军事人员的一切民事、刑事诉讼案件
	军法机关	在红军中设立初级、高级军事裁判所
	检察机关	省、县裁判部各设检察员，实行审检合一制，各级检察员受同级裁判机关领导，其职责是进行预审、起诉等工作
	司法行政	审判权和司法行政权在中央采分立制，在地方采合一制
	国家安全	苏区的司法机关还包括实行集权的、独立系统垂直领导的国家政治保卫局，主要负责反革命案件的侦查、预审、提起公诉等工作，在肃反扩大化期间，该机构权力极大，凌驾于地方政府和各级裁判部之上。
	监狱管理	设立劳动感化院，颁布《劳动感化院暂行章程》，规定狱政的指导思想及管理制度，但司法程序上仍强调阶级路线。 ［安口诀］近代史两个感化院，一个是《大清新刑律》惩治少年犯的感化院，另一个是革命根据地劳动感化院。
司法制度		如司法机关统一行使审判权，实行四级两审制，审判公开、人民陪审、巡回审判、死刑复核、合议制度和辩护制度，以及废除肉刑、重视证据等。

> **超链接**
>
> 中华苏维埃共和国中央执行委员会于 1932 年 6 月颁布《裁判部暂行组织及裁判条例》，1934 年 4 月颁布《中华苏维埃共和国司法程序》。

中华苏维埃共和国全国代表大会			
中华苏维埃共和国中央执行委员会			
临时最高法庭/最高法院 （检察长）（红军最高军事裁判会议）		司法人民委员部	国家政治保卫局
省级裁判部 （检察员）（劳动感化院）	红军高级军事裁判所	—	—
县级裁判部 （检察员）（劳动感化院）	红军初级军事裁判所	—	—
乡级裁判部	—	—	—

> **超链接**
>
> 临时最高法庭：临时最高法庭设主席、副主席，由中央执行委员会委任，分别设检察长、检察员若干人，临时最高法庭组成以主席为首的委员会，讨论和决定法庭范围内一切重大问题和案件，下设刑事、民事、军事法庭，分别审理不同性质的案件，从1932年2月到1934年2月，何叔衡一直担任最高法庭主席。
>
> 临时最高法院：1934年2月，中华苏维埃共和国第二次全国代表大会召开，中央执行委员会决定成立最高法院，设院长1人、副院长2人，均由中央执行委员会主席团任命，以院长为主席组成最高法院委员会为最高法院的领导机构，同时在最高法院内设正、副检察长，检察员若干人，任命董必武为第二任临时最高法庭主席和最高法院院长。
>
> 中央执行委员会：1931年，中华苏维埃共和国第一次全国代表大会召开，选举毛泽东、项英等63人组成第一届中央执行委员会，毛泽东为主席，第一届中央执行委员会下设人民委员会处理日常事务；1934年，第二次全国代表大会选举博古、毛泽东等175人组成第二届中央执行委员会，第二届中央执行委员会选举17人组成主席团，毛泽东为主席；1935年，中央红军到达陕北，1937年，改称陕甘宁边区政府。

> **超链接**
>
> 司法人民委员部：1931年第一届中华苏维埃共和国中央执行委员会，下设司法人民委员部主管司法行政事务，司法人民委员部内设中央司法委员会、刑事处、民事处、劳动感化处及总务处。

> **超链接**
>
> 国家政治保卫局：1931年，第一届中华苏维埃共和国中央执行委员会下设国家政治保卫局，首任局长是邓发，政治保卫局内设侦查部、执行部、秘书处（总务处）、政治保卫大队、红军工作部和白区工作部。

第三节　抗日民主政权法律制度

导学

抗日民主政权大事年表

全面抗战	1937年7月7日发生的卢沟桥事变标志着日本发动全面侵华战争，也标志着中国全面抗战开始
洛川会议	1937年8月，中共中央在陕北洛川召开政治局扩大会议，通过《中国共产党抗日救国十大纲领》
著作	1937年7月、8月，毛泽东撰写哲学著作《实践论》和《矛盾论》
陕甘宁边区政府	1937年9月，根据国共两党谈判形成的协议，陕甘宁革命根据地苏维埃政府改称陕甘宁边区政府，林伯渠担任主席
八路军	1937年8月，中国工农红军改编为国民革命军第八路军，9月改称第十八集团军，下辖115师、120师、129师 **总指挥部** 总指挥朱德，副总指挥彭德怀 总参谋长叶剑英，副总参谋长左权，政治部主任任弼时，副主任邓小平 **115师**　师长林彪，副师长聂荣臻　参谋长周昆　政训处主任罗荣桓 　　343旅 旅长陈光　　344旅 旅长徐海东 **120师**　师长贺龙，副师长萧克　参谋长周士第　政训处主任关向应 　　358旅 旅长张宗逊　359旅 旅长陈伯钧 **129师**　师长刘伯承，副师长徐向前　参谋长倪志亮　政训处主任张浩 　　385旅 旅长王宏坤　　386旅 旅长陈赓
六届六中全会	1938年9月至11月，中国共产党召开扩大的六届六中全会，批准了以毛泽东为核心的中央政治局的路线，基本上克服了以王明为代表的右倾错误，批判了党内存在的统一战线问题上的关门主义和投降主义倾向，提出既统一又独立的正确方针

著作	1938年5月，毛泽东撰写《论持久战》，批驳了"速胜论"和"亡国论"，提出抗日战争将经过战略防御阶段、战略相持阶段、战略反攻阶段最终取得胜利，并提出兵民是胜利之本。 1939年10月，毛泽东在《〈共产党人〉发刊词》中指出，统一战线、武装斗争、党的建设是中国共产党在中国革命中战胜敌人的三大法宝。 1939年12月，毛泽东发表《中国革命和中国共产党》。 1940年1月，毛泽东发表《新民主主义论》，标志着毛泽东思想的成熟，文中提出："中国现在可以采取全国人民代表大会、省人民代表大会、县人民代表大会、区人民代表大会直到乡人民代表大会的系统，并由各级代表大会选举政府。但必须实行无男女、信仰、财产、教育等差别的真正普遍平等的选举制，才能适应于各革命阶级在国家中的地位……"
南方局	1939年1月，中共中央南方局在重庆成立，周恩来任书记，南方局主要领导国民党统治区、部分沦陷区以及香港、澳门和东南亚等地区党的工作
百团大战	1940年8月至12月，八路军在华北开展对日军的攻势作战，参战部队达到105个团，故称百团大战
新四军	1939年10月12日为新四军成立纪念日。 1941年1月，国民党军队8万余人袭击新四军军部，称皖南事变
整风运动	1942年2月，毛泽东作了题为《整顿党的作风》和《反对党八股》的报告，全党的整风从延安开始。延安整风运动的主要内容包括反对主观主义以整顿学风、反对宗派主义以整顿党风、反对党八股以整顿文风；基本方针是"惩前毖后，治病救人"。 1944年5月至1945年4月，党的六届七中全会通过了《关于若干历史问题的决议》，标志着整风运动胜利结束
著作	在全党整风运动中，中共中央在延安召开文艺座谈会，毛泽东发表《在延安文艺座谈会上的讲话》，结论部分主要阐述了五个问题：我们的文艺是为什么人的；如何去服务，即文艺的普及与提高；党的文艺工作与党的整个工作关系问题，党的文艺工作和非党的文艺工作关系问题；文艺批评问题；文艺界的整风问题。 刘少奇发表《论共产党员的修养》、张闻天发表《共产党员的权利与义务》、陈云发表《怎样做一个共产党员》
中共七大	1945年4月至6月，党的七大在延安召开，毛泽东作了题为《论联合政府》的报告，文中提出："把各党各派和无党无派的代表人物团结在一起，成立民主的临时的联合政府以便实行民主的改革……然后，需要在广泛的民主基础之上，召开国民代表大会，成立包括更大范围的、各党各派和无党无派代表人物在内的、同样是联合性质的、民主的正式的政府。" 中共七大将党的优良作风概括为理论和实践相结合、和人民群众密切联系、自我批评；党的七大将毛泽东思想写入党章；会议选举出毛泽东、朱德、刘少奇、周恩来、任弼时为中央书记处书记
抗战胜利	1945年8月15日，日本宣布无条件投降；9月3日被确定为中国人民抗日战争胜利纪念日

考点 9：抗日民主政权宪法性文件——《陕甘宁边区施政纲领》

背景	陕甘宁边区第二届参议会 1941 年 11 月颁布的《陕甘宁边区施政纲领》，是抗日民主政权制定的最具代表性的宪法性文件
内容	[安口诀] 三个原则三三制，经济文化和政治。 1.《抗日救国十大纲领》确定抗日、团结、民主 明确阐述抗日民主政权的主要任务，即发扬民主，团结边区各社会阶层、各抗日党派，发动一切人力、物力、财力、智力，为保卫边区、保卫中国、驱逐日本帝国主义而战。 2. 加强政权民主建设，规定边区实行参议会制度和三三制政权组织原则 （1）参议会：参议会是人民代表大会制度在抗战时期的特定历史条件下加以变通的政权组织形式，边区各级参议会为边区各级人民代表机关，由其选举产生同级政府委员会。 （2）三三制：根据地政权的人员构成实行三三制原则，即共产党员、非党左派进步人士、中间派各占 1/3。 （3）选举制度：实行普遍、直接、平等、无记名投票的选举制度，保障一切抗日人民的选举权、被选举权及其他人权、财权及各项自由。 3. 改进司法制度，廉洁政治 （1）司法制度：坚决废除肉刑，重证据不重口供。 （2）廉洁政治：明确公务人员是人民公仆，严惩贪污和假公济私行为，实行以俸养廉。 4. 边区的基本经济政策 （1）经济政策：从发展经济、保障供给总方针出发，发展农、林、牧、手工和工业，奖励扶助私人企业，保障经营自由。 （2）财政政策：贯彻统筹统支的财政制度，征收统一累进税，维护法币，巩固边币。 5. 边区的基本文化政策 （1）普及教育：建办各类学校，普及免费义务教育。 （2）知识分子：尊重知识分子，提高边区人民的政治文化水平。
影响	反对日本帝国主义，保护抗日人民，调节各抗日阶级利益，改善工农生活，镇压汉奸反动派为基本出发点，全面系统反映了抗日民族统一战线的要求和抗战时期的立宪主张。

品题

1.《陕甘宁边区施政纲领》是抗日民主政权制定的最具代表性的宪法性文件，下列属于该文件内容的是（　　）。①（2022 年单选 32）

A. 采取人民代表会议制的政权组织形式
B. 组成民族统一战线下的民主联合政府
C. 确立工农兵苏维埃代表大会制度
D. 根据地政权的人员构成实行"三三制"原则

2. 根据 1941 年颁布的《陕甘宁边区施政纲领》的规定，在抗日根据地民主政权的人员构成中，共产党所占的比例是（　　）。②（2018 年单选 40）

---

① D

② A

A. 1/3　　　B. 1/2　　　C. 2/3　　　D. 3/4

考点 10：抗日民主政权民事制度

（一）土地制度

背景	1937年8月，《抗日救国十大纲领》确立了减租减息的原则，各根据地以此为中心任务制定本地区的土地法规，以陕甘宁边区的土地立法最有代表性
内容	1. 保护土地所有权 （1）已经过土改地区，参加抗日的人员可以同等分配土地 （2）未经过土改地区，保护私有土地所有权人在法定范围内自由使用、收益、处分（买卖、典当、抵押、赠与、继承）的权利 2. 减租交租 （1）减租：按照二五减租原则，在未经土改的地区，地主出租土地的地租必须比抗战以前原租额减轻25%，收租人不得多收、预收、收取押租及欠租作息 （2）交租：承租人不得短少租额 3. 保障佃权：除法定的收回租地的条件外，承认累世承租者有永佃权，出租人不得随意撤佃 4. 减轻债务利息 （1）现存债务付息过本一倍，停利还本 （2）过本两倍，本利停付 （3）规定借贷年利率不得超过10%或15% （4）禁止一切利息外剥削，以限制高利贷
影响	抗日民主政权土地制度激发了农民的抗日积极性，调整了农村阶级关系，加强了各革命阶级团结，为争取民族抗战的胜利奠定了基础

> **超链接**
> 1940年以前的立法重点在于保护农民既得利益，确认农民分得地主土地的所有权，如《陕甘宁边区土地条例》；1940年7月以后的立法重点转为减租减息、保障佃权和低利借贷，如《陕甘宁边区土地租佃条例草案》《陕甘宁边区地权条例》。

（二）劳动制度

背景	1941年后，各边区政府陆续制定了一批劳动法，这些立法在一定限制下鼓励资本主义发展
内容	[安口诀] 工会工时和工资，三工一防 1. 工人具有自由组织工会的权利；工会有权调解劳资纠纷，代表工人签订集体合同和向政府提出要求。 2. 10小时工作制（陕甘宁边区为8小时），雇主安排加班应征得工人同意，并支付加班工资。 3. 按照各地的具体经济条件实行最低工资标准。 4. 实行安全生产防护。
影响	抗日民主政权劳动制度采取了既保护工人利益，又强调团结资产阶级、开明绅士参加抗日、发展生产，适应了抗日战争民族统一战线的形势需要。

超链接

陕甘宁边区总工会 1940 年拟定《陕甘宁边区劳动保护条例（草案）》，1942 年，陕甘宁边区参议会通过《陕甘宁边区劳动保护条例》；1941 年 11 月，晋冀鲁豫边区临时参议会通过《晋冀鲁豫边区劳工保护暂行条例》。

品题

下列关于抗日民主政权时期劳动立法内容的表述，正确的有（　　）。①（2017 年多选 63、2017 年法学多选 30）

A. 工人有组织工会的权利　　B. 实行安全生产防护
C. 雇主可以自行开除工人　　D. 雇主安排加班应征得工人同意

（三）婚姻制度

背景	各边区的抗日民主政府分别制定了若干地区性的婚姻条例，如《陕甘宁边区婚姻条例》
内容	1. 婚姻自由 婚姻法基本原则包括男女平等、婚姻自由、一夫一妻、保护妇女儿童 2. 结婚要件 （1）法定婚龄：男20，女18 （2）增加"订婚""解除婚约"专章，订婚并非结婚必经程序，订婚不得索取钱财，婚约不得强制履行，双方或任一方都可在订婚后解除婚约 3. 离婚条件 重婚、感情不合无法继续同居、通奸、虐待、遗弃、图谋陷害、不能人道、恶疾、生死不明过1年不能通信之地3年、其他重大事由 4. 离婚处理 （1）财产处理原则：婚后共同经营所得财产为共同财产，所负债务为共同债务，应由双方共同处理，离婚时平均分割 （2）例外：离婚后女子生活困难的，男方应给予一定的帮助至其再婚；离婚时无过失的一方可以向有过失的一方请求赔偿 （3）子女抚养原则：离婚时年幼的子女原则上归女方抚养，女方如有生活困难，男方应支付抚养费；女方如再婚，归其抚养的子女由女方与后夫共同负责抚养；非婚生子女享有与婚生子女同等的权利 （4）例外：女方在怀孕及哺乳期间男方不得提出离婚
影响	抗日民主政权婚姻制度沿用中央苏区的婚姻法，各地也有灵活规定

超链接

晋冀鲁豫边区第一届临时参议会于 1941 年通过《晋冀鲁豫边区婚姻暂行条例》，晋察冀边区第一届参议会于 1943 年通过《晋察冀边区婚姻条例》，山东省临时参议会于 1945 年通过《山东省婚姻暂行条例》，陕甘宁边区第三届参议会于 1946 年通过《陕甘宁边区婚姻条例》，此外还有《晋绥边区婚姻暂行条例》。

---

① ABD

品题

关于抗日民主政权时期的婚姻立法，下列表述不正确的是（　　）。①（2019年单选32）

A. 实行一夫一妻制　　　　　　　　B. 规定了保护妇女儿童原则
C. 确立了婚姻自由原则　　　　　　D. 明确了登记结婚以订婚为必要程序

考点11：抗日民主政权刑事和司法制度

（一）刑事制度

背景	陕甘宁边区制定一系列刑事法规，刑法原则和主要罪名都发生了变化。
刑法原则	[安口诀]镇压宽大结合，平等人权原则，反对威吓报复，打死汉奸坚壁和贪污 1. <u>镇压与宽大相结合</u>原则 （1）区分悔罪态度：对汉奸分子除不愿悔改者，不问过去行为如何，一律实行宽大政策，给予政治上、生活上的出路；对不愿悔改者，依法严办，绝不放任。 （2）区分首从：在实施中区分首要与胁从，惩办主要施于首要分子，宽大主要施于胁从分子 2. 贯彻<u>平等保障人权</u>原则 <u>纠正</u>了第二次国内革命战争时期在刑法适用上"<u>唯成分论</u>"的"左"倾错误，不再因被告人的本人成分或家庭出身而加重或减轻处罚。 3. <u>反对威吓报复，实行感化教育</u>：反对简单的惩办主义和报复主义，减少罪犯痛苦，以利于其安心守法、彻底改造
主要罪名	1. <u>汉奸罪</u>：凡以破坏抗战为目的的行为均构成汉奸罪，各边区立法中均有明确规定 2. <u>破坏坚壁财物罪</u>：为保护坚壁财物，凡勾结敌寇挖索、盗毁坚壁财物，均构成该罪 3. <u>贪污罪</u>：各根据地对于贪污行为规定了极其严厉的惩罚办法，这些法规所定的贪污罪往往是广义的，包括挪用公款、浪费公有财物供私人挥霍享乐、收受贿赂等行为。
影响	运用刑罚手段惩治汉奸反动派，保卫边区和抗战成果。

> **超链接**
> 陕甘宁边区政府于1939年颁布《抗战时期惩治汉奸条例》《抗战时期惩治盗匪条例》《惩治贪污条例》，1941年颁布《禁烟禁毒条例》《破坏金融法令惩罚条例》。

> **超链接**
> 1937年10月11日，边区高等法院以院长董必武、代院长雷经天的名义发布《陕甘宁边区高等法院布告》，公开宣布黄克功枪杀刘茜的罪状。黄克功，26岁，江西南康人，抗日军政大学第六队队长。刘茜，16岁，山西定襄人，陕北公学学员。黄克功实行逼婚不遂杀害人命，被判处死刑。

---

① D

> **超链接**
>
> 敌后根据地在频繁进行反扫荡斗争的艰苦环境下,为防止日寇汉奸破坏与掠夺,曾将公私财物移藏于地窖、山沟等隐蔽场所,称为"坚壁财物"或"空室清野"。

(二) 司法制度

1. 司法机关

审判机关	高等法院	高等法院是边区最高司法机关,在名义上是南京国民政府最高法院辖下的省级司法机构,但在实质上与国民政府最高法院没有联系。		
	专区分庭	各边区高等法院在各专区设有分庭,其管辖区域与各该专员公署所辖之行政区域相同,主要受理不服所辖地方法院或司法处第一审判决之民刑案件		
	县市司法处	县市司法处是边区基层司法机关,负责审理本行政区域内的第一审民刑案件		
审级制度	抗日战争后期各边区一般都改为三级三审制			
		1942年之前 两审终审制	1942年—1944年 三审终身制	1944年之后 两审终审制
	三审	—	审判委员会	—
	二审	边区高等法院	边区高等法院	边区高等法院
		高等法院专区分庭	高等法院专区分庭	高等法院专区分庭
	一审	县、市司法处	县、市司法处	县、市司法处
检察机关	各边区实行审检合一制,检察机关设于审判机关内,高等法院设检察处,检察长和检察员独立行使检察权,1942年以后检察处被撤销,由公安及其他司法机关代行其职权			

> **超链接**
>
> 边区高等法院受边区参议会和边区政府委员会的领导和监督,院长由边区参议会选举产生,高等法院内设民事法庭、刑事法庭,必要时设立巡回法庭,此外还有书记室、看守所和劳动感化院等机构,1942年至1944年一度设置边区政府审判委员会。

> **超链接**
>
> 边区政府于1943年3月决定在各分区专员公署所在地设置边区高等法院分庭,目的在于便利群众上诉,庭长由专员兼任。

> **超链接**
>
> 除了延安等少数地方设立地方法院外,各县都在县政府内设置司法处,处长由县长兼任。

2. 马锡五审判方式

背景	马锡五在抗日战争时期担任陕甘宁边区陇东专署专员兼边区高等法院陇东分庭庭长
内容	1. 贯彻群众路线，深入农村，调查研究，实事求是地了解案情 2. 依靠群众，教育群众，尊重群众意见 3. 方便群众诉讼，手续简便，不拘形式
影响	马锡五审判方式是把中国共产党群众路线的工作方针创造性地运用到审判工作中去的司法民主的崭新形式。

> **超链接**
>
> 马锡五（1898—1962），陕西省保安人（今志丹县），1930年参加革命，1935年加入中国共产党。1934年成立陕甘宁边区革命委员会后，马锡五历任陕甘省粮食部部长、国民经济部部长和陕甘省苏维埃主席。抗日战争时期，他先后担任陕甘宁边区庆阳分区和陇东分区副专员、专员，1943年3月起兼任陕甘宁边区高等法院陇东分庭庭长。1946年4月，陕甘宁边区第三届参议会上，马锡五当选为边区高等法院院长。中华人民共和国成立后，马锡五任最高人民法院西北分院院长，兼任西北军政委员会政治法律委员会副主任，1954年任最高人民法院副院长，曾当选第一、二届全国人大代表，第三届全国政协委员。

> **超链接**
>
> 戏剧《刘巧儿》的原型封芝琴（乳名捧儿）与张柏的婚姻案，就是马锡五审理的典型案例。陕甘宁边区陇东分区华池县封彦贵有女封捧儿（1924—2015），在封捧儿幼时，封彦贵就包办将她许给张金才之子张柏。后来封彦贵为了得到更多的聘金，又将封捧儿许给城壕川张某之子，此事被张金才告发，由华池县司法处撤销婚姻。后封捧儿与张柏见面，愿意与张柏结婚，但封彦贵又贪图钱财将封捧儿许给庆阳财主朱寿昌，封捧儿将此事告知张家，张金才怒而带人闯入封家抢亲。封彦贵将张金才起诉到县司法处，裁判员判决张金才徒刑6个月，张柏与封捧儿的婚约无效，各方都对判决不满，上诉到马锡五这里。马锡五最终判决支持了封捧儿和张柏的自主婚姻。1944年，《解放日报》报道了本案，边区文艺工作者袁静等人创作了《刘巧儿告状》，20世纪50年代《刘巧儿》被拍成电影，由评剧大师新凤霞主演。

3. 人民调解制度

背景	各边区先后颁行了有关人民调解制度的单行法规，以人民调解制度作为司法审判工作的重要补充，是抗日民主政权司法工作的突出特点

第六章　南京国民政府及中国共产党领导下的革命根据地法律制度

续表

内容	1. 调解方式：民间调解，群众团体调解，政府调解，司法调解 2. 调解原则：双方自愿；以法律为准绳，照顾善良风俗；调解不是诉讼必经程序 3. 调解范围：民事纠纷；轻微刑事案件 4. 调解结果：赔礼道歉，认错；赔偿损失，抚慰金；调解一般需制作和解书 5. 调解要求：调解人须奉公守法，尊重当事人人权
影响	人民调解是新民主主义司法的一大特色和补充，它促进了司法工作公正与高效的结合，对新中国的司法工作产生了重大影响

超链接

山东省临时参议会于 1941 年颁布《山东省调解委员会暂行组织条例》，晋察冀边区行政委员会于 1942 年颁布《晋察冀边区行政村调解工作条例》，晋西北行政公署于 1942 年颁布《晋西北乡村调解暂行办法》，陕甘宁边区政府 1943 年颁布《陕甘宁边区民刑事案件调解条例》。

品题

1. 评剧《刘巧儿》的故事，源于封芝琴与张柏的婚姻纠纷案件。该案的审理人是陕甘宁边区司法民主崭新形式的典型体现，主持这一案件审理的法官是（　　）。① （2023 年单选 32）

A. 董必武　　B. 林伯渠　　C. 马锡五　　D. 雷经天

2. 下列关于抗日民主政权人民调解制度的表述，正确的是（　　）。② （2021 年单选 40）

A. 调解为诉讼的必经程序
B. 调解可以强制方式进行
C. 刑事案件均可调解结案
D. 调解应以法律为准绳，照顾善良风俗

3. "马锡五审判方法"是群众路线在司法实践中的具体运用，其产生于（　　）。③ （2016 年单选 45）

A. 工农民主政权时期
B. 抗日民主政权时期
C. 人民民主政权时期
D. 中华人民共和国成立初期

---

① C

② D

③ B

第四节 人民民主政权法律制度

导学	
人民民主政权大事件表	
国共谈判	1945年8月，中共中央决定派毛泽东、周恩来、王若飞三人赴重庆同国民党谈判，1945年10月10日，国共双方代表签订了《政府与中共代表会谈纪要》（双十协定）
五四指示	1946年5月4日，中共中央发布《关于土地问题的指示》（五四指示），决定将"减租减息"改变为"耕者有其田"。 1947年7月至9月，中共中央工作委员会在河北省建屏县（今平山县）西柏坡召开全国土地会议，通过《中国土地法大纲（草案）》，10月10日正式施行
内蒙古自治区	1947年5月1日，内蒙古自治政府正式宣告成立，是我国成立最早的民族自治区。 中华人民共和国成立后，内蒙古自治政府改称内蒙古自治区人民政府
三大经济纲领	1947年12月，中共中央召开扩大会议，即十二月会议，毛泽东在《目前形势和我们的任务》中指出新民主主义革命的三大经济纲领：①没收封建阶级的土地归农民所有；②没收垄断资本归新民主主义的国家所有；③保护民族工商业
华北人民政府	1948年8月，华北人民政府（前身为华北联合行政委员会）成立，政府主席董必武
三大战役	1948年9月至11月，辽沈战役； 1948年11月至1949年1月，淮海战役； 1948年11月至1949年1月，平津战役
部队改编	1949年1月，中央军委将各野战军番号改编：西北野战军改为第一野战军，中原野战军改为第二野战军，华东野战军改为第三野战军，东北野战军改为第四野战军
七届二中全会	1949年3月，在河北西柏坡召开七届二中全会，毛泽东在会上提出了"两个务必"，即全党同志务必继续地保持谦虚、谨慎、不骄、不躁的作风，务必继续地保持艰苦奋斗的作风。 1949年3月25日，中央机构由西柏坡迁至北平
解放南京	1947年10月10日，中国人民解放军总部发布《中国人民解放军宣言》，提出"打倒蒋介石，解放全中国"。 1949年4月23日解放南京
著作	1949年6月，毛泽东发表《论人民民主专政》
政协会议	1949年9月21日，中国人民政治协商会议第一届全体会议开幕，9月29日，会议通过《中国人民政治协商会议共同纲领》（共同纲领），起到临时宪法的作用
开国大典	1949年10月1日，庆祝中华人民共和国中央人民政府成立典礼在首都北京举行

考点 12：人民民主政权宪法性文件

（一）《陕甘宁边区宪法原则》

背景	1946年4月，陕甘宁边区第三届参议会通过《陕甘宁边区宪法原则》，分为政权组织、人民权利、司法、经济和文化五部分
内容	[安口诀] 人民代表会议；人民民主权利；人民司法原则；经济文化政策 1. 政权组织 采取人民代表会议制为政权组织形式，规定边区、县、乡人民代表会议为人民管理政权机关，各级政权形式上开始由参议会过渡为人民代表会议制度，为新中国的基本政治制度奠定了基础 [安口诀] | **工农民主时期**	《中华苏维埃共和国宪法大纲》	工农兵代表大会
抗日民主时期	《陕甘宁边区施政纲领》	三三制、参议会
解放战争时期	《陕甘宁边区宪法原则》	人民代表会议制	 2. 人民权利 （1）保障人民享有广泛的民主权利 （2）边区人民不分民族一律平等，少数民族聚居区享有民族区域自治的权利 3. 确立边区的人民司法原则 （1）各级司法机关独立行使职权，除服从法律外，不受任何干涉 （2）除司法机关、公安机关依法执行职务外，任何机关、团体不得有逮捕审讯行为 （3）人民有权以任何方式控告失职的任何公务人员 4. 确立边区的经济政策 （1）经济上采取公营、合作、私营三种方式，组织一切人力、财力促进经济繁荣，为消灭贫穷而斗争 （2）对地主：保障耕者有其田 （3）对资本家：劳动者有职业，企业者有发展机会 5. 确立边区的文化政策：普及提高人民的文化水平
影响	《陕甘宁边区宪法原则》是解放战争初期具有代表性的宪法性文件，因内战全面爆发，制宪工作中止

（二）《华北人民政府施政方针》

背景	1948年8月华北临时人民代表大会通过《华北人民政府施政方针》
华北人民政府当前基本任务	1. 政治：建设民主政治 2. 经济：有计划、有步骤地进行建设，恢复和发展生产 3. 文化：培养干部人才 4. 解放：继续以人力、物力、财力支援前线，争取人民解放战争在全国的胜利

续表

实现当前基本任务的方针政策	1. 政治： （1）健全人民代表大会制度 （2）保障人民民主权利及自由与安全 （3）破除迷信，保护守法的外国人及合法的文化宗教活动 2. 经济： （1）乡村：发展农业，颁发土地证确认地权，建立农民生产合作互助组织 （2）城市：发展工商业，贯彻公私兼顾、劳资两利的方针 （3）城乡之间：促进城乡经济交流 3. 文化： （1）普及教育：建立正规教育制度，提高大众文化水平 （2）知识分子：建立广泛的文化统一战线，团结知识分子为建设事业服务 4. 解放：宣布对新解放区和新解放城市采取保护和建设的方针
影响	《华北人民政府施政方针》是解放战争后期具有代表性的文件

考点13：人民民主政权民事制度

（一）土地制度——《中国土地法大纲》

背景	第1步——为了充分发动人民群众，取得解放战争的胜利，满足农民对土地所有权的要求，中共中央于1946年5月4日发布五四指示，决定改抗战时期的减租减息政策为没收地主土地分配给农民、实行土地改革的政策，揭开了解放区土地改革运动的序幕。 第2步——1947年10月10日，中共中央召开全国土地会议制定公布《中国土地法大纲》
内容	1.是否土改：宣布废除封建、半封建性剥削的土地制度，实行耕者有其田 2.谁是耕者：规定土地改革须遵守的原则是依靠贫雇农、团结中农、保护工商业者、正确对待地主富农 3.谁多谁少：确定以乡村为单位，按人口平均分配一切土地的分配办法，在土地数量上抽多补少，质量上抽肥补瘦；地主及其家属、国民党官兵家属也可得与农民同样的土地和财产 4.给什么权：确认人民对所分得土地的所有权，政府发放土地证，允许土地所有人自由经营、买卖及在特定情况下出租土地 5.由谁来分：确定土地改革的执行机关为乡村农民大会、贫农团大会、区县省级农民代表大会，对一切违抗或破坏土地改革的罪犯，组成人民法庭予以审判 ［安口诀］注意不要混淆人民法庭和人民法院：人民法院是解放战争时期的司法机关，人民法庭是土改过程中成立的特别机构 6.对资本家：确认保护工商业的原则
影响	《中国土地法大纲》总结了中国共产党二十多年来土地革命的基本经验教训，修正了第二次国内革命战争以来土地立法的错误，调动了农民革命与生产的积极性，对保证解放战争的胜利起了决定性作用

（二）劳动制度

背景	1948年8月，在哈尔滨召开了第六次全国劳动大会，通过《关于中国职工运动当前任务的决议》和《中华总工会章程》
内容	1.确定解放区职工运动的任务 2.实行适合战时经济条件的劳动福利政策 3.确立劳动契约与劳动争议处理的原则 4.决定恢复中华全国总工会
影响	贯彻发展生产、繁荣经济、公私兼顾、劳资两利的指导方针

（三）婚姻制度

背景	老解放区基本上沿用抗战时期制定的婚姻条例，新解放区参照老区的规定制定了婚姻法规
内容	1. 离婚原则变化 在强调感情因素的同时，注重政治条件，夫妻一方是恶霸、地主、富农或有反革命活动者，他方可据此为理由提出离婚。 2.干部离婚原则 （1）坚持以夫妻感情意志根本不合为标准，凡以威胁、利诱、欺骗等手段制造离婚条件的，原则上不准离婚。 （2）对不得不离、经调解无效者，应准予离婚，但在财产处理上照顾对方。
影响	这一时期的婚姻立法，突出强调依照婚姻自由、保障革命军人的婚姻以及干部离婚的处理原则等，处理具体婚姻家庭纠纷。

> **超链接**
>
> 人民民主政权婚姻立法有三种情况：
>
> 老解放区继续沿用原法，如晋冀鲁豫边区1941年通过的《晋冀鲁豫边区婚姻暂行条例》，晋察冀边区1943年通过的《晋察冀边区婚姻条例》继续沿用。
>
> 老解放区修改旧法，如陕甘宁边区第三届参议会1946年通过的《陕甘宁边区婚姻条例》，再如1947年通过的《修正山东省婚姻暂行条例》。
>
> 新解放区制定新法，如《辽北省关于婚姻问题暂行处理办法（草案）》《关东地区婚姻暂行条例（草案）》《旅大市处理婚姻案件办法草案》。

考点 14：人民民主政权刑事和司法制度

（一）刑事制度

刑法原则	1947年10月10日，中国人民解放军总部发布《中国人民解放军宣言》，该宣言宣布了中国共产党的八项基本政策，其中最基本的政治纲领就是组成民族统一战线，成立民主联合政府。此宣言确立的八项政策是后来召集新政治协商会议的基础，在刑事方面，将惩办与宽大相结合的原则进一步明确为<u>首恶者必办，胁从者不问，立功者受奖</u>，以集中打击各类反革命分子
主要罪名	1.<u>惩办战争罪犯</u> 2.<u>镇压地主恶霸与肃清政治土匪</u>：各解放区致力于镇压地主恶霸和肃清政治土匪，以维护解放区的社会安定和保障人民的生命财产安全 3.<u>取缔反动党团及特务组织</u>：各解放区的军管会和人民政府在成立之初即发布命令文告，强制取缔一切敌特组织，包括国民党、三青团、青年党、民主社会党等，查封其机关，没收全部财产档案，收缴其武器，勒令敌特分子在一定期限内向公安机关登记，接受管制 4.<u>解散一切反动会道门迷信组织</u>：会道门首要分子须向公安部门登记，如有与匪勾结进行破坏活动的首要分子应予严惩；被胁迫、诱骗参加者，一经退出停止活动，一律不予追究 ［安口诀］正规的，杂牌的，天上的，地下的 5.此外，解放区刑事立法还对惩治扰乱金融、贪污、盗窃、诈骗、吸毒贩毒等犯罪作了规定
主要刑罚	基本上继承了抗日战争时期边区的制度，如都规定了死刑、有期徒刑、劳役、罚金及褫夺公权、没收财产 1.创设<u>管制刑</u>：将已登记的反动分子交给当地政府及群众监督，限制其自由，责令其每隔一定时间必须向指定机关报告行踪，这是解放区民主政权总结经验，适应处理、改造大批反革命分子的需要，发动群众对敌专政、改造罪犯的重要形式 2.还增加了<u>无期徒刑</u> ［安口诀］进不去，出不来

> **超链接**
>
> 三青团：即"三民主义青年团"的简称，1938年4月，国民党临时代表大会决定成立，1947年9月，国民党六届四中全会决定将三青团并入国民党。
>
> 青年党：1923年12月在法国巴黎创立，抗日战争中该党一部分人组成"中国青年党中央政治行动委员会"，参加汪精卫伪政府，沦为汉奸。

品题

人民民主政权时期，在解放区的刑事立法中创设的新刑种是（ ）。[①]（2017年单选45）

A. 管制　　　　　　　　B. 拘役
C. 没收　　　　　　　　D. 罚金

---

① A

（二）司法制度

人民法院	1.各行政大区一般都建立了大区、省（行署）、县三级审判体制 ［安口诀］四级三审有例外：一是1932年《法院组织法》三级三审制；二是工农民主政权四级二审制；三是抗日战争后三级审判体制 { 表格见下 } 2.审判机构改称人民法院，推事改称审判员，各级法院一般设有审判委员会，各级法院隶属同级政府，但独立行使审判职能
人民法庭	1.为保证土改的顺利进行，各解放区都组建了人民法庭，以贫雇农为骨干，并有政府代表参加的群众性临时审判机关，专门审判一切违抗、破坏土地法的案件 2.人民法庭可判决当众坦白、赔偿、罚款、劳役、褫夺公权、有期及无期监禁，死刑须经县以上政府批准方可执行

抗日战争后期	解放战争时期
边区高等法院	大区人民法院（如东北解放区高级人民法院）
高等法院专区分庭	省级人民法院
县、市司法处	县级人民法院

第七章 复习总结篇

第一节 大纲中"绪论"部分内容

考点 1：中国传统法制的主要特征

法自君出 重权隆法	君主享有最高的立法权，决定法律的创制和变迁→（目的是什么？）→法律也以维护君权为要务→（所以要重视）→君主和统治集团重视制定和运用法律，巩固政权稳定，维护社会秩序→（为什么会这样？）→这种传统是古代农耕文明的特征所决定的，具有深刻的社会、历史和文化根源
诸法并存 民刑有分	中国古代的法典编纂保持"诸法合体、民刑不分"的体例→（传统观点）→但是在法律体系上，则是诸法并存，民刑有分的，即法律体系是由刑法、民事法、行政管理法、诉讼法等法律部门构成的→（新观点）→"诸法并存，民刑有分"是从法律所调整的社会关系的特殊性和具体性以及由此而形成的法律体系而言，至于"诸法"是否都发展成独立的部门法，需要结合历史发展的进程予以具体分析
家族本位 伦理法制	中国古代是沿着由家而国的途径进入文明时代的→（国家源于宗族）→因此宗法血缘关系对于社会和国家的诸多方面都有着强烈的影响，尤其是宗法与政治的高度结合，造成了家国一体、亲贵合一的特有体制→（所以需要儒家）→儒家所倡导的伦理道德成为法律的重要内容和基本精神。法律维护家族本位的社会结构及其经济基础，历经数千年依然保持稳定→（最终结果）→道德法律化和法律道德化的交融发展，成为传统法制的重要特征
调处息争 无讼是求	无讼是中国古代法制建设的价值取向，调处是实现息讼、无讼的重要手段→（调解哪些案件？）→调处适用的对象是民事案件与轻微的刑事案件→（谁来调解？）→调处的主持者包括地方州县官、基层小吏和宗族尊长→（为什么需要调解）→调处息争依赖的是宗族势力和基层国家权力，凭借的是礼与法相结合的多种法律渊源→（调解有什么好处？）→调处息争适应封闭的小农经济基础的深厚地缘关系，维护三纲五常的伦理秩序，形成了一整套的完备制度

考点 2：中国法制史的优秀传统

德配王命 民贵君轻	民本主义是中国古代法制与法文化的基础→（第1步）→西周时期就确立了"以德配天"的观念，即天授王权取决于君王的德性，体现为"敬天保民"的统治政策→（第2步）→儒家进一步提出了民贵君轻、民为国本的思想→（民本主义的影响）→这一传统对于中国古代法律有着深远的影响，可以说传统法律的各个层面都表现出浓厚的民本主义色彩，如：<u>德主刑辅，注重教化</u>；<u>摆脱神判，重视证据</u>；<u>宽仁慎刑，爱惜人命</u>等

续表

礼法结合 综合为治	礼法结合是中国古代法律最主要的传统；礼法相互为用，实现社会综合治理是中华法系最鲜明的特征： （内涵1）→礼法互补，以礼为主导，以法为准绳； （内涵2）→以礼为内涵，以法为形式； （内涵3）→以礼行法促进法律的实施，以法明礼增添礼的权威； （内涵4）→以礼入法，使法律道德化，法由止恶而兼劝善； （内涵5）→以法附礼，使道德法律化，出礼而入于刑
体系完备 律例并行	中国古代法的渊源经历了从先秦礼制与刑书，到《唐六典》与律令格式的长期发展，逐渐形成了以政典为组织法，以律典为基本法律，令格式为管理制度，并以廷行事、决事比、判例等为必要补充的完备体系→（法律形式的好处）→较好地解决了法部门分类、法效力层级划分的机制问题，并兼顾了法的稳定性和适应性
以法治官 明职课责	以法治官是中国古代法制的悠久传统，其主要内容包括： （内涵1）→明确官吏的职、权、责； （内涵2）→规定官吏的行为方式与自我约束的机制； （内涵3）→实行考选、考课、监察等一系列制度，促使官吏奉公守法，为君尽责； （以法治官的意义）→随着社会文明的进步，职官法不断充实完善，使官吏职责明确，有法可依，是古代法律体系中的重要组成部分
法尚公平 执法原情	先秦诸子在释法时，常以度量衡为比喻，强调法的公平，公平成为法律的基本价值追求→（法尚公平的意义）→法尚公平不仅体现在立法的内容上，也讲求执法原情，达致天理、国法、人情的允协

考点3：中华法系

概念	中华法系是被世界公认为特点鲜明、影响深远的一大法系。古代中国国力长期居于东亚，甚至世界前列，形成了以中国为核心的东亚儒家文明圈，中国的法律制度自然而然地影响到周边国家，其中以唐律为甚
形成	中华法系是中华民族数千年法律实践的结晶，自夏商周至近代，源远流长，独树一帜，为人类法治文明作出了巨大的贡献。中华法系在文化精神和宏观样式上呈现出多元的特征，儒、墨、道、法各家都对中华法系的形成与发展产生不同程度的影响，儒家尤甚，具有一贯性和包容性
发展	中华法系是在中国特定的历史条件下形成的，是中华法文化的特殊性及其世界影响力的集中体现，显示了中华民族的伟大创造力和中华法制文明的深厚底蕴。其形成历程与中华民族的发展、国家管理职能的成熟，以及来自多源头的法文化的不断整合密不可分。正是由于中华法系在文化上的多源头，才孕育了丰富多彩的法文化，缔造了独具特色的中华法制文明。中华法系的形成与发展虽以汉民族为主导，但其他少数民族同样也作出了自己的贡献，它是融合了各民族的法律意识与创造力而形成的
特点	中国古代特定的自然地理环境、生产方式、宗法伦理关系，以及大一统集权政治制度，决定了中华法系具有以下主要特点：皇权至上；维护宗法伦理；引礼入法，法律不断儒家化；以刑为主，诸法并存

231

解体	中华法系在19世纪末20世纪初受到西方法文化的冲击和影响，进行大规模的修律，才开始逐步解体，中华法系失去了所依附的载体而退出历史舞台，但中华法系所凝聚的中华民族精神和法文化精华中的因子没有消亡
国内影响	在漫长的历史进程中，中华民族创造了彪炳史册的灿烂法文化，积累了丰富的治国理政经验。中华法文化底蕴之深厚、特点之鲜明、影响之深远，以及治国经验之丰富、理性，都显示了古圣先贤的政治智慧、法律智慧与舍我其谁的治国抱负。中国古代主张"民惟邦本、政得其民，礼法合治、德主刑辅，为政之要莫先于得人、治国先治吏，为政以德、正己修身，居安思危、改易更化"，等等，都给人们以重要启示。中华民族所创造的法文化资源，既是标志其文明高度的丰碑，同时也是支持我国当前治国理政和增强文化自信所需要的智库
国际影响	作为中华法系的代表作，唐律超越国界，对亚洲诸国产生了重大影响。朝鲜《高丽律》篇章内容都取法于唐律；日本文武天皇制定《大宝律令》，也以唐律为蓝本；越南李太尊时期颁布的《刑书》，大都参用唐律。从唐朝起，中国法典的先进性、科学性受到相邻国家的尊重，并被奉为母法，相邻各国均成为中华法系所覆盖的国家
启示	今天复兴或重塑中华法系，使深厚的具有民主性精华的法文化与新的国情态势和时代任务相结合，使世界性和民族性相统一，对于实现依法治国的方略，提高全民的法律意识，增强中华民族的自豪感与自信心具有重大的历史意义。 历史和阶级的局限，使得传统法文化中难免菁芜并存。我们的任务就是去芜存菁，激活传统法文化的优秀部分，使之创造性转化，为全面依法治国、坚持中国特色社会主义法治道路、建设新时代中国特色社会主义法治体系而服务

第二节 历史变迁专题总结

（一）三省六部制

第1步——唐代三省六部制。

三省	六部	二十四司	主要职责
中书省	—	—	—
门下省	—	—	—
尚书省	吏部	吏部司＋司封司＋司勋司＋考功司	职官的任命、考课、管理
	户部	户部司＋度支司＋金部司＋仓部司	户籍与财政收入管理
	礼部	礼部司＋祠部司＋膳部司＋主客司	祭祀、礼仪、教育、科举
	兵部	兵部司＋职方司＋驾部司＋库部司	六品以下武官的选授、考课、武举、军事行政
	刑部	刑部司＋都官司＋比部司＋司门司	大理寺审理案件的复核以及京师百官的案件会审
	工部	工部司＋屯田司＋虞部司＋水部司	土木、水利工程及农、林、牧（军马除外）、渔业

政事堂：三省的长官集体出任宰相，在政事堂议事，其职权明确划分，互相制约。
1）中书省传承皇帝的命令，草拟诏书。
2）经门下省审核驳正后，交皇帝批准。
3）尚书省负责执行皇帝的诏敕和经皇帝批准的各项政令。

第 2 步——宋代中央机关：

二府	中书门下：宋朝最高行政机关，其长官中书门下平章事通常由两三人担任，实际行使宰相的权力，为防范相权过重，又设副相参知政事
	枢密院：宋朝最高军事行政机关，其长官枢密使与宰相同品级
三司	背景：宋朝中央理财机关。宋朝不使地方留税，全国财赋尽出三司，故三司长官权任甚重，又称计相。宋神宗时期裁汰三司归并户部，恢复了三省原有的权力
	盐铁司：掌工商收入、兵器制造； 度支司：掌财政收支、粮食漕运； 户部司：掌户口、赋税和榷酒
	影响：机构重叠、职权分散、冗官充斥、效率低下
御史台	组成：宋朝中央监察机关，以御史中丞为长官，下设三院，即台院、殿院、察院，御史由皇帝任命，从曾两任知县的官员中选任，宰相不得荐举御史人选，宰相的亲故也不得担任御史
	职权：御史每月必须奏事一次，是为月课，可以风闻弹人，不必皆有实据，上任百日内无所纠弹者，贬为外官
谏院	组成：在御史台之外，将分属中书、门下两省的谏官（如谏议大夫、司谏、正言等）组成谏院，与御史台合称台谏
	职权：负责对中枢决策、行政措施和官员任免等事提出意见，宋朝以前谏官专门负责监督皇帝，向皇帝规谏讽谕。宋朝谏官和台官职能趋于一致
	影响：谏官由代天下谏议君主，转变为代君主监察百官，使君主的权力更无羁绊，同时宋朝台谏官在政治斗争中起到了重要作用，往往成为皇帝独裁或权臣排斥异己的工具

第 3 步——元代中央机关：

1）行政：中书省取代隋唐的三省，下设吏、户、礼、兵、刑、工六部，中书省设中书令为长官，由皇太子兼领，皇太子一般不到职视事，由左右丞相及其他副职实际负责政务，统称宰相。

2）军事：枢密院掌理军事，地位低于中书省，皇太子兼领枢密使。

3）宗教：宣政院掌理全国佛教及吐蕃地区军民政教事务，以国师（帝师）总领，机构庞大，职官僧俗并用，遇重大军事须会同枢密院商定，由于蒙古贵族崇信喇嘛教，并且以国师或帝师教旨和皇帝敕令并行于西部藏族地区，因此宣政院的权力很大。

4）监察：御史台。

第 4 步——明代中央机关：

行政	明太祖废除宰相制度，皇帝直接控制六部
	特设通政使司统一收发各部门与皇帝之间的奏章文件，六部尚书与通政使、左都御史、大理寺卿合称九卿
	内 阁 第1步——洪武十五年朱元璋从翰林院等机构中选调官员加殿阁大学士衔，负责草拟诏谕，并充当皇帝的顾问，但是"不得平章国事"。 第2步——成祖时命翰林院侍读、编修、检讨等文学侍从官员入值文渊阁，正式称为内阁，并参与机要，但内阁大学士职权仅是遵命办事而已，不同于原来的中枢机关中书省。 第3步——明仁宗、明宣宗开始，六部尚书入阁兼领殿阁大学士衔，内阁的职权渐重，尤其是首席大学士称为首辅，实际上掌握了丞相的权力。 第4步——明中后期由于宦官专权和政治腐败，内阁权力受到限制，始终处于辅臣地位
军事	军事指挥权分由前、后、左、右、中五军都督府掌握
监察	明朝建立了空前庞大的监察机构，中央监察机关都察院由御史台改名而来，长官为左都御史、右都御史辅之，所有御史必须科举出身，职权颇重，对任何官员都可进行监督弹劾，并可对刑部的审判和大理寺的复核及地方审判进行监督。 1）都察院设十三道监察御史：每年轮换出京至各省巡查，称为"巡按御史"，官阶不高，但拥有"大事奏裁，小事立断"的权力，御史犯法加重二等处罚。 2）中央六部设六科给事中：每部设给事中、左右给事中各一人，负责监察六部日常政务活动，核查奏章和奉旨执行政务的情况，与都察院并列，直接向皇帝负责

（二）法典篇目

《法经》6篇——《九章律》9篇——《曹魏律》18篇——《晋律》20篇——《北魏律》20篇——《北齐律》12篇——《开皇律》12篇——《大业律》18篇——《唐律》12篇——《宋刑统》12篇——《大明律》7篇——《大清律例》7篇。

（三）法典总则

第1步——《法经》"具法"。

第2步——《九章律》"具律"。

第3步——《曹魏律》"刑名"。

第4步——《晋律》"刑名"+"法例"。

第5步——《北齐律》"名例律"。

（四）死刑复奏

第1步——秦汉时期没有死刑复奏。

第2步——魏晋南北朝确立，一方面标榜慎刑，另一方面使皇帝更牢固地掌握最高审判权。

1）如曹魏规定，除谋反、杀人罪外，其余死刑案件必须上奏皇帝。

2）如南朝宋规定："其罪应重辟者，皆如旧先须上报，有司严加听察，犯者以杀人论。"

3）如北魏规定，各地死刑案件一律上报奏谳，由皇帝亲自过问，须无疑问或无冤屈时才可执行。

第 3 步——唐代出现三复奏、五复奏和一复奏。

三复奏	地方各州死刑必须经过三复奏，决前一天两复奏，决日一复奏，"不待复奏报下而决者，流两千里"
五复奏	京城死刑案件五复奏，决前一天两复奏，决日三复奏
一复奏	恶逆以上罪及部曲、奴婢犯杀主人罪者，则一复奏后，就可执行死刑

（五）最高司法官/机关

西周"大司寇"、秦代"廷尉"、北周"秋官大司寇"、北齐"大理寺"、元"大宗正府"、明"刑部"、清末"大理院"、南京临时政府"审判所"、北洋政府"大理院"、南京国民政府"司法院"。

（六）八　议

第 1 步——源于西周"八辟制度"。
第 2 步——确立于《曹魏律》。
第 3 步——隋《开皇律》将议、请、减、赎、当全面规定。
第 4 步——《大清新刑律》删除。

（七）五　服

第 1 步——周礼五服，包括斩衰、齐衰、大功、小功、缌麻。
第 2 步——确立于《晋律》。
第 3 步——《元典章》《大明律》将服制图列于律首。
第 4 步——《大清新刑律》附录《暂行章程》，卑幼伤害尊长加重，尊长伤害卑幼减轻。
第 5 步——《中华民国刑法》继续卑幼伤害尊长加重，尊长伤害卑幼减轻。

（八）考课制度

第 1 步——汉代官吏考课。
1）背景：汉承秦制，通过上计的方式进行考课。
2）内容：根据《上计律》规定，年终由郡国上计史携带上计簿到京师上计，汇报工作，上计的范围包括户口、赋税、盗贼、狱讼、农桑、灾害、道议等，根据政绩的殿最，决定迁降赏罚。

第 2 步——唐代官吏考课。
1）概念：考课制度是按一定标准考核官员的品质、才能、勤劳、功过，分别等第据以升降赏罚。唐朝职官的考课从程序到内容皆已制度化和法律化。
2）程序：每年一小考，由本司或州县长官主持；每四年一大考，四品以下官皆由吏部考功司负责，三品以上官报皇帝裁决。
3）标准：考课的标准是四善二十七最。

四善	标准：国家对各级官吏的品行操守提出的四项共同要求：德义有闻＋清慎明著＋公平可称＋恪勤匪懈
	结果：有一项合格者为一善，四项合格者为四善，皆不合格则无善
27最	标准：根据不同的部门职掌、不同的业务性质，分别提出的27条具体专业要求
	结果：综合被考课者的善、最，定上、中、下三等九级。小考优者赏之以加禄，劣者罚以夺禄；大考优者赏以晋升，劣者罚以降职，甚劣者免官或依律惩治

第3步——宋代官吏考课。

1）程序：京朝官由审官院掌考，州县官由考课院掌考；考课每年一次，三年为一任，根据考课的治绩来定赏罚。

2）标准：以"四善三最"为考核标准，四善包括德义有闻、清谨明著、公平可称和恪勤非懈，三最包括治事之最、劝课之最和抚养之最。

3）方法：一是磨勘制，即定期勘验官员的政绩以定其升迁，实际上是凭资历升官；二是历纸制，类似于现代的考勤登记，官员按日自计功过，并上交给主管官吏，或由长官平时记录其属下官员的善恶。

（九）选官制度

第1步——西周宗法制度，家国一体、亲贵合一。

第2步——商鞅颁布《军爵令》，目的在于奖励战功，增强国力。

第3步——汉代察举制。

1）察举：郡国地方官自下而上向朝廷推荐本地人才为官的制度，是汉代最主要的选拔方式。察举制度始于西汉而盛于东汉，由皇帝下诏责成中央和地方各级长官每年向朝廷推荐贤能之士为官。被举荐人的条件和选拔科目，往往因时因事的需要而定，主要有孝廉、秀才、贤良方正、孝悌力田、明经、明法、文学等。

2）征召：一是皇帝诏令各郡推举"贤良方正能直言极谏者"，经过皇帝对策后任用为官，称为诏举，也叫举贤良文学；另一种是皇帝特诏征用有特殊才能或德高望重之士，由皇帝派遣专使以特诏聘书"辟书"聘请。

3）辟举：也称辟除，是高级主管官吏或地方郡守以上官吏对其辖内有名望和才德之士，向中央举荐或自选为属吏的制度；征召和辟举合称为征辟，皆为自上而下直接选拔官吏的制度。

4）任子：即高级官吏可以保任其子弟为官。

5）太学补官：汉武帝以后中央设立太学，招收贤俊好学子弟学习儒家经典，经考试成绩优良者，可以补官。

第4步——魏晋九品中正制。

第5步——隋唐科举制。

1）背景：官吏的主要来源有科举和门荫，以前者为正途，唐朝将隋朝开创的科举选官制度进一步系统化、完备化。

2）主体：参加科举的考生是各级官学考试选拔的生徒和经地方州县审核身份并初试

合格的乡贡。

3）初试：科目主要有秀才、明经、进士、明法、明字、明算等，以明经、进士二科最受重视。

4）复试：真正入仕还须通过吏部的考试，称"释褐试"，通过释褐试后才得正式任命为官。吏部择人之法有身、言、书、判。

第6步——宋代科举制。

1）主体：录取和任用的范围较宽，一经录用便可任官，僧道也可参加考试。

2）形式：殿试成为常制，考生一律成为天子门生；糊名（弥封）+誊录+回避，以防科场舞弊。

3）内容：诗赋、经义+国家实际治理的策论。

第7步——元代科举制。

1）背景：元朝建立以后，科举考试制度长期停废，元仁宗恢复科举。

2）形式：每三年举行一次，分为乡试、会试和殿试。

3）内容：结束诗赋取士的历史，首创程朱理学经义取士。

第8步——明代科举制度。

1）主体。只有官学的学生才可参加科举考试：各府州县均设官学，学生称生员或秀才；士人考取生员就有免役特权，并不受笞杖刑和刑讯。生员可参加每三年一次的省级乡试，考取即为举人；举人经六年一次的大挑可直接任官。

中央设国子监为最高学府，学生称监生；生员也可经考试推荐为监生；监生也可被选为官，但一般只能担任教官或辅助性官职。

举人可参加每三年一次的全国性会试，考中再经殿试合格成为进士；进士可以直接出任正七品的知县，前几名还会被选入翰林院任职。

2）形式：明宪宗创立了八股的格式。

3）内容：明太祖规定专用四书五经命题，考生只能按程朱理学注解答题，不得言及时事，自由发挥。

（十）内　阁

第1步——洪武十五年朱元璋从翰林院等机构中选调官员加殿阁大学士衔，负责草拟诏谕，并充当皇帝的顾问，但是"不得平章国事"。

第2步——成祖时命翰林院侍读、编修、检讨等文学侍从官员入值文渊阁，正式称为内阁，并参与机要，但内阁大学士职权仅是遵命办事而已，不同于原来的中枢机关中书省。

第3步——明仁宗、明宣宗开始，六部尚书入阁兼领殿阁大学士衔，内阁的职权渐重，尤其是首席大学士称为首辅，实际上掌握了丞相的权力。

第4步——明中后期由于宦官专权和政治腐败，内阁权力受到限制，始终处于辅臣地位。

（十一）律例合编

第1步——《大明律》编成以后，明太祖曾令子孙守之；大臣不得稍议更改，然而随着时代的发展和社会的变迁，《大明律》已远远不能满足统治者的要求，条例于是被广泛地运用于司法实践。明初的例还仅是律文的补充，明宪宗成化（朱见深）以后用例之风日盛。

第 2 步——明孝宗弘治（朱祐樘）十三年，刑部删定《问刑条例》，与律并行，并且"通行天下永为常法"。

第 3 步——明世宗嘉靖（朱厚熜）、明神宗万历（朱翊钧）年间多次修订，条文不断增加。

第 4 步——明神宗万历（朱翊钧）年间将重新辑修的《问刑条例》附于《大明律》，律为正文，例为附注，称《大明律集解附例》，开律例合编的先例并影响了清朝。

第 5 步——顺治《大清律集解附例》、雍正《大清律集解》、乾隆五年正式颁行《大清律例》。

第 6 步——《大清现行刑律》对于律例合编模式和十恶制度等内容未作更改。

（十二）郡县制

第 1 步——商鞅废除井田，实行郡县。

第 2 步——汉初郡国并行：不同于秦代，汉初分封诸王，但是封国拥兵自重，对中央政权形成了严重威胁，自高祖、文帝、景帝至武帝，不得不采取多重手段进行削藩。

第 3 步——西汉地方政权为郡、县两级，县以下设乡、里、亭。

第 4 步——东汉末期形成州、郡、县三级的地方政权机构。

第 5 步——宋代实行路州县地方制度。

1）路级：宋朝地方新设路，长官为经略安抚使（帅司）、转运使（漕司）、提点刑狱使（宪司）以及提举常平使（仓司），称为四司。

2）州级：路下设府、州、军、监，是同级行政机关，朝廷任命知州，实行三年一换和籍贯回避制，另置通判，与之联署公文，以分知州之权。

3）县级：州以下仍为县，皇帝任命知县。

第 6 步——元代地方形成行省、路、府（州）、县四级，各级行政机构设达鲁花赤一人。

第 7 步——明代实行省府县地方制度。

1）省级：各省设布政使司掌行政，按察使司掌司法和监察，指挥使司掌军事，合称三司。

2）府级：府设知府，统掌所辖地方行政和司法。

3）县级：县设知县，统掌所辖地方行政和司法。

（十三）三公九卿制

第 1 步——汉初沿袭秦制，实行三公九卿制。

1）三公：丞相（辅佐皇帝，总理百政）；太尉（最高武官）；御史大夫（监察官之首）。

2）九卿：丞相之下设置，太常＋光禄勋＋卫尉＋太仆＋廷尉＋宗正＋大鸿胪＋大司农＋少府。

第 2 步——西汉中期，汉武帝加强皇权，分散和削弱了相权。

1）丞相改为大司徒（掌管民政、财政和教育）；太尉改为大司马（掌管军事）；御史大夫改为大司空（掌管土木营造）。

2）九卿改为由三公分管，"分职授政，以考功效"，便于发挥政权组织的统治效能，是汉代政权机构不断完善的标志。

第 3 步——西汉后期，皇帝侍从机构开始参政，原来只在内廷掌管图书、秘籍、奏章的尚书等中朝官，逐渐被皇帝委以处理军国大事的职权，有时更予宦官以"中书令"之称号。

第 4 步——东汉初期，尚书台的组织和职权进一步扩大，成为国家中枢机构，三公的职权显著削弱。尚书台的建立和完善是古代行政体制的重要发展。

（十四）秋冬行刑

第 1 步——秋冬行刑理论源于西周，将司法镇压与阴阳运行、四季变换联系起来，借助天的权威和实际生活感受来加强司法的严肃性。

第 2 步——汉代将秋冬行刑制度化。董仲舒的"天人感应"学说认为：春夏以阳为主，万物生长，不宜刑杀；秋冬以阴为主，万物凋零，宜施刑罚，清理狱讼。

第 3 步——秋冬行刑为后世法律所继承，如斩监候。

（十五）故意、过失

第 1 步——西周：过失为"眚"，故意为"非眚"。

第 2 步——秦代：故意为"端"，过失为"不端"。

第 3 步——律学："其知而犯之谓之故""意以为然谓之失""不意误犯谓之过失"。

（十六）矜老恤幼

第 1 步——西周"三赦"之法："一曰幼弱，二曰老耄，三曰蠢愚"，此三者中，除犯故意杀人罪外，一般皆赦免其罪；80 岁以上的老人及 7 岁以下的幼童犯罪，可免予刑罚处罚。

第 2 步——汉代矜老恤幼，对老人、孩童、妇女、残疾人等生理上之弱势群体在定罪量刑上给予特殊宽宥。

第 3 步——唐代老幼废疾减刑，70 岁以上、15 岁以下及废疾者，流罪以下收赎；80 岁以上、10 岁以下及笃疾者，反逆及杀人应处死刑的上请，盗窃及伤人的收赎；90 岁以上、7 岁以下的人免除刑罚。

第 4 步——元代开始出现诉讼代理，只适用于两种人，一种是年老和患疾病、行动不便者，另一类是退休或暂时离任的官员。

（十七）存留养亲

第 1 步——北魏确立，诸犯死罪，若祖父母、父母年七十以上，无成人子孙，旁无期亲者，具状上请，流者鞭笞，留养其亲，终则从流，不在原赦之例。

第 2 步——清代秋审如案情属实，罪名恰当，但罪犯为独子而祖父母、父母年老无人奉养，或符合孀妇独子等条件的，则经皇帝批准，可改判重杖，枷号示众三个月。

第 3 步——清末礼法之争，法理派认为"古无罪人留养之法"，存留养亲不编入新刑律草案，"似尚无悖于礼教"；礼教派认为存留养亲是宣扬仁政、鼓励孝道的重要方式。

（十八）自　首

第 1 步——秦律区分"自出""自告"与"得（捕获）"，"自出""自告"等自首者从轻，若犯罪后能主动消除犯罪后果，可减免处罚。

第 2 步——唐律自首减免刑罚。

1）区分自首和自新：犯罪未发为自首，原其罪；犯罪已发为自新，减轻刑事处罚，赃物须按规定如数偿还。

2）不能自首：于人损伤，于物不可备偿，若越度关及奸，并私习天文者，并不在自首之列。

3）交代犯罪性质不彻底的为自首不实，犯罪情节交代不彻底的为自首不尽，依不实不尽之罪罪之，至死者听减一等；轻罪已发，能首重罪者，免其重罪；审问他罪而能自首余罪者，免其余罪。

4）自首方式：

自首	原则上为罪犯本人向官府坦白其犯罪行为
代首	罪犯可委托他人代自己向官府自首，他人代首在法律上与自己亲首一样，免予处罚
为首	即使未受罪犯委托，在法定相容隐的范围内，亲属可代为自首，唐律称为首
首露	在一些与财产相关的犯罪中，罪犯还可向受害的财主坦白其罪，称为首露，视同向官府自首

第 3 步——清代为防止旗地旗产散失，多次申令禁止汉人典买旗地并进行清查。在清查中自首者，由官府给价回赎；隐匿不首者，一旦查处，业主、售主均照隐匿官田律治罪，失察长官也严加议处。

（十九）赎　刑

第 1 步——夏商除"正刑有五"外，还存在诸如鞭扑、流刑、劳役刑、赎刑等刑罚。

第 2 步——《吕刑》是周穆王命司寇吕侯所作，是西周中期具有代表性的刑法，赎刑由此开始制度化。

第 3 步——秦代财产刑，包括赀和赎。赀以财罚为主，也有与财产相关的力役罚，对轻微犯罪者实行赀甲、赀盾、赀徭等；赎是缴纳一定数量的赎金或提供一定期限的劳役以替代判定的刑罚。

第 4 步——秦代盗徙封罪：偷偷移动田界标志企图侵占他人田产，秦律规定"盗徙封，赎耐"。

第 5 步——汉代女徒顾山属于赎刑的范围，即允许被判徒刑的女犯回家，但需每月缴纳官府三百钱，由官府雇人上山砍伐木材或从事其他劳作，以代替女犯的劳役刑。

第 6 步——汉代治安官吏失不举劾，各以赎论。

第 7 步——曹魏死刑有三，髡刑有四，完刑、作刑各三，赎刑十一，罚金六，杂抵罪七，凡三十七名，以为律首。

第 8 步——晋五刑包括死、徒、笞、罚金和赎刑。

第 9 步——南陈如官吏犯罪应判四年至五年徒刑，准许当徒二年，余刑或者采取赎刑，或者服劳役；若判三年徒刑，亦许以官当徒二年，剩余一年可以赎；区分公罪、私罪，并规定不同的处罚原则。

第 10 步——唐代 70 岁以上、15 岁以下及废疾者，流罪以下收赎；80 岁以上、10 岁以下及废疾者，盗窃及伤人者收赎。

第 11 步——唐代诸应议、请、减及九品以上之官，若官品得减者之祖父母、父母、妻、子孙，犯流罪以下，听赎。

第 12 步——唐律诸疑罪，各依所犯，以赎论。即疑狱，法官执见不同者，得为异议，议不得过三。

第 13 步——唐律过失杀，"耳目所不及，思虑所不至"，一般以赎论。

（二十）化外人相犯

第 1 步——唐代："AA 用 A，AB 用唐"；宋代："AA 用 A，AB 用宋"。

第 2 步——明代："AA 用明，AB 用明"；清代："AA 用 A，AB 用清"。

第 3 步——清末：领事裁判权。

（二十一）比附类推

第 1 步——西周："罪无正律，则以上下刑而比附其罪也"，即在无法律明文规定情况下的类推适用。

第 2 步——唐代：诸断罪而无正条，其应出罪者，则举重以明轻；其应入罪者，则举轻以明重。

第 3 步——《宋刑统》新增臣等起请 32 条（修律者为适应当时形势发展的需要，对前朝行用的敕令格式经过审核详虑后，向朝廷提出的变动建议，实际上是新增条款）；余条准此 44 条（具有类推适用性质的条文）。

第 4 步——明代：若断罪无正条，引律比附，应加应减，定拟罪名，转达刑部，议定奏闻，与唐律的举重以明轻、举轻以明重的原则相比，使法官的自由裁量权更大，助长了司法擅断的弊端。

（二十二）诬告反坐

第 1 步——西周司法官五过：惟官（秉承上意，依仗权势）、惟反（利用职权，报私恩怨）、惟内（内亲用事，暗中牵制）、惟货（贪赃受贿，敲诈勒索）、惟来（接受请托，徇私枉法）。《吕刑》规定，犯有五过之疵者，"其罪惟均"，即司法官和罪犯受同样的惩罚。

第 2 步——秦代故意捏造事实诬告他人者，使无罪者入罪，轻罪者入于重罪，即构成诬告罪，按所诬罪名相应的刑罚，对诬告者处罚。

第 3 步——唐代：如任意引用而致断罪有出入者，属故意，以故意出入人罪论处，即采取反坐原则；属过失，以过失出入人罪论，即减故意者三至五等处罚。

第 4 步——明代严厉制裁诬告行为，诬告加等反坐。

（二十三）起　诉

第1步——秦代起诉有当事人或亲属告发或官吏纠举，知奸不举者要连坐。

第2步——汉代自诉称告（告诉），公诉称劾（举劾），治安官吏负有纠举犯罪的责任，见知而故不举劾，各与同罪；失不举劾，各以赎论。

（二十四）十　恶

第1步——重罪十条正式确立于《北齐律》，包括反逆、大逆、叛、降、恶逆、不道、不敬、不孝、不义、内乱，犯此十者，不在八议论赎之限。

第2步——十恶确立于《开皇律》，包括谋反、谋大逆、谋叛、恶逆、不道、大不敬、不孝、不睦、不义、内乱。

第3步——《大业律》删除十恶，减轻某些犯罪的处刑，但该律并未认真实施。

第4步——元代改十恶为诸恶。

（二十五）重法地法

第1步——宋仁宗首立《窝藏重法》，北宋中期，面对盗贼纵横治安混乱的局面，为严惩窝藏贼盗犯罪，清除贼盗的社会基础，故制定该法。

第2步——英宗继承了重法政策，重制重法，既强调法的追溯力，又株连罪犯亲属并籍没其家产，以反逆罪惩治盗贼。

第3步——神宗熙宁四年（1071年）颁行《重法地法》，也称《盗贼重法》，扩大了重法的适用地区，由京畿地区发展到全国2/3以上的地区。

第4步——重法地制度于哲宗元符三年（1100年）被废除。

（二十六）思想犯罪

第1步——秦代惩治诽谤与妖言、以古非今、妄言、非所宜言、投书等思想言论的犯罪。

第2步——汉代沿用秦朝的诽谤妖言、非所宜言，出现腹诽罪。

第3步——明清文字狱，绝大多数比照谋大逆判罪。

（二十七）新五刑

第1步——曹魏：死刑有三，髡刑有四，完刑、作刑各三，赎刑十一，罚金六，杂抵罪七，凡三十七名，以为律首。

第2步——晋：死、徒、笞、罚金、赎刑。

第3步——北魏：死、流、徒、鞭、杖，初步形成以劳役刑为中心的五刑体系。

第4步——北周：杖、鞭、徒、流、死，首创按道里远近划分流刑为五等。

第5步——北齐：死、流、徒、鞭、杖。

第6步——隋唐：死、流、徒、杖、笞。

1）死刑：分为绞与斩两等，较前代轻缓了很多。

2）流刑：流2 000里、2 500里和3 000里三等，皆劳役一年。另外增设加役流，即流3 000里，劳役三年，作为某些死刑的宽宥处理。

3）徒刑：分为徒一年、一年半、二年、二年半和三年。
4）杖刑：分为杖六十、七十、八十、九十和一百。
5）笞刑：分为笞十、二十、三十、四十和五十。

（二十八）廷　杖

第 1 步——明律中并无廷杖的刑罚，自朱元璋将工部尚书薛祥杖杀于朝堂之上，后遂定制成为常刑。

第 2 步——明武宗正德（朱厚照）十四年廷杖谏止南巡的群臣 146 人，死 11 人。

第 3 步——明世宗嘉靖（朱厚熜）三年廷杖谏争大礼的大臣 134 人，死 17 人。

（二十九）凌　迟

第 1 步——凌迟首用于五代。

第 2 步——宋代为法定刑。

第 3 步——清代的凌迟、枭首、戮尸等酷刑被运用于罪大恶极的犯罪，在适用范围上较明代有所发展。

1）凌迟：较明代增加劫囚、发冢、谋杀人等罪，行刑方式也更加残酷。

2）枭首：最初只适用于凌迟重犯，后扩大到江洋大盗、爬城行劫、粮船水手行劫等犯罪。

3）戮尸：凡被判处凌迟和枭首的罪犯，在执行前已经死亡的，对罪犯的尸体施以此刑。

第 4 步——于《大清现行刑律》颁行时废除。

（三十）减死之罪

第 1 步——北齐和西魏废除宫刑。

第 2 步——唐代增设加役流，即流 3 000 里，劳役三年，作为对某些死刑的宽宥处理。

第 3 步——宋代刺配，宋元出现充军。

第 4 步——明代充军形成极边、烟瘴、边远、沿海、口外、近卫、附近，远比一般流刑为重，包括终身（本人身死为止）和永远（罪犯本人死亡后，子孙亲属仍须继续充军，直到勾补尽绝方能开豁）。

第 5 步——清代将明朝充军定为重于流刑的刑罚种类，分为附近（2 000 里）、近边（2 500 里）、边远（3 000 里）、极边（4 000 里）、烟瘴（5 000 里）五等，号为五军，并编制了五军道里表详细规定该府罪犯应充军的地方。

第 6 步——清朝创立发遣，仅次于死刑，即将罪犯发配到边疆地区给驻防八旗官兵当差为奴的刑罚，重于充军，对象主要是犯徒罪以上的文武官员，一般只限本人，情节轻微的还有机会放还。《大清律例》规定的发遣罪名有 134 项之多。

（三十一）劓刑、刺字

第 1 步——夏商旧五刑：墨，劓，剕（刖），宫，大辟。

第 2 步——文景刑制改革。

1）文帝十三年下令除肉刑，把黥刑（墨刑）改为髡钳城旦舂，改劓刑为笞刑三百，改斩左趾为笞刑五百，改斩右趾为弃市刑，意在从法律上废除肉刑，减轻刑罚的残酷程度。但在司法实践中有很多弊端：一是扩大了死刑范围，如斩右趾改为弃市死刑；二是出现变相死刑，劓刑、斩左趾因笞数太多，受刑者难保性命，造成"外有轻刑之名，内实杀人"的后果。

2）景帝在文帝改革的基础上进一步改革。其一，两次减少笞刑数目：第一次将笞三百改为笞二百，笞五百改为笞三百；第二次又分别减笞三百为二百，笞二百为一百。其二，颁定《箠令》，规定笞杖规格、受刑部位以及行刑不得中途换人等。

第3步——宋代刺配：既杖其脊，又配其人，而且刺其面，是一人之身、一事之犯而兼受三刑。

第4步——元代对盗贼犯罪明显加重：强盗皆死；盗牛马者劓；盗驴骡者黥额，再犯劓；盗羊豕者墨项，再犯黥，三犯劓，劓后再犯者死。

第5步——清代将枷号和刺字作为附加刑，并扩充了刺字的适用范围，如发冢（盗墓）、逃囚等罪也附加刺字，受刺字的罪犯刑满释放后必须充当巡警之役三年。

（三十二）监　临

第1步——武帝时作见知故纵、监临部主之法，即发现有人犯罪必须举报，否则即为故纵（见知人犯法不举告为故纵），上级官员对所辖主管官吏的违法行为，应及时纠举，否则应处连坐（而所监临部主有罪并连坐也）。

第2步——汉代三互法：婚姻之家及两州人士，不得对相监临（即交互为官）。

第3步——唐六赃中受所监临财物罪是指监临之官不因公事而受监临内财物。

第4步——唐代不能缔结婚姻的情形包括：同姓不婚；有血缘关系的尊卑不婚；严禁与逃亡女子为婚；监临官不得与监临之女为婚；良贱不婚。

（三十三）婚书聘财

第1步——唐代婚书、聘财为婚姻成立的要件，诸许嫁女，已报婚书及有私约而辄悔者，杖六十，或者虽无许婚之书，但女家已接受男家的聘财，亦不得悔婚，否则亦处杖六十。男家自悔者，不坐。

第2步——元代建立婚姻关系必须订立嫁娶礼书，主婚人、保亲人、媒人须在婚书上签字画押，然后依礼成亲，婚姻关系方才有效。

（三十四）七　出

第1步——周礼七出，即女子若有下列七种情形之一，丈夫或公婆即可将其休弃（单方面解除婚约）：无子；淫；不事舅姑；口舌；盗窃；妒忌；恶疾。

第2步——唐代七出变化：以无子休妻者，必须是妻年五十以上；妻若犯恶疾及奸罪者，虽有三不去之理由，仍可休之；妻无七出之状而休弃者，丈夫徒一年半，妻有三不去之由而休弃者，丈夫杖一百。

（三十五）借贷契约

第1步——西周傅别（借贷契约），傅即债券，一分为二称别。

第 2 步——唐律区分借贷，借指使用借贷（标的物为奴婢、畜产、车船等），贷指消费借贷（标的物为银、钱、粮食、绢丝等），前者是特定物（如奴婢、畜产、车船等），后者属非特定物（如银、钱、粮食、绢丝等）；借贷分有息和无息两种，前者称出举，后者称负债。

（三十六）买卖登记

第 1 步——西周质剂（买卖契约），买卖奴隶、牛马等大宗交易须使用较长的契券称质；买卖兵器、珍异等小件物品使用较短的契券称剂，设质人作为市场管理人员。

第 2 步——唐代对田宅、奴婢及大牲畜进行买卖，须签订契约，并经官府部门公验，无私契之文，不准私券之限。

（三十七）媒妁

第 1 步——周礼父母之命，媒妁之言。

第 2 步——元代对媒妁进行规范化管理，只有经基层官员、地方长老等保举推荐的信实妇人才能充任媒妁，并由官府登记在册，媒妁职业化倾向明显。

（三十八）义绝

第 1 步——唐代义绝：夫殴妻之祖父母、父母及杀妻外祖父母、伯叔父母、兄弟、姑、姊妹；妻殴詈夫之祖父母、父母，杀伤夫外祖父母、伯叔父母、兄弟、姑、姊妹及与夫之缌麻以上亲，若妻母奸及欲害夫者；夫妻祖父母、父母、外祖父母、伯叔父母、兄弟、姑、姊妹自相杀者。

第 2 步——明代义绝之状，谓如身在远方，妻父母将妻改嫁，或赶逐出外，重别招婿，及容止外人通奸。又如本身殴妻至折伤，抑妻通奸，有妻诈称无妻，欺妄更娶妻，以妻为妾，受财将妻典雇，妄作姊妹人之类。

（三十九）阑遗物

第 1 步——唐律规定"诸得阑遗物，满五日不送官者，各以亡失罪论；赃重者，坐赃论。私物，坐赃论减二等。"

第 2 步——元代阑遗的牲口和奴婢如果公告十天仍无人领取，官府应收管；有主人前来认领的，仍要归还本主。

第 3 步——明代：遗失物在 30 日公告期内即使被主人领回，拾得人仍可获得一半；公告期满无人认领，则由拾得者获得遗失物的全部所有权。

（四十）赋税制度

第 1 步——唐代租庸调法，租是田赋，调随乡土所产，庸是按人丁摊派的徭役；不服役者可输庸代役，国家有事加役，可视加役时间予以减免租调。

第 2 步——唐德宗采纳宰相杨炎的建议，实行两税法，基本原则是量出制入，按每户的土地面积征收地税，按财产多寡确定的户等征收户税，每年分夏秋两季征收，有利于国家赋税收入，有利于削弱大户的特权，有利于简化税制，有利于户籍整理，有利于社会安定。

第 3 步——嘉靖十年至崇祯十年，朝廷向各地推行一条鞭法的赋役改革方案，将各种类型的赋役并为统一的货币予以征收的赋税制度，将各州县的田赋、杂税和差役合并，统一征收，各项杂税和差役等统一折算成白银，平摊入土地，按照土地和人丁的多少征收，征收赋税实行官收官解制，即由官府自行负责征收和解运。

（四十一）市 舶

第1步——武则天时期在广州设置市舶使，是为国家首置外贸专职官署。

第2步——唐代市舶税，包括舶脚（船舶入口税）；抽分（又称进奉，外国商船贩至中国龙香、沉香、丁香、白豆蔻，政府抽1/10实物税，是中国历史上第一项外贸征税）；收市（蕃货在市场上与中国商人贸易时征收的市税）。

第3步——明代设市舶提举司主管朝贡贸易事务，海外诸国与明贸易必须以朝贡为先决条件。

（四十二）户绝继承

第1步——宋代户绝家庭，夫亡而妻在，立继从妻；夫妻俱亡，命继从其尊长，如亲女未出嫁，在室女3/4，继子1/4；如亲女出嫁，出嫁女1/3，继子1/3，官府1/3。

第2步——明代户绝财产由所有亲女继承，无女者入官。

第3步——乾隆四十三年定例列入《大清律例》，是清朝的独创，"两房合一子"即一人可以继承两房的香火和财产，独子出继的两房应该为同父兄弟，而且须双方同意，并有全族的书面见证，才可一人承两房宗祧。

（四十三）匠 籍

第1步——明代将手工业工人列为"匠籍"，子孙相继强制服役，匠户没有人身自由，脱籍者将受严惩。

第2步——清初废除了该制度，以雇募工匠代之，手工业工人的人身权利得到一定保障。

（四十四）雇工人

第1步——良贱相犯依身份论处：卑幼对尊长，奴婢对主人，即使预备犯罪也按真罪处理。

第2步——清初雇工人不列贱籍，但对雇主有很强的人身依附关系，法律地位与雇主显著不平等，雇工人侵犯雇主及其期亲要加等处罚，而雇主侵犯雇工人则比照"凡人相犯"减罪三等。

第3步——乾隆五十三年，雇工人的人身隶属关系获得解放。

（四十五）开户为民

第1步——康熙五十三年，允许奴婢被赎出，法令溯及既往十年。

第2步——乾隆二十四年，《八旗家人赎身律》允许旗人释放奴婢。

（四十六）役身折酬

第1步——唐代允许债权人在债务人不能清偿债务时扣押债务人的财产，称为牵掣，债务人确无财产可供扣押，则可役身折酬。

第 2 步——清代禁止债权人强迫债务人役身折酬。

（四十七）典当、买卖

第 1 步——宋代典当为活卖，不动产买卖程序为：

1）先问亲邻：房亲和邻人对不动产有优先购买权（房亲—东南—西北）。

2）输钱印契：不动产买卖必须缴纳契税，官府在契约上加盖官印，加盖了官印的称赤契、红契，未缴纳契税、加盖官印的称白契。

3）过割赋税：将赋税义务转移给新业主。

4）原主离业。

第 2 步——元代不动产典卖程序：经官给据—先问亲邻—签押文契—印契税契—过割赋税。

第 3 步——乾隆十八年：确定以是否允许回赎为典当与买卖契约的重要区别标准。

1）乾隆十八年以后，典卖契约必须注明"回赎"，买卖契约必须注明"永不回赎"。

2）乾隆十八年以前，如果没有明确注明是否可以回赎，30 年内的可以回赎，或由典权人再向原业主支付一次"找价"，即将典价与典物的实际差价找回，该典契即为卖契，典物的所有权随之转移给典权人；30 年以上的，尽管没有写明是绝卖或注明回赎，仍不得再请求找价或回赎。

第 4 步——乾隆二十四年：典当契约无须经过官府加盖官印和缴纳契税，也无须到官府过割赋税。

（四十八）典当回赎

第 1 步——宋、元典卖回赎期为 30 年。

第 2 步——明律对此没有规定。

第 3 步——乾隆四十一年《户部则例》：回赎期为 10 年，若约定年限超过 10 年，即认定为买卖契约，必须缴纳契税；若 10 年后出典人无力回赎，听典主执业转典。

（四十九）房屋出典风险责任

第 1 步——宋、元法律未作规定。

第 2 步——乾隆十二年定例对此作了详细规定。

（五十）海　禁

第 1 步——朱元璋时期推行"片板不许下海"的海禁政策，严禁一般商民私自与外国通商往来。

第 2 步——明穆宗隆庆（朱载垕）年间私人海外贸易变为合法，但须在官方控制下进行。

第 3 步——顺治时颁布"禁海令"，规定"寸板不得下海"，这是出于政治和军事目的，镇压沿海抗清力量。

第 4 步——随后三度颁行迁海令，强制闽、粤、苏、浙沿海居民内迁 50 里，致使

4000里海岸线人烟绝迹。

第5步——收复台湾后，海禁一度有所放宽，沿海对外贸易也一度蓬勃兴盛起来。

第6步——康熙五十六年，再度严申海禁，一直延续到鸦片战争前。

（五十一）禁榷制度

第1步——汉武帝时将盐、铁、酒由国家专营，酒类专卖称榷酤，中央设太官，地方设榷酤官，组织酒类生产，统一经销，利润归政府所有。

第2步——汉昭帝时改为课税，卖酒者自行如实申报，税率每升4钱。

第3步——王莽时恢复专卖。

第4步——唐代有禁榷制度。

1）盐：唐初对盐放任不税，唐肃宗实行盐的专卖；之后改革榷盐法，实行民制、官收、商运、商销，官府控制盐的生产为主，商人可向官府场监批发官盐，自由运销各地，除向沿江河诸道交纳榷盐钱外，不再征税；设"常平盐"，即以必要的官运官销控制盐价；严禁私盐运销，设置十三巡院厉行缉私。

2）茶：唐德宗征茶税，国家严禁私茶贩运，罪重至死。

3）酒：唐初放任酿酒，安史之乱中开始实行榷酤制度，严刑处罚私酿私卖酒者，违者没其家产，而且往往实行连坐。

第5步——清代对盐、茶、矾等高利润的民生物资实行官府垄断经营，《大清律例》还规定有"盐法""阻坏盐法""私茶""私矾"等专门条款，推行严厉的禁榷制度，极大地限制了民间工商业的发展。

（五十二）重农抑商

第1步——汉代（政治）不许商人及其子孙去官府做官；（法律）谪发商人到边远地方戍守；（经济）限制商人经营采矿冶铁、近海煮盐；（生活）不许商人穿丝衣、乘车马；不许商人购买土地，土地和奴婢超限者没入官府；（税赋）对商人多征收一倍于民的算赋，汉武帝时颁布《告缗令》，鼓励告发不如实申报财产、不按令纳税的商人。

第2步——明代充军从犯罪的军人扩大到普通百姓，贩卖私盐、搅扰商税者，甚至放牧牲畜践踏庄田者。

第3步——清代商匠入关门，必先取官置号单，备开货物，凭其吊引，照货起税，入门不吊引者同匿税法，《户部则例》甚至规定"关税短缺令现任官赔缴"，除正常的关税以外，还有诸如牙税、落地税、盐税、矿税、茶税、酒税等名目繁多的商税、附加税。

（五十三）背带裤定理

（五十四）务限法

第 1 步——宋代每年农历二月初一入务，直到九月三十日止，州县官停止受理有关田宅、婚姻、债负、地租等民事案件，限满之日即十月初一日称务开，方可受理，但若原已受理的民事诉讼尚未结案，可以延长至三月底结案。

第 2 步——清代农忙期间（四月初一至七月三十）不得控告民事和轻微刑事案件，其他季节也只能在放告日（每月逢三、六、九或三、五等）起诉。

（五十五）亲属容隐

第 1 步——源于孔子"父为子隐，子为父隐，直在其中"的思想。

第 2 步——汉武帝时期，曾颁布"重首匿之科"，首匿就是隐匿窝藏罪犯的首谋者。

第 3 步——汉宣帝时期，诏令规定"亲亲得相首匿"，卑幼隐匿尊长，不追究刑事责任；尊长隐匿卑幼，除死罪上请廷尉，一般犯罪不追究刑事责任。

第 4 步——唐代同居相隐不为罪："凡同财共居者，以及大功以上亲属、外祖父、外孙、孙媳妇、夫之兄弟及兄弟妻，皆可相互容隐犯罪；部曲、奴婢须为主人隐罪（但主人不为其隐）；通风报信者亦可不追究其刑事责任；非同居小功以下亲属相隐，其罪减凡人三等处理；谋反、谋大逆、谋叛者不用此律。"

第 5 步——清代依律应容隐之人，一律不得赴官陈控，奴婢、雇工不得控告家长；狱中罪犯不得告举他事。

第 6 步——《中华民国刑法》规定罪犯的配偶、五亲等内之血亲或姻亲犯便利犯人逃脱、藏匿犯人、湮灭证据等犯罪，可以减轻或免除处罚。

（五十六）禁止越诉

第 1 步——汉代应按照司法管辖逐级告劾，除非有冤狱才得越级上书皇帝。

第 2 步——唐代须由下而上从县、州至中央告诉，一般禁止越诉，对越级告诉和受理者，处以笞刑；但在特殊情况下允许越诉，甚至可以通过邀车驾、击登闻鼓、上表等形式向皇帝告诉，但由此而冲撞皇帝仪仗和控告不实者，皆要受到处罚。

第 3 步——明代："命有司择高年人公正可任事者，理其乡之词讼，若户婚、田宅、斗殴则令里胥决之。事涉重者，始白于官，若不由里老处分而径诉县官，谓之越诉。""凡军民词讼，皆须自下而上陈告。若越本管官司辄赴上司称诉者，笞五十"。

第 4 步——清代诉讼当事人若不服判决，可逐级上诉申控，不得越过本管机关径赴上司申诉，违者即使所控属实亦应笞五十，或将本人并同代书诉状之人一体按"光棍"例治罪。

（五十七）二十个"司"

1）西周司寇、大司寇、小司寇；司刑、司刺、掌囚、掌戮。
2）西汉中期大司徒、大司马、大司空。
3）汉武帝司隶校尉。
4）北周秋官大司寇。
5）唐代吏部考功司。
6）唐代大理寺司直、正、丞。

7）宋代二府三司：盐铁司、户部司、度支司。
8）宋代司谏、谏议大夫、正言。
9）宋代四司：帅司、漕司、宪司、仓司。
10）三法司、三司推事、三司会审。
11）元代僧录司。
12）明清通政使司。
13）明代三司：承宣布政使司（理问所）、提刑按察使司、都指挥使司（断事司）。
14）清代刑部：十七清吏司、督捕司。
15）清代内务府慎刑司。
16）清代理藩院理刑司。
17）清末提法使司。
18）南京临时政府司法部。
19）南京国民政府司法院。
20）抗日民主政权县、市司法处。